國際貿易與通關實務

International Trade and
Customs Clearance Practice

賴谷榮
劉翁昆 ◎著

三民書局

國家圖書館出版品預行編目資料

國際貿易與通關實務 / 賴谷榮,劉翁昆著.－－初
版一刷.－－臺北市：三民，2019
面；　公分

ISBN 978–957–14–6662–0　（平裝）
1.國際貿易實務 2.海關行政

558.7　　　　　　　　　　　　　108009861

© 　國際貿易與通關實務

著 作 人	賴谷榮　劉翁昆
責任編輯	范庭鈞
美術編輯	林佳玉
發 行 人	劉振強
發 行 所	三民書局股份有限公司
	地址　臺北市復興北路386號
	電話　(02)25006600
	郵撥帳號　0009998–5
門 市 部	（復北店）臺北市復興北路386號
	（重南店）臺北市重慶南路一段61號
出版日期	初版一刷　2019年8月
編 　 號	S 552540

行政院新聞局登記證局版臺業字第○二○○號

有著作權・不准侵害

ISBN　978–957–14–6662–0　（平裝）

▷ 謝　序

　　國際貿易與通關作業息息相關，通關起因於國際貿易之誕生，而國際貿易亦得力於通關而能順利發展，國際貿易自由度亦受通關規定之牽制，相互關聯，環環相扣。隨時代更迭，科技進步飛速，國際貿易型態迥然不同，通關法規迭有修正，貿易業者即時掌握關稅法令與實務運作至為重要，劉教授及賴祕書長以數十年國貿實務經驗，具體闡述於大綱，詳述其寶貴經驗，為學界與業界解決困擾，因應自由貿易的時代潮流實屬難得。就整體國際貿易實務而言，欲其能於短期內運用自如，實屬不易。透過本書完整而嚴謹的組織與堅實的架構，讓讀者能循序漸進地瞭解國貿領域之知識，若深入研習必能於國貿與通關實務專業領域精熟練達。

　　國際貿易整體實務之學，涉及範圍頗為廣泛，但以國際間貨品貿易的基本原理為核心，旁及銀行、運輸、保險等各方面。而報關涉及進出口產品之通關作業流程及海關申報，常會牽涉到政府機關法令及規則。此書出版之主要目的，在於構思適當的方法且符合規則，將國際貿易實務及報關實務做一有系統且實用性之論述，以補足一般大眾認為經營貿易只偏重於「國貿實務」之研究，而疏忽「通關實務操作」影響程度之缺憾。

　　劉教授、賴祕書長對貿易與通關實務之熟稔與關心之切，以及他們憑藉著多年來的報關實務及國貿實務操作經驗，將「國貿實務」與「通關實務」知識融合運用，突破國貿專業學習領域之重要環節，將國貿及報關實務做一系列有系統之整理，實屬不易。隨著國際貿易實務知識的不斷推陳出新，此書在國貿實務領域作深入之探討，可發揮即學即用之功能。

　　本書旨在充作大專國際貿易實務的教本，並供有志於從事貿易業務的社會人士參考，憑藉本書對國貿及報關實務廣度與深度之引導，期使讀者日後實際從事貿易業務時，能駕輕就熟並運用自如，更能充分掌握當前國際貿易實務發展的整體概念，來達到獨立創新經營之目的。

關務署署長　謝鈴媛　謹識

2019 年 8 月

▷葉　序

　　《國際貿易與通關實務》出版在即，本人很榮幸應作者之邀請，為本書寫序。國際貿易實務的領域寬廣，而且瞬息萬變，站在學習者的立場，若無良好的專業參考書給自己做為學習準則，將會無所適從；另外，業者在報關實務作業上，若無專業之指引標準，也會讓業者不知所措。在坊間，國際貿易實務之書籍，僅在論述有關進出口貿易之理論與實務，而無進一步談論有關報關之實務知識，因此，相關貿易業者若是涉及到有關報關業務領域時，除非就教於報關業者或相關貿易業者，否則仍有一籌莫展之感。

　　本書之編輯按交易過程之先後敘述內容，在第一篇之貿易實務內容中，從初步接洽的貿易交易步驟開始，中間經報價、議價、訂約，以迄交貨、付款為止，其間有相當錯綜複雜的過程。本書對交易過程先後作有條理的說明，祈使讀者對全部交易過程，能獲得完整的概念。而在第二篇之通關實務，介紹有關於海關通關之各項規定，舉凡商品稅則分類、稽徵特別規定、輸出與輸入規定、進出口貨物查驗、郵包通關等各類關稅課稅方式之介紹，讓讀者能更進一步瞭解現行海關之規定，促使從事貿易及報關業者對於海關規定能有所依歸。在第三篇之保稅與退稅，更介紹了政府為保護國內的產業，進而提高廠商的國際競爭力，特別設計保稅與退稅的制度。

　　隨著自由貿易潮流之興盛，對外貿易於海島經濟的重要性亦日趨提升，今日跟明日的臺灣即將隨著世界貿易之盛行揮灑於全球舞臺，對於國際貿易實務及報關實務知識之學習，也勢必愈來愈倚重。質言之，本書對在學學生之學習及職場就業者而言，是一本初中階版本之國貿專業書籍，若反覆研習之必有偌大之受益。舉凡從剛入國貿領域的初學者到從事多年貿易及報關工作之從業人員，此書亦可做為國貿知識之學習及實務應用之參考書。隨著本書之付梓，更期望本書能提供在學者及相關從事貿易人員有利的參考與指導功能，讀者更能藉由本書掌握國際貿易的全盤情況，從而培養國貿實務知識，並迅速進入國際貿易的實務領域。

　　兩位作者除了豐富的專業學識底蘊外，在報關業界公會組織中亦扮演重要角色，舉凡參與貿易、通關相關機關各場會議，我國海關作業之進程，貿易便捷化、EDI、XML 等變革，作者們皆以其實務專業知識融合法規條文規定，提出有助於通關順暢之建議，及法規條文修正之建言，嘉惠業界誠屬難得。

臺中關關務長　葉明進　謹識

2019 年 8 月

▷初版序

　　愛過方知情重，醉過方知酒濃。作者目前職銜為中華民國報關商業同業公會全國聯合會祕書長、臺中市報關商業同業公會常務理事，在業界（公證業、鞋業、自行車業、玻璃業、景觀業、報關業）轉了一圈，內心的感觸可說五味雜陳，深信法規應與時俱進，適度鬆綁得以救經濟。在想為臺灣經濟盡點薄力的驅使之下，點燃心中一股使命感，藉職務之便多年來得以參與官方機關各種與進出口通關相關之會議，礙於平行機關各種法規交相牽制，力推跨部會整合平臺及法規修訂，數載下來頓悟力不從心，深覺遺憾。改變不合時宜的法令與規定，還給工商業界應有的權益，增強國際貿易競爭力，讓業界更有能力揮灑於世界舞臺，竟是如此之難。

　　我國通關制度之更迭，由人工申報進步到 EDI 通關自動化電子傳輸，演變至 XML 關港貿單一窗口系統時代。XML 關港貿單一窗口制度，其設定目標將目前通關多頭馬車作業做單一化處理，期與國外政府通關機關資訊共享同步接軌，優化我國通關環境。自民國 102 年實施迄今成效有限，綜觀原因，其一、政府進出口相關之簽審機關系統、組織文化變革、整合轉換難度高。其二、民營業者推動制度變革，勢必墊高營業成本，更難擺脫目前市場削價競爭壓力等態勢，改變思維配合轉型意願不高。科技躍進提升軟硬體的進步，戰勝思維變革才能落實與貫徹「單一窗口」的目標。

　　自民國 93 年進入學界迄今，綜合了業界經歷與學界所見，洞悉臺灣未來的機會與隱憂，產學落差確實存在不容忽視，業界（貿易商、工廠、運輸承攬業等）與國際貿易相關從業人員因應工作需求在職進修亦為當務之急。有幸應劉翁昆教授之邀合撰此書，希望綜合個人對產業界及貿易相關實務之經驗與學界傳道授業之需求，精選國際貿易實務與通關實務之內容表敘於本書，然而國際貿易實務與通關實務相關內容龐雜，礙於篇幅有限，不免尚有遺珠之憾，尚請海關暨業界前輩不吝賜教與指導。

　　我國屬海島形環境，天然資源匱乏，主要經濟依存度無法擺脫國際貿易，不論公司企業或個人的國際貿易交易，國際貨物安全運送與通關順利進行至為重要。然而通關法令規定修改頻繁，進出口業者稍一不慎，即可能誤觸最新法令規定，筆者祈望借由此書之出版，對各大專院校的學子們及業界從業人員傳遞正確觀念與方向。

賴谷榮 謹識

2019 年 8 月

國際貿易與通關實務
▷目　次

第三篇　保稅與退稅　　303

第一篇
貿易實務

　　國際貿易 (International Trade) 係指 A 國的產品以具有價格優勢或品質優勢、專利優勢，將貨物販售輸出至 B 國的跨國際交易，但是將商品從 A 國賣方倉庫送到 B 國買方倉庫的過程，期間牽涉到多種不同行業別，如運輸業（空運、海運、陸運）、貨棧業、報關業、理貨業、銀行業、保險業等業務，以及政府相關機關的法令規定，如國貿局、關務署、檢驗局、檢疫局、農糧署、原能會、警政署等，綜合這些作業行為稱為國際貿易實務。

　　通關實務 (Customs Clearance Practice)，作者多年觀察通關的環節，是所有進出口業者最想知道與瞭解的區塊，卻也是最陌生的區塊，本書以最平易近人的方式，讓讀者快速理解其運作方式與規定，避免誤觸相關規定造成無謂損失。

　　保稅與退稅 (Bonded Tax Refund)，政府為保護國內產業，提高廠商的國際報價競爭力，進而設計保稅與退稅的制度。本書對相關規定與操作方式做系列介紹，供業界選擇適用於自身企業的最佳方式。

▷ 第一章
國際貿易之概念

　　所謂國際貿易,考量其實務操作結構內容應包含哪些構面,方足以完整檢視貿易流程安排之適切性,避免操作過程產生應注意卻未事先瞭解之疏漏,增加不必要之困擾與未估算之成本,本書主要說明所謂國際貿易,包含了十大構面:商品、進出口商、檢疫、檢驗、公證、物流、保險、關務、財務金融以及行銷。

　　所謂實務乃實際操作暨運用,國際貿易與通關具備兄弟之邦唇齒相依之勢,通關起因於國際貿易之誕生,而國際貿易亦得力於通關而能順利運行,國際貿易自由度亦受通關規定之牽制,相互關連環環相扣,隨時代更迭科技進步飛速,國際貿易型態迥然不同,通關規定修訂更顯攸關重要,貿易業者不諳通關相關規定誤觸罰則時有所聞,作者謹以數十年實務經驗於本章具體闡述拙見。

第一節 ▷ 貿易結構十大構面

　　本節詳細介紹國際貿易之十大構面。

一、商　品

　　國際貿易商品區分為二大類:

㈠有形商品

　　一般貿易皆為有形商品,小至一根線、一滴水,大至飛機、船艦,都是國際貿易的產品標的。

㈡無形商品

　　隨著時代的變遷科技的進步,讓無形商品逐漸浮出臺面,例如品牌商標、專利、軟體應用程式等。

商品是貿易進行的起源，且貿易商品種類繁多，初次進入國際貿易這項產業，貿易商品的選擇就相當重要，選對了商品，生意長長久久。

二、進出口商

是國際貿易的主角，少了其中任何一方，貿易就無法進行，初次進入國際貿易這項產業，建議先設定好角色，是要當進口商或是成為出口商，兩者經營型態與所需資金截然不同，所以先將角色定位清楚。

三、檢　疫

為了防患藉由貿易的進行，將外國的疫病傳染或引進國內，造成國內的生態浩劫或是病毒入侵，檢疫是規定的名詞，要完成檢疫的規定方法有三種：熱處理、水處理以及藥處理，依貿易商品的性質選擇適當的方式加以處理，需要檢疫的商品是動植物產品，檢疫商品特別要注意的是，生產製造國家必須是非疫區的國家，且國際運送過程不可經疫區國家轉運，另外商品的包裝材料若為木箱、木棧板等植物產品，亦須經過檢疫處理。（三夾板所製作木箱及木棧板為例外，不須經過檢疫處理）

至於檢疫章戳的規定， 根據國際植物保護公約組織 (International Plant Protection Convention, IPPC) 公布的國際植物檢疫措施第 15 號標準 (ISPM15) 作業規定，木材中心溫度加熱至 56°C 以上，且持續 30 分鐘以上，以達到消毒除蟲效果，並於檢疫處理完成之木材明顯處，蓋上 IPPC 檢疫章戳。（如圖 1–1～1–3）

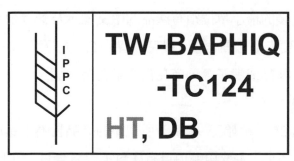

▲圖 1–1　熱處理章戳（廠商 A）

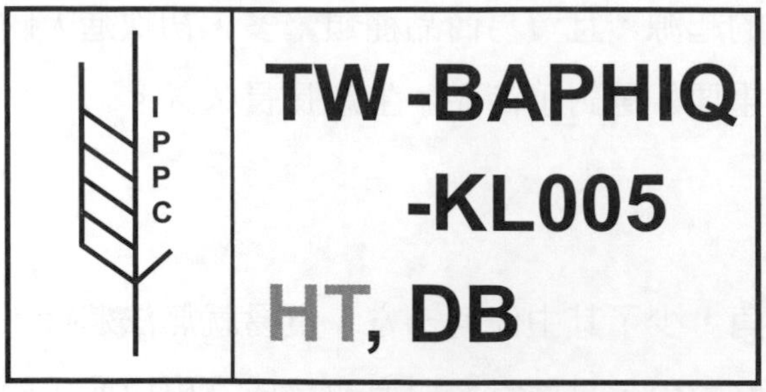

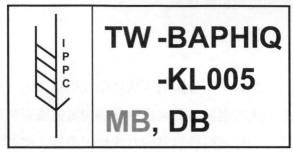

▲圖 1-2　熱處理章戳（廠商 B）

▲圖 1-3　燻蒸處理章戳

參考資料：笠井洋行物流公司

四、檢　驗

檢驗區分為二種，分別為食品檢驗與工業產品檢驗。

㈠食品檢驗

凡是與吃有關的貿易產品，皆歸於食品檢驗，諸如蔬菜水果，魚肉產品，飲料，塑膠水瓶，瓷製餐具等，都是食品檢驗範疇，不同的商品食品檢驗的規定也跟著有所不同，基本規定是包裝的最小單位須有產品的中文標示及營養標示，以供消費者參考選擇。檢驗的內容主要有重金屬含量、農藥殘留、商品成分添加、有效日期的標示等，同時添加成分內容含乳品或蝦子等，商品需標示食用警語。

㈡工業產品檢驗

海關稅則號碼第 25 章開始至 97 章，所規範的商品皆為工業產品，不同的工業產品檢驗的規定也跟著不同，主要檢驗項目有塗料重金屬含量、塑化劑含量、電磁相容、使用安全等項目，同時玩具類商品需標示使用警語。

五、公　證

　　是一種行業，在國際貿易進行時居中提供專業勞務，提供雙方可信任的資訊，買賣雙方藉其資料而順利完成交易，此類公證公司大多營業於通關口岸，當一筆大宗物資商品如黃豆交易時，賣方所運送交付的量，不可能剛好是買賣的合約量，此時這筆交易的進行公證公司需介入，以其專業勞務的工作，完成一份數量報告，買賣雙方再依據此份公證數量報告，來確定應收付的貨款金額。

六、物　流

　　貨物從賣方倉庫一直運送到買方倉庫，所有的流程稱為物流，國際間的運送方式可區分為下列幾種：空運（含國際快遞、郵包）、海運、公路運輸、鐵路運輸、管路運輸以及複合運輸等。

㈠空　運

　　優點交貨速度快，缺點為運費昂貴，一般空運的服務範圍是出口方機場到進口方機場，而國際快遞的服務範圍是從出口方倉庫到進口方倉庫，也就是戶對戶 Door to Door 包含運送及進出口二方的報關。

　　郵局包裹運送雖然目前採飛機運送，但在物流區塊是獨立的，其特點為成本最低，如果買賣貨物能夠經由郵局包裹運送，建議採此方式為之。

㈡海　運

　　優點可以一次運送大量的貨物，缺點為速度較空運慢，海運具有特殊性，國際貿易的商品種類繁多，依不同的商品，海運運送方式不同，大致區分為貨櫃運輸、單一大宗物資運輸、散雜貨物運輸和特殊貨物運輸四種。

1.貨櫃運輸

　　貨櫃運輸是以貨櫃輪為主，可運送貨物包括整櫃以及併櫃貨物，目前一般貿易的運送方式皆以貨櫃運輸為主。

2.單一大宗物資運輸

　　單一大宗物資運輸，如煤炭、黃豆、小麥、高粱、原油、天然氣、鐵砂等，皆在此運輸範圍。

3. **散雜貨物運輸**

散雜貨物運輸包含鐵材、鋼捲、**鋼胚**、原木等。

4. **特殊貨物運輸**

整艘船之國際運送、風力發電機、超大型機具等皆在此運輸範圍。

> **鋼胚 (Steel Embryo)：**
> 為製造鋼品之原料，由高爐或電爐鋼液等燒鑄而成，又可以細分為大鋼胚、小鋼胚、扁鋼胚等，而不同樣式之鋼胚又可以再分別加工成不同鋼品。

㈢公路運輸

臺灣無此運送方式，但在國際貿易中有許多國家是陸地相連，可經由公路來做國境貿易運送。

㈣鐵路運輸

鐵路運輸跟公路運輸雷同，差別在於經由鐵路。跟公路運輸比較，其優點為一次性運送量較大。

㈤管路運輸

管路運輸較為特殊，在賣方跟買方之間建造一條管路，經由管路來做運送，例如：汽油、天然氣、水等屬於氣體及液體類，都可經由管路運送，其最大特點為運送速度快，單位運送成本相對較低。

㈥複合運輸

單一次的貿易交易行為中包含前面五項運輸方式，含二種以上者為複合運輸。

七、保　險

貿易結構所謂的保險是指買賣貨物於國際運送階段的保險，以直接貿易的製造商來說保險成本項目更多，國際運送階段的保險條款，一般區分為基本條款和附加條款二種。

㈠基本條款

基本條款分為 A、B、C 三種條款：

1. **A 條款** (Institute Cargo Clauses A)

即協會貨物運輸保險 A 條款，舊條款稱為全險。

2. **B 條款** (Institute Cargo Clauses B)

即協會貨物運輸保險 B 條款，舊條款稱為水漬險。

3. **C 條款** (Institute Cargo Clauses C)

即協會貨物運輸保險 C 條款，舊條款稱為平安險。

㈡附加條款

附加條款分為三種：

1. **兵險** (War Risk, WR)
2. **罷工暴動險** (Strikes, Riot, and Civil Commotions, SR & CC)
3. **偷竊遺失險** (Theft, Pilferage and Non-Delivery, TPND)

而關於保險費的計算方式，依慣例：

(買賣交易價值 + 10%) = 保險金額

保險金額 × 保險費率 = 保險費（一份保險單最低保險費新臺幣 400 元）

八、關　務

海關 (Customs, Custom House) 為政府設置於通商口岸或國際機場處理進出口貨物及旅客進出入國境之機構，在對外進出口貿易中，海關是極為重要的一個環節，茲將我國海關業務範圍簡介如下：

㈠關稅稽徵

按照《關稅法》、《關稅法施行細則》及《中華民國進口稅則》，對進口貨物課徵進口關稅，及代徵貨物稅、推廣貿易服務費、營業稅等。海關的稅捐在政府財政收入中，占了極重要的地位。政府為鼓勵貨物外銷，給予出口免稅。

㈡私貨查緝

「稽徵關稅」與「查緝」走私為海關固有的二大職掌。我國海關依據《海關緝私條例》執行查緝任務，如抄檢船舶、查驗貨物、行李、郵包，並派艦艇在海上或港內巡邏等。所有走私漏稅案件及沒收之貨物，均由海關處理，其違反《懲治走私條例》者，有關人犯並應移送司法機關審理，惟有關私貨仍由海關處理。

㈢退稅制度

政府為鼓勵產品外銷，《外銷品沖退稅捐辦法》規定加工成品外銷後，准予退還其使用進口原料已繳納之稅捐，其加工原料應徵之稅捐如屬繳現者，外銷後准予退稅，稱之為退稅。如屬保稅記帳者，外銷後准予沖銷保稅帳，稱之為沖稅（沖帳），詳細內容將於第三篇保稅與退稅做說明。

㈣保稅制度

保稅 (Bonded) 為運抵國境之貨物在未徵稅放行前之狀態。保稅貨物因未完成繳稅通關手續，故徵稅與否須視該貨物最終決定進口或復出口而定，在未徵稅以前貨物為海關監管、課稅之對象，同時亦係海關徵稅之對象。海關依據政府所訂《保稅倉庫設置及管理辦法》、《加工出口區設置管理條例》、《海關管理保稅工廠辦法》等規定行使職權，詳細內容將於第三篇保稅與退稅做說明。

㈤編刊進出口貿易統計

海關之貿易統計，其計價基礎，出口以 **FOB** 為準，進口以 **CIF** 為準。世界各國之貿易統計，均以海關進出口貿易統計為代表。我國海關進出口貿易統計，編刊二套資料，一為稅則分類統計刊載於海關統計年刊上，另一為中華民國標準商品分類統計，分刊於統計年刊及統計月報上。

> **FOB (Free On Board)：**
> 依據 Incoterms 定義之海關出口貿易統計基準。FOB 表示離岸價格，亦即賣方於貨物裝上船舶時免除對貨物之責任。

> **CIF (Cost, Insurance and Freight)：**
> 依據 Incoterms 定義之海關進口貿易統計基準。CIF 表示完稅價格，亦即賣方負擔貨物之成本、保險費與海運費。

㈥受其他機關委託代行查核事項

各簽審機關管理貨物所簽發之證照，均須與實際進出口貨物核對，始可確知實情。故目前其他機關委託海關審核的證照計有三十二個單位，相關介紹如下：

1. 基本業務

報關的基本業務分出口與進口、轉口，法規依據《貨物通關自動化管理辦法》。

出口業務申報應準備文件如下：出口報單、發票、包裝明細單、委任書、其他貨物管理機關輸出許可文件。

進口業務申報應準備文件如下：進口報單、經賣方簽名的商業發票、經賣方簽名的包裝明細單、委任書、其他貨物管理機關輸入許可文件、其他管理機關檢驗合格文件。例如：食品飲料類商品、食藥署檢驗合格文件、玩具家電用品標準檢驗局檢驗合格文件、酒類國庫署檢驗合格文件。

轉口通關貨物不進入國境只在通關口岸同時申報進口報單與出口報單將貨物由 A 船進口轉換 B 船出口。

2. 法　規

貨物進出口通關的簽審管理機關共有三十二個，每個機關都有其相關的法令規定

與罰則，且規定時常會做不定時的修改，對進出口廠商而言，這些規定所帶來的隱藏性風險將會削弱原預估的獲利。

3.**保稅優點**

從國外進口的保稅貨物貨品本身並未進入國境暫時存放於保稅專區，並無實際繳納關稅，操作的目的在於降低成本的支出及提升出口價格競爭力。

- 保稅工廠：一般工廠可經由向海關申請經核准成為保稅工廠，以保稅工廠名義所進口的保稅原料暫時不用繳納進口關稅，記錄於海關監管的保稅帳冊中，原料加工為成品出口再從保稅帳冊予以除帳，所以保稅工廠可以減少關稅資金壓力。
- 保稅倉庫：國外進口的商品暫存於保稅倉庫，於倉庫中可從事簡單的貨物整理與加工，再行出口或轉內銷。最佳案例如進口汽車，一艘汽車船每一航次約能載運 1,100 輛轎車，這些轎車以 D8 報單（參考第二章第五節）申報進儲於保稅倉庫，儲存期間不用繳納任何進口關稅，進口商於市場上販賣的數量可用 D2 進口報單分批申報進口，逐批繳納進口關稅。

4.**物流中心**

進口貨物可用 D8 報單將貨物暫存於物流中心，經由海關核准的加工程序處理後產生附加價值，再以 D5 報單申報出口，既可以減少進口關稅的負擔，又能創造加工的附加利益。

九、財務金融

財務金融的操作允當既可以避免匯兌損失又能夠保障銷售利潤的維持。最有名的案例為 2008 年的全球金融風暴，乃起因於財務槓桿操作失衡，以致崩盤，連帶引發連鎖反應。

十、行　銷

行銷就是將你所擁有的產品，需求者所需要的商品，運用各種方式的操作，將商品售出以滿足買方需求，而得到金錢收益，傳統國際貿易行銷學之行銷方法，多半著重於樣品寄送、參與商展等，其缺點為成本過高、無法有效追蹤成效、無法精準於目標客群，作者曾於民國 71 年任職外銷工廠，負責進口零件採購，從日本零件廠的行銷

模式，領悟並發展出另類行銷觀點與手法，稱之為「迂迴理論」，也就是跳過中間購買者，直接鎖定目標為貿易源頭之行銷方式。

　　「迂迴理論」是跳過一般傳統行銷方式，將銷售對象指向產品最終客戶端，直接跳過中間製造商。例如：日本腳踏車零件變速器的製造廠跳過臺灣的腳踏車的製造出口商直接找上美國腳踏車的進口商，說服此進口商將他們向臺灣購買的腳踏車指定使用他們公司所製造的變速器，臺灣腳踏車的製造出口商將失去零件的採購主導權，對日本腳踏車零件變速器的製造商而言，此迂迴理論的運用將更能鞏固其產品的銷售，所以迂迴理論所講求的就是探討銷售源頭的貿易起源。

自我評量

1. 為了防患因貿易的進行，將外國的疫病傳染或引進國內，造成國內的生態浩劫或是病毒入侵，因此要完成檢疫的規定方法有哪三種？

2. 國際間的運送方式，可區分為幾種方式？並簡單說明各方式之特點。

3. 國際運送階段的保險基本條款，可區分為哪三種？另外，附加條款，可分為哪三種？

4. 在對外進出口貿易中，海關是極為重要的一個環節，請問我國海關業務範圍為何？

5. 請問保稅工廠及保稅倉庫的保稅功能為何？

第二章
國際貿易之流程

　　此章節主要講解完整貿易過程，讓初學者或無貿易經驗者有所依據，也讓從事貿易工作者檢視目前作業 SOP（標準作業流程）對所遺漏之處加以補強，減少不必要的費用與困擾產生。

第一節 從事貿易者身分

一、貿易參與者角色區分

㈠出口貿易

以出口為主要營業項目，可細分為原料、半成品、成品以及廢料出口等。

㈡進口貿易

以進口為主要營業項目，可細分為原料、半成品、成品以及廢料進口等。

㈢三角貿易

　　一筆貿易產品買賣，中間橫跨三個或以上的國家或地區的貿易型態稱為三角貿易，例如公司在臺灣，接美國的訂單，由其他第三國生產出貨。

㈣直接貿易

買賣雙方直接洽談接觸，不透過第三者而完成的貿易方式。

㈤間接貿易

一筆貿易產品買賣，中間有第三人穿針引線，方能完成的貿易方式。

二、依法得從事貿易者身分

㈠具備身分證有行為能力之國民

非以貿易為常業的私人名義進出口貨物，依規定用護照上的英文名字及身分證上的中文名字，向海關投遞報單申報，唯每批進出口貨物買賣金額，需在 2 萬美金以下，若超過 2 萬美金，須逐批向經濟部國際貿易局申請許可證。

㈡貿易商

經依規定完成登記之貿易商，若未完成向國際貿易局申請進出口廠商登記者，每批進出口貨物買賣金額，需在 2 萬美金以下，若超過 2 萬美金，須逐批向經濟部國際貿易局申請輸入或輸出許可證。已向國際貿易局完成進出口廠商登記者，不受此規定限制。

㈢工　廠

經依規定完成登記之工廠，若未完成向國際貿易局申請進出口廠商登記者，每批進出口貨物買賣金額，需在 2 萬美金以下，若超過 2 萬美金，須逐批向經濟部國際貿易局申請輸入或輸出許可證。已向國際貿易局完成進出口廠商登記者，不受此規定限制。

第二節　市場評估與尋找交易對象

時代的改變與科技的進步，貿易操作方式與過往截然不同，不再是提著手提箱裝樣品，跑遍全世界的做法，本節用市場評估與尋找交易對象角度來探討。

一、市場評估

市場評估是進入新市場的必須課題，評估方法、角度會直接影響結果，評估方法有很多次級資料可以運用，如國貿局網站、關務署網站、外貿協會等，都有相當多有用且可靠的資料可以運用。

二、尋找交易對象

這是初進貿易圈的主要課題，可借由網路搜尋、參加商展、廣告、業務拜訪、尋求其他機構如外貿協會等協助。

第三節 報價、詢價與接單

一、報 價

出口商欲獲得買方訂單,可主動出擊提供商品報價,報價單的內容主要涵蓋品名、品牌、規格、顏色、型號、交易條件、運送方式、交易幣別、交貨時間、收付款方式以及最低數量限制等。

二、詢 價

買方主動出擊尋找出口商,就出口商提供的商品要求報價。

三、接 單

當買賣雙方談妥各項交易條件,買方依契約內容下訂單於賣方,此時買賣契約即算成立。

第四節 基礎貿易流程

一、依產品原料清單的內容分別下單給供應商

賣方完成接受訂單後應即進行產品原料之採購,依產品原料之採購清單的內容分別下單給供應商,依照貿易理論零庫存的原則,此時應考量的事項為各項零配件下單採購的數量,並且依成品出口的交貨期限來規定下游廠商適當的原料交貨期。

二、排定預定生產時程

以貿易契約約定的最後交貨期限為基準,以倒推日期的方式排定時程表,為避免各種不可預估的風險建議將日期再提前 20 日,更多細節介紹可參照第五章出口流程部分。

三、安排運送

依貿易契約交貨條件的內容，於貨物生產完成前事先向運送業者安排出貨之船艙位預定，若裝運的方式為特殊貨櫃，建議於出貨之前 45 日即須預訂艙位。

四、配合結關的進行

結關日是依據船公司給予訊息，依據船公司裝貨單 (Shipping Order) 的內容涵蓋：S/O Number（艙單號碼）、船名、航次、收貨港、裝貨港、卸貨港、目的地、結關日期、國際各航點的結關日、裝船日、預定到港日等。（以上各項資訊可參考《台灣新生報》船期版）

五、準備文件

㈠基本文件

1. **發票** (Invoice)

本份文件應包含以下內容：買賣雙方公司資料、商品名稱、牌名（商標）、規格、尺寸、顏色、數量、單價、幣別、金額小計、貿易條件、船名、航次、裝運港、卸貨港及總金額英文大寫等。

2. **包裝明細單** (Packing List)

本份文件應包含以下內容：

* 買賣雙方公司資料。
* 每一個包裝箱號內裝商品名稱、規格、尺寸、顏色、數量、淨重、毛重、體積。（箱號不可重複）
* 包裝外箱的出口嘜頭。
* 依國際貿易局的法規——《貨物出口管理辦法》第 20 條及第 21 條規定，國產貨物出口必須標示臺灣產製或 Made in Taiwan。（R.O.C. 只可用於與我國有邦交之國家，買方如果有要求嘜頭的內容，要完整呈現，另外可以增加出口方的標示內容）
* 包裝件數單位的英文大寫。

> 嘜頭 (Shipping Mark)：
> 為國際貿易之獨特用詞，如同郵政包裹必須在包上書明收（寄）件人之商號、姓氏、地址。在進出口貨運包裝上，嘜頭可用以代表託運人、收貨人及貨物簡名、品質之標誌，又可分為主嘜頭、側嘜頭。

・包裝明細單及發票二份文件完成時，應再次確認買賣交易商品數量是一致的。

㈡其他文件

依進口方通關時或法令規定的要求，不同商品需要不同的文件，賣方須負責提供，簡略提示常見文件如下：

1.檢疫證

國際貿易的貨品在二國之間流動，進口方為了因應保護其國內防疫安全，要求出口方所做的防疫完成證明，區分為二類：

・第一類（交易商品檢疫證）（如圖 2-1）：國際貿易商品若為動植物品，皆須檢附檢疫證，買方應留意出口方國家是否為貿易商品的疫區，疫區國家商品不得進出口，例如：日本和牛肉因日本為牛肉疫區所以不得開放進口。（於 2017 年 9 月 18 日方公告開放進口）

・第二類（運送包裝材料檢疫證）：此部分為出口商常忽略之所在，因此經常造成不必要之紛爭，例如：貿易商品包裝材料經常使用木棧板及木箱包裝，若此類包裝材料為一般木板片所製，皆須完成檢疫處理。（包裝材為三合板材質為例外，不需經檢疫處理）

2.品質證明

出口商自行繕製文件，說明出口產品品質符合雙方約定條件，官方所核發之貨物品質符合規定之文件，例如食品類需衛生檢驗證明之文件。

3.產地證明

・一般產地證明：於貨物結關，海關放行後始得申請。（如圖 2-4）

・優惠關稅用產地證明：如 ECFA 產地證明。（如圖 2-5）於出口報關之前即須申請完成，每份 ECFA 產地證明規定只能申請二十個項次產品，超過二十個項次需再申請另一份 ECFA 產地證明。

4.提單 (Bill of Lading)

船公司依據出口商提供的訂艙單內容所製作之文件，於貨物海關通關放行裝船後，始可取得，分為船公司之提單及運送承攬業者之提單。（如圖 2-6）

行政院農業委員會動植物防疫檢疫局
Bureau of Animal and Plant Health Inspection and Quarantine
Council of Agriculture, Executive Yuan
TAIWAN, REPUBLIC OF CHINA
輸出植物檢疫證明書
PHYTOSANITARY CERTIFICATE
for EXPORT

ORIGINAL

證書號碼 Certificate No.

To : The plant protection organization(s) of

1.申請人 Applicant	2.收貨(件)人 Consignee
3.生產地 Place of Origin	4.到達地 Declared Point of Entry
5.檢疫日期 Date of Inspection	6.運輸方式 Declared Means of Conveyance
7.輸出人 Exporter	8.標示 Distinguishing Marks

9.貨物包裝數量及說明 Number and Description of Packages

檢疫處理 Treatment

10.日期 Date	11.時間及溫度 Duration and Temperature
12.處理方式 Measure	13.藥品及濃度 Chemical and Concentration

14.貨物資訊 Description of Consignment

項次 貨物名稱 Item No. Description of Goods	數量 Quantity	淨重 (KGM) Net Weight	植物學名 Botanical Name

總申報數量 Total Quantity

植物防疫檢疫說明

This is to certify that the plants, parts of plants or plant products described above or representative samples of them were found to the best of inspector's knowledge to be substantially free from injurious diseases and pests; and that the consignments is believed to conform with the current phytosanitary regulations of the importing country both as stated in the additional declaration herein and otherwise.

15.附註 Additional Declaration

中華民國動植物防疫檢疫局及其官員或代表不承擔簽發本證書的任何財經責任
No financial liability with respect to this certificate shall attach to Bureau of Animal and Plant Health Inspection and Quarantine or to any of its officers or representatives.

16.發證日期 Date Issued	18.印戳 Seal
17.簽署官員 Name of Officer 簽名 Signature	

1000000131

▲圖 2-1　輸出植物檢疫證

行政院農業委員會動植物防疫檢疫局
Bureau of Animal and Plant Health Inspection and Quarantine
Council of Agriculture, Executive Yuan
TAIWAN, REPUBLIC OF CHINA
輸出動物產品檢疫證明書
VETERINARY CERTIFICATE
for EXPORT of ANIMAL PRODUCTS

證書號碼 Certificate No. _____

1. 申請人 Applicant	2. 收貨(件)人 Consignee
3. 輸出國 Exporting Country	4. 目的地國家 Country of Delivery Destination
5. 檢疫日期 Date of Inspection	6. 輸出人 Exporter

7. 貨物來源 Origin of the Products

8. 貨物資訊 Description of Consignment

項次　　貨物名稱 Item No. Description of Goods	數量 Quantity	淨重(KGM) Net Weight

總申報數量 Total Quantity

動物防疫檢疫說明 Sanitary information

It is certified that there has been no outbreak of Rinderpest and Anthrax in Taiwan since 1951 and 1999 respectively. In addition, African Horse Sickness, African Swine Fever, Blackleg, Contagious Bovine Pleuropneumonia, Glanders and Lumpy Skin Disease have not been known to occur in Taiwan, Republic of China.

9. 附註 Additional Declaration

中華民國動植物防疫檢疫局及其官員或代表不承擔簽發本證書的任何財經責任。

No financial liability with respect to this certificate shall attach to Bureau of Animal and Plant Health Inspection and Quarantine or to any of its officers or representatives.

10. 發證日期 Date Issued	12. 印戳 Seal
11. 簽署官員 Name of Veterinary Officer 　簽名 Signature	

▲圖 2-2　輸出動物檢疫證

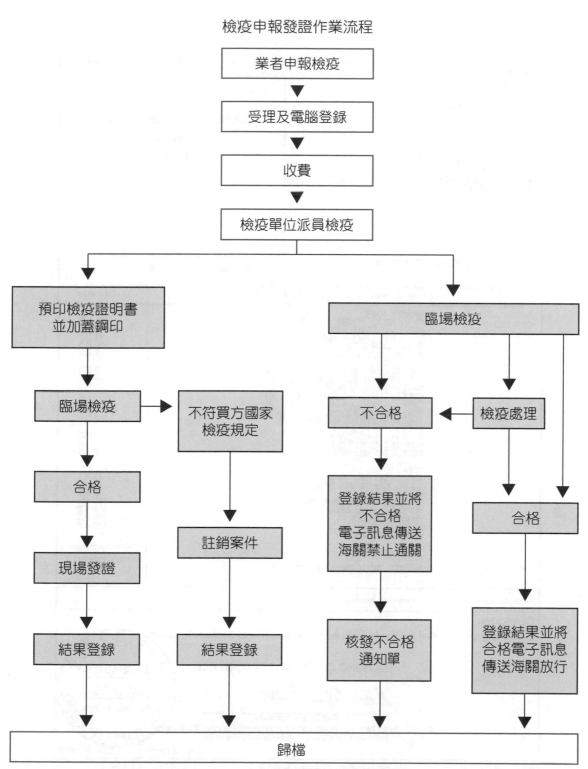

▲圖 2-3　檢疫申報發證作業流程圖

1.Exporter's Name and Address KAI YA TRADE CO., LTD. NO. 88 LANE 178, CHUNG ROAD, DIST., TAICHUNG CITY TAIWAN	CERTIFICATE NO. DL18DC08888 Page 1 of 1 CERTIFICATE OF ORIGIN (Issued in Taiwan) COPY

2. Importer's Name and Address ABC CO., LTD. NO. TRUNG HOA STREET, GROUP 28, TRUNG HOA WARD, CAU GIAY DISTRICT, HANOI, VIETNAM.	

3. Port of Loading TAICHUNG PORT IN TAIWAN	4. Port of Discharge HAIPHONG PORT, VIETNAM 5. Country of Destination VIET NAM

6. Description of Goods; Packaging Marks and Numbers	7. Quantity/Unit
K.Y. C/NO. 1-33 MADE IN TAIWAN	
PNEUMATIC TOOLS	
RY-317 6MM DIE GRINDER	300 PCS
RY-215 3/4" IMPACT WRENCH	20 PCS
RY-231 1/2" IMPACT WRENCH	35 PCS
RY-500D SCREW DRIVER	30 PCS
RY-8H AIR SCREWDRIVER	2 PCS
SPARE PARTS	
PARTS RY-215#45 DRIVE CAM BASE	5 PCS
PARTS RY-215#46 STEEL BALL	10 PCS
PARTS RY-215#47 DRIVE CAM	20 PCS
PARTS RY-215#SQ ANVIL 2" L	3 PCS
PARTS RY-231#17 CYLINDER	7 PCS
PARTS RY-231#18 ROTOR	2 PCS
PARTS RY-231#20 REAR END PLATE	2 PCS
PARTS RY-233-2#45 ROTOR BLADE	12 PCS
PARTS RY-233-2#55 SPRING	2 PCS
PARTS RY-235-8#21 THROTTLE PIN	2 PCS
PARTS RY-235-8#22 STEEL BALL	2 PCS
TOOLS	
22001-1 TIRE PRESSURE GAUGE	35 PCS
22008-1 TIRE PRESSURE GAUGE	10 PCS
M-1 GREASE GUN	25 PCS
M-22 CONNECTOR FOR GREASE GUN	30 PCS
7LH TIRE PRESSURE GAUGE	100 PCS
HH-4QLST AIR CHUCK	100 PCS
O-RING FOR HH &HP	100 PCS
RUBBER FLAT O-RING	
	854 PCS YYYYYYYYYYYYYYYY
SAY TOTAL THIRTY THREE (33) CTNS ONLY.	

This certificate shall be considered null and void in case of any alteration.

Certification

It is hereby certified that the goods described in this certificate originate in Taiwan.

TAICHUNG CHAMBER OF COMMERCE

Lai Yu-Ting

Authorized signature

No.252, Jhongshan Rd., Fongyuan City, Taichung County 420, Taiwan
Tel: 886-4-25262579   Fax: 886-4-25262105

DEC 27.2018
Certificate of Origin

Date of Certification : DEC 27 2018

產證真偽驗證網址(CO Verify Website) -https://cocp.trade.gov.tw/tbmc/public/coe0160.jsp   產證辨識碼(Verification Code)61354347B04

▲圖 2-4　一般產地證明範例

副本　　　　如有任何涂改、摄验或填写不清均将导致本原产地证书失效

1.出口商(名称、地址): 深圳市 深圳市 电话:　　　　传真: 无 电子邮件:	编号: H19470ZC61030035 签发日期: 2019年07月08日 有效期至: 2020年07月07日
2.生产商(名称、地址): 上海 上海 电话:　　　　传真: 电子邮件: 无	5.受惠情况 ☐ 依据海峡两岸经济合作框架协议给予优惠关税待遇; ☐ 拒绝给予优惠关税待遇(请注明原因)
3.进口商(名称、地址): 　　股份有限公司 电话: +886　　传真: +886 电子邮件: 无	进口方海关已获授权签字人签字
4.运输工具及路线: 离港日期: 2019年07月11日 船舶/飞机编号等: JJ STAR 1928S 装货口岸: 上海 到货口岸: 台中	6.备注: *** Verification:origin.customs.gov.cn

7.项目编号	8.HS编码	9.货品名称、包装件数及种类	10.毛重或其他计量单位	11.包装唛头或编号	12.原产地标准	13.发票价格、编号及日期
1	84212990	叠螺式污泥脱水機 SCREW TYPE MUD/WATER SEPARATING MACHINE (LIQUID FILTERING/PURIFYING MACHINE) 总共2木箱 *** *** *** *** ***	1台	"WP" MADE IN CHINA		CIF:美元 　　00.00 E2019070501 2019年07月05日

| 14.出口商声明
—本人对于所填报原产地证书内容的真实性与正确性负责;
—本原产地证书所载货物,系原产自本协议一方或双方,且货物属符合海峡两岸经济合作框架协议之原产货物。

║║║║║║║║║║║║║
00000778796 43

出口商或已获授权人签字

深圳,2019年07月08日
地点和日期 | 15.证明
依据《海峡两岸经济合作框架协议》临时原产地规则规定,兹证明出口商所做申报正确无讹。

深圳,2019年07月08日
地点和日期,签字及签证机构印章

电话: 0086-755-84398357
地址: 深圳市福田区深南大道2006号 |

194777000304275　　　　　第1页, 共1页

▲圖 2-5　優惠關稅用產地證明範例

M YANG MING

ORIGINAL
BILL OF LADING

pper KAI YA TRADE CO., LTD. NO.88 LANE 178, CHUNG ROAD, WU-CHI DIST., TAICHUNG CITY TAIWAN	Booking No. I216291854 6012 N (PAS706N) Export References	B/L No. YMLUI216291854
signee (non-negotiable unless consigned to order) TO THE ORDER OF KOOKMIN BANK	Forwarding agent references YANG MING (KOREA) CO., LTD. 82 (51) 6376500 82 (51) 6376510 Point and Country of Origin of goods	
fy party LONG LIFE CO., LTD. Y.H.JANG 365, TEHERAN-RO, GANGNAM-GU, SEOUL	ALSO NOTIFY	

carried by	*Place of Receipt TAICHUNG, TAIWAN	Onward inland routing
sel Voy No. flag YM INITIATIVE 174N	Port of Loading KEELUNG TAIWAN PORT	
of Discharge BUSAN PORT, SOUTH KOREA	*Place of Delivery BUSAN PORT, SOUTH KOREA	Delivery status

PARTICULARS FURNISHED BY MERCHANT

MKS & NOS/CONTAINER NOS	NO OF PKGS	DESCRIPTION OF PACKAGES AND GOODS	Measurement(M) gross Weight(KGS)
	3 CTNR	SHIPPER'S LOAD AND COUNT. S.T.C : 66 PALLETS	180.000 CBM 41184.000 KGS
HANKOOK BUSAN NO.1-66 MADE IN TAIWAN R.O.C.		AAD342A 2811221000 TOKUSIL 255 EG ORIGIN: TAIWAN HANKOOK TIRE PO NO 3000005446 HANKOOK TIRE MATERIAL CODE: AAD342A 2811221000 L/C NO.M108M1701ES00040 "THE NUMBER OF THE LETTER OF CREDIT IS REQUESTED TO BE SHOWED BY THE SHIPPER AND SHALL NOT BE REGARDED AS A DECLARATION OF CARGO VALUE"	FREIGHT PREPAID LOADED ON M/V : YM INITIATIVE VOY : 174N AT: KEELUNG TAIWAN PORT ON: FEB/19/2017
MAGU5692014 40'HQ FCL/FCL YMLL922497 TCNU3301071 40'HQ FCL/FCL YMLL937128 TEMU7659994 40'HQ FCL/FCL YMLL931714		22 PALLETS 22 PALLETS 22 PALLETS	

ared value $ If Merchant enters value of Goods and pays the applicable alorem rate, Carrier's package limitation shall not apply. See Clause 23 (2)&(3) hereof	Place and Date of Issue TAIPEI FEB/19/2017 SABRINA CHUANG FEB/19/2017

ITEM NO	CHG	RATED AS	PER	RATE	PREPAID	COLLECT	B/L NO
				Freight As Arranged			YMLUI216291854

The receipt, custody, carriage and delivery of the goods are subject to the terms appearing on the face and back hereof and to carrier's applicable tariff.
If required by the Carrier, this Bill of Lading duly endorsed shall be surrendered in exchange for the goods or Delivery Order.
IN WITNESS WHEREOF, the undersigned has signed Full set of Bills of Lading, all of the same tenor and date, one of which being accomplished, the others to stand void.

of Exchange USD 31.24		
ber of Original B(s)/L 3	Total	
See Attached List...	payable at	

By _____
Yang Ming Marine Transport Corporation, as carrier

oplicable only when used for multimodal or through transportation

▲圖 2-6 提單 (Bill of Lading) 參考範本

六、收　款

依貿易契約的收付款約定來進行貨款的收取。

㈠ T/T（電匯）

買方依雙方約定的付款時間匯款至賣方所提供之銀行帳戶內，匯款時間依雙方之約定。

㈡ L/C（信用狀）

依信用狀之內容與規定，至銀行完成押匯程序據以撥款，近洋地區即期信用狀銀行約收取 7 天利息，遠洋地區即期信用狀銀行約收取 14 天利息。

七、退　稅

出口產品的原物料若使用經海關課稅之進口原料，於成品加工出口後，可經由退稅方式將原繳納給海關之進口稅及貨物稅申請退稅，以降低成本，增加外銷競爭力。

第五節 ▶ 出口通關

貨物出口通關是指將貨物依《關稅法》的出口相關規定申報出口，出口商可選擇自行向海關申報出口或委託報關業者向海關申報出口。委託申報分個案委任及長期委任，自行報關出口業者或受委任申報的報關業者將報單資訊傳送至海關電腦主機，經由海關主機的專家系統篩選出此份報單的通關方式，並分為下列三種：

- C1（免審免驗通關）：放行時間約需 1 分鐘。
- C2（審查報單免驗關）：放行時間約 4 小時。
- C3（先行驗關並書面審查）：放行時間約 6～8 小時。

貨物經完成通關程序，海關放行後方能裝船出口。

一、報單類別說明 (Type of Declaration)

報單規定維護及發表單位為財政部關務署。

㈠各碼意義說明

編碼長度為 2 碼，屬性為文字或數字。

1. **英文代碼說明：**

　　G：進出一般課稅區報單別

　　B：進出保稅工廠、加工出口區、科學工業園區或農業科技園區報單別

　　D：進出保稅倉庫及物流中心報單別

　　F：進出自由港區報單別

2. **完整代碼說明：**

‧ 進口報單代碼意義：

　　G1：外貨進口

　　G2：本地補稅案件

　　G7：國貨復進口

　　D2：保稅貨出保稅倉進口

　　D7：保稅倉相互轉儲或運往保稅廠

　　D8：外貨進保稅倉

　　B6：保稅廠輸入貨物（原料）

　　F1：外貨進儲自由港區

　　F2：自由港區貨物進口

　　F3：自由港區區內事業間之交易

‧ 出口報單代碼意義：

　　G3：外貨復出口

　　G5：國貨出口

　　D1：課稅區售與或退回保稅倉

　　D5：保稅倉貨物出口

　　B1：課稅區售與保稅廠

　　B2：保稅廠相互交易或售與保稅倉

　　B8：保稅廠進口貨物（原料）復出口

　　B9：保稅廠產品出口

　　F4：自由港區與他自由港區、課稅區間之交易

　　F5：自由港區貨物

㈡報單申報類別舉例

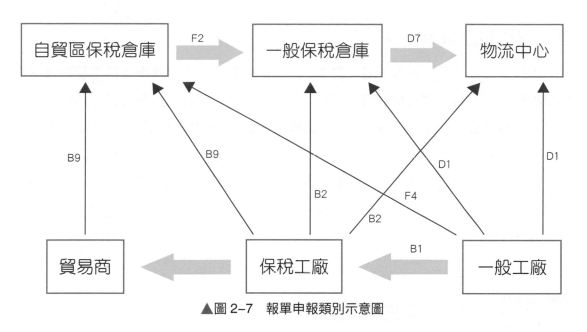

▲圖 2-7　報單申報類別示意圖

　　搭配上圖，以下試以實際案例舉例說明各狀況下之報單申報類別。

例 1：新竹一般工廠（課稅區）將商品賣與臺中保稅工廠（保稅區），視同外銷應申報
　　　B1 出口報單。

例 2：新竹一般工廠（課稅區）將商品直接賣與日本客戶，視同直接外銷應申報 G5 出
　　　口報單。

例 3：臺中保稅工廠將保稅商品直接賣與日本客戶，視同直接外銷應申報 B9 出口報
　　　單。

例 4：臺中保稅工廠將非保稅商品（即一般商品）直接賣與日本客戶，視同直接外銷
　　　應申報 G5 出口報單。

例 5：臺中保稅工廠將保稅商品直接賣與桃園物流中心，視同外銷應申報 B2 出口報
　　　單。

例 6：臺中保稅工廠將日本進口之保稅原料直接轉賣與泰國，視同外貨保稅原料轉外
　　　銷應申報 B8 出口報單。

例 7：新竹一般工廠將自德國採購之機器設備運回原廠修理，視同外貨復出口應申報
　　　G3 出口報單。

　　從以上案例內容可得知，出口貨物應申報何種代碼之出口報單類別，應以出口貨

物身分決定之。

二、出口報關基本文件

　　出口業者接單完成後續備料、生產，同步向相關業務主管機關查詢瞭解貿易商品出口相關規定，提前備齊相關簽審資料，例如：相關規定輸出許可證書、防檢局檢疫證等，待確認商品交期，洽運輸業者排訂艙位將備妥出口文件例如：報關委任書、發票（如圖 2-9）、包裝明細單（如圖 2-10）、船公司訂艙單、其他文件如輸出許可證、檢疫證等」提供給所委任之專業報關業者，向海關投遞完成出口通關放行程序，貨物方可裝船，船舶開航後，將出口文件交付買方並進行收款步驟，完成此筆貿易流程。（如圖 2-8）

第六節 貿易文件準備與押匯

　　貿易基本文件包含 (T/T) 出口基本文件與 (L/C) 押匯文件，二者文件有區別之分：

㈠**出口基本文件 (T/T)**

　　包括提單（Bill of Lading，如圖 2-6），商業發票（Commercial Invoice，如圖 2-9），包裝明細單（Packing List，如圖 2-10）以及其他買方要求提供之文件，以各種方式交付給買方。

㈡**押匯文件 (L/C)**

　　應以信用狀提示文件之規定準備，以及押匯申請書（如圖 2-11），匯票（一式二份，如圖 2-12）並向信用狀指定銀行提出押匯申請。

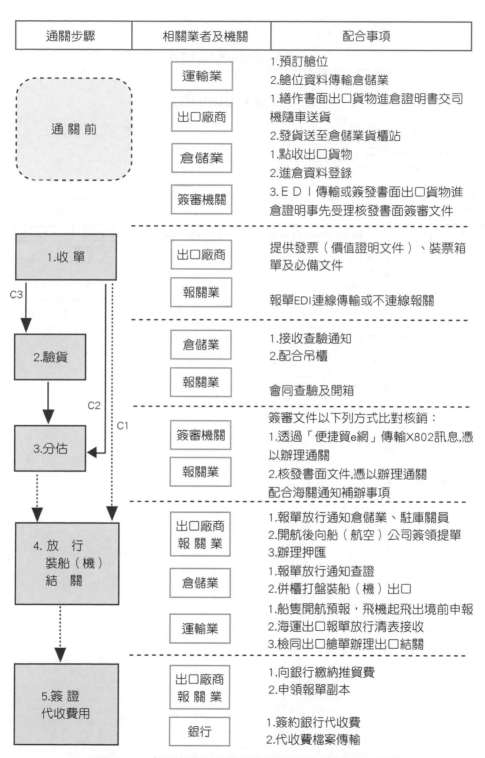

通關步驟	相關業者及機關	配合事項
通 關 前	運輸業	1.預訂艙位 2.艙位資料傳輸倉儲業
	出口廠商	1.繕作書面出口貨物進倉證明書交司機隨車送貨 2.發貨送至倉儲業貨櫃站
	倉儲業	1.點收出口貨物 2.進倉資料登錄
	簽審機關	3.EDI傳輸或簽發書面出口貨物進倉證明事先受理核發書面簽審文件
1.收 單	出口廠商	提供發票（價值證明文件）、裝票箱單及必備文件
	報關業	報單EDI連線傳輸或不連線報關
2.驗貨	倉儲業	1.接收查驗通知 2.配合吊櫃
	報關業	會同查驗及開箱
3.分估	簽審機關	簽審文件以下列方式比對核銷： 1.透過「便捷貿e網」傳輸X802訊息,憑以辦理通關
	報關業	2.核發書面文件,憑以辦理通關 配合海關通知補辦事項
4. 放 行 裝船（機） 結 關	出口廠商 報 關 業	1.報單放行通知倉儲業、駐庫關員 2.開航後向船（航空）公司簽領提單 3.辦理押匯
	倉儲業	1.報單放行通知查證 2.併櫃打盤裝船（機）出口
	運輸業	1.船隻開航預報，飛機起飛出境前申報 2.海運出口報單放行清表接收 3.檢同出口艙單辦理出口結關
5.簽證 代收費用	出口廠商 報 關 業	1.向銀行繳納推貿費 2.申領報單副本
	銀行	1.簽約銀行代收費 2.代收費檔案傳輸

▲圖 2-8　出口通關各步驟與相關業者及機關配合事項

KAI YA TRADE CO., LTD.
NO.88 LANE 178, CHUNG ROAD, WU-CHI DIST., TAICHUNG CITY TAIWAN. R.O.C.

COMMERCIAL INVOICE

No. 17000079-17-19   Dated: FEB. 17, 2017

INVOICE of   TOKUSIL 255 EG

For account and risk of Messrs. LONG LIFE CO.,LTD

Y.H.JANG 365, TEHERAN-RO, GANGNAM-GU, SEOUL

Shipped by   KAI YA TRADE CO., LTD.   Per YM INITIATIVE V.174N

Sailing on or about   From KEELUNG TAIWAN PORT   to BUSAN PORT, SOUTH KOREA

Marks & Nos.	Description of Goods	Quantity	Unit Price	Amount
			CIF BUSAN	
	AAD342A 2811221000 TOKUSIL 255 EG ORIGIN: TAIWAN	39,600.00 KGS	USD 1.0160	USD 40,233.60
		39,600.00 KGS		USD 40,233.60

SAY TOTAL U.S. DOLLARS FORTY THOUSAND TWO HUNDRED THIRTY THREE AND CENTS SIXTY ONLY.

DRAWN UNDER: CZNBKRSEXXX KOOKMIN BANK (HEAD OFFICE) SEOUL KR

L/C NO.:M108M1701ES00040   DATE: 170105

WE HEREBY CERTIFY THAT INFORMATION CONTAINED IS TRUE AND CORRECT AND THE ORIGIN OF THE GOODS IS TAIWAN.

MARKS & NOS.:
HANKOOK
BUSAN
NO.1-66
MADE IN TAIWAN
R.O.C.

KAI YA TRADE CO., LTD.

....

PAGE: 1

▲圖 2-9　商業發票 (Commercial Invoice)

KAI YA TRADE CO., LTD.

NO.88 LANE 178, CHUNG ROAD, WU-CHI DIST., TAICHUNG CITY TAIWAN. R.O.C.

PACKING LIST

No. 17000079-17-19　　　　　Dated: FEB. 17, 2017　　　MARKS & NOS:

PACKING LIST of　　　TOKUSIL 255 EG

　　　　　　　　　　LONG LIFE CO.,LTD
For account and risk of Messrs.

Y.H.JANG 365, TEHERAN-RO, GANGNAM-GU,SEOUL

Shipped by　　KAI YA TRADE CO., LTD.
Per　　YM INITIATIVE V.174N　　　Sailing on or about
From　　KEELUNG TAIWAN PORT　　to BUSAN PORT, SOUTH KOREA

Packing No.	Description	Quantity	Net Weight	Gross Weight	Measurement
1-66	AAD342A 2811221000	@600.00 KGS	@600.00 KGS	@624.00 KGS	
	TOKUSIL 255 EG	39,600.00 KGS	39,600.00 KGS	41,184.00 KGS	
	ORIGIN: TAIWAN				
	- - - - - - - - - - - - - - - -	- - - - - - - - - - - -	- - - - - - - - - - - -	- - - - - - - - - - - -	
	66 PALLETS	39,600.00 KGS	39,600.00 KGS	41,184.00 KGS	
	vv vvvvvvv	vvvvvvvvv vvv	vvvvvvvvv vvv	vvvvvvvvv vvv	
	SAY TOTAL SIXTY SIX (66) PALLETS ONLY.				
	66PLT = 66BAG				

MARKS & NOS.:
HANKOOK
BUSAN
NO.1-66
MADE IN TAIWAN
R.O.C.

KAI YA TRADE CO., LTD.

....

PAGE: 1

▲圖 2-10　包裝明細單 (Packing List)

▼圖 2-11　押匯申請書

出口押匯／貼現／信用狀項下託收申請書
APPLICATION FOR NEGOTIATION/DISCOUNT/COLLECTION OF DRAFT UNDER DOCUMENTARY CREDIT

華南商業銀行　公鑒　　　　　　　　　　　　　　　　　　日期 Date：_____
To：HUA NAN COMMERCIAL BANK, LTD.
Dear Sirs：

茲檢附本公司所開押匯／貼現／信用狀項下託收匯票第_____號（金
額）_____
I/We are presenting you herewith for negotiation/discount/collection our draft No.　　　for (amount)
根據信用狀號碼_____開狀行_____
Drawn under L/C No.　　　　　　　issued by
及下列各項單據即請查照並准予辦理押匯為荷：
accompanied by the following documents：

1. 發票 Commercial Invoice	_____ copies	5. 重量單 Weight List	_____ copies
2. 提單 Bill of Lading	_____ copies	6. 產地證明書 Certificate of Origin	_____ copies
3. 保險單 Insurance Policy	_____ copies	7. 檢驗書 Inspection Certificate	_____ copies
4. 包裝單 Packing List	_____ copies	8. 其他 Other	_____ copies

本公司證明所有與本筆出口押匯／貼現／信用狀項下託收有關之信用狀書類，包括修改通知書
I/We verify that all advices relative to credit instruments including amendment advice(s), if any, have
等經向貴行提無誤。
been submitted to you without failure.
本項出口押匯／貼現／信用狀項下託收款均按照外匯管理辦法規定
For the proceeds, please have it settled in accordance with the regulations governing foreign exchange
結付。匯率由貴行自行決定。
transactions. Exchange rate shall be appointed by you.
本公司茲此聲明及保證貴行於十二天內或貼現到期日收妥該出
In consideration of your negotiation/discount the above mentioned documentary draft, I/we guarantee that
口押匯／貼現款，且不因墊付本項票款而遭受任何損害，該項
you can receive the proceeds within 12 days or at maturity of the discounted draft and further undertake to hold
押匯／貼現票據如發生退票拒付或開狀行、付款行倒閉或由於
you harmless and indemnified against any circumstance including bankruptcy or lack of foreign exchange of issuing
外匯短缺等情事，致使貴行未能於上述期限內收妥該款時，不
bank and/or paying bank which may cause non-payment and/or non-acceptance of the said draft/receipt, and I/we
論為該票據金額之全部或一部，本公司於接獲貴行通知後，願
shall refund you in original currency the whole and/or part of the draft/receipt amount with interest and/or
立即如數以原幣加息償還，並願負擔一切因此而支出之費用。
expenses that may be accrued and/or incurred in connection with the above on receipt of your notice to that effect.
本公司茲聲明願拋棄一切之抗辯權，並免除拒絕證書之
I/We hereby willingly declare to waive all rights of defense, and exempt from protest, the notice of safety for claims of
作成及票據債權保全上之通知及其他法定手續。
bills, and other legal procedures. I/We further make it known that I/we agree to stand any loss which may occur through
本公司同意因單據上之欠缺、瑕疵或因單據正由貴行審核中，
fluctuation of the exchange rates during the time you are checking the documents before negotiation/discount or
致不及墊付上項票款，使本公司因匯率之變動而蒙受損失時，
discrepancies on delays in negotiation/discount upon your discovery of some shortfalls or discrepancies in the documents
由本公司承擔一切損失，概與貴行無關。
and I/we undertake that you will not be held responsible for any such losses.

本筆押匯／貼現／信用狀項下託收款項，扣除有關費用、利息後，請依下列方式處理：
☐ 請撥入本公司設於貴行之　☐ 新台幣存款　☐ 外匯活期存款第_____號帳戶。
☐ 金額_____結售予貴行，並將款項撥入本公司設於貴行之新台幣存款第_____號帳戶；其餘金額_____請撥入本公司設於貴行之外匯活期存款第_____號帳戶。
☐ 本筆信用狀項下單據，請以對外押匯對內託收方式辦理，俟出口款項收妥後，依上述付款指示撥款。
☐ 本件已辦理預售遠期外匯，契約書編號_____，並依上述指示撥款。
☐ 請償還貴行對本公司之外銷貸款，餘額依上述指示撥款。

提示之單據有瑕疵而遭拒付時，除 L/C 另有規定外，本公司對單據處置方式之指示如下：
（若無勾選，則表示不作指示）
□ 取得開狀申請人同意後，開狀銀行依信用狀條款付款。
□ 需經本公司同意後，開狀銀行依信用狀條款付款。
□ 另有指示：

出口押匯／貼現／信用狀項下託收申請書約定條款（承上頁）

一、　本公司願遵守押匯／貼現／信用狀項下託收當時國際商會所刊行之「信用狀統一慣例（含 eUCP）」與實務，以及國際規則中解釋貿易條件之相關條款，作為本申請書內容之一部分，並受其拘束。但與本申請書抵觸者，不在此限。

二、　本公司授權貴行或貴行之通匯行，以貴行或貴行之通匯行認為適合之任何方法寄送匯票與／或單據。

三、　若匯票與／或單據在寄送中毀損、遺失；或視為已毀損、遺失；或因誤送等意外情事致遲延寄達付款地時，得不必經任何法律手續，一經貴行通知，本公司願依據貴行帳簿之記錄，做成新匯票與／或單據提供予貴行，或依貴行之指示，立即償付貴行押匯／貼現金額以及其他一切費用。

四、　貴行未完成押匯／貼現／信用狀項下託收行為前，本公司得請求貴行變更、解除及終止押匯／貼現／信用狀項下託收行為，惟押匯／貼現／信用狀項下託收行為完成後，不在此限。因前揭行為所產生之必要費用或損失，概由本公司負擔。

五、　本公司同意本申請書約款及出口押匯約定書之約款，均為辦理出口押匯／貼現／信用狀項下託收業務之依據，本公司均應遵守。如有抵觸，優先適用本申請書之約款。

六、　本申請書之解釋及適用，以中華民國法律為準據法。

七、　除另有約定外，本公司並願遵守主管機關有關法令、銀行公會及貴行各項規章，上揭法令規章如有變動時，亦同。

八、　本申請書所載各條款如有任何爭執，概以中文文義為憑。

九、　除與貴行另有約定外，本公司辦理本業務收費標準如下：（信用狀項下託收案件不適用第 2 點）

　　1. 押匯手續費：押匯金額之 1%，最低額新臺幣 500 元 (DBU)/ 美金 20 元或等值之其他外幣 (OBU)。
　　　 轉押匯手續費：指定銀行之必要費用內扣者以轉押匯金額之 1.2% 計收，最低額新臺幣 600 元 (DBU) / 美金 25 元或等值之其他外幣 (OBU)；指定銀行要求先行支付費用者以 2% 計收，最低額新臺幣 1000 元 (DBU)/ 美金 40 元或等值之其他外幣 (OBU)。

　　2. 即期息、押匯息或轉押匯息：依地區及幣別按掛牌各該幣別之適用利率計收 10 至 12 天。
　　　 遠期息：按掛牌各該幣別之適用利率依貼現天數加計 15 天或依實際天數計收。
　　　 單據瑕疵息：按掛牌各該幣別之適用利率計收 7 天。詳細收費標準，請洽往來營業單位。

　　3. 郵費：依地區每件新臺幣 120 元至 350 元 (DBU)/ 美金 5 元至 15 元或等值之其他外幣 (OBU)，特重文件按實計收。
　　　 快遞費：依地區每件新臺幣 630 元至 1190 元 (DBU)/ 美金 25 至 45 元或等值之其他外幣 (OBU)，惟超重部份應另依快遞公司規定計收。詳細收費標準，請洽往來營業單位。

　　4. 國外費用：依信用狀規定收取之外幣金額或依美金 70 元 x 當日掛牌小額賣出匯率計收 (DBU) / 依信用狀規定收取之外幣金額或依美金 70 元或等值之其他外幣計收 (OBU)。
　　　 詳細收費標準，請洽往來營業單位。

　　5. 電報費：每通新臺幣 800 元 (DBU)/ 美金 30 元或等值之其他外幣 (OBU)。
　　　 匯費：匯出金額之 0.5%，最低額新臺幣 100 元 (DBU)/ 美金 10 元或等值之其他外幣 (OBU)，最高額新臺幣 800 元 (DBU)/ 美金 30 元或等值之其他外幣 (OBU)。

十、　本公司同意貴行目前所訂相關費用之收費標準，且同意貴行得隨時調整，但應於調整前以顯著方式，於營業場所或網站上公開揭示。

十一、本公司對本服務有所疑義，可於營業時間中親洽往來營業單位或透過下列管道由專人負責說明及答覆：24 小時客戶服務中心電話：(02)2181-0101、申訴專線：0800-231710、0800-231719、意見信箱：
　　　 http://www.hncb.com.tw/others/contact.shtml。

本公司聲明就本申請書正面及背面之重要約款，經貴行詳為解說，已經充分瞭解自身權利行使，本申請事項變更、解除及終止之方式與限制；應負擔之費用、利息、違約金、損失（包括收取時點、計算及收取方式）及其他義務；貴行可主張之重要權利以及應盡之義務與責任，並同意簽章於下：

公司名稱：

地　　址：

電　　話：
營利事業統一編號：
（報關行　　　　　　　）
（電　話　　　　　　　）

核　章

Authorized Signature(原留印鑑)
出口報單號碼：

BILL OF EXCHANGE

Draft No. _____

TAIWAN

For _____

(YEAR/MONTH/DAY)

AT _____ sight of this FIRST of Exchange (Second the same tenor and date being unpaid) Pay to the order of HUA NAN COMMERCIAL BANK, LTD.

the sum of   value received

Drawn under _____
Irrevocable L/C No. _____   dated _____
TO

_____   _____
_____   _____
_____
_____   _____

BILL OF EXCHANGE

Draft No. _____

TAIWAN

For _____

(YEAR/MONTH/DAY)

AT _____ sight of this SECOND of Exchange (First the same tenor and date being unpaid) Pay to the order of HUA NAN COMMERCIAL BANK, LTD.

the sum of   value received

Drawn under _____
Irrevocable L/C No. _____   dated _____
TO

_____   _____
_____   _____
_____
_____   _____

▲圖 2-12　匯票 (Bill of Exchange) 一式二份

第七節 T/T 與 L/C 貿易流程圖說明

一、T/T 貿易流程圖說明

T/T 貿易流程如圖 2–13，各步驟之說明如下：
- 步驟 1～3 為報價至接單過程
- 步驟 4～5 為生產過程
- 步驟 6～17 為出貨通關過程
- 步驟 18～20 為出口流程完成收款過程
- 步驟 21～25 為進口準備過程
- 步驟 26～38 為進口通關過程
- 步驟 39～42 為完成進口通關過程

二、L/C 貿易流程圖說明

L/C 貿易流程如圖 2–14，各步驟之說明如下：
- 步驟 1～4 為完成買賣契約階段
- 步驟 5～8 為信用狀階段
- 步驟 9～10 為生產出貨階段
- 步驟 11～19 為出口通關階段
- 步驟 20～25 為信用狀收款階段
- 步驟 26～31 為進口方資料取得階段
- 步驟 32～40 為進口方通關繳稅階段
- 步驟 41 為進口方提貨銷售

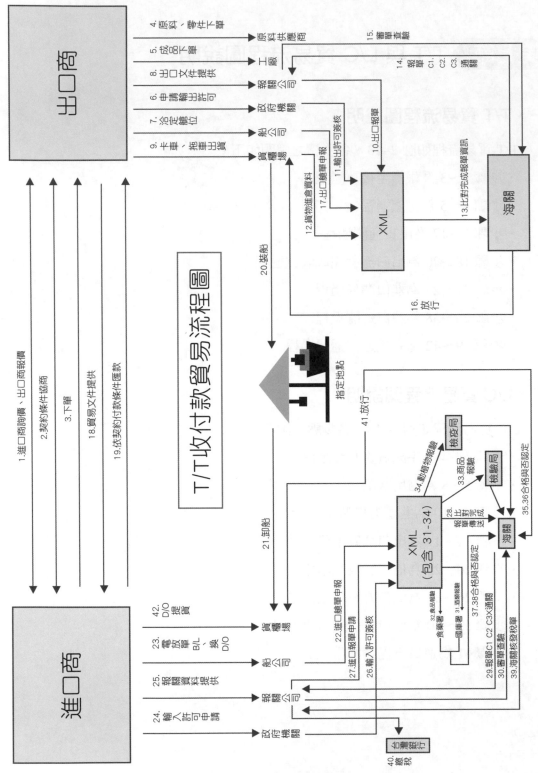

▲圖 2-13 T/T 貿易流程圖

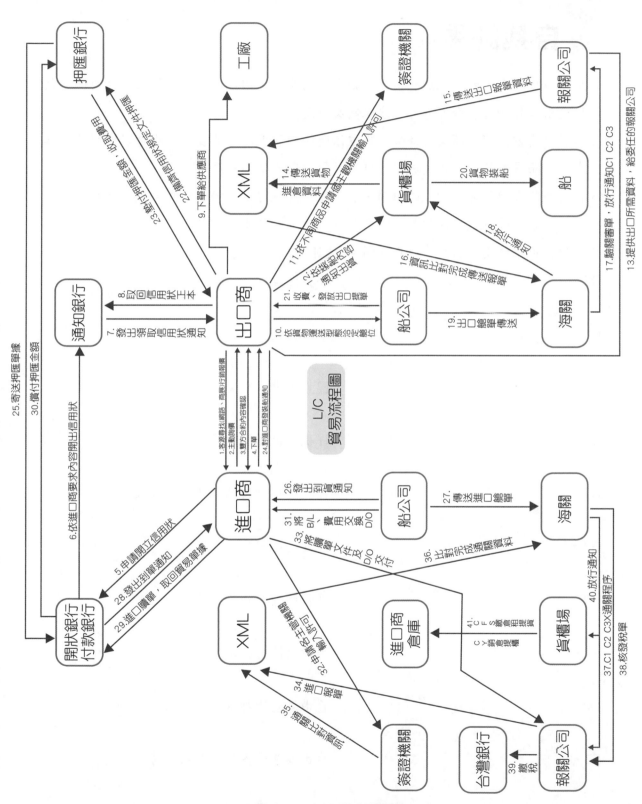

▲圖 2-14 L/C 貿易流程圖

自我評量

1. 進出口貨物之申報，依照具備身分證有行為能力之國民、貿易商及工廠之角色，每批進出口貨物買賣金額各有什麼限制及規定？

2. 當買賣雙方談妥各項交易條件，買方依契約內容下訂單於賣方，此時買賣契約即算成立。而賣方接受訂單完成後，應進行何種交貨準備程序？

3. 自行報關出口業者或申報的報關業者將報單資訊傳送至海關電腦主機，經由海關主機的專家系統篩選出此份報單的通關方式，可分為哪三種？

4. 請對應正確的進口報單代碼與說明。（連連看）

D2 ·　　　　　　　　　　外貨進口

F1 ·　　　　　　　　　　本地補稅案件

G1 ·　　　　　　　　　　國貨復進口

B6 ·　　　　　　　　　　保稅貨出保稅倉進口

D7 ·　　　　　　　　　　保稅倉相互轉儲或運往保稅廠

G2 ·　　　　　　　　　　外貨進保稅倉

G7 ·　　　　　　　　　　保稅廠輸入貨物（原料）

F3 ·　　　　　　　　　　外貨進儲自由港區

D8 ·　　　　　　　　　　自由港區貨物進口

F2 ·　　　　　　　　　　自由港區區內事業間之交易

5. 請對應正確的出口報單代碼與說明。(連連看)

F5 ‧   外貨復出口

B9 ‧   國貨出口

B8 ‧   課稅區售與或退回保稅倉

D1 ‧   保稅倉貨物出口

G3 ‧   課稅區售與保稅廠

D5 ‧   保稅廠相互交易或售與保稅倉

B1 ‧   保稅廠進口貨物（原料）復出口

B9 ‧   保稅廠產品出口

B2 ‧   自由港區與他自由港區、課稅區間之交易

G5 ‧   自由港區貨物

6. 請問 (T/T) 出口基本文件及 (L/C) 押匯文件，此二者文件有何區別？

▷ 第三章
貿易契約七大條件

貿易契約區分為七大條件：品質條件、數量條件、價格條件、包裝條件、保險條件、交貨條件和付款條件，以下分別介紹各條件之應用方式。

第一節 ▶ 品質條件

一、約定確認品質的方法

㈠樣　品

小件的一般的國際性樣品皆可以樣品來做為約定品質的方法。

㈡國際標準

如果買賣的商品有國際標準，如產業團體、學會、國家所制訂標準，適合做為買賣約定品質方法的方式。如：中華民國的國家標準 (CNS)、英國的國家標準 (BS)、燈具的國際標準 (UL) 等，這些標準皆已有製作完成的品質規範，在合約中只要寫上標準名稱，買賣雙方就以此國際標準做為確認品質的方式。

㈢標準物平均品質

產品標準物平均品質的方式，如：農特產品、咖啡黃豆等，交易當下有時還在種植中尚未採收，當交貨時它們品質是否如我們所評估的並不一定，又如一些礦產品如煤炭構成品質條件極多，其中差異皆會影響品質，如水分的多寡。

㈣產品說明書或型錄為約定品質的方法

有一些東西如大型機器設備或一些工業用油質等等本身品質很難去規範，就以賣方的說明書或型錄的內容做為我們實際收貨時確認品質的方式。

二、確認品質的時間與地點

確認品質通常只有二種方式,「以出貨時的品質為準」或「以收貨時的品質為準」。另外在國際貿易中有貿易條件,貿易條件跟貿易品質的時間地點是分開的。

第二節 ▶ 數量條件

一、數量單位的確認

數量是指買賣交易量,與貨款有關的數量單位,因為是國際貿易所以所用單位必須是國際通用的單位 , 例如 : 公斤 (KGM) 、 碼 (YRD) 、 平方公尺 (MTR) 、 整套 (SET)、一雙一對 (PAR)、一支 (PCE)、一打 (DOZ)、一捲 (ROL)、一袋 (BAG)、一箱 (CTN)、一罐 (CAN)、一瓶 (BOT) 等。

二、確認交易數量的時間與地點

確認交易數量有二種方式,「以出貨方出貨時的數量為準」以及「以進口方收貨時的數量為準」。

三、交付數量過多與不足的處理

一般型的貿易,如電風扇、腳踏車,一般而言不會做相關規定,但大宗物資在這方面必須小心處理,在合約裡面必須載明清楚,否則常會產生貿易糾紛,因為數量極大,如果未載明清楚,賣方常會因為當時產品在國際市場上是屬於買方市場還是賣方市場,而會做調整交貨,對買方則相當不利。

第三節 ▶ 價格條件

一、計價的幣別

由於國際貿易牽涉二個不同的國家及雙方國家幣值的不同,所以在價格條件裡面,

幣別一定要記載清楚，一般都用國際通用貨幣如美金、英鎊、歐元等，新臺幣與人民幣、港幣亦為常見之交易幣別。

二、價格結構

賣方所報出金額的單位價格，包含哪些東西，如稅金或佣金是否包含在內，貿易條件來自於國貿條規，也就是國際商會 (ICC) 於 1936 年所制訂的，所以貿易條件又稱交易條件，以此界定買賣雙方權利義務，分別訂定標準化之貿易條件規則。

國際商會於 1936 年制訂國貿條規 (Incoterms)，其後經 1953、1967、1976、1980、1990、2000 及 2010 年等數次之修訂，目前最新版本為 2010 年版國貿條規 (Incoterms® 2010)，2000 年版國貿條規的貿易條件總共有 13 條，2010 年版國貿條規的貿易條件變更為 11 條。（如表 3–1）

條件	條文名稱
EXW	Ex Works (name place of delivery)－工廠交貨條件
FCA	Free Carrier (name place of delivery)－貨交運送人條件
CPT	Carriage Paid to (name place of destination)－運費付訖條件
CIP	Carriage & Insurance Paid to (name place of destination)－運保費付訖條件
DAT	Delivered at Terminal (name terminal at port or place of destination)－終站交貨條件
DAP	Delivered at Place (name place of destination)－目的地交貨條件
DDP	Delivered Duty Paid (name place of destination)－稅訖交貨條件
FAS	Free Alongside Ship (name port of shipment)－船邊交貨條件
FOB	Free On Board (name port of shipment)－船上交貨條件
CFR	Cost and Freight (name port of destination)－運費在內條件
CIF	Cost, Insurance & Freight (name port of destination)－運保費在內條件

▲ 表 3–1　2010 年版國貿條規

三、計價的單位

出口方所報的單價其數量的單位，此數量單位必須出現在報價金額的後面，如腳踏車 USD50.00 PER SET。（1 公斤跟 1 噸差距 1,000 倍，所以賣方須作完整的價格報價避免造成貿易糾紛）

四、價格變動風險

㈠成本變動風險

假設買賣商品主要原料為不銹鋼材，賣方從報價接單到實際生產，這期間時間間隔相當長，報價時所評估之單價會因時間點不同，國際價格產生巨大變動，在產品上線生產採購現貨時差異會相當大，這就會產生成本變動風險，增加的成本將會降低報價時評估之利潤。

㈡匯率變動風險

報價時的外幣匯率與收款時的外幣匯率一般都會產生變動，有時變動會相當的高，當變動高時會吃掉所預估之毛利率，這就是我們一般所稱的匯兌損失。

第四節　包裝條件

一、包裝目的

包裝主要有方便辨識、方便運輸、保護商品和提高商品銷售量等諸多功能。

二、包裝材質與型態

國際貿易產品種類繁多，有些東西並不需包裝，在國際運送上如大宗穀物黃豆、玉米、高粱、小麥，或礦砂、鋼胚、鋼捲、原木、車輛、化學品（液鹼、甲苯及二甲苯等）等，這些貨物一般沒有經過包裝直接裝載於運輸工具上，我們統稱為裸裝貨物。

其他較小型的貨物通常都需包裝，包裝材料跟方式會因為貨物的不同，而選擇不同的方式，包裝的材質可分為以下二種：

㈠單一材質

商品只用單一材料的包裝。

㈡複合材質

在運送包裝上涵蓋二種以上的材料來做包裝。（如先用紙箱做包裝，再用棧板做重複包裝，棧板外面再用收縮膜加以包覆固定）

三、包裝數量單位

包裝數量單位不同於價格數量條件的單位，這二個單位的涵義並不相同，會同時出現在相同國際貿易文件上但標示於不同位置，最明顯差異在於價格數量的單位是指與買賣金額有關的產品之數量，包裝的單位是指買賣商品經過運送包裝後所產生的單位，這些單位名稱是國際共用的故不可以用錯，不一樣的商品特性會產生不一樣的單位。例如箱可以用 case 也可用 carton（紙箱而言），另由木材所製作之木箱又可分為板條箱 (CRT)、密木箱 (WDC) 及棧板 (PLT)。

四、包裝標誌

㈠主　嘜

一般放置於包裝的最大面積上，這些包裝標誌如買方有特殊要求，在標誌上需應買方之要求出現，但賣方可以再增加內容，如買方無要求則由賣方決定。

主嘜第一行為買方公司英文名稱縮寫，建議不要增加任何圖形。第二行為目的地，當目的地等於卸貨港時則直接使用卸貨港；若二者是不相同地點時，二者中間需加上 VIA。第三行是包裝件號（一般稱為箱號），包裝為 X 件時編號為 1–X 號，號碼不可重號（如 C/NO. 1–30 表示總共 30 只紙箱）。第四行為原產地，通常是指產品的製造生產國家，出口國不一定是產品製造國家。（臺灣製造依國際貿易局《貿易輸出管理辦法》第 20 條及 21 條之規定，必須標示 Made in Taiwan，中華民國製造或臺灣製造）。（如圖 3–1）

㈡側　嘜

在國際貿易上屬可標可不標，沒有硬性規定，在慣例上一般內容包含以下幾種：訂單號碼、內裝數量、內裝淨重、內裝毛重、顏色、規格、材積等。

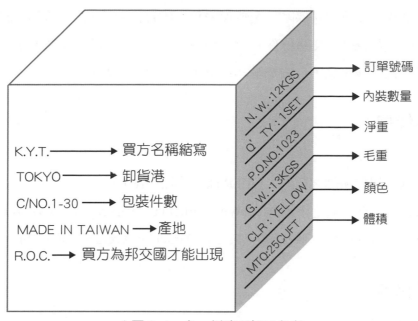

▲圖 3-1　主、側嘜頭標示參考

㈢**警告性標示**

如圖 3-2 所示。

▲圖 3-2　警告性標示範例

㈣**商　標**

　　國際間對於仿冒商標嚴重關注，所以我國對於仿冒商標，在通關時查緝甚嚴，若交易商品有商標，可標示於外箱，也可標示於內包裝，也可標示於產品本身，只要有標示，在通關上需做誠實申報。

第五節　保險條件

　　國際貿易所談保險是指貨物在整段運送中（從出口方港口到進口方港口）所產生

之保險,簡稱國際貨物運送保險,至於保險費由誰負擔這要回歸到價格條件裡面的價格結構所謂的貿易條件(交易條件),貿易條件來決定保險費由誰來承擔負責。

保險區分為二段來談,一個是基本條款,一個是附加條款。

一、基本條款

分為下列三種:

- **A 條款**:以前所謂之全險。(All Risks,簡稱 AR)
- **B 條款**:以前所謂之水漬險。(With Particular Average,簡稱 WPA)
- **C 條款**:以前所謂之平安險。(Free of Particular Average,簡稱 FPA)

二、附加條款

分為下列三種:

- **兵險**(War Risk,簡稱 WR)
- **罷工暴動險**(Strikes, Riot, and Civil Commotions,簡稱 SR&CC)
- **偷竊遺失險**(Theft Pilferage and Non-Delivery,簡稱 TPND)

以上所稱的基本條款及附加條款,所包含之保險範圍只在港口對港口 (Port to Port),空運為機場對機場。但在國際實務上,常常出險的位置並不在此區間,而是在雙方內陸的運送中產生。為了避免投保後萬一出現狀況時卻無法得到相對的補償,建議讀者在保單中對保險公司增加一條款 —— 倉庫對倉庫條款 (Warehouse to Warehouse),在保單中增加此條款,所保障範圍擴充到從出口方倉庫開始沿路至進口方倉庫為止,含雙邊內陸的運送,除基本條款及附加條款外,另有保額及保費說明。

三、保 額

保額為保單之保險金額,一般國際慣例上,除非有特殊規定,則依其規定計算,若無特殊規定,保額以國際貨物買賣價格外加 10% 計算。例如:貨物價值新臺幣 100 萬元,此貨物保額為新臺幣 100 萬元另加 10%(新臺幣 10 萬元),保額是為新臺幣 110 萬元。

四、保　費

保費為保額乘以保險匯率，保單生效最基本保險費為新臺幣 400 元，若保額乘以保險匯率之金額超出新臺幣 400 元，以其計算金額實際收取。

第六節 ▶ 交貨條件

一批貿易交易的運作，買方主要義務為準時依約定支付貨款，賣方主要義務為準時交貨，所以在貿易七大條件內，交貨條件為極重要的一項條件，萬一賣方延遲交貨，買方不僅可以拒絕付款，還可以向賣方要求其相對損失賠償。在交貨條件裡面我們列舉出下列五項：

一、運輸方式 (Mode of Transportation)

在國際貿易商品的運輸方式上，包含空運、海運、郵包運送、鐵路運送、公路運送、管路運送及複合運送，以上運送方式依不同的貨物性質及地理環境來決定其方式。

二、交貨地點 (Place of Delivery)

交貨地點的訂定必須以貿易條件做相互的勾稽，以避免此份貿易契約內容有糾紛產生，在實際案例中，交貨地點不限定於港口而可能是內陸點。例如：廠商在臺灣中部，而船隻只靠基隆港，則交貨地點應設定於基隆港還是臺中港？答案是基隆港雖然為船隻靠泊港口，但臺中港才是廠商買方所需要的交貨地點。

三、交貨時間

其約定方式可分為下列幾種：

㈠**設定最後交貨日期**

例如：7 月 30 日之前須裝運。

㈡**設定區間**

例如：5～6 月份間裝運。

㈢**設定一定期間**

例如：8 月份裝運。

以上所謂的交貨日期訂定，是指在契約內訂定，一般電匯 (T/T) 就以此為準。如果收付款方式為信用狀，則在信用狀條款中另須訂定，但內容必須與契約交貨時間之內容一致。

四、交貨的附帶條件

㈠**可否轉運**

1.**禁止轉運** (Transshipment is Not Allowed)

2.**允許轉運** (Transshipment Allowed)

在允許轉船轉運的方式下，買方應特別留意此交易商品是否為應檢疫的商品（動植物商品），此應檢疫商品應慎選港口及國家，若港口及國家轉運點可能是交易商品的疫區國家或地區，則必須避免。

㈡**可否分批** (Partial Shipments)

1.**禁止分批裝運** (Partial Shipment Prohibited)

2.**允許分批裝運** (Partial Shipment Allowed)

一般而言，少量的貨物交易會使用禁止分批裝運，而金額或設備體積龐大的話則會使用允許分批裝運。

五、交貨通知

交貨通知為賣方責任，賣方於貨物裝機船運送離場時必須向買方發出一份文件，此文件即為交貨通知，裡面包含訂單號碼或信用狀號碼、貨物名稱、裝運數量、裝運包裝件數、裝運船名、航次、裝運的港口、裝運的日期、以及預訂到達買方之港口及日期等。

交貨通知在貿易過程中為重要之動作，以避免整個貿易流程中因多方的疏失，而致使貨物已到達買方口岸多時，進口商仍不知貨物已到達，造成通關提貨手續延誤辦理，若產生此現象在買方國家內將會產生多餘之費用，賣方為了保障自己，必須要發出交貨通知也是賣方的義務，同時也讓買方準備應該支付的金額。

六、遲延交貨之處理

遲延交貨之責任產生於賣方，賣方有義務在約定交貨日期內將貨物交付於買方，若賣方未能夠依約履行交貨，將損及買方之權利，所以雙方往往會在契約中約定遲延交貨的處理方式，賣方可在貿易契約的遲延交貨條款中要求加上不可抗力之因素，例如：戰爭、天災、罷工等，不可歸責於賣方，若產生此情況，交貨時間應另行約定。

第七節 付款條件

付款條件區分為三個方向：付款時間、付款方法以及付款的其他條件。

一、付款時間

下訂單時，先交付部分比例之訂金，待交貨時再交付其他尾款。依款項付清時間可分為以下三種：

- 交貨前付款 (Payment Prior to Delivery)
- 交貨時付款 (Payment Against Delivery)
- 交貨後付款 (Payment After Delivery)

二、付款方法

㈠電匯 （Telegraphic Transfer, T/T）

指買方透過銀行匯款的方式，將貨款匯入賣方指定銀行帳戶內。

㈡信用狀 （Letter of Credit, L/C）

透過銀行來作收付款的方式，內容經由貿易契約所談，紀錄於信用狀各條款裡面，由買方 (Applicant) 負責開出信用狀，賣方為信用狀受益人 (Beneficiary)，賣方可要求指定通知銀行。

㈢託收 (Collection)

1.付款交單 （Document against Payment, D/P）

適用於即期付款的交易模式，當買方付清全部款項後，銀行才將所有單據交付於買方。(俗稱一手交錢一手交文件)

2.**承兌交單**（Document against Acceptance, D/A）

適用於遠期付款的交易模式，買方要拿取文件時，必須向銀行承諾某個時間點後他會承認兌現付款的義務，當買方向銀行做出承諾後，銀行會將單據交付於買方，待承諾時間到期即須付清款項。

㈣**對沖**（Charge Against, C/A）

當買賣雙方互為交易的買賣對象，如 A 廠商除了賣貨給 B 廠商外，另外也從其購買商品，此種現象下雙方可約定一段時間（3～6 個月）才沖一次帳，在這期間內雙方交易皆不需付款，將應收付款項記於帳上，等時間到期再一次性做會計帳的對沖，對沖完後 A 跟 B 其中一方須支付餘款，應支付餘款的一方再用 T/T 電匯方式，將應交付的餘款透過銀行匯給對方指定的銀行帳戶,優點為在約定期限內不須每筆皆支付貨款，則不須每筆交易皆支付給銀行手續費，降低成本。

㈤**記帳**（Open Account, O/A）

是一種遠期付款的交易模式，記帳約定 (O/A) 45、60、180 天皆有可能，當賣方出貨後並不能即時收到貨款，於約定期間後買方才將應付的貨款透過銀行的方式電匯給對方，此種方式對賣方而言所承擔風險相對來的高。

㈥**寄售**（Shipped on Consignment, S/C）

此種方式其貨物的所有權並無移轉，只是賣方先將貨物運送到買方的手上，由買方代為銷售，並約定一段時間（1～2 個月）再將買方這約定期間內所銷售的貨物扣除其應收款項，再將剩餘款用銀行匯兌的方式匯出給出口商，這種交易模式對買方而言完全沒有成本上負擔，只就其銷售能力來賺取多少利潤。

㈦**分期付款**（Instalment Payment, I/P）

這種方式是雙方於交易前先約定好，這張訂單的所有銷售金額買方分幾次來支付款項，次數及時間皆以買賣雙方約定為準。

三、付款的其他條件

賣方可設定其他付款條件，如延遲付款的處理，或賣方可於此條件內加上買方應於合約經雙方簽署確認，7 日內開出信用狀等。

自我評量

1. 在貿易契約中,請列舉幾項確認品質的方法。

2. 2010 年版國貿條規的 11 項貿易條件及條文名稱為何?

3. 包裝的目的為何?

4. 請說明包裝標誌中,主嘜及側嘜的標示規定。

5. 在貿易契約中,請列舉保險的三項基本條款。

6. 在貿易契約中,請列舉保險的三項附加條款。

7. 一般國際慣例上,除非有特殊規定,保單之保險金額如何計算?

8. 在國際貿易商品的運輸方式上,包含有幾種運輸方式?

9. 請比較託收付款方式──付款交單及承兌交單的差別。

10. 何謂對沖的付款方式?

11. 何謂記帳的付款方式?

12. 何謂寄售的付款方式?

13. 何謂分期付款的付款方式?

▷ 第四章
信用狀

信用狀 (Letter of Credit) 為國際貿易買賣雙方收付貨款之方式與工具，其操作需透過外匯銀行進行，當買賣雙方貿易契約的收付貨款方式，係以信用狀進行者，進口方除了給予賣方訂單外，必須至開狀銀行開出信用狀給賣方，信用狀開狀方式可區分為簡電、全電二種，信用狀種類又區分為遠期信用狀 (Usance Credit)、即期信用狀 (Sight Credit)、可撤銷信用狀 (Revocable Documentary Credit)、不可撤銷信用狀 (Irrevocable Documentary Credit)、可轉讓 (Transferable)、不可轉讓 (Non-Transferable)、循環信用狀 (Revolving L/C) 等種類。

第一節 ▶ 環銀電協信用狀代碼解讀

信用狀開發方式種類繁多，本書僅以環銀電協信用狀 (SWIFT Letter of Credit) 做為信用狀內容說明。環銀電協信用狀，全名稱為「環球銀行金融電訊協會」 (Society for Worldwide Interbank Financial Telecommunication, SWIFT)，該組織於 1973 年在比利時依法成立，專門從事傳遞各國之間的非公開性的國際金融電訊業務，其中包括外匯買賣、狀券交易、開立信用狀。該組織的總部設在比利時布魯塞爾，信用狀採用的電文為系統標準化，並在電文的末尾有密碼，若來往密碼不相符，會自動予以拒絕。

環銀電協信用狀跟單 L/C（信用狀）MT700 的代碼解讀如表 4-1。

序號 No.	代號 Tag	欄位名稱 Field Name	內容 Content/Options	M/O
M	27	Sequence of Total 頁次	1n/1n1 1 個數字／1 個數字	1
M	40A	Form of Documentary Credit 跟單信用狀類別	24x 24 個字符	2

M	20	Documentary Credit Number 信用狀號碼	16x 16 個字符	3
O	23	Reference to Pre-Advice 預通知的編號	16x 16 個字符	4
O	31C	Date of Issue 開狀日期	6n6 6 個數字	5
M	40E	Applicable Rules 適用的規則	30x (/35x)	6
M	31D	Date and Place of Expiry 到期日及地點	6n29x 6 個數字／29 個字符	7
O	51a	Applicant Bank 申請人的銀行	A or D A 或 D	8
M	50	Applicant 申請人	4*35x 4 行 35 個字符	9
M	59	Beneficiary 受益人	(/34x) 4*35x (/34 個字符) 4 行 35 個字符	10
M	32B	Currency Code, Amount 幣別代號、金額	3a15d 3 個字母，15 個數字	11
O	39A	Percentage Credit Amount Tolerance 信用狀金額加減百分率	2n/2n 2 個數字／2 個數字	12
O	39B	Maximum Credit Amount 最高信用狀金額	13x 13 個字符	13
O	39C	Additional Amounts Covered 可附加金額	4*35x 4 行 35 個字符	14
M	41a	Available With...By... 向…銀行押匯，押匯方式…	A or D A 或 D	15
O	42C	Drafts at... 匯票期限	3*35x 3 行 35 個字符	16
O	42a	Drawee 付款人	A or D A 或 D	17
O	42M	Mixed Payment Details 混合付款指示	4*35x 4 行 35 個字符	18
O	42P	Deferred Payment Details 延遲付款指示	4*35x 4 行 35 個字符	19
O	43P	Partial Shipments 分批裝運	1*35x 1 行 35 個字符	20

▲ 表 4-1 環銀電協信用狀跟單 L/C（信用狀）MT700 代碼解讀

信用狀條文解讀如下：

M 27－Sequence of total 合計序號

M 40A－Form of Documentary Credit 跟單信用狀類別

IRREVOCABLE——不可撤銷

REVOCABLE——可撤銷

IRREVOCABLE TRANSFERABLE——不可撤銷，可轉讓

REVOCABLE TRANSFERABLE——可撤銷，可轉讓

M 20－Documentary Credit Number 信用狀號碼

O 23－Reference to Pre-Advice 預先通知摘要（如果信用狀是採取預先通知的方式，該項目內應該填入 "PREADV/"，再加上預先通知的編號或日期）

O 31C－Date of Issue 開狀日期——YYMMDD（如果這項沒填，開狀日期為電文的發送日期）

M 40E－Applicable Rules 適用規則

M 31D－Date and place of expiry 信用狀的到期日，哪個地點（國家）的日期

M 32B－Currency Code, Amount 幣別代碼、金額

O 51a－Applicant Bank 申請銀行

M 50－Applicant 申請人——進口商名稱，地址

M 59－Beneficiary 受益人——出口商名稱，地址

O 39A－Percentage Credit Amount Tolerance 信用狀金額增減百分比 2/2 = +2%, −2%

O 39B－Maximum Credit Amount 最高信用狀金額（39B 與 39A 不能同時出現）

O 39C－Additional Amounts Covered 附加金額內容（表示信用狀所涉及的保險費、利息、運費等金額）

M 41a－Available with/by 指定受理銀行／信用狀兌付方式

×××BANK BY PAYMENT——由×××銀行付款

BY NEGOTIATION——由×××銀行押匯

BY ACCEPTANCE——由×××銀行承兌

BY DEF PAYMENT——由×××銀行延期付款

BY MIXED PYMT——由×××銀行混合付款

ANY BANK－無指定受理押匯銀行

O 42C－Draft at 匯票期限

O 42a－Drawee 付款銀行（匯票付款人）

O 42M－Mixed Payment Details 混合付款明細——時間，方式，金額

O 42P－Deferred Payment Details 延期付款明細——時間，方式

O 43P－Partial Shipments 分批裝運

ALLOWED, PERMITTED——允許

FORBIDDEN, PROHIBITED——被禁止

O 43T－Transhipment 轉運

O 44A－Place of Taking in Charge/Dispatch from.../Place of Receipt 接管地／發送…／收貨地

O 44B－Port of Final Destination/For Transportation to.../Place of Delivery 最終目的地／運往…／交貨地

O 44E－Port of Loading/Airport of Departure 裝運港口／起運地機場

O 44F－Port of Discharge/Airport of Destination 卸貨港／目的地機場

O 44C－Latest Date of Shipment 最後裝運日期

O 44D－Shipment Period 裝運期間

O 45A－Description of Goods and/or Services 貨品名稱

貿易條件——FOB, CIF, CFR...

O 46A－Documents Required 所需提示的單據（押匯文件）（44C 與 44D 不能同時出現）

O 47A－Additional Conditions 附加條件

O 71B－Charges 費用

O 48－Period for Presentation 提示期間

M 49－Confirmation Instructions 保兌指示

O 53a－Reimbursing Bank 補償銀行

O 78－Instructions to the Paying/Accepting/Negotiating Bank 給予付款／承兌／讓購銀行的指示

O 57a－Advise through Bank 收訊銀行之外的通知銀行

O 72－Sender to Receiver Information 銀行間的備註

第二節 信用狀例示

信用狀內容說明如下：

1. 開狀銀行：KOOKMIN BANK (HEAD OFFICE) SEOUL KR

2. 通知銀行：TAIPEI FUBON COMMERCIAL BANK CO., LTD.

3. 信用狀種類：不可撤銷信用狀

4. 信用狀號碼：M108M1701ES00040

5. 開狀日期：2017 年 01 月 05 日

6. 適用規則：UCP（信用狀統一慣例）最新版本

7. 有效日期：臺灣時間 2017 年 02 月 28 日

8. 申請人：LONG LIFE CO., LTD.

9. 受益人：KAI YA TRADE CO., LTD.

10. 金額：USD 40,233.60

11. 押匯銀行：任何一家外匯銀行

12. 匯票期限：即期

13. 匯票付款人：KOOKMIN BANK (HEAD OFFICE) SEOUL KR

14. 分批裝運：允許

15. 轉運：禁止

16. 裝運港：臺灣的港口

17. 卸貨港：釜山

18. 最後裝運日期：2017 年 02 月 28 日

19. 裝運貨物：AAD342A 2811221000

　　　　　　TOKUSIL 255 EG 39,600 KGS

20. 貿易條件：CIF 釜山

21. 應提示單據：

- 經簽名商業發票三份。

- 經簽名包裝明細三份。

- 在背面背書簽名發票金額的 110 PCT 保險證明，保險單據需明確的表示出在韓

▼圖 4-1　信用狀範本

```
--·-----·-----·---------------------------------------------------------
**    Authentication Result: Success***

*    --------------------- Instance Type and Transmission ---------------
*    Original received from SWIFT
*    Priority                : Normal
*    Message Output Reference : 1309 170105TPBKTWTPAXXX7923048955
*    Correspondent Input Reference : 1409 170105CZNBKRSEAXXX1568695437
*    ----------------------------- Message Header -----------------------
*    Swift Output : FIN 700 Issue of a Documentary Credit
*    Sender    : CZNBKRSEXXX
*              KOOKMIN BANK
*              (HEAD OFFICE)
*              SEOUL KR
*    Receiver : TPBKTWTPXXX
*              TAIPEI FUBON COMMERCIAL BANK CO., LTD
*              TAIPEI TW
*    MUR : 1952888492
*    ----------------------------- Message Text -------------------------
*     27: Sequence of Total
*         1/1
*     40A: Form of Documentary Credit
*         IRREVOCABLE
*      20: Documentary Credit Number
*         M108M1701ES00040
*     31C: Date of Issue
*         170105
*     40E: Applicable Rules
*         UCP LATEST VERSION
*     31D: Date and Place of Expiry
*         170228 AT  PLACE TAIWAN
*      50: Applicant
*         LONG LIFE CO., LTD.
*         Y.H.JANG
*         365, Teheran-ro,
*         Gangnam-gu,Seoul
*      59: Beneficiary - Name & Address
*          KAI YA TRADE CO., LTD.
*         NO.88 LANE 178, CHUNG ROAD, WU-CHI
*         DIST., TAICHUNG CITY TAIWAN
*     32B: Currency Code, Amount
*         Currency        : USD (US DOLLAR)
*         Amount          :           #USD40,233.60
*     41D: Available With...By... - Name&Addr
*         ANY BANK
*         BY NEGOTIATION
*     42C: Drafts at...
*         AT SIGHT
*     42A: Drawee - FI BIC
*         CZNBKRSEXXX
*         KOOKMIN BANK
*         (HEAD OFFICE)
*         SEOUL  KR
*     43P: Partial Shipments
*         ALLOWED
*     43T: Transshipment
*         PROHIBITED
*     44E: Port of Loading/Airport of Dep.
*         TAIWAN PORT
*     44F: Port of Discharge/Airport of Dest
*         BUSAN PORT, SOUTH KOREA
*     44C: Latest Date of Shipment
*         170228
*     45A: Descriptn of Goods &/or Services
```

```
***                              S715P3LC-4196-064244              8
***   ----------------------------------------------------------------
***         AAD342A 2811221000
***         TOKUSIL 255 EG
***          39,600 KGS USD1.016 TOTAL USD40,233.60
***         ORIGIN: TAIWAN
***         CIF BUSAN
***    46A: Documents Required
***         +SIGNED COMMERCIAL INVOICE IN 3 FOLD
***         +SIGNED PACKING LIST IN 3 FOLD
***         +FULL SET INSURANCE POLICY OR CERTIFICATE, ENDORSED
***          IN BLANK FOR 110PCT OF THE INVOICE VALUE.
***          INSURANCE POLICY OR CERTIFICATE MUST EXPRESSLY STIPULATE
***          THAT CLAIMS ARE PAYABLE IN THE CURRENCY OF THE DRAFT
***          AND MUST ALSO INDICATE A CLAIMS SETTLING AGENT
***          IN KOREA: I.C.C(A) CLAUSES.
***          CARGO CLAUSE(ALL RISK)
***         +FULL SET OF CLEAN ON BOARD OCEAN BILLS OF LADING MADE OUT TO
***          THE ORDER OF KOOKMIN BANK
***          MARKED FREIGHT PREPAID AND
***          NOTIFY APPLICANT
***         +CERTIFICATE OF ANALYSIS IN 03
***    47A: Additional Conditions
***         +ALL DOCUMENTS MUST BEAR OUR CREDIT NUMBER
***         +OTHER ADDITIONAL CONDITIONS
***          HANKOOK TIRE PO NO 3000005446
***          SHOULD BE INDICATED ON ALL DOCUMENTS.
***          HANKOOK TIRE MATERIAL CODE SHOULD BE INDICATED
***          ON ALL DOCUMENTS.
***         +A FEE OF USD80 OR EQUIVALENT IS TO BE DEDUCTED FROM EACH
***          DRAWING FOR OUR HANDLING CHG. FOR THE ACCOUNT OF BENEFICIARY
***         +ALL DOCUMENTS MUST BE ISSUED IN ENGLISH
***         +DOCUMENTS TO BE PRESENTED TO US THROUGH A BANK.
***          DOCUMENTS PRESENTED THROUGH OTHER THAN A BANK WILL BE CONSIDERED
***          AS DISCREPANCY AND WILL BE RETURNED TO THE PRESENTER WITHOUT ANY
***          RESPONSIBILITY ON OUR PART.
***    71B: Charges
***         +ALL BANKING CHG./COMM.
***          OUTSIDE KOREA
***          ARE FOR ACCOUNT OF BENEFICIARY
***     48: Period for Presentation
***         +DOCUMENTS MUST BE PRESENTED
***          FOR NEGOTIATION·
***          WITHIN 21 DAYS AFTER DATE OF
***          SHIPMENT BUT WITHIN CREDIT VALIDITY
***     49: Confirmation Instructions
***         WITHOUT
***     78: Instr to Payg/Accptg/Negotg Bank
***         +THE AMOUNT OF EACH DRAWING MUST BE NOTED ON THE REVERSE OF
***          THIS CREDIT BY NEGOTIATING BANK.
***         +A FEE OF USD70 OR EQUIVALENT IS TO BE DEDUCTED FROM
***          EACH DRAWING FOR THE ACCOUNT OF BENEFICIARY,
***          IF DOCUMENTS ARE PRESENTED WITH DISCREPANCY(IES).
***         +ALL DOCUMENTS MUST BE MAILED IN ONE LOT TO KOOKMIN BANK,
***          GANGNAM CORPORATE BANKING CENTER BRANCH,
***          117, TEHERAN-RO,GANGNAM-GU,SEOUL,KOREA
***         +ON RECEIPT OF DOCUMENTS IN ORDER, WE SHALL REMIT THE PROCEEDS
***          AS PER YOUR INSTRUCTIONS.
***   -------------------------- Message Trailer ------------------------
***   {CHK:5F08596D317C}
***   {MAN:715LC}
***   PKI Signature: MAC-Equivalent
*End of Message
```

國的代理，保險條款 A 條款全險。

- 全套清潔裝船海運提單，受貨人 TO THE ORDER OF KOOKMIN BANK，提單需註明運費已付，並載明提單通知人為申請人。
- 成分分析證明三份。

22.附帶條件：

- 所有文件必須出現信用狀號碼。
- 其他增加條件。
- 訂單號碼 3000005446 應該表示在所有文件。
- 材料碼應該表示在所有文件。
- 受益人的帳款中每批次需扣除 80 美金做為我們的處理費。
- 所有文件必須用英文呈現。
- 通過銀行提交給我們的文件。
- 如果不符合要求，將退回給呈交人，而我們的部分不承擔任何責任。

23.收費：韓國以外，所有銀行收費／佣金，是受益人負擔。

24.展示期間：文件必須在貨物裝運日期後 21 天內，且在信用狀有效期內提交。

25.確認說明：沒有。

26. INSTR 付款／接受／談判銀行：

- 每筆付款的金額必須通過信用狀談判銀行的雙向註釋。
- 每筆 70 美金或等值的費用，將從每筆付款自受益人帳戶中扣除。
- 所有文件必須郵寄至韓國岡山市北海道一山路一千一百七十三號岡本銀行企業銀行中心 KOOKMIN BANK。117，北海道，GANGNAM-GU SEOUL，韓國。
- 收到的文件按順序，我們將根據您的指示提取所得款項。

第三節 ▶ 信用狀貿易簡易操作圖

當貿易契約收付款條件內容為以信用狀為收付款方式，簡易操作圖如圖 4–2。

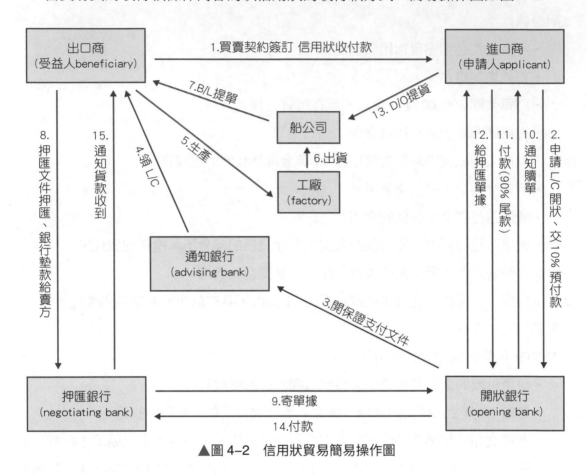

▲圖 4–2 信用狀貿易簡易操作圖

自我評量

1. 請簡述環銀電協信用狀之組織由來及其從事之業務。

2. 請簡述環銀電協信用狀跟單 L/C（信用狀）MT700 的代碼解讀內容。

3. 請簡述信用狀範本內容。

4. 當貿易契約收付款條件內容為以信用狀為收付款方式時，請依據圖 4–2 信用狀貿易簡易操作圖，簡述其操作流程。

第五章 出口流程

下圖為出口流程自接單至出貨裝船（機）示意圖。洽訂船位時整櫃 CY 出口，交由船公司或承攬運送公司皆可，併櫃貨 CFS 出口只能交由承攬運送公司來運送，船公司不接受 CFS 併櫃貨。

1/1	1/8	3/23	3/24	3/26		4/20	4/27	4/28	4/29	4/30	5/2	5/3
接單完成	完成國內、國外零件採購	零件原料進廠檢驗	QC完成入庫	上線生產		洽訂艙位	生產包裝完成	CY.CFS出貨	通關程序	放行待裝船	裝船	繳費領取提單、或電報放貨

▲圖 5-1　出口流程示意圖

第一節 出口成本評估

一、進料成本

如國內原料採購、進口原料採購等。

二、加工成本

如耗損、短損、變質等。

三、包裝成本

如裝箱費、鉛（鐵）皮費、刷嘜費、標籤費等。

四、運送成本

必須包括裝櫃成本如人力、機械裝櫃費用。人力裝櫃費用目前一個 20 呎若統包由裝櫃人員處理大約新臺幣 3,000 元，40 呎新臺幣 5,000 元，會因貨物品項不同而有所差異，有時貨物的裝櫃會採用到機具，如堆高機、天車、吊車等。

㈠卡車運送

人力裝車含在卡車運費中，如果出口貨物需使用機具裝車，出口商需自備機具。

㈡貨櫃車（曳引車）運送

20 呎櫃與 40 呎櫃運送相同價格，等待裝櫃時間一般為 2 小時，若超時或放櫃則需另貼補差額。

五、貨櫃規格明細

以下資料僅供參考，實際尺寸及重量應以各櫃櫃體所標示者為準。

㈠乾貨貨櫃

20 呎鋼製乾貨貨櫃。（如表 5–1）

40 呎鋼製乾貨貨櫃。（如表 5–2）

40 呎超高鋼製乾貨貨櫃。（如表 5–3）

45 呎超高鋼製乾貨貨櫃。（如表 5–4）

㈡冷凍貨櫃

20 呎鋼製冷凍貨櫃。（如表 5–5）

40 呎超高鋼製冷凍貨櫃。（如表 5–6）

㈢特殊貨櫃

20 呎前後板框可折疊式之床式、平臺兩用貨櫃。（如圖 5–2）

40 呎前後板框可折疊式之床式、平臺兩用貨櫃。（如圖 5–2）

20 呎全高開頂貨櫃。（如圖 5–3）

40 呎全高開頂貨櫃。（如圖 5–3）

40 呎超高開頂貨櫃。

20 呎油槽貨櫃。（如圖 5–4）

40 呎油槽貨櫃。

外部尺寸			內部尺寸		
長	寬	高	長	寬	高
20'-0"	8'-0"	8'-6"	19'-4 13/16"	7'-8 19/32"	7'-9 57/64"
6.058 m	2.438 m	2.591 m	5.898 m	2.352 m	2.385 m
重量限制			櫃門內徑		
總重	空櫃重	貨物淨重	寬		高
67,200 lb	5,290 lb	61,910 lb	7'-8 1/8"		7'-5 3/4"
			2.343 m		2.280 m
30,480 kg	2,400 kg	28,080 kg	內容積（立方米）		內容積（立方呎）
			33.1		1,169

▲ 表 5–1　20 呎鋼製乾貨貨櫃規格

外部尺寸			內部尺寸		
長	寬	高	長	寬	高
40'-0"	8'-0"	8'-6"	39'-5 45/64"	7'-8 19/32"	7'-9 57/64"
12.192 m	2.438 m	2.591 m	12.032 m	2.352 m	2.385 m
重量限制			櫃門內徑		
總重	空櫃重	貨物淨重	寬		高
67,200 lb	8,820 lb	58,380 lb	7'-8 1/8"		7'-5 3/4"
			2.343 m		2.280 m
30,480 kg	4,000 kg	26,480 kg	內容積（立方米）		內容積（立方呎）
			67.5		2,385

▲ 表 5–2　40 呎鋼製乾貨貨櫃規格

外部尺寸			內部尺寸		
長	寬	高	長	寬	高
40'-0"	8'-0"	9'-6"	39'-5 45/64"	7'-8 19/32"	8'-9 15/16"
12.192 m	2.438 m	2.896 m	12.032 m	2.352 m	2.69 m
重量限制			櫃門內徑		
總重	空櫃重	貨物淨重	寬		高
67,200 lb	9,260 lb	57,940 lb	7'-8 1/8"		8'-5 49/64"
			2.343 m		2.585 m
30,480 kg	4,200 kg	26,280 kg	內容積（立方米）		內容積（立方呎）
			76.2		2,690

註：上述資料僅供參考，實際尺寸及重量應以各櫃櫃體所標示者為準。

▲ 表 5–3　40 呎超高鋼製乾貨貨櫃規格

外部尺寸			內部尺寸		
長	寬	高	長	寬	高
45'-0"	8'-0"	9'-6"	44'6"	7'7"	8'7"
13.716 m	2.438 m	2.896 m	13.556 m	2.352 m	2.700 m
重量限制			櫃門內徑		
總重	空櫃重	貨物淨重	寬		高
67,200 lb	10,858 lb	56,342 lb	7'-8 1/8"		8'-6"
71,500 lb	10,360 lb	61,290 lb	2.340 m		2.585 m
30,480 kg	4,870 kg	25,610 kg	內容積（立方米）		內容積（立方呎）
32,500 kg	4,700 kg	27,800 kg	86		3,040

▲ 表 5–4　45 呎超高鋼製乾貨貨櫃規格

外部尺寸			內部尺寸		
長	寬	高	長	寬	高
20'-0"	8'-0"	8'-6"	18'-17/32"	7'-6 15/32"	7'-5 39/54"
6.058 m	2.438 m	2.591 m	5.500 m	2.298 m	2.276 m
設計內部容積			重量限制		
			總重	空櫃重	貨物淨重
1,016 立方呎			67,200 lb	6,750 lb	60,630 lb
28.8 立方米			30,480 kg	3,980 kg	27,500 kg

▲ 表 5–5　20 呎鋼製冷凍貨櫃規格

外部尺寸			內部尺寸		
長	寬	高	長	寬	高
40'-0"	8'-0"	9'-6"	38'-19/64"	7'6-5/16"	8'4-35/64"
12.192 m	2.438 m	2.896 m	11.590 m	2.294 m	2.544 m
設計內部容積			重量限制		
			總重	空櫃重	貨物淨重
2,384 立方呎			74,960 lb	10,490 lb	64,470 lb
67.5 立方米			34,000 kg	4,760 kg	29,240 kg

▲ 表 5–6　40 呎超高鋼製冷凍貨櫃規格

▲圖 5–2 二十呎 & 四十呎後板框可折疊式之床式、平臺兩用貨櫃

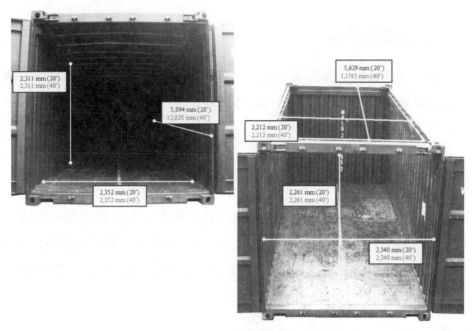

▲圖 5-3　20 呎 & 40 呎全高開頂貨櫃

▲圖 5-4　20 呎油槽貨櫃

第二節 ▶ 通關成本

包含委託報關之費用，海關抽中驗關之查驗費用，併櫃貨倉庫收取出口機具使用費，出口商品若需做檢疫，會產生出口檢疫之費用。

第三節 ▶ 研發成本

研發成本爭議較大，部分人認為不必投入此項成本，但筆者認為，不管貿易商還是生產工廠，都應該投入此項成本以延續未來發展，使企業因產品創新得以永續經營，筆者分析建議，以前一個年度獲利中 20% 至 25% 來投入至研發成本較為恰當。

第四節 ▶ 收狀、押匯成本

指取回信用狀正本的銀行手續費用，押匯的銀行手續費用，銀行的墊款利息等，如果國外買方要求相關文件，這些文件申請之費用需納入成本，如產地證明、文件過大使館簽證費用、國外指定公證費用等。

第五節 ▶ 匯兌變動成本

主要產生在二部分，產品主原料國際價格報價時與生產時價格變動成本，收入貨款時與當初報價之間的匯兌損失成本。

第六節 ▶ 其他成本

其他成本包含：
1. **人事成本**：含薪資、獎金、勞健保等
2. **保險成本**：指公司營運所需產生各項保險，如公司全體人員之意外團體責任險，工廠火險、地震險、公安險、產品責任險等各種保險費用。

3. **推廣貿易服務費**：推廣貿易服務費 (Trade Promotion Service Charges) 國家為了拓展對外貿易以及支援各項貿易活動，由海關統一收取之費用，收費標準為進出口貨物價值之 0.04% 來收取。

4. **商港服務費**：商港服務費 (Harbour Service Fee) 依貨物品項的不同以及散雜貨，併櫃貨，整櫃貨的不同，其收費標準也不一樣，貨品分類總共分為三類，若以併櫃貨來說，是以出口貨物的重量來算，第三類每噸收新臺幣 80 元，若整票收費未達新臺幣 100 元則免收，整櫃貨以 20 呎櫃而言，收每櫃新臺幣 684 元，以 40 呎櫃而言則收每櫃新臺幣 1,368 元，各項產品之費率請參閱下表。

▼ 表 5−7　散雜貨、整櫃貨貨物商港服務費收費等級費率表

單位：新臺幣元

項次	貨品名稱	費率等級	散雜貨每計費噸費率	整櫃貨	
				20 呎以下	21 呎以上
1	米、麥、麥片、麵粉、麩皮、米糠、豆、豆粉、玉米、澱粉、豆餅、花生、花生餅、菜籽、棉籽、茶餅、飼料、漁粉、瓜子、胡桃、芝麻、糖、鹽、工業鹽、廢料及廢品柴薪、木片、空油桶、廢膠及其製成品、硫磺、石墨、磚、瓦、土製品、石製品、石棉及其製品、焦炭、柏油、紙漿、紙類及其製品（粗製）、化學肥料（粗製）、化工原料（粗製）	1	7	274	547
2	廢料及廢品（屬棉、麻、毛、絲、皮、人造纖維）、棉及其製品、麻及其製品、毛髮及其製品、豬鬃及其製品、草及其製品、廢金屬及廢品、鋼鐵及其製品、化學肥料（細製）、化工原料（細製）、紙類及其製品（細製）、石油及其煉製液體燃料、麥芽釀造酒類、蔬菜、鮮果	2	13	547	1,094
3	不屬第 1、2 等級貨類者，皆列為第 3 等級	3	19	684	1,368

註：礦砂、煤炭、硫酸、土、石、砂、石灰、石膏、水泥、廢紙、松類原木、造紙用木片、以廢紙原料製成紙箱用紙（包括牛皮紙、紙板、芯紙）、竹簍（菜農使用）、製造飼料原料、糖蜜等貨類，以散雜貨輪裝卸者，每計費噸新臺幣 2.8 元，每一筆報單之貨量若超過 5 萬公噸者，超過部分，每計費噸新臺幣 1.4 元；以貨櫃輪裝卸者，倘裝載於 20 呎以下整櫃者，每櫃計收新臺幣 100 元，裝載於 21 呎以上者，每櫃計收新臺幣 136 元。

5. **貨櫃場及船公司費用**：併櫃貨（CFS 貨）還會產生裝櫃費，也就是在出口國的貨櫃場將貨物裝進貨櫃裡所產生的費用，目前費率為每一個立方米 (CBM) 貨櫃場收費新臺幣 380 元。出口貨物為整櫃貨物 (CY) 時，船公司會收貨櫃上船費用（吊櫃費），小櫃 20 呎櫃收取新臺幣 5,600 元，大櫃 40 呎櫃及 40 呎高櫃收取新臺幣 7,000 元。

　　貨物出口放行裝船後，出口商要向船公司領取出口提單，船公司會收取文件製作費，費用依各家船公司不同而收費標準不一，目前新臺幣 1,800～2,600 元皆有可能。若是出口提單作電報放貨的方式處理，船公司一般會收取電報放貨費用新臺幣300～500 元不等。另有些船公司會收取貨櫃的封條費新臺幣 200～250 元不等。

　　交易條件，貿易條件為 C&F 時，則會產生出口國港口到進口國港口這一段的海運費。當貿易條件為 CIF 時，就會增加出口國港口到進口國港口這一段之保險費。

　　其它尚有油電成本、折舊成本、維修成本、佣金成本、倉儲成本、出口機具使用費以及機會成本等。

第七節　報價、接單、下單

一、報　價

　　出口商在做產品出口報價時，建議善用報價主控權，幣別以新臺幣報價為先，可避免匯兌損失，報價時所預估之毛利得以保持。

　　貿易條件在報價時建議以 FOB、C&F 及 CIF 三選一為報價條件。

二、接　單

　　區分為 T/T 接單與 L/C 接單。

㈠ T/T 接單

　　當買賣雙方不想受到信用狀條款的約束時適用 T/T 的操作模式。

㈡ L/C 接單

　　信用狀在貿易慣例，是另一種形式的貿易契約，當買賣雙方有簽訂買賣契約，而收付款方式為 L/C，則買賣契約及 L/C 同時存在並各為一種定型化契約。

三、下　單

　　區分為國內零件、原料下單及國外零件、原料下單。

㈠國內零件、原料下單

　　重點在於採購數量與庫存數量之搭配，並應考量零件供應商產品不良率之過往紀

錄來決定下單數量，交貨期限建議定為排定上線生產前 10～15 天。

㈡國外零件、原料下單

重點在於採購數量與庫存數量之搭配、賣方供貨時間，且應考量零件供應商產品不良率之過往紀錄來決定下單數量，交貨期限建議賣方在亞洲區域，時間定為排定上線生產前 15～20 日入庫，賣方在歐美加區域，時間定為排定上線生產前 20～30 日入庫。

第八節 預定出貨日期、生產、船期安排

一、預定出貨日期

預定出貨日期於接單時即須納入考量，其他參考因素含公司接單量，生產安排時程，國際原料供應量等。

二、生　產

生產時程的安排是否能準時上線，最重要的是原料供應之時間準確度，建議採購單位於國內原料預定交貨日前 10 日，即需密切追蹤，國外供應原料者預定交貨日前 30 日，即需密切追蹤。

三、船期安排

船期安排依雙方貿易契約所訂定的交貨期限，參考《台灣新生報》船期版做為船期安排之結關裝船依據，普通貨櫃，可於裝櫃前 7 天內預訂船公司艙位，若為特殊貨櫃如開頂櫃、平板櫃、冷凍櫃、油槽櫃等，建議於裝櫃前 45 天即須預訂艙位完成。

第九節 檢驗、包裝、裝櫃

一、檢　驗

出貨商品的檢驗成本應評估後列於報價成本以避免因品質問題而被買方退運，所產生有形及無形之損失。

二、包　裝

　　出口包裝目的，區分為下列四項原則：方便辨識、保護商品、運送安全以及增加產品銷售量。包裝型態若為棧板包裝，最頂層應保持平整；若為木箱、木棧板包裝，應完成檢疫煙燻之工作。

三、裝櫃原則

　　重量的平均分配，大件於下小件於上，重於下輕於上，耐壓於下不耐壓於上。若交易商品為動植物產品或食品，建議貨櫃門打開後即可察視所有貨物品項。若為大型機械，建議貨櫃門打開後即可目視商標、規格、型號之標示，出口退稅之商品建議放於貨櫃最外層。

第十節　國內運輸、報關、保險

　　本書對於國際運輸之敘述，只針對貨櫃輪運送之貨物，大宗物資、超大物件等運輸，不在本書論述範圍，貨櫃輪運送之貨物運輸方式區分為 CY/FCL（整櫃出口）及 CFS/LCL（併櫃貨出口）二種。

一、CY（整櫃出口）

　　原則上一個貨櫃 1 輛曳引車拖運，為節省內陸運輸成本，一趟總重於 25 公噸內，二個 20 呎貨櫃可共用 1 輛曳引車拖運，運費因距離而不同，司機等待裝櫃時間一般為 2 小時。

二、CFS（併櫃貨出口）

　　原則上併櫃貨是以貨卡車運送，費用含人力裝車，若為尺寸超大木箱或多量棧板包裝之貨物其體積或重量到達一定程度，建議使用平板架曳引車拖運以降低運輸成本。

第十一節 文件製作、押匯

一、文件製作

文件製作區分為二種：T/T 及 L/C。

㈠ T/T

最基本的國際貿易文件：提單 (B/L)，發票 (Invoice)，包裝單 (Packing List)，其他文件，如產地證明、檢疫證明、品質證明、重量證明、過大使館證明、黑名單、船齡證明等。

㈡ L/C

依信用狀條款應提示文件（俗稱押匯文件）之內容與規定，準備所有押匯文件。

二、押匯（適用於 L/C）

應準備押匯申請書一份（需蓋公司大小章）、匯票一式二頁需簽名（此二份文件向押匯銀行索取），再加上信用狀所規定應檢附之所有押匯文件加上信用狀正本向押匯銀行提出押匯。

第十二節 退　稅

退稅基本規定如下：

‧ 原料進口時，稅則號列的稽徵特別規定欄位沒有出現 R 代號。

‧ 此進口原料所製造之產品已向工業局申請退稅標準。

‧ 此進口原料所製造之產品應全數外銷，若內銷則不得退稅。

辦理退稅機關為財政部臺北關，退稅方式分為一般人工退稅及電子化退稅。關於退稅之細節與詳細規定請參閱本書第二十七章。

第十三節　退運進口

退運進口之基本觀念——貨物出口免稅，進口必定課稅（關稅／進口稅），因退運貨物屬進口貨物也必須課稅，但可運用退運免稅規定處理，規定內容如下：

- 出口貨物於海關出口放行隔日起，3 年內退運進口（所謂 3 年內是出口放行日翌日與進口報單進口日為計算基準）符合規定則不須課稅。
- 進口報單的納稅義務人（進口商）與出口報單的貨物輸出人（出口商）得為同一廠商。
- 進口報單所申報的下列內容與出口報單須完全一致，內容包含：品名、規格、型號、顏色、廠牌（牌名）、淨重、幣別、單價、嘜頭、數量（只能少不能多）等。

第十四節　出口通關流程說明

圖 5–5 出口通關流程圖可令讀者一目瞭然，賣方出口時資料文件（資訊流）交給報關業者，貨物（物流）經由拖車、卡車送到船公司指定之貨櫃場出口倉。

報關公司依據出口商所提供的文件訂艙單、商業發票、包裝明細單、其他文件來製作出口報單之內容。

若此批產品出口至中國大陸，要申請減免關稅用產證（ECFA 產證）應在報單申報之前事先申請，報關公司將完整的出口報單製作完畢後以電腦傳輸到通關平臺，通關平臺再將報關資訊轉至海關主機的專家系統。此份出口報單由專家系統根據系統參數去做篩選，並將其分類成三種通關方式：

- C1 報單：免審免驗。
- C2 報單：要審免驗。
- C3 報單：先驗再審。

待一切通關程序完成，海關電腦將作放行之動作，放行後要申請一般產地證明就可以依規定在這個時間申請，海關放行以後貨物才可裝船出口。

而貨物流分為：CY（整櫃）用拖車運送和 CFS（併櫃）用卡車或拖板車運送，出口貨物運送至船公司所指定之貨櫃場，貨櫃場再將此批出口貨物的進倉資料用電子資

訊傳送至通關平臺，進倉資料及報單資料在通關平臺必須要比對完全正確，海關電腦始予收單，出口商品若需申請管理機關輸出許可證，在出口報關之前即須申請完成，並將通關簽審比對 14 碼登打在出口報單簽審欄位內,經電腦比對正確海關電腦始予收單。

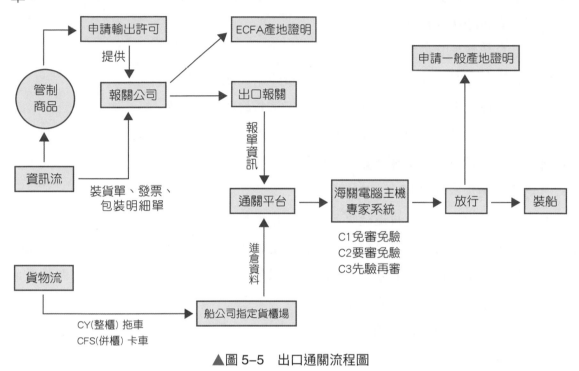

▲圖 5-5　出口通關流程圖

自我評量

1. 請列舉幾項出口成本的項目。

2. 請列舉幾項乾貨貨櫃。

3. 請列舉幾項冷凍貨櫃。

4. 請列舉幾項特殊貨櫃。

5. 何謂推廣貿易服務費 (Trade Promotion Service Charges)？

6. 請說明「國內零件下單」及「國外零件下單」的區分為何？

7. 「出口包裝」目地有哪四項原則？

8. 國內運輸可區分為哪二種？並請分別說明。

9. 何謂「退稅基本規定」？

10. 退運進口貨物，如何運用退運免稅規定處理免稅？

11. 報關公司將完整的出口報單製作完畢後以電腦傳輸到通關平臺，通關平臺再將報關資訊轉至海關主機的專家系統。此份出口報單由專家系統根據系統參數去做篩選，並將其分類成哪三種通關方式？

12. 貨物流分為哪二種運送方式？

▷ 第六章
進口流程

　　當買方 T/T 下單完成或開出信用狀後，即進入收貨等待期，賣方寄出交貨通知後貿易流程即進入進口程序，本章從買方收到賣方出貨通知開始論述，自進口文件取得至繳稅放行取貨示意圖如下：

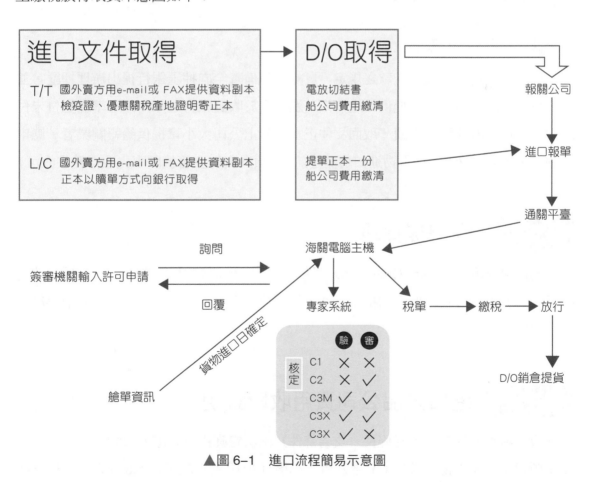

▲圖 6-1　進口流程簡易示意圖

第一節 ▷ 進口方文件之取得

一、T/T 交易模式

　　賣方可運用各種方式提供經簽名的各種文件給買方，某些商品在經進口方進口通關之前，須向貨物主管機關事先取得輸入許可。如電器類商品須事先取得標準檢驗局的型式認可或驗證登錄，汽油類商品須事先取得能源局的輸入許可，苗木植栽須事先取得種苗業登記證，菸酒類商品須事先取得菸酒商執照及菸酒販賣業執照，醫療器材須事先取得衛生福利部輸入許可等。

二、L/C 交易模式

　　依信用狀應提示文件條款之規定，賣方應準備齊全向押匯銀行提出辦理押匯，並將所有文件的副本各一份提供給進口人，進口方於收到銀行通知，即可準備應付未付款項，至銀行辦理贖單手續，取回文件正本，蓋上公司大小章提供給報關業者，應申請輸入許可證之商品，在貨物進口通關之前，亦須向貨物主管機關事先取得輸入許可。

第二節 ▷ 進口提貨單

　　進口提貨單 (Delivery Order, D/O) 俗稱小提單，進口商以（提單正本、提單電放切結書、擔保提貨書）三選一的提單文件，加上費用交付進口方船公司，即可取得船公司小提單。

第三節 ▷ 進口方船公司費用收取說明

1. **運費**：由雙方約定的貿易條件（交易條件）來決定應由買賣哪方負擔。
2. **吊櫃費**：交易貨物為整櫃 CY 運送者，小櫃（20 呎櫃）新臺幣 5,600 元，大櫃（40 呎櫃）／高櫃（40 呎 HQ 櫃）新臺幣 7,000 元。
3. **拆櫃費**：交易貨物為併櫃 CFS 運送者，每 CBM 收取新臺幣 380 元。

4. **文件費：** 即買方船公司製作 Delivery Order (D/O) 所收取的費用。

5. **燃油附加費：** 國際油價變動頻繁，船公司收此費用。

　　船公司收費費用分類如下：

代號	費用名	代號	費用名	代號	費用名
OF	海運費	CCF	清／報關費	TLX	電放費
THC	集散場作業費／吊櫃費	EBS	緊急燃料附加費	SL	封條費
DO	提單費	CIS	貨櫃不平衡附加費	CVT	中國大陸增值稅
HC	手續費	OT	其他費用		
TK	卡車費	DOC	文件費（提單製作）		

▲ 表 6-1　船公司收費費用分類表

第四節　進口通關與課稅

一、進口通關

　　進口商將小提單 (D/O) 資料及其他賣方所提供之貿易過程所必需之文件，如發票 (Invoice)、包裝明細單 (Packing List)、其他必需文件 (Other Document)（如產地證明、檢疫證明、成分分析表、物質安全資料表 (MSDS)）、商品目錄、相片、商品製造過程說明等文件交付於所委任之報關業者，報關業者據此資料內容製作進口報單向海關及簽審機關申報。

　　依《關稅法》規定進口報單之申報，納稅義務人可自行向海關申請辦理，抑或委任領有海關核發營業執照之報關業者，代為申報。

　　進口報關期限：《關稅法》第 16 條規定進口貨物之申報，由納稅義務人自裝載貨物之運輸工具進口日之翌日起 15 日內，向海關辦理，未於期限內申報，自報關期限屆滿之翌日起，按日收取新臺幣 200 元滯報費，滯報費收滿 20 日仍未報關，由海關依《關稅法》第 73 條將其貨物變賣，所得價款，扣除應納關稅及必要之費用外，如有餘款，由海關暫代保管；納稅義務人得於 5 年內申請發還，逾期繳歸國庫。

　　規定所稱運輸工具進口日，指下列之日：

　　・海運貨物，以船舶抵達本國港口，且已向海關遞送進口艙單之日。

　　・空運貨物，以飛機抵達本國機場，且已向海關遞送進口艙單之日。

‧郵運貨物，以郵局寄發招領包裹通知之日，或郵局加蓋郵戳於包裹發遞單上之日。

‧轉運貨物，以裝載貨物之運輸工具最初抵達本國卸載口岸，向當地海關遞送進口艙單之日。

進口報關時，應填送貨物進口報單，並檢附提貨單、發票、裝箱單及進口必須繳驗之輸入許可證及其他有關文件。前述之裝箱單及其他依規定必須繳驗之輸出入許可證及其他有關文件，得於海關放行前補附之。前項文件如於海關通知之翌日起 2 個月內未補送者，該進口貨物除涉及違法情事，應依相關規定辦理外，應責令限期辦理退運出口。

二、課　稅

㈠關　稅

進口貨物課徵關稅應依《中華民國海關進口稅則》分類表之稅率核實課稅。

㈡修理貨物關稅

依《關稅法施行細則》第 20 條第 3 項規定，課稅或免稅之進口貨物，不能提供修理、裝配費或免費修理之有關證件者，海關得按貨物本身完稅價格的 10%，做為修理、裝配費之完稅價格計課。

㈢退運貨物關稅

國貨出口放行日翌日起 3 年內原貨自國外退回者，免課徵關稅。

㈣貨物稅

就不同商品依《貨物稅條例》之規定課以不同稅率，稅費計算公式為 (貨物價值 + 進口關稅之稅額) × 貨物稅率。

㈤菸酒稅

‧菸稅：依菸品不同品項，分別課予不同稅率。

‧酒稅：依不同酒類及其酒精濃度，分別課予不同稅率。

㈥營業稅

依《營業稅法》規定進口商品課以營業稅 5%，稅費計算公式為 (貨物價值 + 進口關稅之稅額 + 貨物稅額) × 營業稅率。

第一聯收據聯─交繳款人收執作為納稅憑證 （繳納應行注意事項詳見背面）

第二聯扣抵聯─交繳款人依法持向稽徵機關申報扣抵營業稅額，惟如屬加值型及非加值型營業稅法施行細則第30條第2項情形之一者，依法不得列入扣抵銷項稅額。
〔採EDI線上扣繳者，請勿持本申請書申報扣抵銷項稅額〕

▲圖6-2　進口關稅繳納證

通關步驟	相關業者及機關	配合事項
通關前	運輸業	1. 依規定連線傳輸艙單資料並檢具有關文件向海關申報運輸工具進口
	倉儲業	2. 申請貨物卸船（機）進儲准單
	簽審機關	3. 簽發小提單 進倉資料登錄及 XML 傳輸 事先受理核發書面簽審文件
1.收單	出口廠商	提供發票、裝箱單(原提單)及必備文件
	報關業	1. 換領小提單（D/O） 2. 報單 XML 連線傳輸或不連線傳輸
2.分估 C2 C3M C3X	簽審機關	簽審文件以下列方式比對核銷： 1. 透過「便捷貿 e 網」傳輸 X802 訊息，憑以辦理通關
	報關業	2. 透過「通關網路」傳輸簡 5701 訊息至海關電腦，憑以辦理通關 3. 核發書面文件，憑以辦理通關補辦事項配合海關通知
3.驗貨 C3X C3M C2	倉儲業	1. 接收查驗通知 2. 配合吊櫃
	報關業	會同查驗及開箱
4.徵稅 C3X 免補單 C1	銀行	1. 銀行駐關收稅處收稅 2. 櫃員線上繳納 3. 稅款線上扣繳 XML 處理
	進口廠商 報關業	1. 稅款繳現 2. 先放後稅額度申請及恢復 3. 稅款線上扣繳 XML 連線繳納
5.有條件放行提領 **5.放行提領**	倉儲業	1. 接收海關放行通知 2. 簽發貨櫃（物）運送單（兼進出站放行准單）
	進口廠商 報關業 陸上貨櫃 拖運業	1. 檢具提單繳納倉租 2. 貨物提領出站 3. 貨物提領出站儀器查驗
6.儀檢後放行	保三總隊	落地追蹤檢查

▲ 圖 6-3　進口通關步驟與相關業者及機關配合事項圖

自我評量

1. 賣方可運用各種方式提供經簽名的各種文件給買方，某些商品在經進口方進口通關之前，須向貨物主管機關事先取得輸入許可。試回答下列問題：

(1)電器類商品須事先取得什麼登錄？

(2)汽油類商品須事先取得哪個單位輸入許可？

(3)苗木植栽須事先取得哪個單位登記證？

(4)菸酒類商品須事先取得什麼執照？

(5)醫療器材須事先取得哪個單位輸入許可？

2. 進口報關期限《關稅法》第16條規定進口貨物之申報。試回答下列問題：

(1)由納稅義務人自裝載貨物之運輸工具進口日之翌日起幾日向海關辦理？

(2)未於期限內申報，自報關期限屆滿之翌日起，按日收取多少滯報費？

(3)滯報費收滿20日仍未報關，海關將如何處理？

(4)納稅義務人得於幾年內申請發還，逾期繳歸國庫？

3. 請說明下列運輸貨物之運輸工具進口日。

(1)海運貨物。

(2)空運貨物。

(3)郵運貨物。

(4)轉運貨物。

4. 貨物稅就不同商品依《貨物稅條例》之規定課以不同稅率，其貨物稅費計算公式為何？

5. 營業稅依《營業稅法》規定進口商品課以營業稅5%，其營業稅費計算公式為何？

▷ 第七章
進出口稅則分類表解析

　　國際貿易商品之種類與品項，數量龐大，且牽涉到貿易管理、關稅的課徵、進出口統計等需求，國際間亦能相互接軌並做為各項談判之依據與基準，故必須制訂商品分類的規則以供國際間同步依循，在龐大數量種類與品項中談判時全球有共通語言，世界貿易組織（World Trade Organization, WTO）設有稅則分類委員會，各會員國派駐代表，以利處理國際間之稅則歸列爭議。

　　民國 52 年參考國際貿易標準分類及國際產業標準分類為內容而編製的中華民國商品標準分類 (CCC)，每一項商品的 CCC Code 均為 10 位數，另加一檢查碼，共計 11 位數。

　　而國際間之通用商品分類制度，於 1988 年 1 月 1 日「關稅合作理事會」制訂「國際商品統一分類制度」(HS) 正式實施，長久以來國際間多套分類制度（如聯合國所制訂的 SITC）趨於統一。歐盟、日本等多數工業國家相繼實施，我國緊急配合制訂，隨即於次年（1989 年）1 月 1 日公布實施。

　　民國 78 年之前，我國進出口貿易統計管理及關稅的課徵採用二套制度，其中，中華民國商品標準分類負責貿易管理為國貿局所採用，而財政部海關則依 HS 前身「關稅合作理事會稅則分類」(CCCN) 制訂稅則號列、專司進口關稅的課徵及出口統計。由於這二套分類原則、方法及目的均不相同，使得進出口廠商和政府各部門間極為困擾。然而民國 78 年實施以 HS 為主軸的貨品分類後，國內商品分類、海關稅則分類、貿易管理分類終告統一，過去困擾也隨之一掃而空。

　　國際商品統一分類代碼 (HS Code)，為編碼協調制度的簡稱。編碼協調制度是由國際海關理事會 (WCO) 所制訂的。HS Code 是對各種不同產品出入境應徵或應退關稅稅率進行量化管理的一個統一標準。HS Code 的前 6 碼是世界各國通用的。每個國家根據自己需要，有時會在後面加上 2 碼或 4 碼對貨物加以更細的分類。

　　HS 計有 6 位碼稱之為國際碼，為便於關稅課徵，我國依關稅的差異於這 6 位碼後分別附加 2 碼，即成為 8 位碼我國的稅則號列，為便於貿易簽審管理、進出口統計，在這 8 位碼後再分別依管理需求加上 2 碼成為 10 位碼，此即「中華民國商品標準分類」，第 11 碼為檢查碼。

第一節　中華民國商品標準分類說明

　　HS Code 自第 01 章開始至第 97 章，但第 77 章為預備章目前是空章，因應關稅配額之管理需求增加第 98 章，相同產品進口領有配額之貨物歸列於第 98 章，享有關稅稅率之優惠，無配額之貨物進口歸列於第 01 章至第 97 章內，關稅稅率較高。細節如下表所示：

	LIVE Animals; Animal Products 活動物；動物產品
01	Live animals（活動物）
02	Meat and edible meat offal（肉及食用雜碎）
03	Fish and crustaceans, mollusks and other aquatic invertebrates（魚類、甲殼類、軟體類及其他水產無脊椎動物）
04	Dairy produce; birds' eggs; natural honey; edible products of animal origin, not elsewhere specified or include（乳製品；禽蛋；天然蜜；未列名食用動物產品）
05	Products of animal origin, not elsewhere specified or included（未列名動物產品）
	Vegetable Products 植物產品
06	Live trees and other plants; bulbs, roots and the like; cut flowers and ornamental foliage（活樹及其他植物；球莖、根及類似品；切花及裝飾用葉）
07	Edible vegetables and certain roots and tuber（食用蔬菜及部分根菜與塊莖菜類）
08	Edible fruit and nuts; peel of citrus fruit or melons（食用果實及堅果；柑橘屬果實或甜瓜之外皮）
09	Coffee, tea, mate and spices（咖啡、茶、馬黛茶及香辛料）
10	Cereals（穀類）
11	Products of the milling industry; malt; starches; inulin; wheat gluten（製粉工業產品；麥芽；澱粉；菊糖；麵筋）
12	Oil seeds and oleaginous fruit; miscellaneous grains, seeds and fruit; industrial or medicinal plants; straw and fodder（油料種子及含油質果實；雜項穀粒、種子及果實；工業用或藥用植物；芻草及飼料）
13	Lac; gums, resins and other vegetable saps and extracts（蟲漆；植物膠、樹脂、其他植物汁液及萃取物）

14	Vegetable plaiting materials; vegetable products not elsewhere specified or included（編結用植物性材料；未列名植物產品）
Animal or vegetable fats and oils and their cleavage products; prepared edible fats; animal or vegetable waxes 動植物油脂及其分解物；調製食用油脂；動植物蠟	
15	Animal or vegetable fats and oils and their cleavage products;prepared edible fats; animal or vegetable waxes（動植物油脂及其分解物；調製食用油脂；動植物蠟）

	Prepared Foodstuffs; Beverages, spirits and Vinegar; Tobacco and manufactured Tobacco substitutes 調製食品；飲料；酒類及醋；菸類及已製菸類代用品
16	Preparations of meat, of fish or of crustaceans, molluscs of other Aquatic invertebrates（肉、魚或甲殼、軟體或其他水產無脊椎動物等之調製品）
17	Sugars and sugar confectionery（糖及糖果）
18	Cocoa and cocoa preparation（可可及可可製品）
19	Preparations of cereals, flour, starch or milk; pastrycooks' products（穀類、粉、澱粉或奶之調製食品；糕餅類食品）
20	Preparations of vegetables, fruit, nuts or other parts of plants（蔬菜、果實、堅果或植物其他部分之調製品）
21	Miscellaneous edible preparations（雜項調製食品）
22	Beverages, spirits and vinegar（飲料、酒類及醋）
23	Residues and waste from the food industries; prepared animal fodder（食品工業產製過程之殘渣及廢品；調製動物飼料）
24	Tobacco and manufactured tobacco substitutes（菸（包括菸葉及菸類）及菸葉代用品）

	Mineral Products 礦產品
25	Salt; sulphur, earths and stone; plastering materials, lime and cement（鹽；硫磺；土及石料；塗牆料，石灰及水泥）
26	Ores, slag and ash（礦石、熔渣及礦灰）
27	Mineral fuels, mineral oils and products of their distillation; bituminous Substances; mineral waxes（礦物燃料、礦油及其蒸餾產品；含瀝青物質；礦蠟）

	Products of the Chemicals or Allied Industries 化學或有關工業產品
28	Inorganic chemicals; organic or inorganic compounds of precious metals, of rare-eath metals, of radioactive elements or of isotopes（無機化學品；貴金屬、稀土金屬、放射性元素及其同位素之有機及無機化合物）
29	Organic chemicals（有機化學產品）
30	Pharmaceutical products（醫藥品）
31	Fertilisers（肥料）
32	Tanning or dyeing extracts; tannins and their derivatives; dyes, pigments, and other colouring matter; paints and varnishes; putty and other mastics; inks（鞣革或染色用萃取物；鞣酸及其衍生物；染料、顏料及其他著色料；漆類及凡立水；油灰及其他灰泥；墨類）

33	Essential oils and resinoids; perfumery, cosmetic or toilet preparations（精油及樹脂狀物質；香水、化妝品或盥洗用品）
34	Soaps, waxes, scouring products, candles, modeling pastes, dental waxes（肥皂，有機界面活性劑，洗滌劑，潤滑劑，人造蠟，調製蠟，擦光或除垢劑，蠟燭及類似品，塑型用軟膏，（牙科用蠟）以及石膏為基料之牙科用劑）
35	Albuminoidal substances; modified starches; glues; enzymes（蛋白狀物質；改質澱粉；膠；酵素）
36	Explosives; pyrotechnic products; matches; prophoric alloys; certain combustible （炸藥；煙火品；火柴；引火合金；可燃製品）
37	Photographic or cinematographic goods（感光或電影用品）
38	Miscellaneous chemical products（雜項化學產品）

Plastics and articles thereof; Rubber and articles thereof
塑膠及其製品；橡膠及其製品

39	Plastics and articles thereof（塑膠及其製品）
40	Rubber and articles thereof（橡膠及其製品）

Raw Hides, Skins, Leather, & Furskins and articles thereof
生皮、皮革、毛皮及其製品；鞍具及鞦具；旅行用物品、手袋及其類似容器；動物腸線製品（蠶腸線除外）

41	Raw hides and skins (other than furskins) and leather（生皮（毛皮除外）及皮革）
42	Articles of leather; saddlery and harness; travel goods, handbagsand similar containers; articles of animal gut (other than silkworm gut)（皮革製品；鞍具及鞦具；旅行用物品、手提袋及類似容器；動物腸線（蠶腸線除外）製品）
43	Furskins and artificial fur; manufactures thereof（毛皮與人造毛皮及其製品）

Wood and articles of wood
木及木製品；木炭；軟木及軟木製品；草及其他編結材料之編結品；編籃及柳條編結品

44	Wood and articles of wood; wood charcoal（木及木製品；木炭）
45	Cork and articles of cork（軟木及軟木製品）
46	Manufactures of straw, esparto or of other plaiting materials; basketware and wickerwork（草及其他編結材料之編結品；編籃及柳條編結品）

Pulp of wood or of other fibrous cellulosic material
木漿或其他纖維素材料之紙漿；回收（廢料及碎屑）紙或紙板

47	Pulp of wood or of other fibrous cellulosic material; recovered (waste and scrap) paper or paperboard（木漿或其他纖維素材料之紙漿；回收（廢料及碎屑）紙或紙板）
48	Paper and paperboard; articles of paper pulp, of paper or of paperboard（紙及紙板；紙漿、紙或紙板之製品）
49	Printed books, newspapers, pictures and other products of the printing industry; manuscripts, typescripts and plans（書籍，新聞報紙，圖書及其他印刷工業產品；手寫稿、打字稿及設計圖樣）

Textiles and textile articles
紡織品及紡織製品

50	Silk（絲）

51	Wool, fine or coarse animal hair; horsehair yarn and woven fabric （羊毛，動物粗細毛；馬毛紗及其梭織物）
52	Cotton （棉花）
53	Other vegetable textile fibers; paper yarn and woven fabrics of paper yarn（其他植物紡織纖維；紙紗及紙紗梭織物）
54	Man-made filaments; strip and the like of man-made textile materials （人造纖維絲；人造紡織材料之扁條及類似品）
55	Man-made staple fibres （人造纖維棉）
56	Wadding, felt and nonwovens; special yarns; twine, cordage, ropes and cables and articles thereof （填充用材料、氈呢、不織布；特種紗；撚線、繩、索、纜及其製品）
57	Carpets and other textile floor coverings （地毯及其他紡織材料覆地物）
58	Special woven fabrics; tufted textile fabrics; lace; tapestries; trimmings; embroidery （特殊梭織物；簇絨織物；花邊織物；掛毯；裝飾織物；刺繡織物）
59	Impregnated, coated, covered, or laminated textile fabrics; textile articles of a kind suitable for industrial use （浸漬、塗布、被覆或黏合之紡織物；工業用紡織物）
60	Knitted or crocheted fabrics （針織品或鉤針織品）
61	Articles of apparel and clothing accessories, knitted or crocheted （針織或鉤針織之衣著及服飾附屬品）
62	Articles of apparel and clothing accessories, not knitted or crocheted （非針織及非鉤針織之衣著及服飾附屬品）
63	Other made up textile articles; sets; worn clothing and worn textile articles; rags （其他製成紡織品；組合品；舊衣著及舊紡織品；破布）

	Footwear, Headgear, umbrellas, sun umbrellas, walking-sticks, seat-sticks, whips, riding-crops and parts thereof; Prepared feathers and articles made therewith; artificial flowers; articles of human hair 鞋、帽、雨傘、遮陽傘、手杖、座凳式手杖、鞭、馬鞭及其零件；已整理之羽毛及其製品；人造花；人髮製品
64	Footwear, gaiters, and the like; parts of such articles （鞋靴、綁腿及類似品；此類物品之零件）
65	Headgear and parts thereof （帽類及其零件）
66	Umbrellas, sun umbrellas, walking-sticks, seat-sticks, whips, riding-crops and parts （雨傘、陽傘、手杖、座凳式手杖、鞭、馬鞭及其零件）
67	Prepared feathers and down and articles made of feathers or of down; artificial flowers; articles of human hair （已整理之羽毛、羽絨及其製品；人造花；人髮製品）

	Stone and Glass 石料、膠泥、水泥、石棉、雲母或類似材料之製品；陶瓷產品；玻璃及玻璃器
68	Articles of stone, plaster, cement, asbestos, mica or similar materials （石料、膠泥、水泥、石棉、雲母或類似材料之製品）
69	Ceramic products （陶瓷產品）
70	Glass and glassware （玻璃及玻璃器）

	Natural or Cultured pearls, precious of semi-precious stones, metals clad with precious metal and articles there of; imitation jewellery; coin 天然珍珠或養珠、寶石或次寶石、貴金屬、被覆貴金屬之金屬及其製品；仿首飾；鑄幣
71	Natural or cultured pearls, precious or semi-precious stones, precious metals, metals clad with precious metal, and articles thereof; imitation jewellery; coin（天然珍珠或養珠、寶石或次寶石）

	Base Metals and articles of base metal 卑金屬及卑金屬製品
72	Iron and steel（鋼製）
73	Articles of iron or steel（鋼鐵製品）
74	Copper and articles thereof（銅及其製品）
75	Nickel and articles thereof（鎳及其製品）
76	Aluminum and articles thereof（鋁及其製品）
78	Lead and articles thereof（鉛及其製品）
79	Zinc and articles thereof（鋅及其製品）
80	Tin and articles thereof（錫及其製品）
81	Other base metals; articles thereof（其他卑金屬；瓷金；及其製品）
82	Tools, implements, cutlery, spoons and forks of base metal; parts thereof of base metal（卑金屬製工具、器具、利器、匙、叉及其零件）
83	Miscellaneous articles of base metal（雜項卑金屬製品）

	Machinery and Electrical appliances; electrical equipment; parts thereof; sound recorders and reproducers, television image and sound recorders and reproducers, and parts and accessories of such articles 機械及機械用具；電機設備；及其零件；錄音機及聲音重放機，電視影像、聲音記錄機及重放機，上述各物之零件及附件
84	Nuclear reactors, boilers, machinery and mechanical appliances; parts thereof（核子反應器、鍋爐、機器及機械用具；及其零件）
85	Electrical machinery and equipment and parts, thereof; sound recorders and reproducers, television image and sound recorders and reproducers, and parts and accessories of such articles（電機與設備及其零件；錄音機及聲音重放機；電視影像、聲音記錄機及重放機；以及上述各物之零件及附件）

	Vehicles, aircraft, vessels and associated transport equipment 車輛、航空器、船舶及有關運輸設備
86	Railway or tramway locomotives, rolling-stock and parts thereof; railway or tramway track fixtures and fittings and parts thereof; mechanical (including electro-mechanical) traffic signaling equipment of all kinds（鐵路或電車道機車、車輛及其零件；鐵路或電車道軌道固定設備及配件與零件；各種機械式（包括電動機械）交通信號設備）
87	Vehicles other than railway or tramway rolling stock（鐵路及電車道車輛以外之車輛及其零件與附件）
88	Aircraft, spacecraft, and parts thereof（航空器、太空船及其零件）
89	Ships, boats, and floating structures（船舶及浮動構造體）

		Optical, photographic, cinematographic, measuring, checking, precision, medical or surgical instruments and apparatus; clocks and watches; musical instruments; parts and accessories thereof 光學、照相、電影、計量、檢查、精密、內科或外科儀器及器具；鐘錶；樂器；上述物品之零件及附件
	90	Optical, photographic, cinematographic, measuring, checking, precision, medical or surgical instruments and apparatus; clocks and watches; musical instruments; parts and accessories thereof（光學、照相、電影、計量、檢查、精密、內科或外科儀器及器具；上述物品之零件及附件）
	91	Clocks and watches and parts thereof（鐘、錶及其零件）
	92	Musical instruments, parts and accessories of such articles（樂器；與其零件及附件）
		Arms and ammunition; parts and accessories thereof 武器與彈藥；及其零件與附件
	93	Arms & ammunition, parts and accessories thereof（武器與彈藥；及其零件與附件）
		Miscellaneous 雜項製品
	94	Furniture; bedding, mattresses, mattress supports, cushions and similar stuffed furnishings; lamps and lighting fittings, not elsewhere specified or included; illuminated signs, illuminated name-plates and the like; prefabricated buildings（家具；寢具、褥、褥支持物、軟墊及類似充填家具；未列名之燈具及照明配件；照明標誌、照明名牌及類似品；組合式建築物）
	95	Toys, games and sports requisites; parts and accessories thereof（玩具、遊戲品與運動用品；及其零件與附件）
	96	Miscellaneous manufactured articles（雜項製品）
		Art 藝術品、珍藏品及古董
	97	Works of art, collectors' pieces, and antiques（藝術品、珍藏品及古董）
	98	Tariff quota goods（關稅配額之貨物）

▲ 表 7−1　HS Code 的 97 個主要類別章

第二節　商品稅則分類案例

　　為讓讀者更瞭解商品稅則分類之實際應用，以下以二案例說明。

一、案例 A 貨品名稱模糊

　　假設目前有一交易貨物「茶杯」，倘若於貿易文件貨品名稱茶杯，報單申報貨品名稱「茶杯」，海關估價人員將無法審查報單正確課以關稅，故此時必須查詢稅則稅率表，依照製作茶杯的不同材質，歸列不同的稅則號碼，進口稅率將從 0% 到 10% 不

等，輸入規定亦隨之改變。

因此，首先我們將「茶杯」之各種可能材質列出，一一查詢稅則稅率如下表所示：

| 中華民國輸出入貨品分類號列 CCC Code | | 檢查號碼 CD | 貨名 | Description of Goods | 單位 Unit | 國定稅率 Tariff Rate (機動稅率 Temporary Adjustment Rate) | | | 稽徵特別規定 CR | 輸出入規定 Imp. & Exp. Regulations | | 生效日 Valid Date |
稅則號別 Tariff NO	統計號別 SC					第一欄 Column I	第二欄 Column II	第三欄 Column III		輸入 Import	輸出 Export	
70133700	00	8	陶瓷玻璃器除外之其他玻璃杯	Other drinking glasses, other than of glass-ceramics	KGM	6.5%	免稅 (PA, GT, NI, SV, HN, SG, NZ)	15%		MP1		
69149090	90	6	其他陶製品（瓷製者列入691410‧90）	Other articles of ceramic (of porcelain or china are classified in 691410.90)	KGM	10%	免稅 (PA, GT, NI, SV, HN, SG, NZ)	15%				
69111000	00	4	瓷製餐具及廚具	Tableware and kitchenware, of porcelain or china	KGM	10%	免稅 (PA, GT, NI, SV, HN, SG, NZ)	20%		F01		
73239300	00	4	不銹鋼製餐桌、廚房或其他家用物品及其零件	Table, kitchen or other household articles and parts thereof, of stainless steel	KGM	6.8%	免稅 (LDCs, PA, GT, NI, SV, HN, SG, NZ)	15%		C02		
48236900	00	5	其他紙或紙板製之盤、碟、杯及其類似品	Trays, dishes, plates cups and the like, of other paper or paperboard	KGM	免稅	免稅 (PA, GT, NI, SV, HN, SG, NZ)	10%				
44191900	00	6	其他竹製餐具及廚具	Other tableware and kitchenware, of bamboo	KGM	免稅	免稅 (PA, GT, NI, SV, HN, SG, NZ)	5%				
44199000	90	9	其他木製餐具及廚具	Other tableware and kitchenware, of wood	KGM	免稅	免稅 (PA, GT, NI, SV, HN, SG, NZ)	5%				

▲ 表 7–2 稅則稅率查詢表 A

由表 7–2 我們可以得知各材質茶杯之稅則稅率為何，然而接著我們還必須確認不同材質之茶杯，在輸入、輸出上有沒有特殊限制，若有，則必須查詢規定代號之內容，並配合相關機關之規定。

1. 玻璃製茶杯：關稅稅率 6.5% 輸入規定 MP1，部分產品中國大陸製不准進口。
2. 陶製茶杯：關稅稅率 10% 輸入規定空白，表示沒有相關機關有管制規定。
3. 瓷製茶杯：關稅稅率 10% 輸入規定 F01，輸入商品應依照《食品及相關產品輸入查驗辦法》規定，向衛生福利部食品藥物管理署申請辦理輸入查驗。
4. 不銹鋼鐵製茶杯：關稅稅率 6.8 % 輸入規定 C02，進口通關部分商品需向經濟部標準檢驗局辦理查驗。
5. 紙製茶杯：關稅稅率 0% 輸入規定空白，表示沒有相關機關有管制規定。
6. 竹製茶杯：關稅稅率 0% 輸入規定空白，表示沒有相關機關有管制規定。
7. 木製茶杯：關稅稅率 0% 輸入規定空白，表示沒有相關機關有管制規定。

二、案例 B 未開放之特殊貨品

假設今日有一項特殊商品如下表所示：

| 中華民國輸出入貨品分類號列 CCC Code | | | 貨名 | Description of Goods | 單位 Unit | 國定稅率 Tariff Rate (機動稅率 Temporary Adjustment Rate) | | | 稽徵特別規定 CR | 輸出入規定 Imp. & Exp. Regulations | | 生效日 Valid Date |
稅則號別 Tariff NO	統計號別 sc	檢查號碼 CD				第一欄 Column I	第二欄 Column II	第三欄 Column III		輸入 Import	輸出 Export	
2103.90.90	10	2	料理酒，以基酒加入 0.5% 以上之鹽，添加或不添加其他調味料，調製而成供烹調用者	Cooking wine, a base liquor which has at least 0.5% salt or other seasonings blemded into its contents and end-product is used for cooking purpose.	LTR KGM	12%	免稅 (GA, GT, NI, S, V, HN, SG, NZ, SZ)	25%	B	463 MW0 W01		

▲ 表 7–3　稅則稅率查詢表 B

我們針對此項商品之輸入規定代碼 463、MW0、W01 進行查詢，內容如下表：

輸入規定代碼	中文說明	英文說明	連結簽審機關網站	說明欄內涵蓋輸入規定
464	一、應檢附財政部核發之菸酒進口業許可執照影本或財政部同意文件。如屬進口供自用之菸酒，其數量不超過下列規定者免附：㈠菸：捲菸 5 條（1,000 支）、雪茄 125 支、菸絲 5 磅。㈡酒：5 公升。二、進口供分裝之菸，業者於報關時應報明其用途，並檢附生產國政府或政府授權之商會所出具之原產地證明。	1. A photocopy of the tobacco and/or alcohol importer business license or an approval issued by Ministry of Finance is required. Provided that the importation is for self-consumption and the quantity does not exceed the following, the above mentioned documents are not required: (1) Tobacco: 1,000 cigarettes, 125 cigars or 5 pounds of cut tobacco. (2) Alcoholic beverage: 5 liters. 2. For importation of tobacco products to repackage, the usage should be specified during customs clearance, and the certificate of origin issued by the government or chambers of commerce authorized by the government of the country of production is required.	國庫署	
MW0	大陸物品不准輸入。	Importation of Mainland China products is prohibited.	貿易局	
W01	輸入酒品應依照財政部及衛生福利部會銜發布《進口酒類查驗管理辦法》規定，向財政部申請辦理輸入查驗。	Importation of alcohol shall be made in accordance with "The Administrative Regulations Governing the Inspection of Imported Alcohol" jointly promulgated by the Ministry of Finance and the Ministry of Health and Welfare. The importer shall apply for inspection to the Ministry of Finance.	國庫署	

▲ 表 7-4　輸入規定代碼查詢

　　由表 7-4 我們得知，代碼 MW0 表示中國大陸物品不准輸入，此時該如何處理？此狀況下，若有實際進口需求，則可依下圖（圖 7-1、圖 7-2）內容說明向國際貿易局提出專案申請。

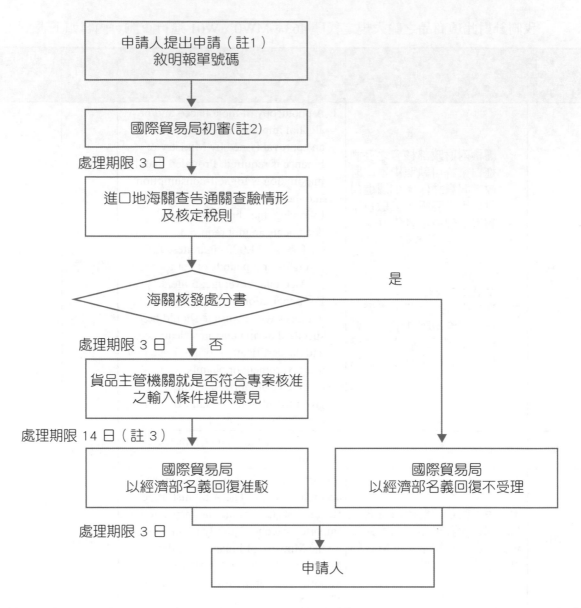

註：

1. 未經經濟部公告准許進口之中國大陸物品，依規定該等中國大陸物品不准進口，惟申請人如有進口需要，得依
   專案核准中國大陸物品之輸入條件(國內無產製、特殊需要或少量)，敘明理由向國際貿易局(貿易服務組或高雄
   辦事處)申請專案進口。申請書及貨品明細附件得於該局網站輸出入電子簽證系統進行線上登錄。

2. 申請人提供之資料包括貨品名稱、數量、尺寸規格（如型錄、說明書、製程）、功能、進口理由等。

3. 如遇特殊情況得延長之。

▲圖 7-1　未開放之中國大陸物品專案進口作業流程圖（已報關）

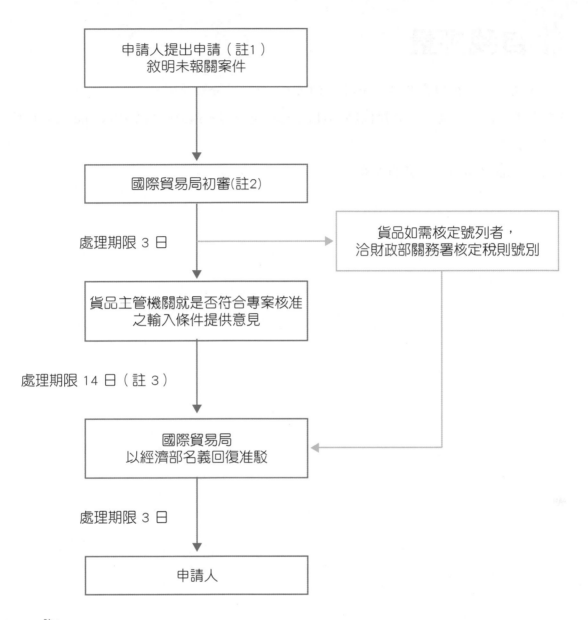

註：

1. 未經經濟部公告准許進口之中國大陸物品，依規定該等中國大陸物品不准進口，惟申請人如有進口需要，得依
   專案核准中國大陸物品之輸入條件(國內無產製、特殊需要或少量)，敘明理由向國際貿易局(貿易服務組或高雄
   辦事處)申請專案進口。申請書及貨品明細附件得於該局網站輸出入電子簽證系統進行線上登錄。

2. 申請人提供之資料包括貨品名稱、數量、尺寸規格（如型錄、說明書、製程）、功能、進口理由等。

3. 如遇特殊情況得延長之。

▲圖 7-1　未開放之大陸物品專案進口作業流程圖（未報關）

自我評量

1. 請說明「中華民國商品標準分類」(CCC) 的碼數及分類原則。

2. 請說明「國際商品統一分類代碼」(HS Code) 是由哪一組織制訂？HS Code 之應用標準為何？

3. HS Code 共有幾個主要類別章？

▷ 第八章
自由貿易協定 (FTA)

　　全球貿易自由化是世界貿易組織 (WTO) 的基本精神,所謂貿易自由化意指貨物在國際間流通,進口國及出口國政府應避免以政策手段介入干預,因應此需求,國際間發展出自由貿易協定 (FTA) 及區域貿易協定 (RTA) 的模式,除了可消弭政府以政策手段介入干預外,更進一步讓雙方經由協議談判降低進口關稅,減少非關稅措施和其他貿易限制,強化雙邊貿易經濟量能,做為在 WTO 架構下自由貿易化效果不顯著之補救。

　　簽署自由貿易協定之國家間,買賣交易時申請及提示減免關稅用產地證明,貨物於進口國通關時能享受免稅之優勢,未簽署貿易協定之國家出口之商品,卻未能享受此免稅之優惠,可能因進口商成本增加而喪失此國之貿易市場。

　　自由貿易協定,除了較廣為人知的歐盟 (EU)、北美自由貿易協定 (NAFTA)、南方共同市場 (Mercosur) 外,近年來亞太地區亦積極建立自由貿易協定,如東南亞國協 (ASEAN) 和目前仍進行中之區域全面經濟夥伴關係協定 (RECP)、跨太平洋夥伴全面進步協定 (CPTPP) 等。

　　目前與我國已完成簽署雙邊自由貿易協定的國家計有: 巴拿馬 FTA、瓜地馬拉 FTA、尼加拉瓜 FTA、薩爾瓦多 FTA、宏都拉斯 FTA、中國大陸 ECFA、巴拉圭 ECA、史瓦帝尼 ECA、紐西蘭 ANZTEC、新加坡 ASTEP,在協定簽署之質與量上,相較於鄰近亞洲國家仍有很大的進步空間。

第一節 ▶ 自由貿易協定之發展

　　二國間借由自由貿易協定之簽訂可帶來明顯之經濟利益,促使貿易自由化已成為目前國際間之潮流,參與國家主要在歐洲及美洲,亞洲地區起步較晚,1992 年除了東

南亞國協提出以外，1997 年亞洲金融危機之後，東亞各國體認到經濟合作的重要性，於是諸多國家積極洽簽自由貿易協定，尤其日本與南韓全力並積極與主要貿易國交涉。

目前東南亞國協已分別與中國大陸、日本簽署 FTA，並陸續與紐西蘭、澳洲及印度洽簽中；中國大陸除與東南亞國協簽署 FTA 外，也積極規劃與日本、香港、澳門簽署 FTA；日本與新加坡已於 2002 年初簽署 FTA，近期則積極與南韓洽談中，新加坡與我國、紐西蘭、歐盟、日本及澳洲亦分別簽署雙邊的 FTA。此外，美國亦提出與泰國、日本、南韓及我國簽署 FTA 的提議。目前之發展態勢，無論在簽署之數量抑或是一協定內參與國數量上，皆有與日俱增之現象。

第二節 WTO 與自由貿易協定

一、為何需要自由貿易協定

WTO 為全球性貿易組織，貿易自由化為其基本精神，為何在 WTO 的架構中，還需要簽訂自由貿易協定？原因為 WTO 的功能之一係達成多邊協定，促進全球貿易自由化，然而從關稅暨貿易總協定 (GATT) 到 WTO，多邊貿易自由化的議題由以往僅就調降關稅以外，已擴及到消除非關稅障礙層面，即所謂之政策干預，且因各會員國經濟發展程度懸殊之差異，且立場與主要訴求不同，尤其是在農業議題方面，一直難有共識。另外開放服務業市場與放寬資本移動管制談判，亦是爭議不斷的難題，迫使多邊協議進度停滯不前，故有些國家藉由雙邊或少量多邊的方式，簽署 FTA 或 RTA 來補救 WTO 談判進展的不足，所以造成目前全球追求簽訂 FTA 風潮日益興盛。

二、WTO 對自由貿易協定有何規範

WTO 對所有 FTA 有其規範，FTA 是 WTO 「最惠國待遇」 之原則的例外，凡 WTO 會員國簽署 FTA 後須通知 WTO 轄下之區域貿易協定委員會，且須符合以下四個基本原則：
1. **對於區域內須促進貿易；對於區域外不得增加貿易障礙。**
2. **區域內絕大部分貿易產品應消除關稅，並消除具限制性之商業法規。**
3. **對區域外不得提高關稅及商業法規之限制性。**

4.**於合理期間內（一般為 10 年）應逐步消除區域內貿易障礙。**

第三節 自由貿易協定之利益

　　世界貿易組織、國際貨幣基金會及世界銀行，曾針對區域貿易協定之利弊得失，舉辦研討會，獲致以下四點重要結論：

1. FTA 有助於累積外人直接投資、提高投資誘因，並可提高生產效率，對區域內經濟成長有正面之影響。工業化國家與開發中國家間簽署之 FTA，可促成後者加速工業化，惟可能犧牲區域外開發中國家之利益。

2. 工業化國家間簽署之 FTA，有助於全體締約國家之經濟成長並提高其所得水準；反之，若為開發中國家簽署之 FTA，則不必然產生有如工業化國家之正面效果。亦即，已開發國家間簽署 FTA，其效果遠較開發中國家間為佳。

3. 對於小型國家而言，簽署 FTA 可擴大經濟規模，創造貿易與投資商機。

4. 簽署 FTA 有助於推動貿易自由化，對建立多邊自由貿易體系有所貢獻。

　　國際間已簽訂或洽簽中之 FTA 內容，議題相當廣泛，除了商品貿易自由化外，幾乎都涵蓋服務貿易與投資保障領域。議題包括關稅減免、原產地認定規定、標準與檢驗、政府採購、服務貿易、投資保障、金融合作、智慧財產權保護、反傾銷、爭端解決等。在貨幣及金融合作方面，甚至透過雙方之中央銀行與相關主管當局的合作機制，建構對總體經濟之風險控管、跨國資金移動監控、金融監理之合作、國際金融體制改革等層面，簽署區域貿易協定除經濟利益外，亦包含政治與社會安定等考量因素。

自我評量

1. 目前與我國已完成簽署雙邊自由貿易協定的國家計有哪幾個國家？

2. 國際間為何熱衷於簽訂自由貿易協定呢？

3. 為何在 WTO 的架構下，還需要簽訂自由貿易協定？

4. WTO 對自由貿易協定的規範為何？

5. 世界貿易組織、國際貨幣基金會及世界銀行針對區域貿易協定，所產生之利益問題，獲致哪四點之重要結論？

第二篇
通關實務

　　作者多年實際觀察報關的環節，貿易商品能否順利完成通關程序，是所有進出口業者最想知道與瞭解的區塊，卻也是最陌生的區塊，本書以最平易近人的方式，讓讀者快速理解其運作方式與規定，並就商品主管機關管理代碼列表呈現，祈盼業者避免誤觸相關規定造成無謂損失。

　　本篇依序完整呈現進出口通關程序與作業細節，民國 75 年 286 第一代低階電腦配合 DOS 軟體操作系統，滑鼠尚未問市故以指令與鍵盤操控桌機，開始應用於報單及貿易文件製作，自此擺脫了打字機製作報單及貿易文件時代。民國 82 年視窗電腦誕生配合滑鼠運用，我國通關制度正式走上電腦時代，報單也自純紙本申報進到 EDI 便捷貿 e 網電子資料傳輸，達到以網路替代馬路階段，也為未來通關無紙化鋪路。民國 107 年年底 EDI 系統停用，海關以 XML 系統完全接替。

▷ 第九章
通關之概念

第一節 ▶ 貨物通關自動化實施辦法

　　《貨物通關自動化實施辦法》自民國 81 年公告，民國 82 年開始實施迄今，我國通關制度自此走上電腦時代，以網路替代馬路，乃至未來通關無紙化，皆始於此制度。

一、名詞定義

　　實施辦法之名詞定義如下：

1. **通關網路：**指與關港貿單一窗口（以下簡稱單一窗口）連線，提供通關電子資料傳輸服務，經依通關網路經營許可及管理辦法設立供營運之網路。

2. **電腦連線：**指與貨物通關有關之機關、機構、業者或個人，以電腦主機、個人電腦或端末機，透過網際網路與單一窗口連線，傳輸電子資料或訊息，以取代書面文件之遞送。

3. **電子資料傳輸：**指與貨物通關有關之機關、機構、業者或個人，利用電腦或其他連線設備，經由通關網路透過單一窗口相互傳輸訊息，以取代書面文件之遞送。

4. **連線機關：**指主管有關貨物進出口之簽審、檢疫、檢驗、關務、航港、外匯或其他貿易管理，而與單一窗口電腦連線之行政機關或受各該行政機關委託行使其職權之機構。

5. **連線金融機構：**指受委託代收或匯轉各項稅費、保證金或其他款項，而與通關網路或單一窗口電腦連線之金融機構或經財政部指定之機構。

6. **連線業者：**指以電腦連線或電子資料傳輸方式傳輸電子資料或訊息，以取代書面文件遞送之報關業、承攬業、運輸業、倉儲業、貨櫃集散站業、進出口業、個人或其

他與通關有關業務之業者或其代理人。

7. **未連線業者**：指未以電腦連線或電子資料傳輸方式傳輸電子資料或訊息，以取代書面文件遞送之前款業者或其代理人。

8. **連線通關**：指依照規定之標準格式，以電腦連線或電子資料傳輸方式辦理貨物進出口、轉運或轉口通關程序。

9. **連線申報**：指連線業者依連線通關方式依關稅法規之規定所為應行辦理或提供之各種申報、申請、繳納或其他應辦事項。

10. **連線核定**：指連線之海關對於前款之連線申報所為之各種核定稅費繳納證或准單之核發、補正、貨物查驗或放行之通知或其他依法所為之准駁決定，經由單一窗口傳輸之各種核定信息。

11. **線上扣繳**：指連線業者與指定之連線金融機構約定開立繳納稅費帳戶，並於連線申報時在報單上「繳稅方式」之「線上扣繳」欄填記，其應納稅費、保證金或其他款項透過電腦連線作業由該帳戶直接扣繳國庫。

12. **連線轉接服務業者**：指按照通關網路公告之技術規範，提供相關用戶與通關網路間為連線所需之資訊轉接服務事業。

二、文件傳輸

下列連線通關文件之傳輸，應依電子資料標準格式為之：

1. 進、出口報單。
2. 進出口貨物稅費繳納證。
3. 國庫專戶存款收款書。
4. 轉運申請書。
5. 轉運准單。
6. 電腦放行通知。
7. 進（轉）口貨物短卸、溢卸報告。
8. 進口貨物進倉異常報告。
9. 查驗貨物通知。
10. 其他通關有關文件。

三、業者申請連線申報規定

1. **以電腦連線方式辦理者：**應先於單一窗口以憑證提出註冊申請，經核准後開始連線申報等作業。

2. **以電子資料傳輸方式辦理者：**應先向經營通關網路之事業提出申請，經訂立契約後轉送連線之地區海關登記，並於單一窗口以憑證提出註冊申請，經核准後開始連線申報等作業。但申請者如屬報關業者，在訂立契約前應先向該地區海關報備，並取得電子郵箱號碼。

飛機載運進口貨物抵達本國機場前；或船舶載運進口貨物抵達本國港口前，已以電子資料傳輸方式傳輸艙單者，納稅義務人得以連線申報方式預先申報進口，由海關即時辦理通關手續。

連線業者辦理連線申報時，應依據原始真實發票、提單或其他有關資料文件，依規定正確申報貨名、稅則號別或其他應行申報事項，製作進出口報單、艙單或其他報關文件。

報關業者受委託辦理連線申報時，其「電腦申報資料」與「報關有關文件」之內容必須一致。其申報內容應先由專責報關人員進行審查無訛，並以經海關認可之密碼或其他適當方法簽證後輸入。報關業者應先取得納稅義務人或貨物輸出人之委任授權，始得辦理，並依海關通知檢具委任書。

四、連線通關

海關對於連線通關之報單實施電腦審核及抽驗，其通關方式分為下列三種：

1. C1 **免審免驗通關：**免審書面文件免驗貨物放行。

2. C2 **文件審核通關：**審核書面文件免驗貨物放行。

3. C3 **貨物查驗通關：**查驗貨物及審核書面文件放行。

依規定核列 C1 為免審免驗通關方式處理之貨物，於完成繳納稅費手續後，海關應以連線核定方式將放行通知傳送報關人及貨棧，報關人憑電腦放行通知及有關單證前往貨棧提領。其報關有關文件，應由報關人依關務規定之期限妥為保管；經海關通知補送資料者，報關人應於接到通知後 3 日內補送之。

經核 C2 文件審核通關方式處理之貨物，報關人應於接獲海關連線核定通知之翌

日辦公時間終了前，補送書面報單及其他有關文件以供查核。但經海關公告得傳送文件電子檔之報單（無紙化報單），得以連線申報方式取代書面補件。

經核 C3 查驗通關方式處理之貨物，報關人應於接獲海關連線核定通知之翌日辦公時間終了前，補送書面報單及其他有關文件以供查驗貨物，海關並得通知貨棧配合查驗。但經海關公告得傳送文件電子檔之文件，得以連線申報方式取代書面補件。

五、繳款方式

連線通關之納稅義務人得選擇下列規定方式之一繳納稅費、保證金或其他款項：
1. 線上扣繳。
2. 依進口貨物先放後稅實施辦法規定提供擔保，辦理**先放後稅**。
3. 以匯款方式由往來銀行透過指定連線金融機構分別匯入國庫存款戶或海關專戶。
4. 以現金向駐當地海關之代庫銀行收稅處繳納。

> 先放後稅：
> 進口商或委任報關業者，事先向海關申請設定稅款額度，每批進口稅額低於可用額度內，貨物即刻放行，稅單於 14 日內繳款即可。

海關得憑連線金融機構傳輸之稅費、保證金或其他款項收訖訊息，由電腦自動核對紀錄相符後辦理放行等後續作業，免再以人工核對稅費繳納證或國庫專戶存款收款書存查聯及人工配單工作，顯著提升通關效率。

未連線業者所遞送書面報單、艙單或其他報關文件，由海關代為輸入者，依《海關徵收規費規則》有關規定徵收費用。連線業者除具有正當理由經海關核准者外，其所遞送書面報單、艙單或其他報關文件，由海關代為輸入者，依《海關徵收規費規則》有關規定徵收費用。

通關網路或單一窗口記錄於電腦之報單及其相關檔案應自進出口貨物放行之翌日起保存 5 年，期滿予以銷毀。通關網路記錄於電腦之艙單、出口裝船清表檔案，應自進出口貨物放行之翌日起保存 5 年，期滿除另有約定外予以銷毀。

報關之「電腦申報資料」若與「報關有關文件」之內容不一致，海關得依《關稅法》第 81 條規定，視其情節輕重，予以警告並限期改正或處新臺幣 6,000 元以上 3 萬元以下罰鍰；並得連續處罰。

報關人以電腦連線方式向海關辦理通關業務者違反《貨物通關自動化實施辦法》第 14 條規定，補送書面報單及其他有關文件以供查核，海關得依《關稅法》第 81 條

規定，予以警告並限期改正或處新臺幣 6,000 元以上 3 萬元以下罰鍰；並得連續處罰。《貨物通關自動化實施辦法》相關內容可至全國法規資料庫查詢。

第二節 關港貿單一窗口

為因應經貿通關資訊蓬勃應用時代的競爭與挑戰，我國貿易伙伴國及競爭國如新加坡、香港、中國大陸、日本、韓國及澳洲等，均積極推動電子化貿易單一窗口，冀藉此強化對進出口業者的貿易服務效率，俾提升對外的經貿競爭力。我國涉及貿易進出口事務的政府管理機構（主管單位及相關委辦單位）將近有五十個單位，復以通關、航港及貿易簽審事務並未完全整合，以致民間業者在進出口事務申辦上，需於多家政府機關間奔波往返。為提供民眾更便捷的進出口服務，超越貿易伙伴與競爭對手之腳步，我國實有必要利用通關自動化、航港資訊化與貿易便捷化之成就基礎，進一步整合政府與民間現有資源，辦理業務與資訊流程再造作業，以徹底解決進出口資料重複傳輸及關港貿網路網網不相連等問題，逐步達成「一次申辦，全程服務」之目標。

此計畫依據世界關務組織 (WCO) 與聯合國貿易便捷及電子商業中心 (UN/CEFACT) 為增進政府與貿易業界資料交換效率，所建議各國政府應積極導入之進出口單一窗口架構與模式，建立整合通關、航港與貿易簽審電子化服務之單一窗口，進行相關電子資料標準訊息調和，加值使用與經貿通關供應鏈相關之訊息、貨物移動與統計資料，提供各項進出口相關事務申辦與資訊提供之單一入口，藉以提升民眾及業者申辦進出口服務的便利性，並利於建立與國際接軌之經貿通關作業環境。

一、名詞定義

相關辦法用詞定義如下：

1. **參與機關（構）**：指參與關港貿單一窗口作業之關務、航港、貿易簽審、檢驗及檢疫等業務之各相關政府機關（構）。
2. **參與業者**：指透過關港貿單一窗口作業之國內進出口業、運輸業、倉儲業、報關業、承攬業、報驗業、貨櫃集散站業、金融業、快遞業、自由港區事業、個人或其他與貨物進出口有關之業者。
3. **拆封**：指為執行分送、交換關港貿單一窗口電子資料所為之拆開封包行為。

4.**通關專屬憑證**：指依法得對外提供簽發憑證服務之憑證機構所簽發專用於通關業務
　之憑證。

二、運作方式

　　關港貿單一窗口營運項目包括參與業者與參與機關（構）間之申辦與查詢服務、
參與機關（構）間之會辦與資料交換服務、國與國間之跨境資料交換服務及其他加值
服務。關港貿單一窗口之營運、管理與資料之拆封、蒐集、處理、利用及其他相關實
施事項，由財政部關務署辦理。

　　參與業者依關務、航港、貿易簽審、檢驗及檢疫等相關規定申請或提出進出口文
件，得採與關港貿單一窗口電腦連線或電子資料傳輸方式辦理。但以電子資料傳輸方
式辦理者，於關港貿單一窗口營運初期階段，應透過通關網路與關港貿單一窗口連線。

　　參與業者透過電腦連線關港貿單一窗口，申辦貨物通關、航港、貿易簽審、檢驗
及檢疫業務者，限以政府憑證管理中心簽發之政府憑證、內政部憑證管理中心簽發之
自然人憑證、經濟部工商憑證管理中心簽發之工商憑證、組織及團體憑證管理中心簽
發之組織及團體憑證提出註冊申請外，亦得以通關專屬憑證為之。

　　參與業者經由關港貿單一窗口傳輸之電子文件，於輸入關港貿單一窗口並經電腦
記錄有案時，視為已到達依法應收受文件之參與機關（構）。參與機關（構）透過關港
貿單一窗口傳輸之核定通知，於輸入關港貿單一窗口並經電腦記錄有案時，推定已送
達應受通知人。

　　以電子資料傳輸方式使用關港貿單一窗口作業者，應依財政部關務署公告之標準
格式辦理。關港貿單一窗口提供全年每日 24 小時連線服務，即為 24 小時通關服務。

　　參與業者透過關港貿單一窗口傳輸之電子文件或所接受之核定通知，得申請傳輸
時間與內容之證明文件及其所傳輸之電子文件資料，申請時間應自該電子文件或核定
通知於關港貿單一窗口電腦檔案記錄之翌日起 5 年內為之。

　　便捷貿 e 網中的 EDI 操作系統，通關業者將通關電子資料透過通關網路業者（關
貿網路、汎宇電商）轉送海關便捷貿 e 網主機，24 小時皆能進行報關作業，如下通
關、航港、貿易簽審網路架構圖示說明，如圖 9–1。

　　關港貿單一窗口 XML 為便捷貿 e 網 EDI （已於民國 107 年 12 月停用） 之進階
版，推行主要目的為便於整合與貨物進出口相關機關與單位，能在一個大平臺上整合

資訊，讓相關業者節省資料重複登打的時間及降低重複登打錯誤率，並藉此平臺能與貿易國做跨國連線介接。關港貿單一窗口架構圖，如圖 9–2。關港貿單一窗口 XML 通關作業流程如圖 9–3。

　　貨物進出口報關依《關稅法》之規定，廠商可以自行報關，惟報關的工作是複雜且繁瑣的專業知能，牽涉到政府各部會的法律規定，若不小心違規或違法，輕者罰款重者移送法院，所以進出口業者一般皆委由報關公司代為處理。

第三節 報關相關軟體

　　報關軟體屬專用軟體，軟體要在市面上販售與使用必須經過海關認證，目前市面有 6 套報關專用軟體，分別是晉緯資訊股份有限公司、大容電腦股份有限公司、宇博股份有限公司、士通股份有限公司、博連資訊科技股份有限公司及介宏資訊有限公司等公司所開發，屬於報關專用封閉性軟體。

第四節 報關公司

　　依《關稅法》第 22 條第 3 項規定，報關公司指經營受託辦理進、出口貨物報關納稅等業務之營利事業。

　　設立資本額應在新臺幣 500 萬元以上，其員工應有一人以上具有專責報關人員之資格（考選部證照考試）。報關業負責人應具有 3 年以上報關實務經驗，如設有授權掌理報關業務之經理人者，不在此限。

　　依《關稅法》規定設立，主要為進出口業者處理報關相關業務，及製作各種國際貿易文件的公司，要設立報關公司除了取得公司執照與營業登記，還需要加入管轄關區的報關公會，公司從業人員最少其中一人須取得考選部專責報關人員證照，方能向海關申請報關營業執照，未取得海關報關營業執照者，不能向海關投遞報單，已取得海關報關營業執照之報關業者，依《報關業設置管理辦法》第 33 條規定，每年海關考核一次，區分第一類報關公司與第二類報關公司，差別在於所投遞的報單，電腦抽中驗關比率不同，第一類報關公司抽中驗關比率較低，第二類報關公司抽中驗關比率較高，降低貨物抽驗比率申請資格依《報關業者申請降低貨物抽驗比率作業規定》如下：

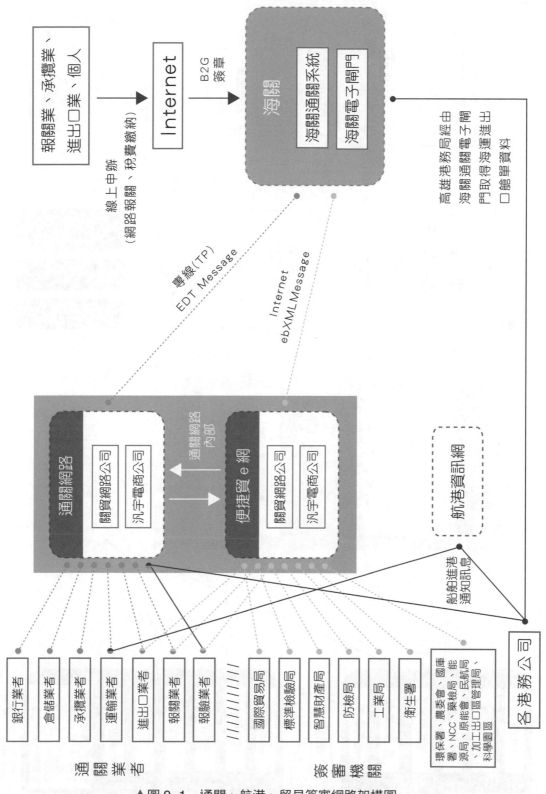

▲圖 9-1　通關、航港、貿易簽審網路架構圖

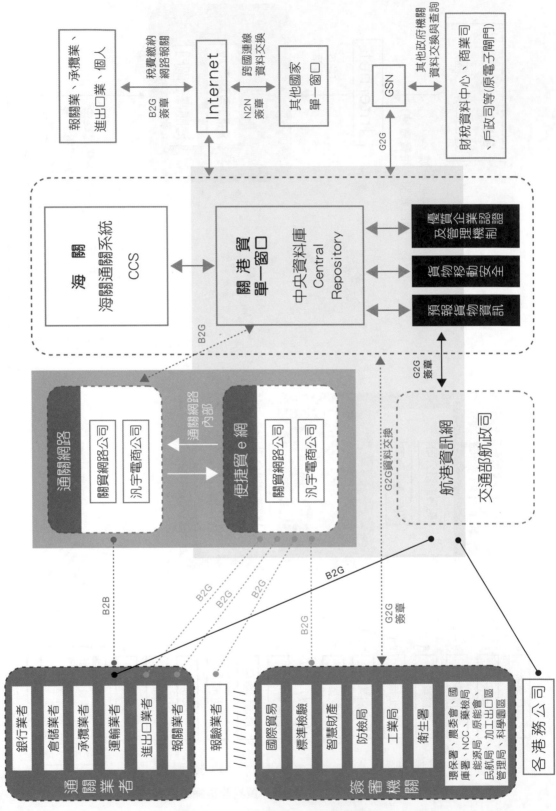

▲圖 9-2　關港貿單一窗口架構圖

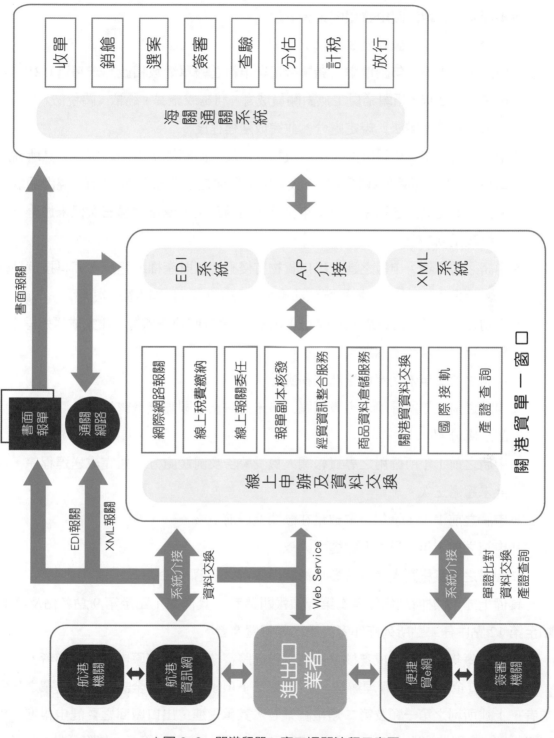

▲圖 9–3　關港貿單一窗口通關流程示意圖

為降低貨物抽驗比率，報關業者具備下列條件者，得於每年 2 月底前檢具證明文件，以書面向所在地海關申請報關業者分類。

1. 申請之前 1 年，設立達 3 年以上。
2. 申請之前 1 年，年錯單率（錯單數量與申報之報單總數相比）未超過 0.3%。
3. 申請之前 2 年，報關業員工無對關員威脅、利誘或施暴，經依《關稅法》及《報關業設置管理辦法》規定處分，並完成送達程序。
4. 申請之前 2 年，申報之進、出口貨物有違反《海關緝私條例》規定，其所漏進口稅額、溢沖退稅額或經處分沒入貨物之價值超過新臺幣 50 萬元，經海關依法處分，並完成送達程序，每 1 年合計未超過三次，或雖超過三次但未逾全年報單總數量 0.2%。
5. 申請之前 2 年，申報之進、出口貨物有侵犯智慧財產權或違反《高科技貨品輸出入管理規定》，經主管機關依法處分，每 1 年合計未超過三次。
6. 申請之前 2 年，報關業者經依《關稅法》受警告或罰鍰處分，並完成送達程序，每 1 年合計未超過六次。
7. 申請之前 2 年未受停止報關業務處分。
8. 申請之前 1 年所僱用之專責報關人員未受停止報關審核簽證業務、廢止執業登記之處分。
9. 申請之前 1 年所僱用之專責報關人員受警告及罰鍰處分，並完成送達程序，合計未超過三次。
10. 申請之前 1 年，全年報單數量在該關區居前 70%。
11. 申請之前 1 年，員工人數達六人以上。
12. 僱用之專責報關人員按時參加海關所舉辦之講習。

具備上述 12 點所列條件者為第一類報關業者，具備第 1 點至第 9 點各點及第 10 點至第 12 點中任二點所列條件者為第二類報關業者。

海關於每年 3 月底完成審核，並應以書面將審核結果通知原申請報關業者。

依《優質企業認證及管理辦法》第 18 條第 1 項規定取得安全認證優質企業之報關業者、上述所稱之第一類及第二類報關業者，其承受進、出口廠商之委託申報進、出口貨物時，分別按海關進、出口報單抽驗規定之抽驗比率予以降低，其降低抽驗比率，安全認證優質企業報關業為 51～75%，第一類為 26～50%，第二類為 25% 以內。但依

規定必驗者，不得降低抽驗比率。

核准降低抽驗比率之期間為 1 年，自當年 4 月 1 日起至翌年 3 月 31 日止。第一類報關業者得以降低抽驗比率範例圖，如圖 9–4。

第五節 報關專業證照

報關專責人員證照，是成立報關公司必備要素之一，由考選部每年 6 月於臺北市、臺中市、高雄市三區考試，考試科目分為關務英文、關務法規、通關實務、稅則概要等四科，合格者發給證照，每家報關公司設立最少須具有一張報關專責人員證照。

正本

財政部關務署臺中關　函

機關地址：43541臺中市梧棲區臺灣大道10段2
號
承辦人：陶鳳華
電話：(04) 26565101分機125
傳真：04-26584043
電子信箱：004079@customs.gov.tw

43543
臺中市梧棲區中興路178巷88號
受文者：凱悅通運報關股份有限公司

發文日期：中華民國108年3月13日
發文字號：中普業二字第1081003768號
速別：普通件
密等及解密條件或保密期限：
附件：

主旨：茲核定貴公司為108年度第1類報關業者，請查照。

說明：

一、依據「報關業者申請降低貨物抽驗比率作業規定」第3點
　　規定辦理。

二、貴公司受委託連線申報之進、出口報單，分別按海關進、
　　出口報單抽驗規定之抽驗比率予以降低，期間為1年，自
　　民國108年4月1日起至109年3月31日止。

正本：凱悅通運報關股份有限公司
副本：

關 務 長　葉明星

▲圖 9-4　第一類報關業者得以降低抽驗比率範例圖

自我評量

1.請說明下列《貨物通關自動化實施辦法》之名詞定義。

　　(1)通關網路

　　(2)電腦連線

　　(3)電子資料傳輸

　　(4)連線機關

　　(5)連線金融機構

　　(6)連線業者

　　(7)未連線業者

　　(8)連線通關

　　(9)連線申報

　　(10)連線核定

　　(11)線上扣繳

　　(12)連線轉接服務業者

2.連線通關文件之傳輸，連線業者申請連線申報規定為何？

3.海關對於連線通關之報單實施電腦審核及抽驗，其通關方式分為哪幾種？

4.連線通關之納稅義務人得選擇哪幾種規定方式繳納稅費、保證金或其他款項？

5.說明下列「關港貿單一窗口」辦法之用詞定義。

　　(1)參與機關（構）

　　(2)參與業者

　　(3)拆封

　　(4)通關專屬憑證

6.如何成立報關公司？其資格為何？

7.報關業者申請降低貨物抽驗比率作業規定為何？報關專責人員證照之規定為何？

▷第十章
商品稅則解析

　　商品稅則分類除了是報關專責人員證照考試科目之一，更是進出口報關作業很重要的一個環節，更關係著進口商重要成本之要素「關稅」金額，與政府對進口商品的管理規定，對進口商而言是牽一髮動全身的重要，希望透過本章節的說明，讓貿易業者能充分瞭解，可以事先瞭解成本與應遵守之規定，以避免貨物無法順利進行通關，造成損失與後續貿易糾紛。

第一節　HS Code

　　The Harmonized Commodity Description and Coding System，簡稱 HS，指國際商品統一分類號。

　　國際商品統一分類代碼 (HS Code) 為編碼協調制度的簡稱。編碼協調制度是由國際海關理事會 (WCO) 所制訂的。

　　HS Code 是對各種不同產品出入境應徵或應退關稅稅率進行量化管理的一個統一標準。HS Code 的前 6 碼是世界各國通用的。每個國家根據自己需要，有時會在後面加上 2 碼或 4 碼對貨物加以更細的分類。

第二節　CCC Code

　　CCC Code 全稱為 Standard Classification of Commodities of the Republic of China，即「中華民國商品標準分類號列」。CCC Code 共有 11 碼，前 6 碼與國際碼相通，第 7～8 碼為關稅碼，與海關進口稅則共用 8 碼，第 7 碼以後為我國加編的部分，第 9～10 碼為統計碼，而第 11 碼為檢查碼。

舉例來說，玻璃瓶內裝染色砂玻璃瓶之瓶口並以蠟密封，用途為營業場所之展示裝飾品，經查詢結果稅則號別 7013.99.90.00–4 進口稅率 6.8%。

| 中華民國輸出入貨品分類號列 CCC Code | | 檢查號碼 CD | 貨名 | Description of Goods | 單位 Unit | 國定稅率 Tariff Rate（機動稅率 Temporary Adjustment Rate） | | | 稽徵特別規定 CR | 輸出入規定 Imp. & Exp. Regulations | | 生效日 Valid Date |
稅則號別 Tariff NO	統計號別 SC					第一欄 Column I	第二欄 Column II	第三欄 Column III		輸入 Import	輸出 Export	
70139990	00	4	其他玻璃器	Other glassware	KGM	6.8%	免稅 (PA, GT, NI, SV, HN, SG, NZ)	15%				輸入規定生效日：2010-09-14 輸出規定生效日：1989-01-01 截止日期：9999-99-99

▲ 表 10–1　稅則稅率查詢

財政部關務署與經濟部國際貿易局，共同編印之《中華民國進口稅則與輸出入貨品分類表合訂本》（稅則本），將貿易商品由類註 (Section Notes) 分為 21 類：

- 第一類活動物；動物產品，共計 5 章（第 1 章至第 5 章）。
- 第二類植物產品，共計 9 章（第 6 章至第 14 章）。
- 第三類動植物油脂及其分解物；調製食用油脂；動植物蠟，共計 1 章（第 15 章）。
- 第四類調製食品；飲料；酒類及醋；菸類及已製菸類代用品，共計 9 章（第 16 章至第 24 章）。
- 第五類礦產品，共計 3 章（第 25 章至第 27 章）。
- 第六類化學或有關工業產品，共計 11 章（第 28 章至第 38 章）。
- 第七類塑膠及其製品；橡膠及其製品，共計 2 章第 39 章至第 40 章
- 第八類生皮、皮革、毛皮及其製品；鞍具及輓具；旅行用物品、手袋及其類似容器；動物腸線製品（蠶腸線除外），共計 3 章第 41 章至第 43 章
- 第九類木及木製品；木炭；軟木及軟木製品；草及其他編結材料之編結品；編籃及柳條編結品，共計 3 章第 44 章至第 46 章
- 第十類木漿或其他纖維素材料之紙漿；回收（廢料及碎屑）紙或紙板，共計 3

章第 47 章至第 49 章

- 第十一類紡織品及紡織製品，共計 14 章（第 50 章至第 63 章）。
- 第十二類鞋、帽、雨傘、遮陽傘、手杖、座凳式手杖、鞭、馬鞭及其零件；已整理之羽毛及其製品；人造花；人髮製品，共計 4 章（第 64 章至第 67 章）。
- 第十三類石料、膠泥、水泥、石棉、雲母或類似材料之製品；陶瓷產品；玻璃及玻璃器，共計 3 章（第 68 章至第 70 章）。
- 第十四類天然珍珠或養珠、寶石或次寶石、貴金屬、被覆貴金屬之金屬及其製品；仿首飾；鑄幣，共計 1 章（第 71 章）。
- 第十五類卑金屬及卑金屬製品，共計 11 章（第 72 章至第 83 章，第 77 章為空章）。
- 第十六類機械及機械用具；電機設備；及其零件；錄音機及聲音重放機，電視影像、聲音記錄機及重放機，上述各物之零件及附件，共計 2 章（第 84 章至第 85 章）。
- 第十七類車輛、航空器、船舶及有關運輸設備，共計 4 章（第 86 章至第 89 章）。
- 第十八類光學、照相、電影、計量、檢查、精密、內科或外科儀器及器具；鐘錶；樂器；上述物品之零件及附件，共計 3 章（第 90 章至第 92 章）。
- 第十九類武器與彈藥；及其零件與附件，共計 1 章（第 93 章）。
- 第二十類雜項製品，共計 3 章（第 94 章至第 96 章）。
- 第二十一類藝術品、珍藏品及古董，共計 2 章（第 97 章至第 98 章）。

　　進口商品應課稅額與進出口之機關法律規定代號，皆呈現於此表，此表可解釋為政府各機關與進出口業者間之資訊公告平臺。

　　稅則本第 19 章 303 頁範例如圖 10-1，國定進口稅率分為三欄，進口貨物原產地為 WTO 之會員國，適用進口稅率第一欄之稅率，檢附 FTA 國之優惠關稅產地證明者，適用進口稅率第二欄之稅率，非屬第一欄及第二欄之國家，適用進口稅率第三欄之稅率，稽徵特別規定欄位及輸出入規定欄位，出現代碼，即表示此進口貨物除了海關課稅以外，還有其他政府機關管理，進口貨物必須符合該管理機關之法令規定，才能順利進口。

中華民國輸出入貨品分類號列 C C C Code / 稅則號別 Tariff No.	檢查號碼 CD	貨 名 Description of Goods		單位 Unit	國 定 稅 率 Tariff Rate 第一欄 Column I	第二欄 Column II	第三欄 Column III	稽徵特別規定 CR	輸出入規定 Imp. & Exp. Regulations 輸入 Imp.	輸出 Exp.
1904.10.90	10 2	其他膨潤或焙製之穀類調製食品，含肉者	Other prepared foods obtained by swelling or roasting of cereals or cereal products, containing meat	KGM					B01 F01 MP1	
	20 0	其他膨潤或焙製之穀類調製食品，不含肉者	Other prepared foods obtained by swelling or roasting of cereals or cereal products, not containing meat	KGM					F01 MP1	
1904.20		未經焙製穀類片之調製食品或未經焙製穀類片及經焙製之穀類片或膨潤穀類混合而成之調製食品	Prepared foods obtained from unroasted cereal flakes or from mixtures of unroasted cereal flakes and roasted cereal flakes or swelled cereals							
1904.20.11	00 8	未經焙製穀類片之調製食品，含米量不低於30%	Prepared foods obtained from unroasted cereal flakes, containing not less than 30% of rice	KGM	新臺幣49元/公斤 NT$49/KGM	新臺幣49元/公斤 NT$49/KGM (GT,HN,NI PA,SV)	新臺幣49元/公斤 NT$49/KGM	G	451 F01 MW0	
1904.20.19	00 0	其他未經焙製穀類片之調製食品	Other prepared foods obtained from unroasted cereal flakes	KGM	20%	8% (PA) 14.6% (GT) 17.3% (HN,NI, SV)	50%		F01 MW0	
1904.20.21	00 6	未經焙製穀類片及經焙製之穀類片或膨潤穀類混合而成之調製食品，含米量不低於30%	Prepared foods obtained from mixtures of unroasted cereal flakes and roasted cereal flakes or swelled cereals, containing not less than 30% of rice	KGM	新臺幣49元/公斤 NT$49/KGM	新臺幣49元/公斤 NT$49/KGM (GT,HN,NI PA,SV)	新臺幣49元/公斤 NT$49/KGM	G	451 F01 MW0	
1904.20.29	00 8	其他未經焙製穀類片及經焙製之穀類片或膨潤穀類混合而成之調製食品	Other prepared foods obtained from mixtures of unroasted cereal flakes and roasted cereal flakes or swelled cereals	KGM	20%	20% (GT,HN,NI PA,SV)	45%		F01 MW0	
1904.30		布格麥食	Bulgur wheat							
1904.30.00	00 9	布格麥食	Bulgur wheat	KGM	20%	8% (PA) 14.6% (GT) 17.3% (HN,NI, SV)	45%		F01 MW0	
1904.90		其他	Other							
1904.90.10		預煮或以其他方式調製之粒狀、片狀或其他加工（粉、碎粒及細粒除外）之未列名穀類（玉蜀黍（玉米）除外）產品，含米量不低於30%	Cereals (other than corn (maize)) in grain form or in the form of flakes or other worked grains (except flour, groats and meal), pre-cooked or otherwise prepared, not elsewhere specified or included, containing not less than 30% of rice		新臺幣49元/公斤 NT$49/KGM	新臺幣49元/公斤 NT$49/KGM (GT,HN,NI PA,SV)	新臺幣49元/公斤 NT$49/KGM			

▲圖 10-1　稅則本第 19 章 303 頁範例

第三節　稽徵特別規定代碼

　　稽徵特別規定屬進口商品除進口關稅外之特別規定，*部分係指規列此稅則內之商品，部分適用此規定內容，部分不適用。

　　稽徵特別規定「A」：

1. B：應徵酒稅 (Subject to alcohol tax)

2. B*：部分進口應徵酒稅 (Subject to alcohol tax, partially)

3. C：菸稅及菸品健康福利捐 (Subject to tobacco tax & health and welfare surcharge)

4. D*：部分進口須額外檢具自由貿易協定締約國政府相關單位核發之牛隻屠宰前之飼養農場及屠宰場資料 (Some of import countries shall extra enclose documents of the raising farm and slaughter house before the cow slaughtered which issued by relative FTA signatory Government units.)

5. G：採取特別防衛措施 (Adopt Special Safeguard)

6. L*：部分進口應課徵特種貨物及勞務稅 (Subject to specifically selected goods and services tax, partially)

7. N：適用增註之特定稅則號別 (Subject to Tariff Additional Note for special tariff number)

8. R：取消退稅 (Non duty drawback)

9. R*：部分取消退稅 (Non duty drawback, partially)

10. S：應檢附各產製國政府或其授權單位出具之產地證明 (The certificate of origin issued by either the government of the country of origin or the government authorized units is required.)

11. S*：部分進口應額外檢附各產製國政府或其授權單位出具之產地證明 (Some of import countries shall extra enclose the certificate of origin issued by either the government of the country of origin or the government authorized units.)

12. T：進口應課徵貨物稅 (Subject to commodity tax)

13. T*：部分進口應課徵貨物稅 (Subject to commodity tax, partially)

14. Z：進口貨物統計數量單位應申報「0」之稅則號別。（整套機器設備或組合物品須

拆散、分裝報運進口，其第一批報運進口時已填其整套之數量，餘者於日後分批進口時，其數量則填列 「0」，並按整套機器或組合物品應歸列之稅則號別申報。）
(The Tariff NO. in which the quantities of imported goods shall be declared "0".) (In case where a complete set of machinery or a commodity made of several different component parts has been imported in a knockdown state and packed separately, the quantity of the first batch of such machinery or commodity shall be declared as one single unit, and the quantities for the rest of the batches imported subsequently as "0". In these cases import declaration shall be made according to the Tariff NO. applicable to the complete set of machinery or the commodity as one single unit.)

第四節 輸入與輸出規定代碼主管機關對應表

所有進出口貿易商品，其業務主管機關眾多，各司其職，在稅則表上以代碼呈現，輸入與輸出規定各主管機關對應碼如下表：

主管機關	輸入規定	輸出規定
中央研究院	467	
內政部警政署	362, 363	551, 552
內政部消防署	366, 367	
國防部	363, 467, 601, 641	551
財政部國庫署	463, 467, W01	
教育部	467	
經濟部國際貿易局	111, 113, 114, 121, 236, 368, 462, 465, 827, 828, 829, 830, 831, 832, MP1, MW0	111, 112, 121, 236, 445, 446, 447, 486, 488, S01
經濟部工業局	251, 467, 827, 828, 829, 830, 831, 832	
經濟部投資審議委員會		488
經濟部標準檢驗局	C01, C02	
經濟部智慧財產局		571
經濟部礦務局	301	483
經濟部水利署	259	
經濟部能源局	255, 256, 467, 827, 828, 829, 830, 831, 832	473
交通部民用航空局	601, 612	
交通部中央氣象局	601	

交通部路政司	608	
交通部航港局	606	
行政院原子能委員會	581	541
行政院農業委員會	401, 404, 806, 809, 824, 825, 826, 827, 828, 829, A01, A02	441, 454
行政院農業委員會漁業署	442	440, 442, 443
行政院農業委員會動植物防疫檢疫局	405, 406, 801, 802, 804, 805, 806, 807, 808, 809, 810, 813, 814, 815, 818, 820, 821, 823, 824, 834, 835, B01	525, 801, 803, 804, 805, 806
行政院農業委員會農糧署	402, 403, 451, 825	445, 446, 447, 448, 454
中央銀行發行局	343, 344	516
行政院環境保護署	550, 551, 552, 553, 554, 555, 801, 805, 810, 820	531, 532, 533, 550, 805
國家通訊傳播委員會	602	
勞動部職業安全衛生署	375	
衛生福利部	467, 501, 504	
衛生福利部中醫藥司	502, 505, 513, 514, 528, 814, H01, H02	
衛生福利部疾病管制署	501, 824	524, 806
衛生福利部食品藥物管理署	503, 504, 506, 507, 508, 509, 511, 514, 522, 526, 528, 529, 802, 804, 806, 807, 808, 809, 810, 813, 815, 818, 820, 821, 823, 824, 826, 827, 828, 830, 831, 834, 835, F01, F02, F03	522, 523, 801, 803, 804, 806

▲ 表 10–2　規定與各主管機關對應表

第五節　輸出入貨品之代碼

輸出入貨品之代碼意涵（簽審單位）「B」：

111：管制輸出入。

121：由國際貿易局發輸出入許可證。

A02：進口水產品，應由行政院農業委員會港埠檢疫單位檢疫合格後，始可續辦通關手續。

B01：進口時，應依行政院農業委員會動植物防疫檢疫局編定之「應施檢疫動植物品目表」及有關檢疫規定辦理。

C01：經濟部標準檢驗局公告應施進口檢驗商品。

C02：本項下部分商品屬於經濟部標準檢驗局應施進口檢驗商品。

F01：輸入商品應依照行政院衛生福利部食藥署發布《輸入食品查驗辦法》規定。

F02：本項下部分商品應依照行政院衛生福利部食藥署發布《輸入食品查驗辦法》規定。

MP1：中國大陸物品有條件准許輸入，應符合《大陸物品有條件准許輸入項目》。

MW0：中國大陸物品不准進口。

第六節 簽審機關免證代碼

　　本節以表列方式讓讀者快速瞭解，進口商品通關時若符合各商品管理機關表述要件，進口報單申報免證代碼完成 14 碼簽審比對，即能順利通關繳稅提貨，無須事先申請許可文件，達到節省時間與成本之目的。

　　例如進口中國大陸產製之迷你型裝飾用石磨，進口數量 10 組、貨物價值 CIF 新臺幣 25,000 元，稅則查詢結果 6804.10.90.00–5，進口稅 2.5%，輸入欄規定代碼為 MW0（中國大陸物品不准進口），然而因數量與金額皆符合簽審機關免證專用代碼，輸入少量中國大陸工業產品適用範圍之規定，此批進口貨物可以不用事先向國際貿易局申請輸入許可證，於報單申報時填寫簽審機關免證代碼 FT999999999990，就可以符合相關規定順利通關進口。詳細資料請參閱附錄二簽審機關免證代碼表。

中華民國輸出入貨品分類號列 CCC Code		檢查號碼 CD	貨名	Description of Goods	單位 Unit	國定稅率 Tariff Rate (機動稅率 Temporary Adjustment Rate)			稽徵特別規定 CR	輸出入規定 Imp. & Exp. Regulations		生效日 Valid Date
稅則號別 Tariff NO	統計號別 SC					第一欄 Column I	第二欄 Column II	第三欄 Column III		輸入 Import	輸出 Export	
68041090	00	5	其他供研、磨或製漿用磨石	Other millstones and grindstones for milling, grinding or pulping	KGM	2.5%	免稅 (PA, GT, NI, SV, HN, SG, NZ)	5%		MW0		輸入規定生效日：1997-01-01 輸出規定生效日：1989-01-01 截止日期：9999-99-99

▲ 表 10–3　稅則稅率查詢

自我評量

1. 何謂「國際商品統一分類代碼」(HS CODE)?

2. 何謂「中華民國商品標準分類號列」(CCC Code)?

3. 《中華民國進口稅則與輸出入貨品分類表合訂本》,將貿易商品由類註 (Section Notes) 分為哪 21 類?

4. 輸出入貨品之代碼意涵(簽審單位)為何?

5. 何謂「簽審機關免證代碼」?

▷ 第十一章 進出口報單

　　所謂報單為貨物進出口時向海關申報之固定表格，分別為進口報單及出口報單二種表格，依實際資料內容分別填寫，該填寫而未依規定填寫，海關電腦不會收單，所謂報關日即為海關電腦成功收單的日期，法規所謂海關接受 24 小時報關，即為海關電腦 24 小時收單，排除人工處理的部分，而報單填寫內容很多是填報規定代碼，非以文字敘述填報，報單的資料經海關電腦成功收單，內容有任何修改之必要時，皆須經由海關承辦人員以人工修正，申報人無法自行修改。

　　進口報單與出口報單皆為單一標準格式，以實際申報內容來區分報單商品之屬性與應配合之規定，下列報單之代碼係以商品之身分決定，非以廠商身分決定，例：臺灣貿易商或個人自日本採購商品進口，此商品原生產國是臺灣，應以 G1 外貨進口報單申報，不能以 G7 國貨復進口申報，因為此批進口商品是臺灣向日本採購之商品，並非外銷退回之商品，兩者商品雖然都是產地臺灣但報關身分不同。

第一節 ▶ 報單簡介

一、編碼原則

　　維護及發布機關單位為財政部關務署，其編碼原則為：

1. 長度及屬性：長度為 2 碼，屬性為文、數字。
2. 各碼意義說明：
   - 第一碼：各區報單。
   - 第二碼：細分各區報單種類。
   - G：進出一般課稅區報單別。

‧B：進出保稅工廠、加工出口區、科學工業園區或農業科技園區報單別。

‧D：進出保稅倉庫及物流中心報單別。

‧F：進出自由港區報單別。

二、報單類別

㈠進口報單代碼意義

G1：外貨進口。

G2：本地補稅案件。

G7：國貨復進口。

D2：保稅貨出保稅倉進口。

D7：保稅倉相互轉儲或運往保稅廠。

D8：外貨進保稅倉。

B6：保稅廠輸入貨物（原料）。

F1：外貨進儲自由港區。

F2：自由港區貨物進口。

F3：自由港區區內事業間之交易。

㈡出口報單代碼意義

G3：外貨復出口。

G5：國貨出口。

D1：課稅區售與或退回保稅倉。

D5：保稅倉貨物出口。

B1：課稅區售與保稅廠。

B2：保稅廠相互交易或售與保稅倉。

B8：保稅廠進口貨物（原料）復出口。

B9：保稅廠產品出口。

F4：自由港區與他自由港區、課稅區間之交易。

F5：自由港區貨物。

　　報單之代碼係以商品之身分決定，非以廠商身分決定，一般工廠同一商品賣給保稅倉庫應申報 D1 出口報單，賣給保稅工廠應申報 B1 出口報單，賣給自由貿易區之保

稅倉庫應申報 F4 出口報單。一般進出口報單申報類別參考圖，如圖 11–1。

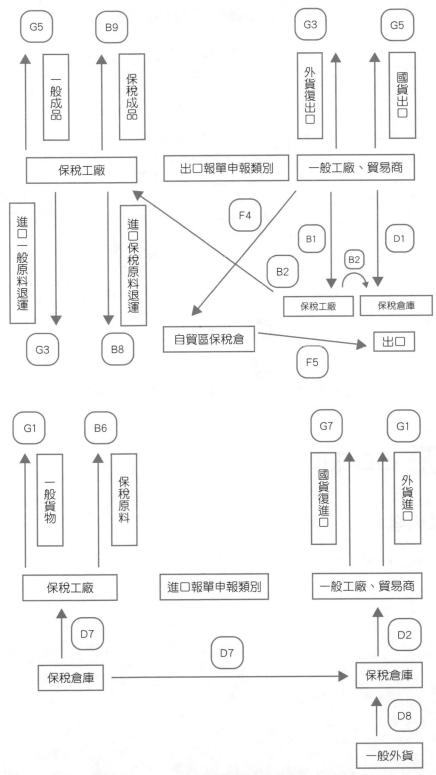

▲圖 11–1　一般進出口報單申報類別參考圖

　　自由貿易港區報單申報類別參考圖，如圖 11-2。

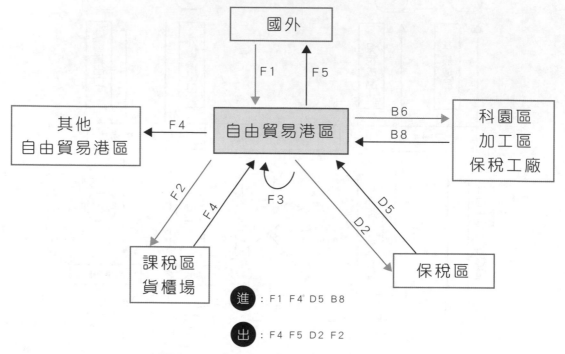

▲圖 11-2　自由貿易港區報單申報類別參考圖

第二節　出口報單

一、報單內容

　　出口報單內容如圖 11-3。

出口報單

海空運別(1)	海運	報單類別(2)	G5 國貨出口		聯別			頁次 第 1 頁 / 共 頁 1	

報單號碼(3)	DA/AA/06/116/E0996			海關通關號碼(4) 060380 6012

DAAA06116E0396

出口船席代碼(5)	A8HX4	託運單主號(11)	NIL		發票總金額(16)	幣別 USD	40,233.60
船舶航次/ 航機班次(6)	V.174N	報關日期(7) 106/02/17	託運單分號(12)		運 費 (17)	USD	1,500.00
裝貨港名稱/代碼(8)	TWTXG TAICHUNG	目的地國家 及代碼(9) KRPUS BUSAN PORT, SOUTH KOREA	申請沖退 原料稅(13) N	運輸方式(14) 12	保 險 費 (18)	USD	48.00
					應 攤 計 (19)		NIL
卸存地點代碼(10)	TXG0102C 10號碼頭二線貨櫃存放	出口船舶名稱(15)	YM INITIATIVE		減 (20)		NIL
					離岸價格 (新臺幣)(21)	USD	38,685.60
出口人(22) 統一編號(23)	20939460	海關監管編號(24)	繳納方式代碼(25)			TWD	1,198,867
	中文名稱 凱悅貿易股份有限公司				AEO 編號		
	英文名稱 KAI YA TRADE CO., LTD.						
	中/英地址 台中市梧棲區中興路178巷88號						
貨方(26)	中文名稱				AEO 編號		
	英文名稱 LONG LIFE CO.,LTD Y.H.JANG 365, TEHERAN-RO, GANGNAM-GU,SEOUL						
	中/英地址						

國家代碼(27) KR	統一編號(28)	海關監管編號(29)	單價條件代碼(30) CIF	匯率(31) 30.99

項次(32)	貨物名稱、商標(牌名)及規格等(33)	輸出入許可文件號碼-項次(34) 輸出入貨品分類號列(35) 稅則 號別 統計 號別 (免稅貨物註記/主管機關指定代號)	單價(36)	幣 別 金 額	淨重(公斤)(37) 數量(單位)(38) (統計用)(39)	離岸價格 FOB Value (新台幣) ( ) (40)	統計方式(41)
1.	SILICON DIOXIDE AAD342A 2811221000 TOKUSIL 255 EG ORIGIN: TAIWAN BRAND:NO BRAND	2811.22.90.00-0	1.016	USD	39,600.00KGM 39,600.00KGM	TWD1,198,867	02
		TOTAL:			39,600.00KGM 39,600.00KGM vvvvvvvvvvvvv	TWD1,198,867 vvvvvvvvvvvvv	

總件數/單位(42)	66PLT	包裝說明(43) =66BAG		總毛重(公斤)(44)	41,184.00

標記/貨櫃號碼(45) / 其他申報事項(46)	推廣貿易服務費	479

MARKS AS PACKING LIST

TEMU7658894   44A0   FCL/FCL
MAGU5619014   44A0   FCL/FCL
TCNU3300071   44A0   FCL/FCL

	合 計	479

放行日期: 106/02/17

通關方式 C1	(申請) 審驗方式

證明文件 申請	聯別	份數

長期委任:1020101-1061231 D102116

報關人 / AEO 編號(47)	專責人員(48)
凱悅通運報關(股)公司 116G 賴谷榮	賴谷榮 00201

NOS060217E / USER2

▲圖 11-3 出口報單內容範例圖

二、欄位說明

出口報單各欄位填報說明，如表 11-1。

▼ 表 11-1　出口報單各欄位填報說明

項次	欄位名稱 （電腦處理編號）	填報說明
1	海空運別(1)	(1)本報單貨物係以何種運輸工具載運出口。（海運–1、空運–4）。 (2)國內區間交易案件： 　收單關別（海）：基隆關(1)、臺中關(1)、高雄關(1) 　收單關別（空）：臺北關(4)
2	報單類別(2)	請參閱預報貨物通關報關手冊─出口篇貳、六「出口報單代號、名稱及適用範圍」填報。
3	聯別	(1)第 1 聯為正本，係海關處理紀錄用聯。 (2)視需要可加繕副本，分別為： 　A.第 3 聯：沖退原料稅用聯。 　B.第 4 聯：退內地稅用聯。 　C.第 5 聯：出口證明用聯。 　D.第 6 聯：留底聯（經海關加蓋收單戳記後發還）。 　E.第 7 聯：其他聯（各關依實際需要規定使用之，如供稅捐稽徵機關查核用聯）。
4	頁次	(1)應填列本份報單共幾頁，首頁為第 1 頁，次頁為第 2 頁，如共 2 頁時，則首頁填「第 1 頁／共 2 頁」，次頁為「第 2 頁／共 2 頁」。 (2)「外銷品使用原料及其供應商資料清表」應與報單併計編頁次。但該清表如係於外銷品沖退原料稅電子化作業系統製作，且上傳成功；復經通關系統比對相符而核定通關方式者，不須檢附該清表紙本。
5	報單號碼(3)	(1)應依「報單及轉運申請書編號原則」之規定辦理（請參閱預報貨物通關報關手冊──進口篇第貳、六節），計分 5 段：收單關別／出口關別／民國年度（後 2 碼）／報關業者箱號／報關業自編流水序號 　第 1 段：收單關別，2 位大寫英文字母代碼。如基隆關業務二組為 AA，詳參閱關港貿作業代碼伍、一。 　第 2 段：出口關別，2 位大寫英文字母代碼。填列實際裝船出口關，如由收單關裝船出口者免填，應予空白。 　第 3 段：中華民國年度（後 2 碼），用阿拉伯數字填列。 　第 4 段：海空運報單均填「報關業者箱號」，3 位用英數字填列。 　第 5 段：海空運出口報單由報關業自行編號，5 位英數字填列，未滿 5 位數時，前面用「0」填補，例如「00032」。 (2)雜項報單之填列，請參閱預報貨物通關報關手冊──進口篇第貳、六節。 (3)各保稅區及自由貿易港區視同進出口報單編號原則，請參閱預報貨物通關報關手冊─出口篇捌、二。
6	條碼	實際實施方式及日期，另行規定。

7	海關通關號碼(4)	海運專用，海關掛號及裝貨單號碼未取消前，本欄應填報海關船隻掛號（民國年 2 碼＋船隻掛號 4 碼，共 6 碼）及裝貨單號碼（4 碼），請參閱預報貨物通關報關手冊──進口篇第貳、五節。（例：0211112222）
8	出口船機代碼(5)	(1)海運係填列船舶之國際海事組織編號 (INO)。 (2)空運係填列飛機之民航局註冊編號。
9	船舶航次／航機班次(6)	(1)海運係填列船舶出口之航次。 (2)空運係填列飛機出口之班次。
10	報關日期(7)	(1)有關「日期」之填報，一律按民國年月日為序填報。如民國 100 年 12 月 30 日。 (2)連線報關者，以出口報關訊息傳輸送達通關網路之日期為準。 (3)未連線報關者，將報單遞進海關申報的日期填於此欄。
11	裝貨港名稱／代碼(8)	(1)填列貨物出口時境內之起運口岸名稱及代碼（右上方格子內）。 (2)如屬國內交易案件，應於右上方格子內填列代碼「TWZ99」。
12	目的地國家及代碼(9)	(1)係填入本報單貨物之已知「最終目的地」國家（地區）及地方英文名稱全名（如受欄位所限，全名無法容納時，則填至欄位線即可）及其代碼〔代碼包括國家及地方代碼（共五碼）；填在右上方虛線空格內〕，已知最終目的地國家（地區）係指貨物出口時，已知所要運送到的最後一個國家，例如：貨物出口時，已知要被運往中國大陸，雖途經香港後再輸往中國大陸，此欄位應申報中國大陸，又如貨物在荷蘭卸貨，但已知要輸往俄羅斯，此欄位亦應申報俄羅斯，故目的地國家（地區）與買方國家（第 27 欄）並不一定相同。其代碼請參閱「關港貿作業代碼」五十一、聯合國地方代碼，如美國洛杉磯，則填 UNITED STATES, LOS ANGELES，代碼填 USLAX。 (2)如屬國內交易案件，代碼欄應填「TWZ99」。
13	卸存地點代碼(10)	(1)係填列出口貨物通關時之存放地點。 (2)船邊驗放者，填報船舶靠泊之碼頭代碼〔如停靠基隆港西二碼頭，則填報 KELW020W〕。 (3)快遞貨物填列快遞專區之代碼（如：C2011）（請參閱「關港貿作業代碼」伍、四十三、貨物卸存地點）。 (4)共 8 碼，前 3 碼縣市別，第 4 碼關區別、5～8 碼倉庫別。 (5)保稅區或自由港區事業按月彙報案件 (B2, B8, B9, D5, F4)，海運應填報如：[000AZZZZ]，其中第 4 碼為關區別；空運應填報如：[ZZZZZ]。 (6)自由港區事業貨物以海轉空或空轉海或空轉空出口於區內通報案件〈F5〉，第一欄填報通報時港區貨棧代碼，第二欄填報跨關轉至地倉儲業者卸存地點代碼。 (7)加工出口區、科學工業園區及農業科技園區事業貨物出口或復出口於區內通關案件 (B8、B9)，第一欄填報通關時區內貨棧代碼，第二欄填報跨關轉至地倉儲業者卸存地點代碼。 (8)物流中心設於加工出口區、科學工業園區，其貨物出口於區內通關案件 (D5)，本欄之申報同(7)辦理。
14	託運單主號(11)	係填列由運輸業發放之訂艙號碼 區內交易視同出口案件，則填列「NIL」。 新舊系統並行期間，此欄位長度規範為 an..16

15	託運單分號(12)	係填列由承攬業發放之訂艙號碼 區內交易視同出口案件，則不需填列。 新舊系統並行期間，此欄位長度規範為 an..16
16	申請沖退原料稅(13)	(1)本報單出口貨物是否「沖退進口原料稅捐」，應在該欄填報是否申請。不申請者，填代號「N」；申請者填代號「Y」，並應檢附「外銷品使用原料及其供應商資料清表」紙本 1 份。惟清表如係於外銷品沖退原料稅電子化作業系統製作，且上傳成功；復經通關系統比對相符而核定通關方式者，不須檢附該清表紙本。 (2)保稅工廠出口報單，如非屬上開「沖退進口原料稅捐」範圍，不宜填列「Y」。 (3)使用國產應課貨物稅供作製造外銷品之原料者，應填列「Y」。並檢附「外銷品使用原料及其供應商資料清表」。
17	運輸方式(14)	(1)本報單貨物離開國境之運輸方式代碼 （請參閱 「關港貿作業代碼」伍、四、運輸方式）。 (2)國內交易案件，應填報 99「其他運輸方式」（請參閱「關港貿作業代碼」伍、四）。
18	出口船舶名稱(15)	出口船舶名稱。
19	發票總金額(16)	(1)依發票總金額之交易條件、幣別（外幣，如非外幣則填列 TWD）、金額填列申報，如為多張發票時，彙總申報。 (2)非屬實際交易條件之費用，不得計入本欄（如 FOB 貨物離岸後，由出口人代收代付之運費及保險費）。 (3)本欄不得申報為零，且包含應加、減費用，則(19)、(20)欄免填。
20	運費(17)	依實際交易條件下裝運文件或發票所列運費之幣別、金額填列，如無貨物離岸後之運費發生，則本欄免填。
21	保險費(18)	依實際交易條件下裝運文件或發票所列保險費之幣別、金額填列，如無貨物離岸後之保險費發生，則本欄免填。
22	應加費用(19)	應「加」費用，係指未列入貿易文件上所載離岸價格內，但依交易價格規定應行加計者，例如由賣方給買方之折扣費。
23	應減費用(20)	應「減」費用，係指已列入貿易文件上所載離岸價格內，但依交易價格規定可以扣除者，例如由買方負擔之佣金、手續費等之合計金額。
24	總離岸價格 （新臺幣）(21)	(1)本欄應依輸出許可證或發票上所載之總離岸價格填入。 (2)本欄金額應與第 40 欄各項之合計金額相等 ， 或在規定之容許差範圍內。
25	出口人中英文名稱 、 地址／AEO編號(22)	(1)填報應以正楷字體書寫或以打字機、PC 繕打，依中文名稱、英文名稱、地址順序填列。 (2) AEO 編號：填報安全認證優質企業（簡稱 AEO）證書號碼。 (3)凡法令規定應由買賣雙方聯名繕具「報單」者： 　A.其委任報關者，不論個案委任或長年委任，得免在本欄或賣方欄加蓋公司行號及負責人印章。 　B.其未委任報關之一方或自行報關之他方得出具切結書以代替在本欄或賣方欄加蓋公司行號及負責人印章。
26	統一編號(23)	出口人為營利事業時應填列其統一編號；非營利事業機構，填其扣繳義務人統一編號；軍事機關填八個「0」，外國人在臺代表或機構無統一編號者填負責人 「護照號碼」（前 2 碼固定為「NO」，以免與廠商或身分證統一編號混淆）；個人報關者，填其身分證統一編號。

27	海關監管編號(24)	(1)出口人為保稅工廠、加工出口區區內事業、農業科技園區、科學工業園區園區事業、自由港區事業者等，需於「海關監管編號」欄(24)填報海關監管編號。 (2)出口人申請營業稅自行具結記帳者，應於出口人「海關監管編號」欄(24)填報「營業稅記帳廠商監管編號」，未填列者視同不申請記帳。
28	繳納方式代碼(25)	係預備提供填報稅費繳納方式代碼，其代碼請參閱「關港貿作業代碼」伍、三。
29	買方中英文名稱、地址／AEO編號(26)	(1)填報應以正楷字體書寫或以打字機、PC繕打，依中文名稱、英文名稱、地址順序填列。 (2)貨物實際出口案件，買方應為國外廠商：名稱應以英文填報、傳輸；地址可省略。 (3)貨物未實際出口之保稅案件（雜項報單），買方為國內廠商： 　A.應填列營利事業統一編號；另保稅工廠、加工出口區區內事業、農業科技園區園區事業、科學工業園區園區事業或自由港區事業，於第29欄填列海關監管編號。 　B.中文名稱傳輸時免傳。 　C.地址傳輸時免傳，但列印在報單上限使用中文
30	買方國家代碼(27)	(1)如屬第26欄(2)貨物實際出口案件，依E/P或發票所載填列買方所在地之國家或地區英文名稱及代碼。代碼請參閱「關港貿作業代碼」伍、二十六。 (2)如屬第26欄(3)貨物未實際出口國內交易案件，代碼欄應填「TW」。
31	買方統一編號(28)	(1)買方如為第26欄(2)貨物實際出口之國外廠商： 填列買方公司英文名稱首3個字各字之首尾（但Company應填CO為例外）；如World Trading Company應填WDTGCO；若買方在美國，應於該代碼（六碼，不足時以ZZ補滿）後另行加填州別代碼（2個字母，如加州為CA；請參閱「關港貿作業代碼」），如WDTGCOCA。 (2)買方如為第26欄(3)貨物未實際出口之國內廠商時：填列其統一編號。
32	海關監管編號(29)	(1)買方如為第26欄(2)貨物實際出口之國外廠商：無須填報。 (2)買方如為第26欄(3)貨物未實際出口之國內廠商：本欄位係填列買方之海關監管編號。
33	單價條件代碼(30)	依交易發票開立之方式填報單價條件代碼如下： (1)發票所載貨物單價，僅包含運送至指定港埠船邊之價格者，填列代碼FAS，且運費(17)欄、保險費(18)欄免填。 (2)發票所載貨物單價，除貨物本身之離岸價格外，未包含其他費用者，填列代碼FOB，且運費(17)欄、保險費(18)欄免填。 (3)發票所載貨物單價，除貨物本身離岸價格外，包含該筆交易中離岸後之保險費用者，填列代碼C&I，且運費(17)欄免填，保險費(18)欄應填報。 (4)發票所載貨物單價，除貨物本身之離岸價格外，包含該筆交易中離岸後之運輸費用者，填列代碼CFR，且運費(17)欄應填報，保險費(18)欄免填。 (5)發票所載貨物單價，除貨物本身之離岸價格外，包含該筆交易中離岸後之保險費用及運輸費用者，填列代碼CIF，且運費(17)欄及保險費(18)欄應填報。 以上單價條件代碼意義與國際貿易術語解釋通則(Incoterms)無涉。

34	匯率(31)	(1)依關務署調查稽核組「每旬」所公布之「報關適用外幣匯率表」所列之「買入匯率」為準。 (2)新臺幣交易案件，填「1.0」。
35	項次(32)	依輸出許可證或發票所列貨物順序，用阿拉伯數字 1、2、3……逐項填列。
36	貨物名稱、商標（牌名）及規格等(33)	(1)依輸出許可證或發票所載填報，傳輸時按貨物名稱、商標（牌名）、型號、規格、預錄式光碟來源識別碼模具碼中之壓印標示 (IFPI) 及事業代碼等，依借用分列欄位申報為原則；無來源識別碼者，應申報「無來源識別碼」；如無法分列，得均申報於貨物名稱內。 (2)保稅貨物案件申報時，原料之買方、賣方料號及成品型號首先填報（列印）於貨名之前；商標（牌名）、規格、原進倉報單號碼及項次依序填報（列印）於貨物名稱之後。 (3)如有共同的貨物名稱時，得於各該所屬項次範圍之第 1 項申報即可。 (4)貨物不止 1 項者，應逐項填明，最後應填「TOTAL」並在「淨重、數量」及「離岸價格」二欄填報合計數（TOTAL 之後無需要再填報「以下空白」或「無續頁」之類之文字）。 (5)如需退稅之出口貨物，其名稱與原料核退標準規定同物異名時，應在貨名下註明核退標準所規定貨名、規格、型號。 (6)貨名資料長度超過 512 Byte 時，應在報單「申請審驗方式」欄填報代碼「8」（報單補單時應列印全部內容）。 (7)依法令規定應顯示「製造商」者（如申請沖退稅），請勿漏填其名稱。 (8)「長單」得以彙總方式填報（請參閱進出口報單長單申報簡化作業方式）。 (9)國內課稅區廠商接受國外客戶訂購產品，直接收取外匯，並依指示將所訂購之產品交與其他廠商，另行組合或併裝後包裝出口而須辦理沖退稅者，可於本欄末項空白處，載明提供組裝零配件之其他廠商之名稱、交付產品之內容（如品名、規格、數量、金額等）。 (10)「貨物本身」或其「內外包裝」或「容器」標示有商標者，應逐項填報實際之商標，並儘量以實際商標縮小影印黏貼，再加蓋騎縫章。經核列得辦理無紙化通關者，可以電子檔方式傳輸商標圖檔。如有國際貿易局核准商標登錄文號，亦應報明；如未標示商標，則應填報「NO BRAND」。（請參閱預報貨物通關報關手冊出口篇第貳、捌節） (11)復出口案件亦應申報商標（牌名），並於此欄之下用括弧加註（「生產國別」）。
37	輸出入許可文件號碼－項次(34)	將輸出入許可文件之「號碼」及「項次」填入（包含連線及未連線簽審機關所核發之許可文件）。
38	輸出入貨品分類號列(35)、保稅貨物註記／主管機關指定代號	(1)請查閱「中華民國海關進口稅則輸出入貨品分類表合訂本」填列（共應填列 11 碼；請參閱預報貨物通關報關手冊之報單填報實例）。 (2)保稅貨物註記／主管機關指定代號之填報 A. 出口 B9 報單申報應填報各項次「保稅貨物註記」欄，保稅貨物填報「YB」；非保稅貨物填報「NB」（請參閱預報貨物通關報關手冊－出口篇捌、五） B. 出口貨物如屬主管機關規定須於報單申報指定代號者，應於「主管機關指定代號」欄依主管機關指定方式申報

39	單價幣別、金額 (36)	(1)幣別代碼，依海關發布之外幣匯率表外幣代碼填列。代碼請參閱「關港貿作業代碼」伍、二十七。 (2)本欄應依輸出許可證或交易發票上所載之貨物價格填入。如原價為總價，應予換算成單價。 (3)如金額長度超出現有欄位時，可彈性跨越左右欄位空白處填列，被占用欄位之內容必須降低或提高位置填列。 (4)各項單價之幣別如有二種以上，應轉化為同一種幣別再填報。
40	淨重（公斤）(37)	(1)依裝箱單填列，如實際與文件記載不符者，應按實際出口情形申報。 (2)淨重係指不包括內外包裝之重量，一律以公斤 (KGM) 表示之。 (3)「小數點」以下最大取 6 位數（不可四捨五入）。
41	數量（單位）(38)	(1)依輸出許可證或發票所載填其計價數量及單位代碼（請參閱「關港貿作業代碼」伍、六），如實到數量與輸出許可證或發票所載不符，應依實際數量填報。例如輸出許可證所載為布類 1,000 碼，則在此欄填 1,000 YRD。如貨物不止 1 項時，應逐項填報。 (2)如數量（單位）長度超出現有欄位時： 　A.可彈性跨越左右欄位空白處填列，被占用欄位之內容必須降低或提高位置填列。 　B.亦可轉換為「百單位」或「千單位」申報，惟轉換之單位須為「關港貿作業代碼」內所列之計量單位。如：HPC（百個）、HST（百套）、KPC（千個）……等。 (3)「保稅貨物案件」申報時，於此欄第 2 行填報（列印）「B：記帳數量及單位」。
42	數量、單位（統計用）(39)	(1)依前例布類按進口稅則上所列單位為平方公尺，則 1,000 碼（寬度 36 吋）等於 836 平方公尺，在此欄填 836 MTK。 (2)請參閱進口報單填報說明第 44 項數量（單位）（統計用）(42)欄。 (3)「小數點」以下最大取 4 位數（不可四捨五入）。
43	離岸價格（新臺幣）(40)	(1)依輸出許可證、發票或其他價值證明文件所載之貨物離岸價格金額乘以外幣匯率即得新臺幣離岸價格（金額計至元為止，元以下四捨五入）。 (2)如幣別金額太長，欄位不夠用時，可將幣別填列於上方，金額填於下方（即 1 欄當 2 欄使用）。 (3)申報「禮物、贈品、樣品、掉換、賠償、廣告品等」時，即使發票載明「NCV」，亦應申報其實際價格，不得申報「NCV」(No Commercial Value)、「FOC」(Free of Charge) 或「0」。 (4)自用無商業價值之行李，亦應申報。 (5)國外提供原料委託加工出口（限只收取加工費之外銷案件），本欄之離岸價格金額應填報原進口報單之 CIF 加上代加工費。
44	統計方式(41)	統計方式代碼填列請參閱「關港貿作業代碼」伍、八。
45	總件數、單位(42)	依裝貨單或託運單上所載總件數填列，單位應依「關港貿作業代碼」伍、六填列，如 500 CAN (CAN)，1,234 CTN (CARTON)；如係不同包裝單位構成〔如 500 CTN 與 35 BAG (BAG)〕，總件數應使用〔535 PKG (PACKAGE)〕。

46	包裝說明(43)	貨物由 2 包以上合成 1 件者，應於件數後用括弧加註清楚。如屬連線申報者，應於合成註記之訊息欄位申報「Y」，並於包裝說明訊息欄內報明上開合成狀況。
47	總毛重 （公斤）(44)	(1)係填報整份報單所報貨物之總毛重，並以公斤 (KGM) 為計量單位。 (2)「小數點」以下最大取 6 位數。
48	標記／貨櫃號碼(45)	(1)標記係指貨上之標誌及箱號，依實際出口貨物外包裝上所載填列。 (2)「連線者」申報請參閱進口報單填報說明第 52 項「標記」(50)欄及 53 項「貨櫃號碼」(51)欄。 (3)整裝貨櫃 (CY) 裝載者應填列貨櫃、標誌號碼 （向左齊依序填列文數字，中間不得留空白或填列特殊符號），其餘則免填。 (4)如不夠使用，可於其他申報事項欄或海關簽註事項欄或續頁之 「加總」後填列。
49	其他申報事項(46)	係供對本報單申報事項另行補充、提示海關承辦關員注意特別處理事項或依有關法令規定應由報關人報明之事項，如無適當欄位可供填報時，應於本欄中申報。例如： (1)按月彙報案件，應加註××月份按月彙報案件。 (2)保稅倉庫及物流中心進出倉貨物應於本欄填報保稅倉庫代碼及其統一編號。 (3)常年（長期）委任報關核准文號。 (4)申請依長單簡化作業方式之核准文號。 (5)保稅工廠之產品由其他廠商或貿易商報運出口者，應於本欄填報保稅工廠海關監管編號及其統一編號。 (6)輸出光罩式唯讀記憶體晶片，除外貨復運出口者外，應於本欄填報登錄證明書號碼。 (7)國外提供原料委託加工出口（限只收取加工費之外銷案件）及整修後復出口貨物應收之修理費，應於本欄填報代加工費用及修理費。 (8)統計方式 95 案件委外加工成衣進口其品名、數量應於本欄申報。 (9)保稅貨物「出口人（貨物輸出人）」欄或「買方」欄非實際銷售人或買受人，應於本欄敘明實際銷售人或買受人；另於「發貨人代碼」欄或「收貨人代碼」欄報明實際銷售人或買受人之營利事業統一編號或國外廠商代碼 （FFF 加上海關監管編號）。 (10)如不夠使用，可於海關簽註事項欄或續頁之「加總」後填列。
50	推廣貿易服務費	依推廣貿易服務費相關規定徵收 （以貨物總離岸價格 （新臺幣） 乘以 0.04% 之得數填報，核計至元為止，元以下不計；未逾 TWD100 者免收）。
51	空白欄	
52	合計	將推廣貿易服務費及其他應收款項各欄加總之總金額填入。
53	通關方式	(1)係海關內部作業使用，出口通關方式計分：C1 （免審免驗通關）、C2 （文件審核通關）、C3M （人工查驗）及 C3X （儀器查驗）。 (2)「連線者」遞送報單時應列印「通關方式」。

54	申請審驗方式	(1)係供海關權責人員決定該報單將採行之審驗方式，或供報關人填報申請審驗方式。 (2)本欄以代碼表示： 　代碼 2：申請「船（機）邊驗放」 　代碼 3：申請「廠驗」 　代碼 4：申請「鮮冷蔬果驗放」 　代碼 6：申請「倉庫驗放」 　代碼 7：申請「免驗船邊裝（提）櫃」 　代碼 8：申請「書面審查」 　代碼 9：申請「免驗」。 (3)「申請審驗方式」代碼「使用說明」（請參閱「關港貿作業代碼」伍、十）。 (4)情形較特殊依規定應由報關人報明代碼者，應依規定主動報明。
55	證明文件申請聯別、份數	依實際需要證明文件之聯別、份數填明申請。
56	報關人／AEO 編號(47)	(1)應填列本報單之報關人中文名稱。電子傳輸時名稱、簽章免傳。 (2)填列報關人向海關借用之候單箱號（3 位數）或含報關業者箱號附碼（1 位）。 (3)本欄係供書面報關時，報關人簽名蓋章之用。如係納稅義務人自行報關者，應加蓋公司行號章及負責人章，二者均應與輸入許可證上所蓋者相同。如報關業係受委任報關者，其所加蓋之公司行號章、負責人章以業經向海關登記之印鑑為限。 (4)委託報關業連線報關補送之書面報單免加蓋報關業及負責人章及簽名。（前關稅總局民國 100 年 9 月 29 日臺總局徵字第 1001021002 公告）
57	專責人員(48)	(1)係指經「專門職業及技術人員普通考試專責報關人員考試」或「專責報關人員資格測驗」及格，向海關登記為「專責報關人員」者，負責本份報單內容審核簽證人員填列姓名之用。電子傳輸時姓名、簽章免傳。納稅義務人自行報關者免填。 (2)委託報關業連線報關補送之書面報單免加蓋專責人員章及簽名。（前關稅總局民國 100 年 9 月 29 日臺總局徵字第 1001021002 公告）
58	報單背面	(1)背面各欄報關人免填。 (2)供海關書面簽章使用。 (3)應貼之規費證，如正面無位置可黏貼於背面。
59	海關簽註事項	係供海關承辦關員簽註處理情形或加註必要之文字。
60	報單續頁	續頁填報方式與首頁相同。

三、錯誤修改

出口報單申報錯誤在所難免，當錯誤發生時，申報錯誤依欄位不同，其規定應檢附修改報單依據資料，相關規定說明詳見附錄三。

第三節 進口報單

一、報單內容

進口報單範例如圖 11-4 及 11-5。

二、欄位說明

進口報單表格標準化，每個欄位依據提單 (B/L)、提貨單 (D/O)、國際發票、包裝明細單、輸入許可證及相關文件之內容詳實填報，依項次、欄位名稱及填報說明如表 11-2。

進口報單

海空運別(1) 海運	報單類別(2) G1 外貨進口	聯 別	頁次 第 1 頁 共 2 頁

報單號碼(3) DA/ /06/116/Y0038 　*DA 06116Y0038*　 海關通關號碼(4) 06FE45 0104

船舶名稱／航機代碼(5) KUO LONG 9796509	主提單號碼(8) GTD035348665	匯率(16) 30.89

船舶呼號(6) VRQF2	船舶航次／航機班次(7) V.164QIN	分提單號碼(9)	離岸價格(17) 幣別 USD 金 4,190.00

裝貨港名稱／代碼(10) LAEM CHABANG THLCH	國外出口日期(13) 106/03/17	進口日期(14) 106/03/22	運費(18) USD 400.00

卸存地代碼(11) TXG0102C 10號碼頭二線	進口運輸方式代碼(12) 12	報關日期(15) 106/03/22	保險費(19) NIL

納稅義務人(24) 統一編號(23) 22284804	海關監管編號(25)	特殊關係(26) 135	稅費繳納方式(27) 3	應加費用(20) 減(21) NIL NIL NIL

中文名稱 凱悅貿易股份有限公司　AEO 編號　起岸價格(22) USD 4,590.00 TWD 141,785
英文名稱 KAI YA TRADE CO., LTD.
中/英地址 台中市梧棲區中興路178巷88號

簽證情形(28)	案號(29) DAB000000039

賣方(30) 中文名稱		AEO 編號

英文名稱 FOOD EXPORT CO., LTD.
中/英地址 18, T.MHEUNG, A.MUANG, CHONBURI, THAILAND

國家代碼(31) TH 統一編號(32) FDETCO 海關監管編號(33)

項次(34) 貨物名稱、商標(牌名)及規格等(35,36) 輸出入貨品分類號列(38) 稅則號別 統計號別 (主管機關指定代號)	檢查號碼(39)	條件、幣別 價格 金額	淨重(公斤)(40) 數量(單位)(41) (統計用)(42)	完稅價格(43) 數量	進口稅率(44)	從價 從量	納稅辦法(45) 貨物稅率(46)
THAI FOODSTUFFS 1. SOYA MILK (LACTASOY BRAND)(UHT) 力大獅豆奶36 X 300 ML BRAND:LACTASOY 300 ML 批號:20170219,20170205　THAILAND TH IFK06210010702 -001 2202.99.90.91-5 L21		FOB USD 6.00	1,620.00KGM 150.00CTN	30,454	10%		31 15%
2. SUKI SAUCE (SUREE BRAND) 素麗火鍋醬12 X 325 G BRAND:SUREE 325 G 批號:20161229　THAILAND TH IFK06210010906 -001 2103.90.90.90-5 D21		FOB USD 6.50	234.00KGM 60.00CTN	13,197	12%		31

總件數/單位(47) 2,506CTN	包裝說明(48)	總毛重(公斤)(49) 6,579.50

標記(50) / 貨櫃號碼(51) / 其他申報事項(52)
N/M
CMAU5258923 44A0 FCL/FCL

進 口 稅	34,275
推廣貿易服務費	0
營業稅	9,450
額外關稅	3,912
貨物稅	9,045
稅費合計	56,682
營業稅稅基	189,019
滯納金(日)	
通關方式	審驗方式(申請) 8

長期委任:1020101-1061231 D102116
食品業者登錄字號：F-22284804-00000-2
未投保
檢疫證號：

證明文件申請 聯別	份數
報關人 / AEO 編號(53) 凱悅通運報關(股) 116G	專責人員(54) 賴谷榮 00201

/ USER'

▲圖 11-4　進口報單範例圖 (1)

進口報單

報單號碼	DA/ /06/116/Y0038		聯 別		頁 次 第 2 頁	頁 2 共 頁
主提單號碼	GTD035348665		分提單號碼			

項 次	貨物名稱、商標(牌名)及規格產地國別	輸出入許可文件號碼-項次 輸出入貨品分類號列 稅 則 號 別 統計號別 （主管機關指定代號）	檢查號碼	單 價	條件、幣別 金額	淨重(公斤) 數量(單位) (統計用)	完稅 價格 數量	進口稅率	從價 從量	納稅辦法 實物稅率
3.	MILK (THAI-DANISH BRAND) 甜牛奶 泰-丹麥牌12 X 250 ML BRAND:THAI-DANISH 250 ML 批號:20170117,20170119, 20170122 THAILAND TH	IFK06210011402 -001 0402.99.92.00-5 L21		FOB USD 3.00		840.00KGM 280.00CTN	28,425 840.00KGM	@15.6		31
4.	SODA DRINK (FANTA BRAND) 芬達汽水(青蘋果口味）24X250ML BRAND:FANTA 250ML 批號:20170130,20161231 THAILAND TH	IFK06210012109 -001 2202.10.00.10-8 D21		FOB USD 4.00		1,080.00KGM 180.00CTN	24,364	10%		31 15%
5.	TEMPURA FLOUR (GOGI BRAND) 炸蝦粉72 X 150 G BRAND:GOGI 150 G 批號:20161111 THAILAND TH	IFK06210012300 -001 1901.90.99.00-1 E00		FOB USD 12.00		108.00KGM 10.00CTN	4,061	30%		31
6.	SHAMPOO(CLEAR BRAND) 洗髮精(不含藥)24 X 340 ML THAILAND TH	3305.10.00.90-5 H21		FOB USD 20.00		81.60KGM 10.00CTN	6,768	FREE		50
7.	PEANUT (KOH KAE BRAND)(COFFEE) 大哥大咖啡花生豆24 X 255 G BRAND:KOH KAE 255 G 批號:20161227 THAILAND TH	IFK06210012708 -001 2008.11.92.00-4 E00		FOB USD 15.00		183.60KGM 30.00CTN	15,228 183.60KGM	@64		31
8.	SQUID SNACK (FRESH FISH BRAND) 魚味粉條50 X 85 G BRAND:FRESH FISH 85 G 批號:20170223,20170301, 20170220 THAILAND TH	VP999999999999 -001 IFK06210013405 -001 1902.20.90.10-2 J11		FOB USD 2.00		127.50KGM 30.00CTN	2,030	22%		31
9.	FOAM (NIVEA BRAND) 妮維雅洗面乳（不含藥) 24 X100 G THAILAND TH	3401.30.00.00-3 H21		FOB USD 17.00		72.00KGM 30.00CTN	17,258	4%		31
		TOTAL:				4,346.70KGM 780.00CTN vvvvvvvvv	141,785 vvvvvvv			

▲圖 11-5 進口報單範例圖 (2)

▼ 表 11-2　進口報單各欄位填報說明

項次	欄位名稱	填報說明
1	海空運別(1)	報關關別之海空運別填列。海運填列 1，空運填列 4，國內交易案件依報關關別之海空運別填列。 (1)本報單貨物係以何種運輸工具載運進口（海運 1、空運 4）。 (2)國內區間交易案件： 　收單關別（海）：基隆關(1)、臺中關(1)、高雄關(1) 　收單關別（空）：臺北關(4)
2	報單類別(2)	請參閱進口篇參、六「單證合一進口報單 (NX5105) 類別、代碼意義」填報。
3	聯別	(1)第一聯為正本，係海關處理紀錄用聯。 (2)視需要可加繕副本，分別為： 　A.第二聯：進口證明用聯。 　B.第三聯：沖退原料稅用聯。 　C.第四聯：留底聯（經海關加蓋收單戳記後發還）。 　D.第五聯：其他聯（各關依實際需要規定使用之）。
4	頁數	(1)應填列本份報單共幾頁，首頁為第 1 頁，次頁為第 2 頁，如共 2 頁時，則首頁填「共 2 頁第 1 頁」，次頁為「共 2 頁第 2 頁」。 (2)「進口小客車應行申報配備明細表」應與報單併計編頁次。
5	報單號碼(3)	(1)空運填列時應依進口篇貳、六「報單及轉運申請書編號原則」之規定辦理，共計 14 碼。 　1、2 碼：收單關別，2 位大寫英文字母代碼（應注意存倉地點）。如臺北關業務一組為 CA。 　3、4 碼：轉自關別，2 位大寫英文字母代碼。 　5、6 碼：中華民國年度後 2 碼，2 位用阿拉伯數字填列。 　7、8、9 碼：報關業箱號，如 001、003。 　10～14 碼：流水號，共 5 碼，以英數字表示， 　　　A.未滿 5 位數時，應填滿 5 碼。 　　　B.空運報單及海運郵局報單用 5 位英數字流水號，但不得重複，由報關業自行編列。 　　　C.科學園區報單用 5 位英數字流水號，但不得重複，由園區報關業及廠商自行編列。 　　　D.空運快遞關區報單用「英文字母＋序號」5 位序號，「英文字母」除 (A、B、C、D、I、L、O) 外，由報關業自行選用。 (2)海運填列時應依下列規定辦理，共計 14 碼 　1、2 碼：收單關別，2 位大寫英文字母代碼（應注意存倉地點）。如基隆關業務一組為 AA。 　3、4 碼：轉自關別，2 位大寫英文字母代碼。 　5、6 碼：中華民國年度後 2 碼，2 位用阿拉伯數字填列。 　7、8、9 碼：報關業箱號，如 001、003。 　10～14 碼：流水號，共 5 碼，以英數字表示。 　　　A.新舊系統並行期間，海運報單之流水號第 1 碼限用英文字。

		B.未滿 5 位數時，應填滿 5 碼。 C.科學園區報單用 5 位英數字流水號，但不得重複，由園區報關業及廠商自行編列。 (3)加工出口區、農業科技園區空運進口之報單編號，請參閱出口篇捌、二。 (4)雜項報單之填列，請參閱進口篇貳、六、(五)。
6	條碼處	實際實施方式及日期，另行規定。
7	海關通關號碼(4)	填列海關通關號碼。
8	船舶名稱／航機代碼(5)	(1)海運填報載運報單所申報貨物之船舶名稱。船名可由提貨單上查明。 (2)空運以航機註冊號碼填列（外籍航機亦同）。 (3)如屬國內交易案件，本欄填「NIL」。
9	船舶呼號(6)	於「船（機）代碼」欄填列船舶呼號 (Call Sign)，可由提貨單上查明。
10	船舶航次／航機班次(7)	(1)海運填列船舶進口之航次。 (2)空運填列飛機進口之機名及班次。機名填航空公司英文簡稱（為 2 位文字碼），班次則用阿拉伯數字（4 碼）填列，航空公司英文簡稱及數字之間空 1 碼，總長度共 7 碼，如華航「CI 0008」（即 CI 後空 1 格，再填班次 0008）。 (3)加工出口區空運貨物，於「船舶呼號」欄填列「NIL」，「航次」欄填列「進口機名及班次」。
11	主提單號碼(8)	(1)依提貨單上所載填列或傳輸，海運提單號數如超過 16 碼，連線者取後 16 碼傳輸。 (2)空運併裝進口者，應將主提單號數 (MAWB NO) 填報。 (3)如無提單號數或保稅貨出倉（含區內交易）案件，則填列「NIL」。 (4)新進口系統上線前，海關仍以舊 EDI 系統作業，「主提單號碼」欄不超過英數字 16 碼。
12	分提單號碼(9)	(1)空運併裝進口者，應填列分提單號數 (HAWB NO)。 (2)如無提單號數或保稅貨出倉案件，則填列「NIL」。 (3)新進口系統上線前，海關仍以舊 EDI 系統作業，「分提單號碼」欄不超過英數字 16 碼。
13	裝貨港名稱／代碼(10)	(1)填列貨物最初起運口岸之名稱及代碼（右上方格子內），如由德國漢堡運臺之貨物在新加坡轉船來臺，本欄仍應填漢堡（Hamburg；代碼 DE HAM）。 (2)名稱可自提貨單或輸入許可證上查得，代碼請參閱「關港貿作業代碼」五十一、聯合國地方代碼。 (3)如屬國內交易案件，應於右上方格子內填列代碼「TWZZZ」。
14	卸存地點代碼(11)	(1)進口貨物卸存之倉庫或貨櫃集散站、進口貨棧、保稅倉庫、物流中心之名稱及代碼（請參閱「關港貿作業代碼」四十三、貨物卸存地點）填於此欄。 (2)可於提貨單上查得或由報關人向運輸業查詢。 (3)機邊提貨者填列機放倉之代碼（如 C2003）。 (4)船邊免驗提貨或船邊驗放者，填報船舶靠泊之碼頭代碼（如停靠基隆港西二碼頭，則填報 KELW020W）。 (5)快遞貨物填列快遞專區之代碼（C2011）。 (6)貨物存放二個以上之處所時，此欄填報主要存放處所及其代碼，另於

		「其他申報事項」欄內報明其他存放處所及件數。
		(7)空運共 5 碼；海運共 8 碼。
		(8)保稅工廠或自由港區事業售與記帳廠商或內銷補稅及按月彙報等案件，海運應填報為（如 000AZZZZ），其中第 4 碼為關區別。空運應填報為「ZZZZZ」。
15	進口運輸方式代碼(12)	本報單貨物是用下列何種方式載運，請參閱「關港貿作業代碼」四、運輸方式。

代碼	代碼意義
1	海運非貨櫃（有包裝雜貨）
2	海運貨櫃
3	空運（非貨櫃）
4	空運貨櫃
5	無
6	海運非貨櫃（無包裝散貨）
7	固定運輸裝置

XML代碼	代碼意義
11	海運非貨櫃（有包裝雜貨）
12	海運貨櫃
13	海運非貨櫃（無包裝散貨）
14	海上自力推動貨品（無需運輸工具載運者，例如船舶等）
15	海運旅客或船員攜帶
16	海運快遞
41	空運非快遞
42	空運快遞
43	空中自力推動貨品（無需運輸工具載運者，例如航空器等）
44	空運旅客或船員攜帶
51	海運郵包（郵政郵遞）
52	空運郵包（郵政郵遞）
70	固定運輸裝置（未知類型）
71	管線
72	電力線
99	其他運輸方式 雜項報單請申報運輸方式代碼 99

16	國外出口日期(13)	(1)海運為「提單所載之出口國裝船日期」；空運為「提單所載飛機在貨物輸出地起飛日期」；郵包為「包裹提單所載寄件日期」。 (2)國內交易案件請填報報關日期。

17	進口日期(14)	(1)進口日期為載運報單貨物之運輸工具進港或抵達日期： A.進口日期可於提貨單或艙單資料查得。 B.船舶進港時間以繫泊時間為準。 C.航機抵達資訊，海關得透過關港貿單一窗口與民航局飛航服務總臺介接取得。 D.「進港日期」尚未傳輸者，以「預定到港日期」為準填報。 (2)保稅倉庫及物流中心出倉進口案件 (D2)，此欄填列「申請出倉進口日期」，惟如實際出倉進口日期早於海關收單日期，則以「收單日期」做為申請出倉進口日期〔81.8.28.(81)臺普徵字第 01651 號函〕。 (3)保稅倉庫、物流中心相互轉儲或運往保稅工廠、加工出口區區內事業、農業科技園區或科學工業園區園區事業 (D7) 之案件比照(3)填報方式辦理。 (4)自由港區事業貨物輸往課稅區（含補稅案件）、保稅區者，以報關日期做為進口日期。但經核准辦理按月彙報者，以最後一批貨物出區日期視同進口日期。
18	報關日期(15)	(1)連線報關者，以訊息傳輸送達通關網路之日期為準。 (2)未連線報關者，以向海關遞送報單之日期為準。如因報單申報不當或應附文件不全，致海關不予收單時，以補正後海關收單日期做為基準日。 (3)本欄係做為核計是否逾期報關，及換算外幣匯率之基準日。
19	匯率(16)	(1)依關務署網站「每旬」所公布之「報關適用外幣匯率表」所列之「賣出匯率」為準。 (2)新臺幣交易案件，填「1.0」。 (3)報關後經海關「NX5106 不受理報關原因通知」訊息回覆，其原因屬 A、C、D 類者應重新申報，其匯率之適用以實際重報之日期為準。
20	離岸價格（或出廠價格）(17)	(1)離岸價格：發票價格為 FOB 或 FAS 金額者，直接填入；發票價格為 CFR 金額者，減去運費後填入；發票價格為 C&I 金額者，減去保險費後填入；發票價格為 CIF 金額者，減去運費及保險費後填入。 (2)出廠價格：發票價格為 EXW 金額者，直接填入，並依下列規定辦理： A.填報 EXW 金額者，應將本欄位名稱更改為「出廠價格」，報關系統未修改者，得於補送報單時以人工修正並核章。 B.應於「應加費用」欄填列貨物自輸出國工廠至輸出口岸所發生之相關費用（下稱 EXW 應加費用，包括內陸運費、保險費、報關費等）。 (3)發票價格為其他交易價格者，經換算為離岸價格後填入。 (4)幣別代碼請參閱「關港貿作業代碼」二十七、常用貨幣。
21	運費(18)	運費係指將貨物運達輸入口岸實付或應付之一切運輸費用，填報時其依據資料順序如下： (1)以提單所載金額填入。 (2)提單未載明者，以發票上註明之運費金額填列。 (3)發票、提單上均無運費金額時，應由進口人向運輸業查明運費率自行核算後填入。 (4)本欄幣別如與發票不相同時，應轉換為與其相同之幣別後，再折算填入。

22	保險費(19)	(1)依發票、保險單證或國內收費之保費收據所載實付金額填報。 (2)如未投保且未實際支付保險費之進口貨物,免加計保險費(此欄應填「0」,並在貨價申報書中報明;依規定免附貨價申報書者,則在報單「其他申報事項」欄位上加註「未投保」)。 (3)同第 21 項「運費」第(4)點。
23	應加費用(20)／應減費用(21)	(1)應「加」費用,係指未列入上述 EXW、FAS、FOB、CFR、C&I 或 CIF 價格內,但依交易價格規定應行加計者(例如:由買方負擔之佣金、手續費、容器費用、包裝費用、間接支付之廣告費用等) 或「EXW 應加費用」之合計金額。 (2)應「減」費用,係指已列入上述 EXW、FAS、FOB、CFR、C&I 或 CIF 價格內,但依交易價格規定可以扣除者,例如進口後所從事之建築、設置、裝配、維修、技術協助費用、運輸費用、遞延支付(如 D/A 付款條件)所生利息……等之合計金額。
24	起岸價格(22)	(1)起岸價格,即一般貿易所稱之 CIF 價格。係(17)加計至(20)欄〔或扣除第(21)欄〕之總金額填入。其與外幣匯率相乘即得新臺幣起岸價格。 (2)「發票總金額」欄請填報「外幣總起岸價格」。
25	統一編號(23)	納稅義務人為營利事業時應填列其統一編號;非營利事業機構,填其扣繳義務人統一編號;個人報關者,填其身分證統一編號或外僑居留證統一證號;軍事機關填八個「0」,外人在臺代表或機構無統一編號者填負責人「護照號碼」(前 2 碼固定為「NO」,以免與廠商或身分證統一編號或外僑居留證統一證號混淆)。
26	納稅義務人中英文名稱、地址／AEO 編號(24)	(1)以正楷字體傳輸或繕打,依中文名稱、英文名稱、地址順序填列。 (2)納稅義務人為科學工業園區或農業科技園區廠商者,應於中文名稱前填報園區統一電腦代碼。 (3)在新進口系統上線前,海關仍以舊 EDI 系統作業,「進口人(納稅義務人)英文名稱」欄申報不超過英數字 70 字元(即 35 個中文字)、「進口人(納稅義務人)英文地址」欄申報不超過英數字 100 字元(即 50 個中文字)。
27	海關監管編號(25)	納稅義務人為保稅工廠、加工出口區區內事業、農業科技園區、科學工業園區園區事業、自由港區事業者等,需於「海關監管編號」欄(25)填報海關監管編號。
28	特殊關係(26)	係供報明與賣方是否具有「特殊關係」,其代碼如下: 「135」無特殊關係。 「136」有特殊關係,影響交易價格。 「137」有特殊關係,不影響交易價格。
29	稅費繳納方式(27)	係供填稅費繳納方式,其代碼(詳請參閱「關港貿作業代碼」三、繳納方式): 「1」先稅後放,銀行繳現(向銀行或駐海關收稅處繳納者)。 「2」納稅人／報關業者帳戶即時扣繳(含預繳稅費保證金)。 「3」先放後稅,銀行繳現(向銀行或駐海關收稅處繳納者)。 「4」先放後稅,啟動納稅人帳戶扣繳(EDI 線上扣繳)。 「5」先放後稅,啟動報關業者帳戶扣繳(EDI 線上扣繳)。 「6」先稅後放,啟動納稅人帳戶扣繳(EDI 線上扣繳)。 「7」先稅後放,啟動報關業者帳戶扣繳(EDI 線上扣繳)。 「8」彙總清關繳納。

30	簽證情形(28)	此資料項目適用於科學園區通知簽審完成與否,民航局專用。
31	案號(29)	凡在「繳」字欄填列「2」者,應在「案號」欄填列海關核給之預繳稅費保證金帳號,在「繳」字欄填列「3」、「4」、「5」、「8」者,應在「案號」欄填列海關核准先放後稅案號。
32	賣方中英文名稱、地址／AEO編號(30)	(1)依序填列中文名稱(如賣方為國內廠商時)、英文名稱、地址。傳輸時中文名稱免傳;賣方如為國內廠商,地址得免傳。 (2)在新進口系統上線前,海關仍以舊 EDI 系統作業,「出口人(賣方)英文名稱」欄申報不超過英數字 70 字元(即 35 個中文字)、「出口人(賣方)英文地址」欄申報不超過英數字 100 字元(即 50 個中文字)。
33	國家代碼(31)	以出具發票之廠商所在地之國家或地區為準,應填列其「代碼」,其代碼請參閱「關港貿作業代碼」二十六、國家或實體。
34	統一編號(32)	(1)賣方如為國外廠商:填列發貨人公司英文名稱首 3 個字各字之首尾(但 Company 應填 CO 為例外);如 World Trading Company 應填 WDTGCO;若發貨人在美國,應於該代碼後另行加填州別代碼(2 個字母,如加州為 CA;請參閱「關港貿作業代碼」三十四、美國各州及屬地名稱一覽表),如 WDTGCOCA。 (2)賣方如為國內廠商時:填列營利事業統一編號。
35	海關監管編號(33)	如同時具有保稅工廠、加工出口區區內事業、科學工業園區園區事業、農業科技園區或自由港區事業身分時,則應填列海關監管編號。
36	項次(34)	本欄依「發票」所列貨物順序,用阿拉伯數字 1、2、3……逐項填列。
37	貨物名稱、商標(牌名)及規格等(35)	(1)依發票所載填報(如與實際不符,則按實際進口者申報),如影響貨物價格或稅則歸之各項因素未載列清楚者,則須加以補充。傳輸時按貨物名稱、商標(牌名)、型號、規格、順序分列為原則;如無法分列,得均申報於貨物名稱內(但進口汽車應按順序分別填列)。 (2)保稅貨物案件申報時,原料之買方、賣方料號及成品型號應先填報(列印)於貨名之前;商標(牌名)、規格、原進倉報單號碼及項次依序填報(列印)於貨名之後。 (3)有共同貨物名稱時,得於各該所屬項次範圍之第一項申報即可。 (4)申報 2 項以上者,應於「貨名」欄之下填寫「TOTAL」,並在「淨重、數量」及「完稅價格」二欄填報合計數(TOTAL 之後無需要再填報「以下空白」或「無續頁」之類之文字)。 (5)進口舊品者,應於本欄填報 "Used" 字樣;並於「申請審驗方式」欄填報代碼「8」,進口人均應報明來貨廠牌、規格、型號、出廠序號、製造年月。 (6)申請野生動物或其製品輸入時,應先填列動物之學名,再填列其俗名(貨品名稱)〔(83)臺總局徵字第 03995 號函;農業委員會 83 農林字第 3030814A 號函〕。 (7)進口電影片、碟影片者,應據實填報貨品之廠牌或發行人。 (8)報運菸品進口時,應填報有效日期或產製日期或生產批號,與尼古丁及焦油含量;如填產製日期者,應加註有效期限,並應於牌名欄填報牌名。 (9)報運輸入規定為 F02 之貨品時,如進口非供食品用途者,應註明「非食品等級 (NOT FOOD GRADE)」或其他文字顯示為非食品等級。 (10)報運輸入規定為 F01、F02 之貨品時,其進口報單第 35 欄之商標(牌

名）欄位不得空白，未填報者，一律列入 B 類錯單並通知補正。

(11)貨主自備貨櫃 (SOC) 免繳納營業稅保證金，於報關時，每只貨櫃應單獨列一項貨名申報，且貨名欄前 12 碼填列貨櫃號碼（向左靠齊），如有其他應申報事項，則由第 13 碼開始列；報單之貨櫃號碼欄位仍須填報。

(12)車輛案件進口連線申報

A.車輛案件連線申報時，進口報單訊息應依「關港貿 XML 訊息建置指引（通關）」規定，填報相關車輛資料項目。其中 G48「貨物名稱、商標（牌名）及規格」部分，應填報 E1 貨物名稱、E3 商標（牌名）、E4 型號、E5 成分及規格等資料；G50「車輛專用項目」部分，應填報 E1 型式年份、E2 車型、E3 車門數、E4 排氣量、E5 汽缸數、E6 座位數、E7 排檔代碼、E8 燃料／動力代碼、E9 觸媒轉換器、E10 左駕駛、E11 車身號碼（不可超過英數字 18 碼）、E12 車況等資料。如屬電動車者，於 G50「車輛專用項目」E4 排氣量欄位，填報馬達功率數值（單位：英制馬力，hp）代替 CC 數，並於 G48「貨物名稱、商標（牌名）及規格」E1 貨物名稱欄位，加註原廠提供之馬達功率數值及單位（如 kW、PS 等）。

B.機器腳踏車進口連線申報時於 G48「貨物名稱、商標（牌名）及規格」部分，應填報 E1 貨物名稱、E3 商標（牌名）、E4 型號、E5 成分及規格等資料；G50「車輛專用項目」部分應填報 E1 型式年份、E2 車型、E4 排氣量、E5 汽缸數、E6 座位數、E7 排檔代碼、E8 燃料／動力代碼、E9 觸媒轉換器、E11 車身號碼、E12 車況等資料，E3 車門、E10 左駕駛等欄位則限制為空白，不得填寫。

C.拖車進口連線申報時於 G48「貨物名稱、商標（牌名）及規格」部分，應填報 E1 貨物名稱、E3 商標（牌名）、E4 型號、E5 成分及規格等資料；G50「車輛專用項目」部分應填報 E1 型式年份、E2 車型、E11 車身號碼、E12 車況等資料，E3 車門、E4 排氣量、E5 汽缸數、E6 座位數、E7 排檔代碼、E8 燃料／動力代碼、E9 觸媒轉換器、E10 左駕駛等欄位則限制為空白，不得填寫。

(13)報運變性酒精進口時，應於「規格」欄填報變性劑 4 位代碼。〔按國庫署為協助業者正確填報於酒應申報事項，提供(11)、(12)轉碼程式（內含變性劑代碼）查詢，其網址為：https://gaze.nta.gov.tw/dnt-bin/APDNT/ImportTransCode.html〕。

(14)新進口系統上線前，以 EDI 系統申報者，保稅報單仍借用「牌名」欄位填寫運送單號碼。

(15)新進口系統上線前，以 EDI 系統申報者，「貨物名稱」欄不超過英數字 390 字元（即 195 個中文字）、「商標（牌名）」欄不超過英數字 20 字元、「成分及規格」欄不超過英數字 150 字元（75 個中文字）及「買方料號」欄與「賣方料號」欄不超過英數字 16 字元。

(16)報運輸入食品添加物，應於進口報單第 35 欄之「貨物名稱」欄位加註「食品用」或「食品添加物」，並於「規格」欄位註明「批號」，並自 102 年 8 月 1 日（以進口日期為準）起實施。

(17)進口人報運貨品分類號列輸入規定代碼為「F02」者，應於進口報單該項次型號欄位第 1 碼依「用途代碼」填報用途，未填報者一律列入 B 類錯單並通知補正；如該欄位尚有其他申報事項者，應於填報用途代碼後空白一格再行申報。茲定義用途代碼定義如下：

		1：食用。（應依輸入規定代碼「F01」規定於輸入許可證號碼欄位填報 14 碼） 2：飼料用。 3：工業用。 4：其他非食用。 ⒅進口供食品用途產品者，應於進口報單「貨品名稱」欄位加註「輸入供食品用途」或其他可確認供食品用途之字句，並於同欄位再註明批號或可供該產品追溯追蹤之相關資訊。 ⒆進口申報產地為中國大陸，且申報稅則第 8456 節至第 8463 節、貨品分類號列第 8711.60.20.00–7 號或稅則第 8712 節者，應於對應項次之貨名欄前 3 字申報「供外銷」或「供內銷」。
38	生產國別⒃	⑴填列貨物生產「國名」及其「代碼」，可自發票或標記上得知，如由香港進口德國貨，應填德國而非香港。代碼請參閱「關港貿作業代碼」二十六、國家或實體。 ⑵發票上同一項貨物分由 2 個以上國家所製造，應分別依國別分項申報。
39	輸出入許可文件號碼–項次⒄、主管機關指定代碼	⑴本欄位除供輸入許可證號碼、項次填報之用外，亦供填報其他簽審機關輸入許可文件（許可證、合格證、同意文件及簽審機關公告專用代碼、稅則增註規定減免稅捐或適用特定稅率案件等）之號碼、項次填報（列印），及金門、連江縣政府核發中國大陸地區農水產品進口同意文件之號碼、項次填報之用。 ⑵使用同一份許可證或文件者，免再填「號碼」（即僅使用一份者，只於首項填報即可），惟傳輸訊息時仍應傳送。 ⑶「項次」順序與許可證完全一致者，可免填報（但傳輸時仍應傳）。在新進口系統上線前，以 EDI 系統申報者，輸入許可文件項次不得超過數字 3 碼。 ⑷如 1 項貨物有 2 份或以上之許可證者，第 2 份或以上應依序填報於次 1 項之相對應欄位。 ⑸經修改或補發之輸入許可證，報關時仍應填列原許可證號碼。 ⑹無許可證者應填「NIL」。 ⑺以本欄位填報金門、連江縣政府核發中國大陸地區農水產品進口同意文件之號碼、項次之填報方法：本欄位為文數字 14 碼，前 2 碼固定為 CT，第 3、4 碼為關別代號，後 10 碼為同意文件之號碼，號碼不足 10 碼者，於號碼前以 0 補足至 10 碼，號碼超過 10 碼者，取後 10 碼；項次為 3 碼，若無項次，請填報「000」，並自民國 95 年 12 月 11 日起施行。 ⑻在新進口系統未上線前，進口戰略性高科技貨品，填報之「戰略性高科技貨品國際進口證明號碼」不得超過英數字 14 碼。 ⑼主管機關指定代碼之填報出口貨物如屬主管機關規定須於出口報單申報指定代碼者，應於「主管機關指定代碼」欄依主管機關規定方式申報。
40	輸出入貨品分類號列⒅	⑴根據「中華民國海關進口稅則輸出入貨品分類表合訂本」所列貨品分類號列填列 11 碼。 ⑵貨品分類號列共 11 位碼，前 8 位碼為「稅則號別」，其後 2 位碼係貿易主管機關經濟部國際貿易局為統計及管理進出口簽審所加列，最後 1 位碼為「檢查號碼」。

(3)進口人不清楚所進口之貨物應歸列何號列者，可事先檢齊型錄、說明書等資料及樣品向各關業務一組（課）申請進口貨物稅則預先審核，申請書可自關務署網站之稅則稅率查詢系統下載。

(4)進口貨物申請適用優惠關稅者，應於「自由貿易協定優惠關稅註記」訊息欄填報 PT (Preferential Tariff Treatment, PT)（新進口系統上線前，以 EDI 系統申報者，於貨品分類號列附碼欄填報 PT）：

  A.符合臺巴（巴拿馬）、臺瓜（瓜地馬拉）、臺尼（尼加拉瓜）、臺薩宏（薩爾瓦多、宏都拉斯）自由貿易協定原產地規則，適用優惠關稅待遇之進口貨物。

  B.符合低度開發國家進口特定產品，給予免關稅待遇者。

  C.符合海峽兩岸經濟合作架構協議 (ECFA) 臨時原產地規則，適用貨品貿易早期收穫計畫優惠關稅待遇之進口貨物。

(5)貨品分類號列務必謹慎填報避免錯誤，如貨物不止一種，應逐項報列。否則「專責報關人員」將受海關處分：

  A.報單申報之貨品分類號列係進口貨物應否簽審之重要依據，如於放行後經海關事後審核發現有虛報號列規避輸入規定者，除依關稅法相關規定處分外，另移主管機關處理。

  B.確實不諳如何申報者，可申請進口貨物稅則預先審核，或主動在「申請審驗方式」欄填報「8」（申請文件審查），則（專責報關人員）可免受處分〔關務署(81)公字第 00021 號公告〕。

(6)例如鮮蘋果為「0808.10.00.00-2」。

(7)適用進口稅則「增註」之減、免稅物品，應於此欄第 2 行填報適用之稅則章別與增註項目，例：適用稅則第 38 章增註二規定之免稅物品，填報「3802」；增註項目如有適用不同之減稅稅率時，則於增註項目後加填 A 或 B 或 C 等，例如「3802A」、「3802B」。

(8)「主管機關指定代號」「應回收之容器輸入業者」應於進口時依照行政院環境保護署公告「應回收容器物品之 CCC 號列」填報容器材質及容積之主管機關指定代碼，以利該署收取「回收清除處理費」。

(9)原產地證明書

  A.符合(4)所列適用優惠關稅之進口貨物應檢附出口國合法認證機關簽發之有效原產地證明書供海關查核，並分別於「產地證明書號碼」及「產地證明書項次」訊息欄填報產地證明書號碼及項次。

  B.產地證明書電子化作業：廠商以電子資料傳輸方式傳送進口產地證明書者，須經由通關網路辦理傳輸，並於「原產地證明書號碼」欄填報原產地證明書號碼。

  C.特定「原產地證明書」號碼填報方式：

    (a)符合自由貿易協定，適用優惠關稅待遇之進口貨物或低度開發國家進口特定產品，給予免關稅待遇者：產地證明書號碼為文數字 14 碼以內，前 4 碼為西元年度後 10 碼為序號；序號不足 10 碼者，於序號前以 0 補足至 10 碼。

    (b)符合海峽兩岸經濟合作架構協議 (ECFA) 臨時原產地規則，適用貨品貿易早期收穫計畫優惠關稅待遇之進口貨物，中國大陸核發之產地證明書編號共 16 位碼，請自第 2 位碼起填報（即第 1 位碼「H」免填報），共須填報 15 位碼。

(10)分批進口整套機器設備，申請按「整套機器設備應列之稅則號別徵稅」者，應在第 1 批進口放行前向海關申請核准，並於報關時檢附核准函影本。

41	單價、條件、幣別、金額(39)	(1)單價、條件及金額依發票所載填列；倘發票所載非為下列單價條件之一者，經轉換為其中之一後填入：
		A.FOB：離岸價格，不含運費及保險費。
		B.FAS：船邊交貨價格，不含運費及保險費。
		C.CFR：含運費價格。
		D.C&I：含保險費價格。
		E.CIF：起岸價格，含運費及保險費。
		F.EXW：出廠價格，不含工廠交貨後至抵達我國口岸之費用，限發票所載貨物單價均為 EXW 者始可填列。
		(2)幣別代碼，依發票所載，以標準化之單位填列。代碼請參閱「關港貿作業代碼」二十七、常用貨幣。
		(3)如金額長度超出現有欄位時，可彈性跨越左右欄位空白處填列，被占用欄位之內容必須降低或提高位置填列。
		(4)各項貨物之幣別如有二種以上，應轉化為同一種幣別再填報。
42	淨重（公斤）(40)	(1)依裝箱單填列，如實際與文件記載不符者，應按實際進口情形申報。
		(2)淨重係指不包括內外包裝之重量，一律以公斤（代碼 KGM）表示之。
		(3)「小數點」以下取 6 位數，在新進口上線前取 1 位數。
43	數量（單位）(41)	(1)依發票所載其計價數量及單位代碼（例如發票所載為布類 1,000 碼，則在此欄填 1,000 YRD。）（請參閱「關港貿作業代碼」六、計量單位）。如實到數量與發票所載不符，應依實到數量填報，否則一旦涉及漏稅即受處罰。
		(2)如貨物不止 1 項時，應逐項填報。
		(3)如數量（單位）長度超出現有欄位時：
		A.可彈性跨越左右欄位空白處填列，被占用欄位之內容必須降低或提高位置填列。
		B.如數量位數較長時，亦可轉換為「百單位」或「千單位」申報，惟轉換之單位須為「關港貿作業代碼」六、計量單位內所列之計量單位。如：HPC（百個）、HST（百套）、KPC（千個）……等。
44	數量（單位）（統計用）(42)	(1)本欄應否填列，以海關進口稅則「中華民國海關進口稅則輸出入貨品分類表合訂本」上單位欄內所載單位為準（「單位」欄代碼係供統計用），如其單位僅為公斤（代碼 KGM）或公噸（代碼 TNE），因已有「淨重」欄顯示其內容，本欄可免填；如單位欄內所載單位除公斤（代碼 KGM）或公噸（代碼 TNE）外，尚有其他單位者，應依照該單位算出數量，填入統計用數量括弧（ ）空白處。例如稅則號別 6403.19.00.90–1 單位載有公斤（代碼 KGM）和雙（代碼 NPR），則統計用數量（ ）內需填雙（代碼 NPR）之數量。如單位欄代碼為「TNE/TNE」、「NIU/TNE」、「TND/TNE」、「LTR/TNE」、「MTQ/TNE」時，進口報單「淨重」欄仍應填報公斤(KGM)，另於本欄填報「TNE」、「NIU」、「TND」、「LTR」、「MTQ」。
		(2)本欄單位以代碼填列，請參閱「中華民國海關進口稅則輸出入貨品分類表合訂本」貳、「單位」欄使用代碼說明。
		(3)酒類數量、單位（統計用），應於本欄正確填報。
45	完稅價格／完稅數量(43)	(1)從價課稅貨物在上半欄填「完稅價格」（計至元為止，元以下四捨五入）。
		(2)從量課稅貨物在下半欄填「完稅數量」，如 900 TNE、1,500 MTR，從

		價課徵者免填。
		(3)從量或從價從高課徵者，二種均需填報，俾利擇高徵稅。
		(4)保稅成品內銷、樣品等案件，如採完稅價格扣減時，則於完稅價格之第 2 行列印或填報扣減後之完稅價格，並以括弧「（　）」顯示之。
		(5)按加工費，租賃費等減稅扣減等案件，亦於完稅價格之第 2 行申報扣減後之完稅價格，並以「（　）」括弧顯示之。
		(6)本欄「完稅價格」請以新臺幣金額填報。
46	進口稅率從價、從量(44)	進口稅則之國定稅率分為 3 欄。第 1 欄之稅率適用於世界貿易組織會員，或與中華民國有互惠待遇之國家或地區之進口貨物。第 2 欄之稅率適用於特定低度開發國家、開發中國家或地區之特定進口貨物，或與我簽署自由貿易協定之國家或地區之特定進口貨物。不得適用第 1 欄及第 2 欄稅率之進口貨物，應適用第 3 欄稅率。進口貨物如同時得適用第 1 欄及第 2 欄稅率時，適用較低之稅率（以貨物本身之「原產地」為準，非以「輸出國」為準）。
		(1)稅率依海關進口稅則所載填列。
		(2)從價課徵者填百分比，如 20%；從量課徵者填單位稅額，如新臺幣 15.6 元 /KG。
		(3)需徵平衡稅、反傾銷稅或報復關稅者，於此欄之下半欄填列（連線者於此列印）其代碼及稅率。
		(4)適用進口稅則增註減稅或免稅時，依減稅或免稅稅率填列。
47	納稅辦法(45)	請參閱「關港貿作業代碼」七、納稅辦法，選擇適當之代碼填列。
48	貨物稅率(46)	(1)本欄除供填列貨物稅率外，亦供營業稅、特種貨物及勞務稅、菸酒稅、菸品健康福利捐、推廣貿易服務費等填列之用；如均免徵者，此欄免填。
		(2)如貨物稅率有特殊計算法者，在同一格內下方表示之，如用於汽車冷、暖氣機之壓縮機 20%×8（「連線者」列印時以 20% 表示）。
49	總件數、單位(47)	(1)依提貨單上所載總件數及「關港貿作業代碼」六、計量單位所列單位填列，如 500 CAN (CAN)1,234 CTN (CARTON)；如係不同包裝單位構成〔如 500 CTN 與 35 BAG (BAG)〕，總件數應使用 PKG〔535 PKG (PACKAGE)〕。
		(2)提單所載總件數與本批實際來貨件數不同時，應分別報明。
50	包裝說明(48)	貨物由 2 包以上合成 1 件者，應於件數後用括弧加註清楚。如屬連線申報者，應於合成註記之訊息欄位申報「Y」，並於包裝說明訊息欄內報明上開合成狀況。
51	總毛重（公斤）(49)	(1)係填報整份報單所報貨物之總毛重，並項次欄位名稱填報說明以公斤 (KGM) 為計量單位。
		(2)「小數點」以下取 6 位數，在新進口系統上線前取 1 位數。
52	標記(50)	(1)標記係指貨上之標誌（嘜頭 Marks）及箱號 (Case No)，依提貨單所載填列。
		(2)「連線者」申報時，標記圖形如電腦未能直接傳送者，改以文字敘述，敘述之順序及方式為：
		A.先填報（或傳輸）圖形內文字或與圖形標誌結合之文字。
		B.次行填報（或傳輸）圖形標誌並以 "　" 框之或以「IN（圖形）」表示。如 "TRIANGLE" 或 INTRIANGLE。

		C.圖形外之文字接於圖形標誌下行填報或傳輸。 (3)常見之圖形標誌有： 　A.圓形 (CIRCLE)：傳輸或填報 CIRCLE 或 CIR。 　B.正方形 (SQUARE)：傳輸或填報 SQUARE 或 SQ。 　C.矩形 (RECTANGULAR)：傳輸或填報 RECTANGULAR 或 REC。 　D.三角形 (TRIANGLE)：傳輸或填報 TRIANGLE 或 TRI。 　E.菱形 (DIAMOND)：傳輸或填報 DIAMOND 或 DAI。 　F.橢圓形 (OVAL)：傳輸或填報 OVAL。 　G.星形 (STAR)：傳輸或填報 STAR。 　H.如屬其他圖形 (OTHER) 則傳輸或填報 OTHER。 (4)當併裝貨物提單上之標記為 N/M (NO Marks) 時，應事先向通關之稽查倉棧單位申請重行標記，始於報單上申報傳輸。 (5)如不夠使用，可於續頁之「加總」之後填列。
53	貨櫃號碼(51)	(1)貨櫃號碼依提貨單上所載填列，其填列原則依序為貨櫃號碼、貨櫃種類、貨櫃裝運方式（請參閱「關港貿作業代碼」三十六、貨櫃裝運方式，三十七、貨櫃種類）；非貨櫃裝運及併裝櫃貨物者免填貨櫃號碼。 (2)同一收貨人進口兩批以上貨物，合裝同一貨櫃，應同時申報且貨櫃裝運方式應申報屬 FCL (PART) 類。 (3)在新進口系統上線前，每一貨櫃號碼英數字不超過 12 碼。
54	其他申報事項(52)	係對本報單申報事項另行補充或提示海關承辦關員應注意特別處理事項，或依有關法令規定應報明之事項，如無適當欄位可供填報時，應於本欄內申報。例如： (1)復運進口案件（包括外貨、國貨）應填報原出口報單號碼。如為國貨復運進口 (G7) 案件，並應另行填報「是」或「否」再出口，及復進口原因，以憑查核原出口是否有退稅。此外，為便於報單資料之傳輸與電腦核銷作業，應同時利用該報單之「原進倉報單號碼及原進倉報單項次欄位」逐項傳輸欲核銷之原出口報單號碼及項次。電腦核銷作業採「1 項對 1 項」方式核銷原出口報單，該原出口數量應大於或等於復運進口數量，否則必須拆項（亦即增項）。 (2)保稅工廠原料、呆料申請補稅內銷案件 (G2)，應檢附海關核准文件，並於本欄加註：核准內銷文號、期限及核准內銷額度等。如係按月彙報案件，並加註××月份內銷按月彙報補稅，繳交保證金等資料。 (3)稅捐記帳案件，應填列保函號碼。 (4)非保稅原料誤報運為保稅原料申請補稅案件 (G2)，應於本欄報明原進口報單 (B6、D7) 號碼及該報單放行日期。 (5)按月彙報案件，應加註按月彙報之「月份」。EDI 系統填列 ER 者改填列 99，Y 改填列 55。 (6)保稅貨物：A. 內銷補稅時之內銷補稅原因。B. 視同進出口案件之交易對方「參考編號」。 (7)適用進口稅則增註免稅或減稅物品，應填報有關機關證明文件字號。 (8)保稅倉庫或物流中心進出倉貨物應於本欄報明保稅倉庫或物流中心代碼及營利事業統一編號。 (9)依「戰略性高科技貨品輸出入管理辦法」規定進口高科技貨品申請於抵達證明書 (DV) 上核章者，在本欄載明：「本批貨物為戰略性高科技貨品，請海關予以核章」，並於「申請審驗方式」欄填報代碼「8」。 (10)進口同一稅則號別貨品，如先前該貨品之稅則尚屬「未決案件」，應於

		本欄敘明，並於「申請審驗方式」欄填報代碼「8」。
		(11)同一項貨物之產地有二個以上之產地而無法分開報明者，應於本欄敘明，並於「申請審驗方式」欄填報代碼「8」。
		(12)申請核發報單副本者，應於本欄填列。
		(13)運費、保險費（有特別加註說明之必要者）。
		(14)常年（長期）委任報關核准文號。
		(15)二張以上不同國外廠商發票併同於一份報單報關，除於賣方名稱、地址、國家代碼、統一編號、海關監管編號欄位填報一家國外廠商資料外，應於本欄內填報其他國外廠商資料（民國 92 年 6 月 12 日臺總局徵字第 0920104020 號函），本欄位長度為 256 byte 不敷使用時，請繕打在每份發票申報之報單最後項次欄位，例如：在第 10 項註明 1～10 賣方國家代碼及統一編號等。
		(16)應課徵貨物稅及特種貨物及勞務稅之貨物，於填列「貨物稅率(39)」欄位不敷使用時，應於本欄報明該貨物之特種貨物及勞務稅稅率。
		(17)在新進口系統上線前，「其他申報事項」欄，不超過英數字 70 字元（即 35 個中文字）。
		(18)保稅貨物「進口人（納稅義務人）」欄或「出口人（賣方）」欄非實際買受人（或進口人）或銷售人，應於本欄敘明實際買受人（或進口人）或銷售人；另於「收貨人代碼」欄或「發貨人代碼」欄，報明該實際買受人（或進口人）或銷售人之國內廠商營利事業統一編號或國外廠商代碼（FFF 加上海關監管編號）。
		(19)原產地申報為越南、馬來西亞、泰國、印尼、印度及其他東南亞國家之瓷磚，進口時應申報製造商及製造商地址。使用 EDI 系統報關者，請將前揭應申報事項填報於「其他申報事項」欄，使用 XML 系統報關者，請將前揭應申報事項填報於「國外製造廠名稱」欄及「國外製造廠地址」欄。
55	進口稅	(1)係全份報單各項進口稅額加總後填報，分項稅額四捨五入計至小數點第 6 位，加總後元以下不計。 (2)如部分繳現，部分記帳，應在同一行上、下或左右分開填報。
56	推廣貿易服務費	海、空運進口者，以全份報單各項推廣貿易服務費加總後填報。各分項以完稅價格乘以 0.04% 計至小數點第 3 位；加總後，元以下不計（未逾新臺幣 100 元者免收）。
57	空白欄	稅費欄前 2 格稅款項目固定，依序為進口稅、推廣貿易服務費（如第 55、56 項次說明），其下 4 個空格供需要時就貨物稅、營業稅、特種貨物及勞務稅、菸酒稅、健康福利捐、平衡稅、反傾銷稅、報復關稅、滯報費（日）等項，依序選填（貨物稅、營業稅、滯報費（日）請依第 58、59、60 項次說明填報）。
58	貨物稅	(1)貨物稅「從價課徵」者，其「完稅價格」之計算規定如下：貨物稅完稅價格＝關稅完稅價格＋進口稅稅額。 (2)「貨物稅稅額」依下列式核計： 　A.「從價課徵」者：貨物稅完稅價格×貨物稅稅率。（請參考貨物稅條例） 　B.「從量課徵」者：貨物稅完稅數量×貨物稅（單位）額。 (3)貨物稅完稅價格不包含「推廣貿易服務費」〔(82)臺總局徵字第 01092 號函〕。

59	營業稅	(1)營業稅稅額＝營業稅完稅價格×營業稅稅率 (5%)。依加值型及非加值型營業稅法第 41 條規定，貨物進口時，應徵之營業稅由海關代徵之。 (2)免徵營業稅者，本欄免填。
60	滯報費（日）	依關稅法第 16 條及第 73 條規定，未依規定於進口日之翌日起 15 日內報關者，自報關期限屆滿之翌日起，按日加徵滯報費新臺幣 200 元。如 95 年 1 月 1 日進口，1 月 21 日報關，則滯報 5 日 (21－1－15＝5)，滯報費額為 200 元×5＝1,000 元，即填報「5」日，「1,000」元。
61	稅費合計	本欄依「進口稅」加「推廣貿易服務費」、「貨物稅」、「營業稅」、「特種貨物及勞務稅」、「菸酒稅＋健康福利捐」、「平衡稅」、「反傾銷稅」、「報復關稅」、「滯報費」等各欄之總金額填入。
62	營業稅稅基	(1)「營業稅稅基」即營業稅的完稅價格，規定如下： 　關稅完稅價格＋進口稅稅額＋菸酒稅（含菸品健康福利捐）＋貨物稅稅額＝營業稅稅基。 (2)不論課徵營業稅與否，本欄均應填列。 (3)營業稅稅基不包含「推廣貿易服務費」〔(82)臺總局徵字第 01092 號函〕。
63	滯納金（日）	海關第 1 次填發稅款繳納證或傳輸該訊息之翌日起 14 日內未繳納者，應加徵「滯納金」： (1)「進口稅」應自第 15 日起照應納稅額按日加徵滯納金萬分之五。 (2)逾期繳納「營業稅」、「貨物稅」或「特種貨物稅及勞務稅」者，應自繳納期限屆滿之翌日起，每逾 2 日按滯納金額加徵百分之一 (1%) 滯納金。惟僅加計 30 日，超過 30 日部分，加計「利息」一併徵收。 (3)滯納金及繳納紀錄欄報關人免填。
64	通關方式	(1)進口通關方式計分：C1（免審免驗通關）、C2（文件審核通關）、C3（貨物查驗通關）。C3 因查驗方式不同，另分為 C3M（人工查驗）、C3X（儀器查驗應補報單）及 C3X（儀器查驗免補報單）。 (2)「連線者」遞送報單時應列印「通關方式」。
65	申請審驗方式	(1)係供海關權責人員決定該報單將採行之審驗方式，或供報關人填報申請審驗方式。 (2)本欄以代碼表示： 　代碼 2：申請「船（機）邊驗放」 　代碼 3：申請「廠驗」 　代碼 4：申請「鮮冷蔬果驗放」 　代碼 6：申請「倉庫驗放」 　代碼 7：申請「免驗船邊裝（提）櫃貨」 　代碼 8：申請「文件審查」 　代碼 9：申請「免驗」 　代碼 A：申請「參加抽驗」（貨物稅案件） (3)情形較特殊依規定應由報關人報明代碼者，應依規定主動報明。
66	證明文件申請聯別／份數	應填列申請報單複本之聯別及份數。

67	報關人／AEO 編號(53)	(1)應填列本報單之報關人中文名稱。電子傳輸時名稱、簽章免傳。 (2)填列報關業者向海關借用之候單箱號（3 位數）或含報關業者箱號附碼（1 位）。 (3)本欄供書面報關時，報關人簽名蓋章之用。如係納稅義務人自行報關者，應加蓋公司行號及負責人章。如報關業係受委任報關者，其所加蓋之公司行號章、負責人章以業經向海關登記之印鑑為限。 (4)委託報關業連線報關補送之書面報單免加蓋報關業及負責人章及簽名。（民國 100 年 9 月 29 日臺總局徵字第 1001021002 公告）
68	專責人員(54)	(1)專責人員係指經「專門職業及技術人員普通考試專責報關人員考試」或「專責報關人員資格測驗」及格，向海關登記為「專責報關人員」。本欄係供負責本份報單內容審核之專責人員填列專責人員代碼之用。電子傳輸時姓名、簽章免傳。納稅義務人自行報關者免填。 (2)委託報關業連線報關補送之書面報單免加蓋專責人員章及簽名。（民國 100 年 9 月 29 日臺總局徵字第 1001021002 公告）
69	海關簽註事項	係供海關承辦關員簽註處理情形或加註必要之文字（如證明進口事實）。
70	報單背面	(1)背面各欄報關人免填。 (2)供海關書面簽章使用。 (3)應貼之規費證，可黏貼於背面。
71	報單續頁	續頁填報方式與首頁相同。
72	營業稅記帳廠商編號	納稅義務人申請營業稅自行具結記帳者，應於本署關港貿 XML 訊息建置指引（通關）之「單證合一進口報單(NX5105)」中「營業稅記帳廠商編號」欄填報營業稅記帳廠商編號，未填列者視同不申請記帳。

第四節 進口報單填報案例

貨物自國外運送至我國稱為進口，進口商品不論為有形商品或無形商品，皆須依《關稅法》相關規定申報，申報機關對象依不同商品，其各別主管機關共三十二個，例如進口冷藏去骨牛肉，此商品主管機關有國際貿易局、海關、農委會動植物防疫檢疫局、衛生福利部食藥署等四個機構，並且申報資料及包裝規定，皆須符合其法令規定，才能合法進口及販售。

舉例來說，進口冷藏去骨牛肉輸入規定，其輸入規定欄 B01，輸入申報時應符合農委會動植物防疫檢疫局相關規定，並填寫 VP 檢疫申報 14 碼。F01 輸入申報時應符合衛生福利部食藥署相關規定，並須填寫 IF 報驗申報 14 碼於簽審規定欄位。而 MW0 商品產地為中國大陸不准進口，需事先向國際貿易局申請輸入許可證，關稅稅率為海關規定從量課稅，每公斤課新臺幣 10 元，稽徵特別規定欄有 D* 的規定，為此稅則內之商品部分進口，須額外檢具自由貿易協定締約國政府相關單位核發之牛隻屠宰前之

飼養農場及屠宰場資料，如表 11–3。

中華民國輸出入貨品分類號列 CCC Code		檢查號碼 CD	貨名	Description of Goods	單位 Unit	國定稅率 Tariff Rate（機動稅率 Temporary Adjustment Rate）			稽徵特別規定 CR	輸出入規定 Imp. & Exp. Regulations		生效日 Valid Date
稅則號別 Tariff NO	統計號別 sc					第一欄 Column I	第二欄 Column II	第三欄 Column III		輸入 Import	輸出 Export	
02013090	90	3	其他去骨牛肉，生鮮或冷藏	Other meat of bovine animals, boneless, fresh or chilled	KGM	新臺幣 10 元 / 公斤	免稅 (PA, GT, NI, SV, HN, SG, NZ, PY)	新臺幣 38 元 / 公斤或 30% 從高徵稅	D*	B01 F01 MW0		輸入規定生效日：2014-02-10 輸出規定生效日：2005-09-01 截止日期：9999-99-99

▲ 表 11–3　進口冷藏去骨牛肉輸入規定

自我評量

1. 進口報單與出口報單皆為單一標準格式，報單之代碼係以什麼身分決定？

2. 進口報單與出口報單之維護及發布機關單位為財政部關務署，其編碼原則為何？

3. 下列項次之出口報單欄位填報說明為何？

   項次 1：海空運別(1)

   項次 7：海關通關號碼(4)

   項次 10：報關日期(7)

   項次 14：託運單主號(11)

   項次 21：保險費(18)

   項次 26：統一編號(23)

   項次 34：匯率(31)

   項次 40：淨重（公斤）(37)

4. 出口報單稅則號別及輸出入貨品分類號列申報錯誤，事後發現錯誤申請更正時應如何辦理？

5. 如果報單類別、報單號碼、報關日期或放行日期，有誤繕、漏列或其他顯然錯誤，其審核依據為何？

6. 如果買方名稱、地址、統一編號、買方國家、目的地或買方海關監管編號，有誤繕、漏列或其他顯然錯誤，其審核依據為何？

7. 如果稅則號別及輸出入貨品分類號列，有誤繕、漏列或其他顯然錯誤，其審核依據為何？

8. 依據表 11-2 進口報單各欄位填報說明，項次 1 海空運別欄位，報單貨物係以何種運輸工具載運進口？海運及空運填列之編號為何？

9. 依據表 11-2 進口報單各欄位填報說明，項次 3 聯別，第一聯至第五聯為何種用聯？

10. 依據表 11-2 進口報單各欄位填報說明，項次 8 船舶名稱／航機代碼之填報說明為何？

11. 依據表 11-2 進口報單各欄位填報說明，項次 12 分提單號碼之填報說明為何？

12. 依據表 11-2 進口報單各欄位填報說明，項次 13 裝貨港名稱／代碼之填報說明為何？

13.依據表 11-2 進口報單各欄位填報說明，項次 16 國外出口日期之填報說明為何？
14.依據表 11-2 進口報單各欄位填報說明，項次 19 匯率之填報說明為何？
15.依據表 11-2 進口報單各欄位填報說明，項次 25 統一編號之填報說明為何？
16.依據表 11-2 進口報單各欄位填報說明，項次 28 特殊關係之填報說明為何？
17.依據表 11-2 進口報單各欄位填報說明，項次 35 海關監管編號之填報說明為何？

▷第十二章
進出口三角貿易

　　進口轉出口三角貿易，係指外國商品經由 A 船運送至我國港口，轉 B 船運送至第三國，貨品並未實際進入國境之國際貿易行為，我國之關稅課徵屬過境稅，此貨品因未實際進入國境，故不屬於應課稅之範疇，進口轉出口之作業須依下列規定辦理。

第一節　辦理三角貿易案件之規定

1. 進、出口報單應同時申報，進口報單「納稅辦法」欄、出口報單「統計方式」欄均填報「90」，進口報單「其他申報事項」欄須註明三角貿易及出口報單號碼，並於出口報單第 1 項貨物「原進倉報單號碼」欄填報進口報單號碼，先經進口單位辦理進口放行手續後，再由出口單位辦理出口放行手續。

2. 三角貿易案件無論是否列屬限制輸出之表 1、表 2 貨品，因無進口之事實，免繳驗輸出許可證，惟出口戰略性高科技貨品應取得輸出許可。

3. 非經主管機關公告准許輸入之中國大陸地區物品，屬關稅配額項目之農漁畜產品者，不得利用臺灣地區通商口岸報運銷售至第三地區。但有下列情形之一者，不在此限：

    ・經由海運或空運轉口者（不含海空聯運及空海聯運）。
    ・經由境外航運中心轉運者。

    違反前開規定之物品，應退運原發貨地。（《臺灣地區與大陸地區貿易許可辦法》第 7 條規定）

4. 洋貨不得以我國為產地之標示。

5. 廠商於報關時提供之國內賣方商業發票，進口地海關准予收單，至於是否依據該發票做為課稅依據之認定，尚須依據《關稅法》暨同法施行細則有關估價規定辦理。

6. 廠商申報屬《華盛頓公約》附錄物種之三角貿易轉口案件，未完成報關及進口相關

程序，不屬核發「《華盛頓公約》出口許可證」範圍。

7. 自民國 104 年 1 月 1 日起，申報菸品三角貿易案件應先取具財政部核發之菸品進口業許可執照，廠商報關時，應於菸品三角貿易案件之進口報單「輸入許可證號碼－項次」欄填報許可執照號碼，以利通關及單證比對。

8. 離島港區，因港埠設施未臻完善，海關對貨物之監管不易，現階段不宜辦理三角貿易通關業務。

9. 已正確標示原產地國別，且有標示國內廠商名址，並已註明「進口商」或「代理商」或「經銷商」或其他類似文字者，出口時無須塗銷或剪除國內廠商名址。

第二節 貨物在同一關區進出口者

貨物在同一關區進、出口者暫存原進口區（倉）之三角貿易貨物，廠商於規定報關期限內向海關申報進口報單，並檢附出口報單，報明係三角貿易，經海關進口單位辦理進口報單通關手續後，移請稽查或倉棧單位將貨物加封或押運或監視移至出口區（倉），再將進、出口報單併送出口單位辦理通關作業，俟放行後，將進、出口報單送稽查或倉棧單位辦理監視裝櫃加封或押運裝船（機）出口；另屬 CY 櫃之三角貿易貨物，進、出存放於同一貨櫃集散站者，得按原儲位傳輸出口進倉資料，辦理出口通關手續。

第三節 貨物自不同關區進出口者

存於進口區（倉）之未稅貨物申請三角貿易轉運至其他關出口者，如屬准許進口類貨物准予辦理，如同一批貨物全部或部分屬於管制進口類、暫停進口物品，一律不准申請轉運至其他關出口。

通關程序如下表示：

㈠於不同關辦理進、出口報單通關手續者

1. 進口地海關進口單位核准自他關三角貿易出口時，經該進口單位辦理進口報單通關手續，放行關員除應勾選進口貨物電腦放行附帶條件外，應另於提單、進口報單上批註「請派員押運（或加封或監視裝入保稅卡車）至××關（××分關）裝運出口」

等字樣，連同出口報單（註：報關人應繕打出口地海關之出口報單號碼）等全卷轉送稽查或倉棧單位。

2. 稽查或倉棧單位按進口單位批註之轉運方式辦理貨櫃（物）之轉運工作，轉運時影印進口報單一份連同出口報單送交出口地海關。進口報單正本於簽註所辦理轉運情形後送還進口放行單位。

3. 出口地海關出口單位於辦理出口報單通關手續後，應於進口報單影本簽註已出口事項，並寄送還進口地海關進口放行單位，俾附存原進口報單以作相互勾稽。

㈡於原進口關辦理進、出口報單通關手續且於不同關裝船（機）出口者

1. 自不同關裝船（機）出口者，亦得於原進口關出口單位辦理出口報單通關手續。（出口報單號碼第 3、4 碼應繕打裝船（機）出口關別）

2. 進口地海關進口單位核准自他關三角貿易裝船（機）出口時，經該進口單位辦理進口報單通關手續後，移請稽查或倉棧單位將貨物加封或押運或監視移至出口區（倉），再將進、出口報單併送出口單位辦理通關作業，俟放行後，將進、出口報單送稽查或倉棧單位辦理監視裝櫃加封或押運至出口地裝船（機）出口；另屬 CY 櫃之三角貿易貨物，進、出存放於同一貨櫃集散站者，得按原儲位傳輸出口進倉資料，辦理出口通關手續。

自我評量

1.何謂進口三角貿易？

2.貨物在同一關區進、出口者暫存原進口區（倉）之三角貿易貨物，應如何辦理通關手續？

3.貨物自不同關辦理進、出口報單通關手續者，應如何辦通關手續？

▷第十三章
郵包通關

國際郵包寄送屬少量貨物國際運送方式，其運送成本在國際運送中屬於價格低廉且快速的方式，郵包與國際快遞最大不同之處，在於國際快遞皆為 Door to Door 的運送且通關皆由快遞業者負責完成，而郵包通關須由收貨人自行完成通關程序，郵包通關其相關規定依據財政部令所訂定之《郵包物品進出口通關辦法》所規範。此外，《動物傳染病防治條例》修正案則規定檢疫物不得以郵遞寄送輸入，其以郵遞寄送輸入者，應予退運、沒入或銷毀。

《郵包物品進出口通關辦法》進出口郵包通關須知如下：

第一節 ▷ 進口郵包

一、小額進口郵包

㈠免報關小額郵包限額

小額郵包係指寄遞進口限制輸入貨品表外之貨品，其離岸價格 (FOB) 為 5,000 美金以下或等值者，免辦報關手續。（如貨物價值超過 5,000 美金者，郵局海關將會寄發補辦驗關手續通知單，如圖 13–1）

各國駐華使領館，各國際組織及駐華外交機構持憑外交部簽發之在華外交機構與人員免稅申請書辦理免稅公、自用物品進口，免證。經濟部國際貿易局（下稱貿易局）登記之進出口廠商、政府機關及公營事業以外非以輸入為常業之進口人以郵包寄遞進口限制輸入貨品表外之貨品，其離岸價格 (FOB) 為 2 萬美金以下或等值者，免證。

進口郵包如屬限制輸入貨品表內之貨品且為少量自用或餽贈者，海關得視情形依表內規定酌量免證稅放，但有其他規定者，應從其規定。而進口委託查核輸入貨品表

內之貨品，應依該表所列規定辦理。

㈡國際進口包裹會同查驗投遞須知

小額進口郵包，依據「國際進口包裹會同查驗投遞須知」，由郵局派員代表收件人拆包供海關查驗。如經驗明應予免稅之郵包，即由郵局按址投遞或通知招領。如為應稅郵包，則由海關核定稅額後，由郵局憑海關填發之「小額郵包進口稅款繳納證」派郵務士按址代收進口稅捐後投遞，或由郵局通知招領，由收件人憑通知單到有關郵局繳納稅款後提領。另因特殊原因，須收件人繳驗證件或應補辦手續者，由郵局通知親來海關辦理。

提領時應攜帶收件人身分證及印章，如為代領人，應併帶代領人之身分證及私章（機關行號包裹，應帶收發章及提領人之身分證件及私章），如係外文為收件臺銜者，請攜帶外文收發章前來補辦手續。

㈢申請複驗或複查

郵包收件人如不服海關對其進口包裹核定之稅則號別、完稅價格者，得於收到海關填發稅款繳納證之翌日起 30 日內，填具國際包裹複驗申請書請求複驗，或依《關稅法》有關規定，以複查申請書向海關申請複查。

㈣應繳驗之有關文件

1. 無線電管制射頻器材：應依輸入規定代碼「602」國家通訊委員會規定辦理。
2. 唱片、影片、影碟、錄影帶、錄音帶等視聽著作物及書刊、電腦軟體等著作物，如為供輸入者個人非散布之利用而輸入著作重製物者，每次每一著作物以一份為限，超過時應退運；收件人為公司行號者，應比照報運進口者查核著作財產權人提供之授權輸入廠商清單方式辦理。但電影片應另繳驗行政院文化部同意文件。
3. 進口中國大陸地區物品：除行政院文化部同意輸入之電影片及經濟部國際貿易局准許輸入之農產品、工業產品外，應繳驗經濟部國際貿易局之輸入許可證。
4. 進口人用藥品、醫療器材、含藥化妝品、膠囊狀或錠劑食品，應檢附行政院衛生福利部核准文件。
5. 麻醉藥品：行政院衛生福利部食品藥物管理署同意文件。
6. 武器：應檢附國防部、內政部警政署或直轄市或縣（市）警察局同意文件。
7. 農產品、畜牧品、花、樹、種子等：經濟部標準檢驗局核發之檢驗合格證或行政院農業委員會動植物防疫檢疫局核發之檢疫證（100 克以上之種植用種子應檢附種苗

進口登記證影本）。

8. 核子原料放射性物質：行政院原子能委員會同意文件。

9. 洋菸、酒：郵寄進口供饋贈或自用之洋菸、酒，除課徵有關進口稅、菸酒稅、菸品健康福利捐、營業稅外，其數量未超過下列規定者，進口時免附菸酒進口業許可執照影本。

- 菸：捲菸 5 條（1,000 支）、雪茄 125 支、菸絲 5 磅。
- 酒：5 公升。

10. 「無線網路卡」或內建「無線網路卡」之筆記型電腦：應依輸入規定代碼「602」規定辦理。

11. 其他有關機關規定之特殊文件。

㈤逾期未領郵包之處理

包裹領取通知單自郵局投交收件人之翌日起，逾 2 個月未領，且未經收件人說明特殊原因申請展延存局期限者，即做為無法投遞包裹，退回原寄地或按無著郵件處理。

二、大宗報關進口郵包

㈠須憑簽證文件申報進口或辦理報關手續之進口郵包

郵包進口係屬限制輸入貨品表內之貨品，除其他法令另有規定外，應依該表所列規定申請辦理簽證，表內規定屬管制進口者，非經貿易局專案核准，不得進口。

貿易局登記之進出口廠商、政府機關、已立案私立小學以上學校及公營事業以外，非以輸入為常業之進口人進口貨品，其離岸價格為 2 萬美金（不含）以上者，應辦理簽證。此類進口人申請簽證進口之特定項目貨品，除經貿易局專案核准者外，以供自用者為限。進口郵包離岸價格 (FOB Value) 逾 5,000 美金以上者，應辦理報關手續。

㈡報關期限

自「郵局寄發招領包裹通知之日，或郵局加蓋郵戳於包裹發遞單上之日」之翌日起 15 日內向海關辦理。逾限依《關稅法》第 73 條之規定加徵滯報費。

㈢應備文件及注意事項

1. 提貨單（包裹單）。

2. 進口報單：正本一份，視需要加繕副本聯。報單均須按報單格式一式套打填列。

3. 「委任書」：進口郵包收件人如委託報關行代為申報時，應檢附一份並加蓋公司及負

責人圖章。

4.貨價申報書一份：（涉及影響進口貨物完稅價格之核定案件者）

- 加蓋公司及負責人圖章。

- 應報明有無特殊關係、交易條件、費用負擔情形。

- 下列進口貨品免繳：免稅貨品、國貨復運進口之貨物、政府機關、公營事業、保稅工廠、加工出口區、科學工業園區等事業進口之貨物。

5.發票 (Invoice) 或商業發票 (Commercial Invoice) 一份，應詳載收貨人名稱、地址、貨物名稱、牌名、數量、規格、單價、運費、保險費等。

6.說明書或目錄。

7.裝箱單：進口貨物如僅有一箱者免附。

8.應繳驗之其他有關文件。

三、稅費之計算及免稅規定

1.進口之郵包物品，其數量零星經海關核明屬實，且其完稅價格在新臺幣 2,000 元以內者，免徵進口關稅，但菸、酒不在免徵進口關稅之列。

2.進口之郵包物品，其數量零星且完稅價格超逾免稅限度，其超逾免稅限度部分，應照《海關進口稅則》總則五規定，按 5% 稅率徵稅。

3.進口之郵包物品，其完稅價格超逾免稅限度，並經海關核明非屬零星物品者，應分別按《海關進口稅則》規定之稅率課徵進口稅。

4.進口郵包，自同一寄遞地，同時寄交同一收件人或同一地點，在二件以上者，得合併計算其離岸價格及完稅價格。

5.自同一寄遞地寄交同一收件人或同一地點之郵包，次數甚為頻繁，顯有化整為零之企圖者，不適用上述免稅之規定。

6.廣告品及貨樣，其完稅價格在新臺幣 12,000 元以下者免徵進口關稅。

7.有關進口郵包應繳納之各項稅費如：貨物稅、營業稅、菸酒稅、菸品健康福利捐、推廣貿易服務費等，由海關依照相關稅法規定一併代徵。

四、違禁或管制進口物品

下列物品管制或禁止郵寄進口（請查閱《關稅法》第 15 條、《懲治走私條例》第

2 條及其他相關法令）。

1. 偽造或變造之貨幣、有價證券及印製偽幣印模。

2. 侵害專利權、商標權及著作權之物品。

3. 槍械（含獵槍、空氣槍、魚槍）、子彈、炸藥、毒氣及其他兵器（含零件、附件）。

4. 鴉片類、大麻類、高根類、化學合成麻醉藥品類，及以上各類物品之各種製劑及罌粟種子。

5. 依其他法律規定之違禁品：

- 《藥事法》規定之禁藥。
- 自疫區輸入之食品、水果等。
- 不准輸入之中國大陸物品。
- 未經農委會核准之保育類野生動物及其產製品。

五、其他應注意事項

　　郵寄中國大陸茶葉進口者，應憑郵局進口提貨單，每人每月以 1 公斤為限。郵寄香菇進口者，應憑郵局進口提貨單，每人每月以 1 公斤為限。郵寄米進口者，須取得行政院農業委員會動植物防疫檢疫局核發之檢疫合格證、糧商登記證或糧商執照、中央信託局核發之食米輸入配額證明書或行政院農業委員會同意進口文件。如逾 10 公斤以上者，另須檢附經濟部標準檢驗局核發之檢驗合格證。

　　報運貨物進口而有下列情事之一者，得視情節輕重，處以所漏進口稅額 2 倍至 5 倍之罰鍰，或沒入或併沒入其貨物：

1. 虛報所運貨物之名稱、數量或重量。

2. 虛報所運貨物之品質、價值或規格。

3. 繳驗偽造、變造或不實之發票或憑證。

4. 其他違法行為。

　　有以上所列情事而涉及逃避管制者，處貨價 1 倍至 3 倍之罰鍰，並沒入其貨物。

　　郵遞之信函或包裹內，有應課關稅之貨物或管制物品，其封皮上未正確載明該項貨物或物品之品質、數量、重量、價值，亦未附有該項記載者，經查明有走私或逃避管制情事時，得沒入其貨物或物品，並通知進口收件人或出口寄件人。由國外寄遞入境或在國內持有，經國外發貨廠商簽字，可供填寫做為進口貨物發票之預留空白文件

者，處持有人新臺幣 3 萬元以下之罰鍰，並沒入其文件。郵寄水果進口者，未經行政院農業委員會動植物防疫檢疫局檢疫合格之核可，不准進口。當郵包收貨人收到郵局之「進口國際郵件補辦驗關手續通知單」（圖 13–1），即需填具進口報單向駐郵局海關申報進口。

食品藥物管理署之「郵包申報查驗便利送」提供便利又清楚之說明，讓民眾瞭解申報流程與查驗報驗（簡稱查報驗）規定，減少民眾詢問時間，增進便民措施，自民國 103 年隨郵件一併寄送「食品藥物管理署郵包查驗手續通知單」（圖 13–2），並同時於官網設置「民眾郵包申報查報驗專區」，民眾能下載免驗相關規定及民眾郵包申請進口問與答自行參閱。

為確保進口食品安全及符合國內相關規範，衛生福利部食品藥物管理署提醒民眾於食品、藥品、醫療器材及化妝品進口前，能於官網之便民專區——民眾郵包申報查報驗專區 (http://www.fda.gov.tw)，先行閱讀進口相關規定、程序及須檢附申請之資訊，避免由國外郵寄進口之產品，因不符合相關規定導致產品退運或銷毀。

第二節 出口郵包

一、小額出口郵包

㈠免驗簽證限額

廠商寄往國外郵包物品為未列入限制輸出貨品表之貨品免證。廠商以外之出口人出口未列入限制輸出貨品表之貨品，其離岸價格在 2 萬美金以下或等值者免證。出口委託查核輸出貨品表內之貨品，應依該表所列規定辦理。

㈡填寫郵包發遞單及報關單

寄往國外之小額郵包（離岸價格在 5,000 美金以下或等值者），須填妥郵局印製之國際包裹五聯單一份。內裝物品名稱、數量、價值，應據實申報，並在該五聯單上簽章，如屬商品或貨樣，應加附商業發票，以憑審核。

㈢郵包驗關與郵寄

寄件人填妥國際包裹五聯單後，連同郵包交各地郵局窗口辦理交寄手續，由郵局將出口郵包彙送海關抽驗放行。

進口國際郵件補辦驗關手續通知單

一、查自　　　　寄交台端第 實號　　　　　號國際 包裹/快捷　　件

其內裝物品如下:

品　　　名	數　　量	承辦員代號

二、**請按下列 ☑ 項繳驗證件或補辦手續，如有疑義，請先以電話洽詢海關承辦人員。** 辦理時間·星期一至星期五，每日下午二時至四時。

※洽詢電話：(04)23015110分機589.588

☐ 1. 請提供☐國外發票（INVOICE）或買賣收據、☐型錄、☐成份，用途說明書、☐原產地證明文件、☐商標授權書。
（發票傳真請蓋公司大小章、並註明進口郵包號碼及承辦員之代號甲、乙、丙、丁、戊、己…傳真機：04-23024317本機24小時傳輸。
電子郵件：E-mail:da130670@customs.gov.tw

☐ 2. 請提供行政院衛生福利部食品藥物管理署北區管理中心☐藥品（藥品線上申辦專線）TEL：(02)27877453或(02)27877478 ☐醫療器材、☐化粧品之進口同意書。 台北市昆陽街161-2號。 TEL:(02)27878200 ☐或攜帶身份證件、印章來海關辦理申請。

☐ 3. 請於進口日之翌日起15日內辦理報關手續。
（依規定F.O.B.價格≧US$5,000元或進口管制類物品）

☐ 4. 輸入食品(含健康食品)，應洽行政院衛生福利部食品藥物管理署中區管理中心辦理輸入許可證。 （台中市南屯區文心南三路20號3F）
聯絡電話：(04) 23692436. C.C.C. Codes:

☐ 5. 請向國家通訊傳播委員會中區監理處：申請電信管制射頻器材進口許可證。臺中市黎明路二段660號，TEL:04-22540844。

☐ 6. 請提供原出口報單副本，辦理進口報關手續，始准免稅。

☐ 7. 請向農委會動植物檢疫局台中分局☐報驗☐聯絡。承辦人：　　技正，地址為台中市南區國光路250號(動植物防疫檢疫大樓)TEL:(04)22850198轉209(植物)、310(動物)

☐ 8. 請向衛生福利部中醫藥司申請許可證。電話:(02)85907264

☐ 9. 請提供經濟部國際貿易局進口許可證或申請退運。電話:(02)23510271

☐ 10. 請提供環保署環境用藥許可證。電話:(02)23257399分機55415

☐ 11. 請提供財政部國庫署進口許可證。電話:(02)23227465

☐ 12. 請洽詢衛生福利部國民健康署或申請退運。電話:(02)25220615

☐ 13. 請向經濟部標準檢驗局申請商品檢驗，標準檢驗局台中分局電話:(04)22612161　地址：台中市南區工學路70號

☐ 14. 酒 請提供酒精濃度及毫升數

☐ 15. 雪茄 請提供淨重

☐ 16. 請電話聯繫，海關承辦人員　　　　　　小姐、先生。

☐ 17. 請辦理退運

☐ 18.

三、注意事項：
1. 請速將上列應繳證件，傳真或掛號郵寄送交海關駐郵局辦公室辦理。
2. 需親來辦理者，請攜帶收件人身份證件及印章，如為代領人應併攜代領人之身份證件及印章(機關行號包裹，應帶收發章及提領人身份證及私章)前來補辦手續。
3. 逾期一個月不領者，即按章將該包裹逕行退回或拋棄。
4. 各項手續辦理如有疏誤，收件人應自行負責。
5. 退運之郵包，不得再以同一發遞單重行寄送，違反者以拋棄處理。
　　申請全部退運請簽名後傳真：

▲圖 13-1　進口國際郵件補辦驗關手續通知單

食品藥物管理署郵包查驗手續通知單

一、查自 寄交	台端 實號 第		包裹 號國際 快捷	件，其內裝物品如下：
品 名		數 量		承辦人代號

二、請按下列☑項檢附證件或補辦手續：

辦理時間：上班日早上 8:00~12:00、下午 1:30~5:00
(臺中海關駐臺中英才郵局辦公室受理時間下午 2:00~4:00)

☐(一)食品及相關產品淨重超過 6 公斤或美金 1000 元、食品容器同款式超過四件，須申請輸入許可證。
　　請檢附輸入食品及相關產品報驗申請書、進口食品基本資料申報表、進口國際郵件補辦驗關手續通知單影本、收件人身分證件影本、產品相關資料(含產品成分之清楚圖片)。如有申請上的問題請洽中區管理中心臺中辦公室 臺中市南屯區文心南三路 20 號 3 樓。TEL: 04-23692436。
　　申請費用：(1)書面審查費為產品到岸價格 1.5‰，未達 200 元者，收費 200 元。
　　　　　　　(2)現場查核費 500 元，取檢體 600 公克以上之完整包裝，檢驗 3~5 個工作天，若為特殊品項依其項目收費。

☐(二)膠囊錠狀食品輸入超過 1,200 顆。依規定每人每年單項核可不得超過 2,400 顆，其餘部分僅能退運或銷毀。請檢附貨品進口同意書申請書(一式兩聯)、進口國際郵件補辦驗關手續通知單影本、收件人身分證件影本、及含成分之清楚產品圖片。如有申請上的問題請洽詢:04-23692436。

☐(三)食品添加物須申請貨品進口同意書，自用限量為 1 公斤(如為特殊疾病用途，需另檢附診斷證明)、香料 200 公克。請檢附貨品進口同意書申請書(一式兩聯)、進口國際郵件補辦驗關手續通知單影本、收件人身分證件影本、及含成分之清楚產品圖片。如有申請上的問題，請洽詢 04-23692436。

☐(四)嬰兒及較大嬰兒配方食品須申請貨品進口同意書，且每人每年輸入不得超過 30 公斤。請檢附貨品進口同意書申請書(一式兩聯)、進口國際郵件補辦驗關手續通知單影本、收件人身分證件影本、嬰兒身分證明(如:戶口名簿或健保卡)及含成分之清楚產品圖片。嬰兒與較大嬰兒配方食品如超過 6 公斤或有申請上的問題請洽詢:04-23692436。

☐(五)西藥:依藥事法第 22 條規定，輸入前應先取得本署同意始得進口，並依藥物樣品贈品管理辦法第 14 條，須檢附進口國際郵件補辦驗關手續通知單影本(貨品進口一周內補送本署查備)、收件人身分證件、藥物外盒、說明書、仿單或目錄、切結書等資料，處方藥品應另檢附醫療院所診斷證明及醫師處方。另依據同辦理第 6 條規定，處方藥品不得超過處方箋之合理用量，非處方藥品於 6 個月內不得重複申請，每次數量不得超過 12 瓶或軟膏 12 支或總量 1200 顆。如有疑問，請先洽詢電話:02-27877478。

☐(六)醫療器材:依藥事法第 40 條規定，輸入前應先取得本署核准。自用醫療器材(由醫師或專業人員操作者除外)進口依藥事法第 55 條及藥物樣品贈品管理辦法第 14 條規定，須檢附進口國際郵件補辦驗關手續通知單影本、收件人身分證件、藥物外盒、說明書、仿單或目錄、切結書、醫療院所診斷證明及醫師處方。另依同辦法第 6 條規定，醫療器材儀器同一型號以一部為限，屬耗材或衛生材料類者，不得超過六個月用量。如有疑問，請先洽詢電話:02-27878200、02-81706008(醫材專線)。

☐(七)含藥化粧品:依據化粧品衛生管理條例第 23-1 條，填具貨品進口同意申請書，並檢附進口國際郵件補辦驗關手續通知單影本、收件人身分證件、產品外盒、說明書、仿單或目錄。如有疑問，請先洽詢電話:02-27878200。

(二)~(四)請將相關資料寄至(40855 臺中市南屯區文心南三路 20 號 3 樓。) 衛生福利部食品藥物管理署中區管理中心收。
(五)~(七)請將相關資料寄至(11561 臺北市南港區昆陽街 161-2 號) 衛生福利部食品藥物管理署收。

相關說明及表單請至食品藥物管理署官網(www.fda.gov.tw)，便民專區>民眾郵包申報查報驗專區查詢。

▲圖 13-2　食品藥物管理署郵包查驗手續通知單

㈣小額出口郵包申報

　　小額出口郵包如需復運進口或離岸價格超過新臺幣 5 萬元，需申報營業稅適用零稅率者，請至駐有海關之郵局辦理出口報驗手續。小額出口郵包如需復運進口者，為復運進口時，海關核銷原出口報單，出口時應向海關辦理出口報驗手續。

　　依據《加值型及非加值型營業稅法施行細則》第 11 條第 1 款規定：「外銷貨物除報經海關出口，免檢附證明文件外，委由郵政機構或依《快遞貨物通關辦法》規定經海關核准登記之快遞業者出口者，其離岸價格在新臺幣 5 萬元以下，為郵政機構或快遞業者掣發之執據影本；其離岸價格超過新臺幣 5 萬元，仍應報經海關出口，免檢附證明文件。」自民國 100 年 6 月 22 日起，營業人外銷貨物委由郵政機構出口，其離岸

價格超過新臺幣 5 萬元，需申報營業稅適用零稅率者，應報經海關出口並免檢附證明文件。

二、大宗報關出口郵包

㈠應檢附出口報單等文件申報出口

凡需繳驗簽證文件、離岸價格為 5,000 美金（不含）以上者、保稅工廠或申請退稅之出口郵包物品，均應繕打出口報單並檢附其他必備文件，向各地駐郵局海關辦理出口報關手續（臺北、基隆、臺中、臺南、高雄郵局及臺中、楠梓、高雄加工區及新竹科學工業園區內郵局），勿以郵局印製之發遞單、報關單向未駐海關之各地郵局郵寄。

寄往國外郵包物品為限制輸出貨品表列之貨品，應依表列規定申請辦理簽證。出進口廠商以外之出口人（包括個人）輸出貨品，應向貿易局申請簽證。但輸出「限制輸出貨品表」外之貨品，其離岸價格 (FOB) 為 2 萬美金以下或等值者，免簽證；其屬「海關協助查核輸出貨品表」內之貨品者，報關時仍應依該表所列輸出規定辦理。

㈡應備文件及注意事項

1. 填妥郵局印製之國際包裹五聯單每箱各一份。
2. 出口報單：一式一份，另視需要加繕副本。
3. 發票一份。
4. 裝箱單一份。
5. 「委任書」：出口郵包寄件人如委託報關行代為申報時，應檢附一份。
6. 保稅工廠出口應檢附保稅工廠出廠放行單。
7. 其他有關文件：
   - 經濟部標準檢驗局檢驗合格證書。
   - 行政院文化部同意出口文件（錄影節目帶、廣播電視節目及電影片）。
   - 經濟部智慧財產局同意出口文件（錄影節目帶、廣播電視節目）。
   - 行政院衛生福利部同意文件。
   - 貨物稅完稅照。
   - 產地證明書。
   - 內政部警政署同意文件。

．其他請參閱輸出規定。

8.郵包報運出口，經海關查驗放行後，寄件人憑郵局交寄之執據及圖章，得向海關申請報單副本。

三、違禁或管制出口物品

　　下列物品禁止或管制郵寄出口：

1.未經合法授權之翻印書籍（不包括本人自用者在內）及翻印書籍之底版（包括排字版型暨照相原版）。

2.未經合法授權之翻製唱片（不包括本人自用者在內）、翻製唱片之母模（即製唱片之底版）及裝用翻製唱片之圓標暨封套。

3.未經合法授權之翻製（不包括本人自用者在內）錄音帶及錄影帶。

4.古董、古幣、古畫等。

5.槍械（包括獵槍、空氣槍、魚槍）、子彈、炸藥、毒氣以及其他兵器（包括零件、附件）。

6.宣傳共產主義或其他違反國策之書籍、圖片、文件及其他物品。

7.偽造或變造之各種幣券、有價證券、郵票、印花稅票及其他稅務單照憑證。

8.鴉片類、大麻類、高根類、化學合成麻醉藥品類，及以上各類物品之各種製劑及罌粟種子。

9.依其他法律禁止出口之物品。（如：偽禁藥、動物標本、果樹苗等）

10.保育類野生動物及其產製品，未經農委會、國際貿易局等有關機關許可者。

11.電腦程式相關產品每種 (MODE) 超過五件或總價 (FOB) 在 5,000 美金以上，未經財團法人資訊工業策進會簽證者。

12.輸出有聲光碟 (CD-Audio)、影音光碟 (CD-Video)、唯讀光碟 (CD-ROM) 及預錄式數位多功能光碟 (DVD) 等四類已錄式光碟片，應於光碟本體內環壓印來源識別碼 (SID Code) 之模具碼 (Mould Code)，其格式為 IFPI××××或××××。

13.新臺幣不得以郵件寄送出入臺灣地區。但經中央銀行專案核准寄送者，不在此限。

四、其他應注意事項

㈠違反《海關緝私條例》之處罰規定

報運貨物出口如有下列各款情事之一者，處新臺幣 300 萬元以下之罰鍰，並得沒入其貨物：

　1.虛報所運貨物之名稱、數量或重量。

　2.虛報所運貨物之品質、價值或規格。

　3.繳驗偽造、變造或不實之發票或憑證。

　4.其他違法行為。

有以上所列情事而涉及逃避管制者，處貨價 1 倍至 3 倍之罰鍰，並沒入其貨物。沖退進口原料稅之加工外銷貨物，報運出口而有以上所列各款情事之一者，處以溢額沖退稅額 2 倍至 5 倍之罰鍰，並得沒入其貨物。

郵遞之信函或包裹內，有應課關稅之貨物或管制物品，其封皮上未正確載明該項貨物或物品之品質、數額、重量、價值，亦未附有該項記載者，經查明有走私或逃避管制情事時，得沒入其貨物或物品，並通知出口寄件人。

㈡郵包收寄限制及封裝方法

寄往國外之郵包體積、重量，世界各國訂有不盡相同之限制，寄達國禁止進口或流通之物品及封裝方法，報關前均請先向郵局洽詢查明，以免逾越規定而遭退件。

五、附　錄

海關駐各地郵局之分支單位：

1.臺北關臺北郵局支局：臺北市信義路三段 89 號二樓，電話：(02)27041144。

2.臺北關新竹科學工業園區支局驗估股：電話：(03)5639502#530。

3.基隆關進口組業務二課郵務股：基隆市光二路 1 號四樓，電話：(02)24316221。

4.臺中關業務一組進口一課臺中郵務股：臺中市民生路 200 號七樓，電話：(04)23015110#588、#589。

5.高雄關業務一組業務二課高雄郵務股（高雄）：電話：(07)2614804

6.高雄市中正三路 179 號：電話：(07)2614171#285、#286。

7.高雄關業務二組業務三課業務七股 （臺南）：臺南市成功路 8 號，電話：

(06)2222077。

8. 高雄關加工出口區分局業務二課（楠梓加工區）：電話：(07)3640126。

9. 高雄關加工出口區分局業務四課（高雄加工區）：電話：(07)8312181。

自我評量

1. 依據《郵包物品進出口通關辦法》，何謂小額郵包？

2. 經濟部國際貿易局登記之進出口廠商、政府機關及公營事業以外非以輸入為常業之進口人以郵包寄遞進口限制輸入貨品表外貨品之免報關限額為何？

3. 大宗報關進口郵包離岸價格 (FOB Value) 逾美金多少元以上者，應辦理報關手續？

4. 大宗報關進口郵包應自「郵局寄發招領包裹通知之日，或郵局加蓋郵戳於包裹發遞單上之日」之翌日起幾日內向海關辦理？

5. 進口之郵包物品，其稅費之計算及免稅規定為何？

6. 依據《關稅法》第 15 條、《懲治走私條例》第 2 條及其他相關法令，何種物品管制或禁止郵寄進口？

7. 進口郵包時，報運貨物發生哪些情事，處以所漏進口稅額 2 倍至 5 倍之罰鍰，或沒入或併沒入其貨物？

8. 小額出口郵包，免驗簽證限額規定為何？

▷第十四章
快遞貨物

　　快遞通關區分為空運快遞與海運快遞，本章節將依空運快遞貨物及海運快遞貨物通關作業做說明，國際快遞業者服務性質皆屬 Door to Door （出口端至進口端）一條龍方式，含進出口通關申報，唯各簽審主管機關所規定應檢附之許可證及申報作業，賣方與買方須自行負責。

第一節 ▷ 空運快遞

　　空運快遞貨物（以下簡稱快遞貨物）指在空運快遞貨物專區（以下簡稱快遞貨物專區）或航空貨物轉運中心通關者，所謂快遞貨物專區，指供專用或共用以存儲進出口快遞貨物及辦理通關之場所；所稱航空貨物轉運中心，指供專用存儲進出口、轉口快遞貨物及辦理通關之場所。

　　快遞貨物專區或航空貨物轉運中心應設置於航空貨物集散站劃定之專區內，並依《海關管理進出口貨棧辦法》規定向海關申請設置貨棧，接受海關管理。

　　快遞貨物專區或航空貨物轉運中心之面積應足夠區分為進口區、出口區、查驗區及待放區等，並須有明顯之區隔及標示，其查驗場所、動線、電腦設備及其他必要設施，應配合海關查驗及辦理通關之需要，並經海關核可。

　　空運快遞業者（以下簡稱快遞業者），指經營承攬及遞送航空貨物快遞業務之營利事業。本辦法所稱空運快遞專差（以下簡稱快遞專差），指受僱於快遞業者，並以搭乘飛機之方式為其攜帶快遞貨物之人。

　　快遞貨物，除由快遞專差攜帶者外，應符合下列各款條件：

1. 非屬《關稅法》規定不得進口之物品、管制品、侵害智慧財產權物品、生鮮農漁畜產品、活動植物、保育類野生動植物及其產製品。

2.每件（袋）毛重 70 公斤以下之貨物。

　　快遞專差攜帶之快遞貨物，應符合下列各款條件：

1.非屬《關稅法》規定不得進口之物品、管制品、侵害智慧財產權物品、生鮮農漁畜
　產品、活動植物、保育類野生動植物及其產製品。

2.每件（袋）毛重 32 公斤以下之貨物。

3.每次攜帶之數量不得逾 60 件（袋），合計金額不得逾 2 萬美金。

4.快遞業者或快遞專差攜帶之貨物，不符前二點規定者，不得在快遞貨物專區或航空
　貨物轉運中心辦理通關。

　　快遞貨物進出口應以電腦連線方式透過通關網路向海關申報。

　　進出口快遞貨物得依其性質及價格區分類別，分別處理，其類別如下：

1.進口快遞文件。

2.進口低價免稅快遞貨物：完稅價格新臺幣 2,000 元以下。

3.進口低價應稅快遞貨物：完稅價格新臺幣 2,001 元至 5 萬元。

4.進口高價快遞貨物：完稅價格超過新臺幣 5 萬元。

5.出口快遞文件。

6.出口低價快遞貨物：離岸價格新臺幣 5 萬元以下。

7.出口高價快遞貨物：離岸價格超過新臺幣 5 萬元。

　　同一貨主之出口快遞貨物得整盤（櫃）進倉。但應查驗或抽中查驗之貨物，仍應
拆盤（櫃）供海關查驗。

　　有下列情形之一者，不得以簡易申報單辦理通關：

1.涉及輸出入規定。

2.需申請沖退稅、保稅用之報單副本。

3.復運進、出口案件需調閱原出、進口報單。

4.依《關稅法》、相關法規及稅則增註規定減免稅。

5.屬進口報單類別「G1」（外貨進口報單）或出口報單類別「G5」（國貨出口報單）適
　用範圍以外。

6.屬財政部公告實施特別防衛措施。

　　快遞專差攜帶之貨物，海關得依貨物通關自動化實施情形，公告要求快遞業者以
電子資料傳輸方式辦理通關。尚未公告實施快遞專差攜帶之貨物須以電子資料傳輸方

式辦理通關之關區，快遞專差攜帶之貨物得以書面申報，其應載明班機、日期、專差姓名、貨物名稱、數量、毛重、淨重、進口貨物之稅則號別、貨物價格、貨物編號、輸出人或收貨人名稱及其營利事業統一編號或身分證統一編號或護照號碼等，並檢附機票影本或登機證。

　　進出口快遞貨物其屬應施檢驗（疫）之品目者，應依有關檢驗（疫）之規定辦理。轉口快遞動植物及其產製品，經發現有感染或散布疫病、蟲害之虞者，檢驗機構得執行檢驗（疫），並作必要之處理。但其以密閉式貨櫃轉口者，不在此限。進口快遞貨物之收貨人、提貨單或貨物持有人及出口快遞貨物之輸出人，委託報關業者辦理報關手續者，報關時應檢附委託書。

第二節　海運快遞

　　海運快遞貨物，指在海運快遞專區辦理通關之貨物。

　　下列各款貨物不得在海運快遞貨物專區辦理通關：

1. 非在國外核准營運之快遞貨物專區或類似快速通關作業專區辦理出口通關之貨物。
2. 屬《關稅法》規定不得進口之物品、管制品、侵害智慧財產權物品、生鮮農漁畜產品、活動植物、保育類野生動植物及其產製品。
3. 每件（袋）毛重逾 70 公斤之貨物。

　　海運快遞貨物專區（下稱專區），指供專用存儲進出口、轉口海運快遞貨物及辦理通關之場所。轉口海運快遞貨物應存放於獨立區隔之轉口區，其通關依據轉口貨物作業相關規定辦理。專區應設置於國際通商港口之管制區內，並依海關管理貨櫃集散站辦法或海關管理。

　　海運快遞貨物專區業者（下稱專區業者）指能提供足夠區分為進口區、出口區、轉口區、查驗區、待放區、緝毒犬及檢疫犬勤務區之面積，配置通關及查驗必要之設備，辦理海運快遞貨物通關業務並經核准設立之貨棧業者。

　　海運快遞業者應檢具下列文件向海關申請登記：

1. 申請書：載明公司名稱、統一編號、所在地、負責人姓名、地址、身分證統一編號及電話號碼。
2. 海運承攬運送業許可文件（含海空合一）及其影本一份。

前述業者未具備報關業資格者，應指定配合之報關業者，並檢附其報關業務證照及其影本一份。海運快遞業者應以電腦連線方式或電子資料傳輸向海關申報。

進出口海運快遞貨物得依其性質及價格區分類別，分別處理，其類別如下：

1. 進口快遞文件。
2. 進口低價免稅快遞貨物：完稅價格新臺幣 2,000 元以下。
3. 進口低價應稅快遞貨物：完稅價格新臺幣 2,001 元至 5 萬元。
4. 進口高價快遞貨物：完稅價格超過新臺幣 5 萬元。
5. 出口快遞文件。
6. 出口低價快遞貨物：離岸價格新臺幣 5 萬元以下。
7. 出口高價快遞貨物：離岸價格超過新臺幣 5 萬元。

進出口海運快遞貨物，有下列情形之一者，應以一般進出口報單辦理通關：

1. 屬前文第 4 點所訂之進口高價海運快遞貨物或第 7 點所訂之出口高價海運快遞貨物。
2. 涉及輸出入規定。
3. 需申請沖退稅或保稅用報單副本。
4. 復運進出口案件需調閱原出、進口報單。
5. 依《關稅法》、相關法規及稅則增註規定減免稅貨物。
6. 適用進口報單類別「G1」（外貨進口報單）或出口報單類別「G5」（國貨出口報單）範圍以外之進出口報單。
7. 依《貨物稅條例》及《特種貨物及勞物稅條例》規定應課稅。
8. 屬財政部公告實施特別防衛措施貨物。
9. 屬關稅配額貨物。

前述以外之海運快遞貨物，得以簡易申報單辦理通關。不同納稅義務人或輸出人之海運快遞貨物不得合併申報。但海運快遞業者以納稅義務人或輸出人名義申報進出口文件類，不在此限。進出口海運快遞貨物屬應施檢驗（疫）或有其他簽審規定之品目者，應依有關規定辦理。

進口海運快遞貨物之收貨人、提貨單或貨物持有人及出口海運快遞貨物之輸出人，委任報關業者辦理報關手續者，報關時應檢附委任書正本。而海運快遞貨物應依《海關徵收規費規則》規定徵收快速通關處理費。

第三節 ▶ 出口快遞貨物簡易申報作業

出口快遞貨物簡易申報作業應注意及配合事項說明如下：

一、快遞業與報關業

出口快遞貨物分成三類，X6（出口快遞文件）、X7（出口低價快遞貨物，離岸價格新臺幣 5 萬元以下）、X8（出口高價快遞貨物，離岸價格超過新臺幣 5 萬元）。前二者得採取簡易申報，後者須採一般正式報單申報，傳輸方式採行以 EDI 格式透過通關網路公司傳輸，以達到存證之目的。

採一般正式報單申報者，不得將數個輸出人之出口貨物合併申報，亦即一個輸出人申報一份報單。

下列出口貨物不得簡易申報：

1.不符合《快遞貨物通關辦法》第 6 條規定之條件者。

2.屬應繳驗、檢疫、檢驗或有輸出規定等之貨品。

3.需申請沖退稅、保稅用之報單副本者。

4.復運進、出口案件需調閱原出、進口報單者。

5.屬出口報單類別「G5」適用範圍以外者。

出口快遞貨物以分託運單為申報單位，無分託運單者，以主託運單為申報單位。

X6、X7 採無紙化作業，必要時（例如申報不符或涉及緝案），再列印簡易申報單處理。電腦當機時，應依類別列印整份簡易申報單供海關以人工處理。

快遞業者必須於出口貨物上加貼條碼，以供貨棧業者掃描通關方式。條碼編碼原則如下：

1.簡易申報單編號與一般空運出口報單編碼原則相同，惟報單類別增列代碼 X6（出口快遞文件）、X7（出口低價快遞貨物）。

2.出口專差快遞貨物採簡易申報單申報者，其主號申報為 NIL 併袋通關方式。

3.以數份託運單貨物併成一袋通關者，須另申報併袋號碼，每一袋貨物限以一份報單申報。

4.海關系統於處理每一份報單資料，如有申報併袋號碼者，立即利用（簡 5204）訊息

給貨棧工作站，內容包括報單號碼及總分號數目。

出口快遞業者透過 T/V 傳送出口簡易申報單訊息（簡 5205）至海關，經邏輯檢查後，如有不受理報關原因（不受理報關原因項目請參閱通關作業及統計代碼），以「不受理報關原因通知」（簡 5106）訊息通知快遞業者。

X7 出口簡易申報單應申報輸出人名稱、地址、營利事業統一編號，以利電腦邏輯檢查，如無營利事業統一編號者，應申報身分證統一編號或護照號碼。出口快遞文件之輸出人統一編號，可填報快遞業者統一編號。

簡易申報得省略填報項目：

1. X6（出口快遞文件）：得省略填報輸出人名稱、地址、貨物價值（離岸價格）、CCC 號列。

2. X7（出口低價快遞貨物）：得省略填報 CCC 號列。

出口簡易申報單（X6、X7）之驗貨作業，應驗貨物依黏貼貨上標籤顯示之驗貨檯號送驗，驗貨關員於電腦上鍵入託運單號碼或以光筆掃瞄條碼顯示申報資料內容，經查驗相符後，執行「驗畢確認」作業，電腦即自動放行，送出「出口貨物電腦放行通知」（簡 5204）透過 T/V 傳送至輸送帶工作站。若查驗不符，關員認定成立緝案時，於電腦中鍵入「註記代碼」，並列印簡易申報單，由人工處理後續作業。

若屬符合 X6、X7 條件但申報資料內容有誤時，關員應即於電腦螢幕畫面上更正資料正確後，再執行「驗畢確認」後放行。若屬不符合 X6、X7 條件，而不涉及緝案者，即於電腦中鍵入「註記代碼」，由快遞業者改相關簡易申報單或採正式報單申報處理。

二、貨棧業

貨棧業者應配置必要之人力、掃描器、電腦、印表機，以利通關作業。

貨棧業：
經營進出口貨物集散站的業者，俗稱貨櫃場。

經海關電腦專家篩選系統核定為 C1、C3 者，由電腦以（簡 5107）訊息透過 T/V 傳送至輸送帶工作站。屬 C1 者，貨棧業者應於掃描貨物進倉後，即逐筆送出進倉資料訊息（簡 5201）至海關，貨物准予先行打盤裝機，進倉訊息經與出口報單碰檔後，電腦自動放行，並以「出口貨物電腦放行通知」（簡 5204）訊息透過 T/V 傳送至快遞專區輸送帶工作站；屬 C3 者，以「錯單或應補辦事項通知」（簡 5107）訊息透過 T/V

傳送至輸送帶工作站。

　　出口快遞貨物上輸送帶後，經掃描貨上條碼，即時列印「標籤」（內容包括：託運單號碼、通關方式、報單類別、驗貨檯號、件數累計）黏貼於貨上。C1 直接放行，C3 依驗貨檯號將貨物拖至驗貨區待驗。併袋貨物通關方式。貨物整袋經刷碼後，以如下方式處理：

1. 所有分號如全部為 C1 者，列印報單類別、併袋號碼、分號總數、C1 之標籤供黏貼於貨袋上。

2. 如部分為 C3 應驗者，列印報單類別、併袋號碼、分號總數、C3 之主分號清表、驗貨檯號之標籤黏貼於貨袋上，將貨送至驗貨檯查驗。

3. 併袋貨物經查驗後如有部分分號貨物須留置處理，海關得改以分號分別放行。

　　若掃描條碼顯示無通關方式時，表示貨物尚未報關，此時工作站即將該貨物退倉。

　　貨物通過 X 光檢查時，如發現有危安物品、仿冒、不符簡易申報條件或疑有其他違章情事時，應於貨上黏貼注檢標籤並將貨物送驗貨區，另由關員將 C1 改為 C3，並經由電腦通知貨棧工作站取消放行，貨棧工作站在該批貨物未收到海關 C3 放行訊息前，不得放行。

　　每月應統計每一快遞業者之出口件數及總重量表送海關核計快速通關處理費。

自我評量

1. 何謂空運快遞貨物？何謂快遞貨物專區？何謂航空貨物轉運中心？

2. 快遞貨物，除由快遞專差攜帶者外，應符合哪些條件？

3. 快遞專差攜帶之快遞貨物，應符合哪些條件？

4. 海運快遞業者應檢具哪些文件向海關申請登記？

5. 進出口海運快遞貨物得依其性質及價格區分類別分別處理，其類別為何？

6. 哪些出口快遞貨物，不得簡易申報？

▷ 第十五章
進出口貨物查驗暨注意事項

第一節 ▶ 進出口貨物查驗

　　進出口貨物之查驗以抽驗為原則,其抽驗件數得視貨物之性質、種類、包裝、件數之多寡等情形酌定之,但必要時得全部查驗。進出口貨物之查驗得以人工查驗或 X 光儀器查驗方式為之。

　　進出口貨物查驗準則用詞定義如下:

1. **儀器查驗(或稱儀檢)**:指利用儀器對貨櫃(物)實施檢查,藉由掃描貨櫃(物)產生之影像,判讀內裝貨物有無異常之查驗方式。

2. **人工查驗**:指驗貨關員對貨櫃(物)進行實體查驗,判別實到貨物是否與申報內容相符之查驗方式。

3. **驗貨關員**:指辦理進出口及轉口貨物人工查驗或複驗之關員。

4. **儀檢關員**:指辦理進出口及轉口貨櫃(物)儀器查驗之關員。

5. **海關儀檢站**:指海關所設置供施行儀器查驗作業之場所。

　　關員辦理進出口貨物查驗時,應會同報關人為之,但有下列情形之一者,不在此限:

1. 出口貨物經海關核准船(機)邊驗放。

2. 貨櫃(物)經核定以儀器查驗。

3. 前款貨櫃(物)經發現異常須辦理人工查驗。

　　人工查驗之貨櫃(物),如發現貨物全部未到或未到齊或報關人故意拖延不會同查驗者,應在報單上註明後報請派驗報單主管人員處理,必要時海關得會同倉庫或貨櫃集散站業主逕行查驗。

　　驗貨關員查驗進出口貨物，得由貨主或報關人提供往返交通工具，因應查驗所產生之費用，由貨物輸出人及納稅義務人負擔，《關稅法》第 23 條所規定。

　　經核定儀器查驗 (C3X) 之報單，無論係應補或免補書面報單，均採驗放方式辦理。報單申報多只貨櫃者，其中核定儀器查驗之貨櫃，採逐櫃查驗無異狀逐櫃放行方式辦理；未核定儀器查驗之貨櫃，除報關人或貨主向海關申請儀器查驗者外，應俟核定儀器查驗之貨櫃全數完成查驗無異狀後，始得放行。

　　進出口貨物之查驗，因特殊情形經海關核准者，得於辦公時間外辦理。進出口貨物於辦公時間未能驗畢者，得由海關按實際情形酌予延長查驗時間。

　　報運進出口貨物應檢附裝箱單、裝櫃明細表、型錄、說明書、藍圖、公證報告或其他海關要求之單證供海關查驗。其未檢附者，海關於必要時得通知報關人限期檢附。

　　進出口貨物應在經海關核准登記之貨棧、貨櫃集散站或經海關核准或指定之地點查驗。海關儀檢站代碼及所涉貨櫃集散站、貨棧、碼頭範圍資料，海關應先行公告之，其有異動者亦同。

　　生產事業或與海關簽訂策略聯盟之廠商符合下列條件，且以書面向海關申請經核准者，其所進口自用及出口自製之整裝貨櫃貨物，得申報船邊免驗提櫃、裝船：

1. 成立 5 年以上。
2. 具經濟部國際貿易局核准進出口廠商資格，且最近 3 年每年進出口實績總額達 500 萬美金以上。
3. 最近 3 年無違規情事。
4. 使用防止冒用優良廠商報關查對系統。
5. 以連線方式報關。
6. 委託報關時，應以長期委任方式為之，且委託之報關業者應符合《報關業設置管理辦法》第 33 條規定。

　　廠商申請船邊免驗提櫃、裝船之進出口報單經核定為應審應驗者，依相關規定辦理。

　　進出口貨物之新舊程度、堪用程度、破損殘缺情形由驗貨關員依查驗當時之狀況認定之，必要時派驗報單主管人員得另派員複驗，納稅義務人或貨主對於海關之認定有疑義時，得委請有關技術機關鑑定。

　　抽中人工或儀器查驗之進出口貨物，必要時，得由海關驗貨、分類估價、儀檢單

位主管或其指定人員變更查驗方式，或改為免驗。而抽中免驗或依規定免驗之進出口貨物，必要時，得由海關驗貨、分類估價、儀檢單位主管或其指定人員改為應驗。

海關對所報運進出口之貨物或報關人所提供之單證資料認為可疑，或報關人、進出口廠商、國外供應商或收貨人在海關有不良紀錄者，得不准有關貨物免驗，海關對於已查驗之進出口貨物，必要時得予複驗。

進出口貨物在人工查驗過程中，經發現有虛報貨物之名稱、數量、品質、規格或其他違法情事時，以全部查驗為原則，但在繼續查驗中，已查驗部分足以推斷整批貨物之真實內容者，得免予繼續查驗。人工查驗貨物得經派驗主管或其指定人員核定以儀器查驗輔助之。進出口貨物在儀器查驗過程中，經判讀影像異常者，得由儀檢主管或其指定人員改為人工查驗。

鮮貨、易腐物品、活動物、植物、有時間性之新聞及資料、危險品、放射性元素、骨灰、屍體、大宗及散裝貨物及其他特殊情形，得核准船（機）邊驗放或船（機）邊免驗提貨。

㈠進口貨物

海關對申報轉運至國內其他關區、加工出口區、科學工業園區、農業科技園區或自由貿易港區之進口貨物，得於轉運時查驗之。且海關在辦理人工查驗時，得視貨物進口人、報關業者、起運口岸、生產國別、貨物特性、稅則號別及輸出入規定等因素決定以簡易查驗、一般查驗或詳細查驗之方式為之，並得由海關之電腦系統或派驗報單主管人員決定指櫃、指位或查驗件數。

下列進口貨物應予免驗：

1. 總統、副總統應用物品。
2. 駐在中華民國之各國使領館外交官、領事官及其他享有外交待遇之機構與人員之公用或自用物品，經外交部或其授權之機關證明者。但必要時，海關仍得查驗，並通知進口人及外交部禮賓司洽有關使領館或機構派員會同辦理。
3. 其他專案核准免驗物資。

下列進口貨物得予免驗：

1. 包裝、重量相同，或散裝進口之大宗貨物，或笨重之機器及器材，經審核其提貨單、裝箱單、發票等證件認為無異狀者。
2. 軍政機關進口貨物。

3.公營事業機構進口貨物。

4.供緊急救難用之進口器材與物品。

5.國內公私立大學進口貨物。

6.私人餽贈之進口物品郵包，數量零星者。

7.靈柩或骨灰。

8.其他經海關核准廠商之進口貨物。

　　進口貨物如有溢裝，或實到貨物與原申報不符，或夾雜其他物品進口情事，係出於同一發貨人發貨二批以上，互相誤裝錯運，經舉證證明，並經海關查明屬實，免依《關稅法》及《海關緝私條例》有關規定論處。

　　進口貨物於查驗時，未發現有短裝情事，收貨人如獲悉有部分短裝者，得於提領出倉前，向海關申請複驗。若未查驗之進口貨物於完稅提領出倉後，始發現有部分短裝者，收貨人應於貨物提領出倉之翌日起 1 個月內，檢具有關證明文件如公證報告、發貨人證明函電等向海關申請核辦，經查明屬實者，得對補運進口之短裝部分，免予課徵關稅。如係機器設備，得於安裝就緒，試車之翌日起 3 個月內申請核辦。

　　一般電子工廠進口外銷電子裝配零件經提領出倉後，發現短裝或溢裝，應按下列方式處理：

1.進口原料基於零件項目繁多，體積細小，點數困難，致有短裝或溢裝情事者，收貨人得於貨物提領出倉之翌日起 1 個月內，檢具有關文件如公證報告、發貨人證明函電等向海關申請准予調整數量。

2.進口原料，如非細小零件，其經核明具有特殊用途，無法移作他用，在國內市場無脫售圖利之可能者，收貨人得於貨物提領出倉之翌日起 1 個月內，檢具有關短裝或溢裝證件，向海關申請准予調整數量。

　　海關管理保稅工廠進口保稅原料，有短裝、溢裝情事，依下列方式處理：

1.進口保稅原料於進口地海關驗放提領進廠後，廠方自行發現溢裝情事，經向監管海關申請更正者，不論是否業經進口地海關查驗，准予核實登帳，免按《海關緝私條例》論處。

2.進口保稅原料於進口地海關驗放提領進廠後，廠方自行發現短裝情事，如其實到數量短少未逾所申報數量 5%，且其短少原料之貨價在 1,000 美金以下者，廠方應於提領出倉之翌日起 30 天內，以書面向監管海關報備，並自行依實到數量調整登帳。

3. 進口保稅原料如其實到數量短少逾前款規定標準者，廠方應於提領出倉之翌日起 1 個月內檢具有關文件如公證報告、發貨人證明函電等以書面向監管海關申請核辦，經查明屬實者，得辦理免稅補運短裝部分之原料，或依實到數量調整登帳。

加工出口區、科學工業園區、農業科技園區、自由貿易港區之區內事業、保稅倉庫及物流中心進口保稅物品，有短裝、溢裝情事者，準用前項規定辦理。

進口危險品、氣體、易受污染變質或受損之貨物，進口人應於海關查驗貨物前，提供貨物之毒性、易燃性、易爆性、化合性、氣體壓力或其他特性等查驗應注意事項，以書面向海關說明。貨物經查驗單位認定貨物包裝本體如經開啟，確有發生危害或致使貨物受損或受污染變質之虞，且貨物為原製造廠原封者，得免開啟查驗。

整裝貨櫃進口貨物，得經海關核准在碼頭、機場、貨櫃場、海關儀檢站、貨櫃集中查驗區驗放或直接卸存工廠查驗；合裝貨櫃應於拆櫃進倉後查驗。

大宗貨物如有《關稅法》第 50 條之破損短少情形，查驗時無法核明者，得應納稅義務人之申請，先予放行，並於提貨時，在駐船關員、駐庫關員或貨棧自主管理之專責人員監視下，會同公證行查明破損短少情形，以憑辦理退還溢徵之稅費。

核定人工查驗之進口貨物，報關人應自報關之翌日起 10 日內申請並會同海關查驗，屆期仍未申請查驗或申請展延查驗期限者，應由海關書面通知倉庫管理人預定會同查驗時間，並副知報關人或納稅義務人。而倉庫管理人會同查驗時，應配合辦理代辦貨物之搬移、拆包或開箱及恢復原狀等事項，並在報單背面簽署有關破損或數量、重量不符，或有其他虛報情事等查驗結果。

核定儀器查驗之進口貨物，報關人應自海關電腦發送儀器查驗訊息通知之翌日起 10 日內申請查驗，屆期仍未申請查驗或申請展延查驗期限者，應由海關書面通知倉庫管理人預定查驗時間，並副知報關人或納稅義務人。

㈡**出口貨物**

下列出口貨物應予免驗：

1. 總統、副總統運寄國外之物品。
2. 駐在中華民國之各國使領館外交官、領事官與其他享有外交待遇之機構與人員運寄國外之物品，經外交部或其授權之機關證明者。
3. 其他經財政部專案核准免驗物資。

下列出口貨物得予免驗：

1.鮮果及蔬菜。

2.動物、植物苗及樹木。

3.包裝、重量相同，或散裝出口之大宗貨物。

4.軍政機關及公營事業出口貨物。

5.政府機構、公益、慈善團體出口之救濟物資。

6.不申請沖退稅之外銷品。

7.危險品。

8.靈柩或骨灰。

9.其他經海關核准之廠商出口貨物。

出口貨物運抵碼頭倉庫、機場倉庫或貨櫃集散站，業者於海關規定時間內傳輸進倉訊息或出具簽章之進倉證明，並經報關者，始得參加抽驗。且貨物進倉證明，須加註貨物進倉時間，但空運出口貨物得由航空貨物集散站經營業者在託運單上簽章證明。

鮮貨、易腐物品、活動物、植物、危險品、散裝、大宗、箱裝且體積龐大之出口貨物及其他特殊情形，得核准船（機）邊驗放或船（機）邊免驗放行。已報關放行之出口貨物，辦理退關提回，其業經查驗者，如驗明貨櫃原封條完整，得免再開驗，如非原封或非櫃裝貨物，應再查驗。原核定免驗者，得准予免驗。已退關之出口貨物，重報出口時，海關得重新經電腦核定應否查驗。

船（機）邊驗放之出口報單，其出口貨物因故全部未到者，得憑報關人之申請，逕予註銷，如部分未到者，應憑報關人於第一次派驗前之申請，按實際到達船（機）邊或機放倉庫之數量於查驗無訛後，方准辦理退關或放行裝船（機）。

出口貨櫃（物）之儀器查驗除有必要外，應於放行後裝船前為之。而查驗時貨樣之提取為鑑定貨物之名稱、種類、品質、等級及原產地等，供稅則分類、估價或核退稅費之參考，得提取貨樣，但以在鑑定技術上所需之數量為限，不能重複化驗鑑定之貨物，應提取足夠供三次化驗鑑定之用量。

貨樣保留期限屆滿，或專案保管之進出口貨樣解除專案保管，逾 10 日仍未領回者，貨樣管理單位應予公告，並得通知於一定期限內領回，且副知報關公會。

▲圖 15-1　固定式儀檢站

▲圖 15-2　輻射偵檢站

第二節　進口貨物查驗注意事項

　　海關為執行進出口貨物之查驗及取樣，有以下注意事項。

　　實施人工查驗之貨物，派驗報單主管或其指定人員，應斟酌情形在報單上批註查驗、過磅及通扦之件數，必要時並應批註查驗注意事項由驗貨關員執行之。驗貨關員查驗貨物，應先審視報單申報事項及核明查驗所需之裝箱單、裝櫃明細表、型錄、說明書、藍圖或公證報告等單證。其未檢附者，於必要時，應即通知報關人限期檢送。

　　儀檢關員於儀器查驗前或查驗中，認為有必要時得請報關人補送書面報單，並依相關規定辦理。進出口貨物之免驗、倉庫驗放、船（機）邊驗放、船（機）邊免驗提貨或免驗裝船，應由進出口通關單位主管或其指定人員，依《進出口貨物查驗準則》之規定辦理。

　　驗貨主管對於下列情況，得指派驗貨小組（由二至三位驗貨關員組成）查驗，或指派股長級以上人員督導查驗：

1. 根據分析判斷可疑者。
2. 退單未驗之報單。
3. 曾有重大走私或多次違規紀錄者。
4. 海關接獲密報、通報或情資通報具體之案件。
5. 實施關稅配額貨物，或自亞洲地區進口之農產品。
6. 高危險群廠商報運進口之冷凍貨櫃。
7. 不易查驗之貨物。
8. 在儀器查驗過程中，經判讀影像異常而改為人工查驗之貨物。

　　各通關單位得配置驗貨督導人員，由具有驗估經驗之九職等非主管遴派之，專責督導驗貨工作之落實執行、報關人員配合查驗事項及驗貨現場問題之協調解決。

　　自亞洲地區進口之大蒜、香菇，除有特殊理由外，應全數清櫃查驗。

　　驗貨關員應依下列規定查驗進口貨物：

㈠確認查驗之貨物

1. 發現可疑時，應洽駐庫或稽核關員會同倉庫管理人辨認貨物。
2. 核對貨物存放處所：貨物存放處所須與進口報單申報之存放處所相符，如有不符，應不予查驗，並於報單註明後送回其主管核辦，但經核准船（機）邊驗放或船（機）邊免驗提貨者不在此限。
3. 核對貨櫃號碼及封條：進口貨櫃開櫃前，應注意查看貨櫃及封條是否固封完整，報單驗貨紀錄上應列載封條號碼，查驗之貨櫃號碼與報單申報不符者，應不予查驗，將報單退回查明，如屬筆誤或誤繕等顯然錯誤，可參考提貨單資料，於報單更正後查驗。
4. 核對包裝外表上標記及號碼：除依本注意事項參規定免予施用標記及號碼之貨物外，所有貨物包裝外表上標記、號碼應與報單上所申報及提貨單所列者相符，但違反本注意事項參之各點規定者，仍應依有關規定辦理。
5. 核對件數：其有短卸或溢卸者，應向駐庫或稽核關員查明並將實到數量在報單上註明。
6. 自亞洲地區進口之大蒜，應會同農政主管機關、納稅義務人或其委任之報關業者逐

批開櫃、查驗及取樣,並副知政風單位。

㈡指件查驗

根據派驗報單主管人員批註之至少開驗件數、過磅件數、通扦件數之範圍自行指定查驗。

㈢拆包或開箱

查驗貨物時,其搬移、拆包或開箱、恢復原狀等事項及其所需費用,依《關稅法》第23條規定,統由納稅義務人或其委託之報關人負責辦理,但應儘可能保持貨物裝箱及包裝原狀,並避免貨物之損失。

驗貨關員查驗時應注意下列事項:

1. 貨物名稱、牌名、品質、貨號、型號、規格尺寸、加工程度、材質等。
2. 來源地名(產地或生產國別)及標示。
3. 數量(長度、面積、容量等均用公制單位)。
4. 淨重 (Net Weight) 即貨物毛重扣除包裝(包括內外包裝)後之重量。
5. 驗訖標示:無箱號之貨件,應在箱件上加蓋查驗戳記或以不褪色墨水筆簡署;有箱號者,應將箱號批註於裝箱單上,免蓋查驗戳記或簡署。

㈣進口貨物人工查驗

分下列三種:

1. **簡易查驗:**由驗貨關員就貨物(櫃)抽驗一件,核對該件貨名、數量、材質及標記相符,必要時得繼續開驗。
2. **一般查驗:**就指定櫃號、櫃位所存放貨物進行查驗。其開驗箱數(除空運貨物外)以在5%以下為原則。
3. **詳細查驗:**將貨物搬出至不經移動即能看見每一件貨物至少一面,始進行查驗,必要時應清櫃查驗或拆櫃進倉查驗。其開驗箱數以在10%以下為原則,但開驗已達二十件並未發現不符者,得免再開驗。

為防掩飾藏匿夾帶,貨物可用鐵扦探驗者,驗貨關員斟酌情形使用鐵扦,惟應注意下列事項:

1. 儘可能避免損及進口貨物。
2. 危險品因磨擦可能引起燃燒或爆炸者,不得使用鐵扦探驗。
3. 箱裝貨物開箱後始可扦探。袋裝或類似包裝之貨物,應從不同方向,不同部位通扦。

4.不得重複使用已扦探有害貨物之鐵扦。

　　驗貨關員查核進口貨物重量，應依下列規定辦理：

1.在貨物未過磅前，應檢測磅秤是否準確，如有偏差，應即予調整。

2.凡貨物係以重量計價者，其已開驗或通扦各件均應逐一過磅，親自調撥秤錘，不得假手於人，並應嚴禁報關人或工人接近磅秤，以防弊端。

3.視實際情形，選擇足夠件數秤驗，以求準確，如秤驗結果與申報重量不符，應增加秤驗件數。

4.抽件秤驗，應從整批貨物之堆置處之各方任意抽取若干件過磅，不得專就一方抽取，進口報單附有重量清單者，可憑清單指件秤驗核對。

5.劃一包裝之貨物，可秤驗足夠件數，據以計算全部貨物之重量，包裝大小不同之貨物，應分別秤驗各種包裝若干件，以求得確實重量為準。

6.散裝貨物可憑公證報告書認定其重量，必要時得以抽驗方式押運至設有地磅處過磅。

7.毛重除皮，務求準確，對大宗貨物或包裝大小不一之貨物，尤應注意，必要時應將貨物取出，實際秤驗其淨重或皮重。

8.秤驗結果，應在進口報單背面詳細記錄，如憑裝箱單或重量清單秤驗者可抽件核對。如結果相符，挑認其件號及重量，有關單證，予以簽署，並在進口報單背面註明依裝箱單或重量清單秤驗無訛字樣；如有不符，應逐件秤驗並將結果記錄於報單背面，同時將原申報之重量改正。

　　進口貨物包裝上之標記號碼與報單原申報不符者，應依下列規定辦理：

1.**標記號碼不符而貨物相符者：**驗貨關員應將驗明之標記號碼抄註於報單上，簽由艙單單位處理。

2.**標記號碼及貨物均不相符者：**驗貨關員應即會同駐庫或稽核關員確認貨物，查明指驗是否錯誤，如非錯誤，即有未列艙單私運進口之嫌，應簽報主管核轉分類估價單位處理。

3.**貨物與原申報相符，標記號碼與提貨單亦相符，僅報單上填寫錯誤者：**驗貨關員應於查明後在報單上更正。

4.**標記相符而貨物不符者：**核有虛報頂替之嫌，應簽報處理。

　　進口報單上所載貨物如已申報或經取具運輸業者事故證明者，驗貨關員應注意查驗其包裝情形，倘在查驗之前確已破損，應在報單上加註查驗前包裝已破損字樣，並

按查驗結果，將有關各項逐項改正，或註明破損情形、破損程度，送由派驗報單主管人員核轉倉棧單位查證後，送有關之進口業務單位辦理。若進口貨物實到件數與報單上申報之件數相符，其包裝外型完整，並無開啟之痕跡，但其內部經查驗核對，發現部分短缺者，其短缺部分，可認定為短裝，驗貨關員應在報單上改正並加簽註「查驗前包裝完整」字樣。此外，驗貨關員查驗進出口貨物如發現有侵害商標權及著作權之虞者，應依據《海關配合執行專利商標及著作權益保護措施作業要點》辦理。

查驗進口貨物應驗明是否有產地標示不實情事，進口貨品本身、內外包裝、說明書、型錄、仿單或圖樣上如標示不實製造產地（如 MADE IN TAIWAN，MADE IN R.O.C.，國內廠商製造或有製造字樣之類似文字，或原產地以外國家或地區製造之字樣）；或標示其他文字（如 TAIWAN TAIPEI、多國產地標示、國內廠商名址、××公司榮譽出品或原產地以外國名、地名、廠商名址等）、圖案，有使人誤認其產地之虞者，驗貨關員應於報單註記。

須取樣鑑定經核准倉庫驗放或船（機）邊驗放之進口貨物，未發現有涉及管制或禁止進口、違章漏稅情形，而僅屬分類估價之確定問題者，得於查驗取樣後放行。

驗貨關員查驗櫃裝貨物，發現有申報不符或其他可疑情事，而無法一次查驗或清點完畢者，應依下列方式處理：

1. 申報不符，事證明確，且非經拆櫃進倉無法繼續查驗或清點者，應即責令將貨櫃拆櫃進倉，並即知會駐庫或稽核關員監視，且應於報單背頁記明發現時日及責令拆櫃進倉事由後，由在場貨主或報關人及倉庫管理人簽證。

2. 倘僅發現可疑跡象，或在貨櫃集中查驗區即可查驗或清點清楚，並無必要拆櫃進倉者，已開驗之貨櫃需以泰登封條封固，責令倉庫業者保管，並即知會駐庫或稽核關員監管。

貨物如屬武器、毒品、彈藥者，以一次查驗或清點完畢為原則。

進口貨物如有標記及號碼包裝者，應在包裝上用不易塗抹之方法標明、刷印、蓋戳或烙印一明顯圖形標記，或為至少三個一組之文字，或為圖形及文字合成標記，並得在標記內加註該進口人，該批進口貨物代表性之號碼、日期、或文字，其號碼、日期、或文字得用貨物之起運號碼、訂貨單號碼、起運日期或相關之文字表示。進口貨物如無包裝者，得依照前述，在貨物上標明，其標明顯有困難者，得免予標明。

進口貨物依上段敘述在包裝上為文字標記，其所為文字如未達三個一組者為不完

全標記，驗貨關員應囑納稅義務人或報關人補正，並依《海關徵收規費規則》有關規定徵收特別監視費。進口貨物除依前述標明記號及號碼外，並須於每件上加註順序號數。但大宗貨物如每件種類相同，數（重）量劃一者，得免予加註。

　　下列進口貨物，得免依前述之規定施用標記及號碼，但應依下列方式辦理：

1.非箱裝貨物：

- 三角鐵、鐵條頭、鐵梁等應用綠色、白色或紅色油漆在二端灑記。
- 圈鐵——應用油漆灑記或繫以金屬標籤。
- 鋼鐵片或鋼鐵板——應用油漆標記。
- 各種熟皮——應用刷印標記。
- 管子——應繫以麻布或金屬標記。
- 各種成捲繩——應以麻布或帆布或金屬標籤。
- 木段——應將標記或號碼烙印或漆印於每段上。

2.因性質或包裝不能以不易塗抹之方法標明之其他貨物，應用麻布或金屬籤條載明適當標記，繫在其上。

3.以整裝貨櫃裝運進口，且每件內容及包裝相同，數（重）量劃一之大宗貨物，經海關核准在貨櫃場驗放者，免施用標記及號碼。

　　同批交易之進口貨物其各件種類相同，數（重）量劃一，而僅先報運進口其中一部分者，在報單上准免列每件號數，但仍須載明所報貨物之交易文件之日期、編號。

　　空運進口貨物，其情形特殊者，得以航空標籤替代，免依本章規定施用標記及號碼，但以可資識別為限。而空運航空標籤若與報單申報不符，應俟倉管或稽核關員查明及監視更正後，始作查驗。

　　除依《進口貨物查驗注意事項》第 19 點規定免予施用標記及號碼之貨物，由駐庫或稽核關員憑海關放行通知或海關蓋印放行之提貨單，核對件數、標記及號碼無訛後，准予提領外，凡貨物未依照規定標明標記及號碼者，由海關監視重行標記。

　　二批或二批以上之貨物，無論是否由同一運輸工具裝運進口，如係存於同一貨棧內，一經查明其標記號碼相同或大致相同，不論其起運口岸，報運人或收貨人是否相同均須重行標記。

第三節 出口貨物查驗注意事項

驗貨關員查驗出口貨物，應依下列程序辦理：

1. 核對貨物存放處所：出口貨物存放處所須與出口報單申報之存放處所相符，方予查驗，否則不予查驗。

2. 核對貨櫃號碼及封條：查驗之貨櫃號碼與報單申報不符者，應不予查驗，封條如為海關封條者，應查明後再驗。

3. 查核貨物是否全部到齊：出口貨物不論進存倉庫或運置碼頭或貨櫃集散站，應俟全都到齊後始予查驗，否則不予查驗，但大宗貨物經海關核准船邊驗放者，不在此限。

4. 核對包裝外皮上標記及號碼：包裝外皮上標記號碼應與報單上所申報及裝貨單上所記載者相符。

5. 指件查驗：根據派驗報單主管人員在報單上之批註，至少開驗若干件、過磅若干件之範圍內，自行指定件數查驗。

6. 拆包或開箱：查驗出口貨物時，其搬移、拆包或開箱及恢復原狀等事項，統由貨物輸出人或其委託之報關人辦理，但驗貨關員應儘可能保持貨物裝箱及包裝之原狀，並避免貨物之損失。

7. 查驗時應注意下列事項：
   - 貨物名稱、商標、品質、規格、貨號、型號及產地標示等。
   - 數量（長度、面積、容量等均用公制單位）。
   - 淨重（用公制單位）。

8. 驗訖標示：無箱號之貨件，應在箱件上加蓋查驗戳記或以不褪色墨水筆簽署；有箱號者，應將箱號批註於裝箱單上，免蓋查驗戳記或簽署。

經驗明包裝外皮上標記號碼與出口報單原申報不符者，應依下列規定處理：

1. **標記號碼不符，而貨物相符者**：應由驗貨關員於報單上更正。

2. **標記號碼及貨物均不相符者**：應查明是否以管制出口貨物虛報為准許出口貨物，或以低稅率原料製成之外銷品虛報為高稅率原料製成之外銷品，並簽報主管處理。

3. **標記相符而貨物不符者**：有虛報頂替之嫌，應簽報處理。

驗貨關員查驗出口貨物，應驗明貨品本身或內外包裝上有無標示產地，並注意標

示方式應具顯著性與牢固性。出口貨物係在我國產製者，應驗明其標示為中華民國製造、中華民國臺灣製造或臺灣製造，或以同義之外文標示之。而出口貨物之查驗，除原標示於進口零組件上之原產地得予保留外，應注意不得加標外國地名、國名或其他足以使人誤認係其他國家或地區製造之字樣。

　　驗貨關員應查驗出口貨物商標是否與原申報相符，出口貨物標示之商標，經查明與出口報單申報不符者，應於報單註記並取代表性貨樣後，簽由分估單位處理。

　　出口貨物如屬公告指定應壓印來源識別碼貨品項目者，驗貨關員應查明有無識別碼，無來源識別碼者，應查明有無申報「無來源識別碼」。但經查明屬復運出口者，不在此限。

　　驗貨關員查驗貨物，查驗結果與原申報不符時，應在報單背頁空白處，由報關人或貨主簽認「承認查驗結果」，如係由報關人簽認者，驗貨關員應核明其身分，並由其註明報關證字號；如報關人或貨主不能或拒絕簽認，由驗貨關員在報單上註明並報告驗貨單位主管依相關規定處理。

　　驗貨關員應確實將與查驗結果不符之報單各項申報內容，予以改正，並於電腦檔更新資料。改正事項時，不得使用橡皮擦抹，應用不褪色墨水筆將原申報不符各項圈除，務使原申報之文字或數字仍能明顯認出，另在圈除之上方加以改正，並予簽署。

　　驗貨關員應依據實到貨物及派驗報單主管人員或電腦核定之查驗重點核對進出口報單上各項申報，核對確實無訛者，於報單最末一行處簽章。經查驗對原申報之貨名、品質、規格、成分、產地等項之正確性無法確定或有疑義時，應加簽註，送請派驗報單主管人員審核，必要時再派員重驗或送請化驗鑑定。

　　進出口報單查驗辦理紀錄欄內，除由主管人員核定指示者外，應由經辦驗貨關員於驗貨後依下列規定填報：

1. 「應取樣」或「應繳說明書」二項，如經照辦，可填報已檢送。其因特殊原因，不能檢送者，如樣品過於笨重或過於精細易損或有危險性或報關人不能依限繳送說明書等，應簽註原因。
2. 「標記印刷情形」一項，應填報標記方法。
3. 「裝箱情形」一項，應填報貨物包裝是否完整良好，有無破損、頂換、私開及其他可疑之痕跡。
4. 「未驗原因」一項，應將未驗之原因填明。

5.應在報單或裝箱單上註明，已開驗、過磅、通扦之箱號。

　　查驗完成之進口報單，若因時間不足、待貨主解釋、待候補提供型錄、藍圖、說明書、短卸、溢卸、破損證明、過磅紀錄、公證報告或其他事由，無法在當日完成簽單，應向驗貨單位主管報備，並於電腦註記。

　　驗貨關員退單，應依下列規定辦理：

1.因時間不足、報關人未到、查驗之貨櫃（物）未到、或其他特殊原因致無法查驗而必須退還報單者，應報請驗貨單位主管核准。

2.因時間不足而已部分開箱（櫃）者，不准退單，應向驗貨主管報備，下一班次繼續查驗。

　　驗貨關員應依分類估價單位或派驗報單主管人員在有關進、出口報單上之批註親自提取貨樣，並以拍照或錄影方式存證。且驗貨關員取樣時，應注意所取樣品確能代表該批貨物之一般品質、規格及等級，同批貨物顯含不同外觀、品質或規格者，應分別提取鑑定技術上所需之足量貨樣。但不能重複化驗鑑定之貨物，應提取足夠供三次化驗鑑定之用量；所取樣品，除體積過小或粉狀或液體樣品外，須以不褪色墨水筆在貨樣上簽署。

　　驗貨關員取樣後，除體積過大或其他不適合以貨樣袋包裝者外，應當場將貨樣袋以海關封條封緘，並會同查驗之貨主或其報關人、倉庫管理人及其他會同機關（如農政主管機關），於有關報單背面及貨樣袋上簽認本件樣品係經會同海關人員自本報單所報貨物中抽取無訛之事實。驗貨關員提取之貨樣，除過重、體積過大者外，應親自攜回辦公室，不得假手報關人遞送。

　　經海關取樣之出口貨物，由驗貨關員於查驗完畢，並俟貨主或其委託之報關人將包件或箱件恢復原狀後，將海關印製之標示取樣紀錄之紙帶註明取樣件數並簽署後貼在包件上或箱件上。

　　取樣貨樣收據應註明報單號碼、樣品之簡單名稱、件數及貨樣可予發還日期，如貨主自願放棄而不領回者，應由貨主或其代理人在貨樣收據上簽署聲明放棄。海關於保留期間屆滿後，逕予處理。

　　進出口貨物有下列情形之一，得免取樣：

1.凡附有型錄、圖樣、說明書或仿單之進出口貨物，如機器、科學儀器、化學產品以及西藥等，可憑上述文件辦理分類估價而無疑義者。

2.世界名廠產品，進口時經驗明確未經改裝，並有原廠之簽封及商標標明名稱與所報相符者。

3.通常習見或同一公司經常進出口之貨品，可憑以往紀錄辦理分類及估價者。

4.單件貨物，體積巨大或重量甚大，不易移動者。

5.出口貨物經驗明與所報名稱、規格等相符者。

6.驗貨關員以智慧行動裝置、相機拍攝貨物圖檔，可憑以辦理分類、估價及認定產地者。

7.其他無法取樣者。

　　驗貨關員抽取貨樣，應開具貨樣收據一式五聯，第一聯發給貨主或其委託之報關人，第二聯黏貼於有關報單上，第三聯黏貼於貨樣上，第四聯發交倉儲業者存查，第五聯隨同貨樣交由貨樣管理關員依序號製冊存查。驗貨關員抽取貨樣開具貨樣收據後，應將貨樣收據號碼註記於有關報單正面。

　　驗貨關員抽取零星貨樣，應照下列規定辦理，免簽發貨樣收據：

1.屬化學品、染料、油脂等貨樣，為防止潮解、變質或掉包頂替等情事，應以塑膠樣品瓶裝並加鉛封。

2.不能以塑膠瓶盛裝之中藥材及各種纖維與製品，應以較厚之牛皮紙封套裝封並予加封。

3.凡不能以前二點規定裝瓶、裝封之零星貨樣，應由驗貨關員加以整理綑紮後粘貼貨樣標籤。

　　樣品瓶標籤、牛皮紙封套及貨樣標籤上，應註明報單號碼、取樣日期及本件樣品係會同自所報貨物中抽取會封無誤字樣後，由驗貨關員及報關人或倉庫管理人會同簽章。

　　危險品類、食品類、冷藏類或冷凍類貨物或其他特殊貨物取樣案件，驗貨關員應於樣品袋正面以大字標示「危險品」、「食品」、「需冷藏」、「需冷凍」或其他明顯提示字樣。且貨樣應由派驗報單主管人員指定專人登記後送交貨樣管理單位點收登記及保管。

　　零星貨樣可隨同報單交送分類估價單位，分類估價單位收到貨樣時，應查核鉛封或封緘是否完整，如有開拆痕跡，應予拒收，並退回驗貨單位另行取樣。

　　農產品或易腐貨樣需其他機關（構）協助鑑定、化驗，應於封緘後次一工作日內

遞（寄）出，但有特殊情形無法及時執行，應將原因記載於報單，並由課長覆核。

分類估價單位須調樣參考時，應填具調樣憑單，列明調樣日期、報單號數、報關人名稱、貨樣收據號數、調樣單位、由調樣人及其主管簽章後向貨樣管理單位調樣。而貨樣管理單位應設置調樣登記簿；樣品借出時應根據調樣憑單登記，歸還時亦將歸還之日期填入，調出之貨樣，貨樣管理單位須隨時注意有無歸還，必要時應即追回。

分類估價單位經辦關員對於初次進口，貨名不詳及認為必須予以化驗分析始能核定稅則分類之進口貨物或無法就貨樣鑑別其品質成分之出口貨物，應填具空白化驗報告單檢附貨樣或送貨樣管理單位調取貨樣後，移送化驗單位化驗。化驗單位對由各單位送來化驗之貨樣，須先檢查其鉛封是否完整及容器是否有破漏，然後予以登記並作有系統之管理。化驗完畢後，應填具化驗報告單一式二份，以正本送有關經辦單位，副本留存備查。且已化驗完畢之樣品，應加封後退還貨樣管理單位或經辦單位。

化驗單位如因設備關係無法對有關貨樣作正確之鑑定時，應將有關貨樣及報單送回經辦單位，必要時由經辦單位簽請委託其他化驗機關代為化驗。

零星貨樣於結案後，如有存查之必要者，應由分類估價單位主管簽署後送貨樣管理單位予以登記保管，其無存查之必要者，應由分類估價單位發還報關人。

貨樣管理單位應設置進出口貨樣登記簿，對於每日由驗貨單位送來之一般貨樣按進、出口貨樣分別登記。貨樣應依其性質，以室溫、冷藏、冷凍或乾燥等方式妥善保管。已成立緝案之有關貨樣，應分別檢出，另行保管，並在登記簿上註明緝案號數以備查考，且在未結案前不得處理或發還。

進出口貨樣有下列情形之一者，應作專案保管並開具「專案保管貨樣通知單」：

1. 進口貨樣自取樣之日起逾 1 個月尚未放行者。
2. 進口商不服海關所核定稅則號別或完稅價格者。
3. 已成立緝私案件者。
4. 進出口貨物之名稱、牌名、製造商、規格、型式、純度、品質、等級或生產國別等，因無法確定或有可疑，先憑具結放行，事後有再作化驗、鑑定或查驗之必要者。
5. 依上級指示辦理者。

專案保管貨樣案件，應於處理或結案時，由進、出口主管分類估價單位各股（課），開具專案保管貨樣處理結案通知單一式四聯，按年度編號，分別為：

1. 第一聯（粉紅色）──送貨樣管理單位。

2.第二聯（淺綠色）——貼於報單背面。

3.第三聯（淺黃色）——通知貨主或其委託之報關人。

4.第四聯（白色）——存根由主管單位保存 5 年，期滿後報請銷毀。

　　專案保管貨樣，其為定期保管者，由進出口分類估價單位依有關規定，在通知單上註明：自即日起保管「×個月」或「至×年×月×日止」，期滿後，貨樣管理單位即可據以處理，進、出口分類估價單位亦不必另行通知解除。其為不定期保管者，進、出口分類估價單位應於結案後再填發通知單，通知「已結案」。

　　專案保管之進出口貨樣，貨樣管理單位於解除專案保管後，逾 10 日報關人仍未領回者，應予公告，並副知報關公會，限其 1 個月內領回。貨樣管理單位於下列貨樣保留期限屆滿後，除應作專案保管者外，逾 10 日仍未領回者，應予公告，並副知報關公會知照，限期一個月內領回。

　　進口貨樣，應自簽發貨樣收據之日起保留 2 個月，分類估價經辦人員於辦妥分類估價後，報關人可憑貨樣收據第一聯於保管期限屆滿後向關領回貨樣。而出口貨樣，應自簽發貨樣收據之日起保留 10 日，出口單位經辦人員於辦妥核定稅則分類後，報關人可憑貨樣收據第一聯於保管期限屆滿後向關領回貨樣。

　　發還貨樣時，貨樣管理單位應將貨樣收據收回註銷，如貨主所執存之貨樣收據遺失，應由貨主及報關人聯名出具之收據領回有關貨樣，但貨樣已於掛失前經人憑貨樣收據領去者，海關不負責任。出口貨樣得由出口廠商申請海關抽樣加封自行保管，做為事後查核之依據。

　　貨樣管理單位對逾期未經貨主或其報關人領回之貨樣，應定期根據貨樣登記簿之紀錄，分別開列逾期未領回之貨樣清單後，報請處理。逾期未領回之貨樣，依下列方式處理：

1.可供長久保存參考者，列冊移送分類估價資料單位編目保管做為分類估價資料。

2.已變質或損壞者，即予銷毀或拋棄。

3.有利用價值者，由貨樣管理單位按放棄貨物處理。

臺中關進口貨物取樣收據 (第1聯：由貨主或其委託之報關人收執)	編號	驗進字第1070858號
貨樣名稱	貨樣數量	A：取樣之項數　C：外包裝可點數量 B：各項取樣數量　D：捆扎數
報單號碼		A × B 共 C ＝ D 件 共　　　件
進口商	報關業者	凱旋（箱號116）
聲 明	□本貨樣自願放棄，任由貴關處理，絕無異議。 □同意自取樣之日起2個月，或於海關另行通知之保管期限屆滿時，主動憑本收據領回貨樣，逾時未領回，經貴關公告後1個月內仍未領回即為放棄貨樣，貴關得自行處理，絕無異議。 976	進口人 (受委託 報關業 者)簽名	
取樣單位	業務一組 驗貨課	取樣日期		驗貨員 簽章	

▲圖 15-3　貨物取樣收據

自我評量

1. 下列進出口貨物查驗準則用詞定義為何？
 (1)儀器查驗（或稱儀檢）
 (2)人工查驗
 (3)驗貨關員
 (4)儀檢關員
 (5)海關儀檢站

2. 生產事業或與海關簽訂策略聯盟之廠商符合哪些條件，且以書面向海關申請經核准者，其所進口自用及出口自製之整裝貨櫃貨物，得申報船邊免驗提櫃、裝船？

3. 哪些進口貨物應予免驗？

4. 一般電子工廠進口外銷電子裝配零件經提領出倉後，發現短裝或溢裝，應按何種方式處理？

5. 海關管理保稅工廠進口保稅原料，有短裝、溢裝情事，應依何種方式處理？

6. 哪些出口貨物得予免驗？

7. 施人工查驗之貨物，派驗報單主管或其指定人員，應該要注意哪些事項？

8. 驗貨主管對於哪些情況，得指派驗貨小組（由二至三位驗貨關員組成）查驗，或指派股長級以上人員督導查驗？

9. 驗貨關員查驗時應注意哪些事項？

10. 進口貨物人工查驗方式，分為哪三種？

11. 進口貨物包裝上之標記號碼與報單原申報不符者，應依哪些規定辦理？
 (1)標記號碼不符而貨物相符者
 (2)標記號碼及貨物均不相符者
 (3)貨物與原申報相符，標記號碼與提貨單亦相符，僅報單上填寫錯誤者
 (4)標記相符而貨物不符者

12. 驗貨關員查驗櫃裝貨物，發現有申報不符或其他可疑情事，而無法一次查驗或清點完畢者，應依哪些方式處理？

13. 經驗明包裝外皮上標記號碼與出口報單原申報不符者，應依何種規定處理？
 (1)標記號碼不符，而貨物相符者

　　⑵標記號碼及貨物均不相符者

　　⑶標記相符而貨物不符者

14.進出口報單查驗辦理紀錄欄內，除由主管人員核定指示者外，應由經辦驗貨關員於驗貨後依何種規定填報？

15.驗貨關員退單，應依何種規定辦理？

16.進出口貨物有哪些情形，得免取樣？

17.驗貨關員抽取零星貨樣，應照何種規定辦理，免簽發貨樣收據？

18.進出口貨樣有哪些情形，應作專案保管並開具「專案保管貨樣通知單」？

19.貨樣逾期未領回之貨樣，依何種方式處理？

▷第十六章
原產地認定

　　因我國對進口商品課稅是採用複式稅則制度，對相同的進口貨品依不同的產製國家課以不同的稅率，非單一稅則制，進口貨物之原產地對於商品單價及關稅之課徵有直接影響，甚且部分商品尚未開放中國大陸產製品進口，海關為了縮短通關認定進口貨物原產地之時程，使進口貨物原產地之認定過程及期間更臻明確、透明及具可預期性，以減少海關與商民之爭議案件，訂定《海關認定進口貨物原產地作業要點》，做為海關執行作業之依據。

第一節　進口貨物原產地認定基準

　　我國進口貨物原產地認定基準分為下列三種：

㈠一般貨物之原產地認定

　　一般貨物以下列國家或地區為其原產地：

1. 進行完全生產貨物之國家或地區。
2. 貨物加工、製造或原材料涉及二個或二個以上國家或地區者，以使該項貨物產生最終實質轉型之國家或地區為其原產地。

　　實質轉型係指下列情形：

1. 原材料經加工或製造後所產生之貨物與原材料歸屬之《海關進口稅則》前 6 位碼號列相異者。
2. 貨物之加工或製造雖未造成前款稅則號列改變，但已完成重要製程或附加價值率超過 35% 以上者。

㈡低度開發國家貨物之原產地認定

　　自低度開發國家進口之貨物，符合下列規定者，認定為該等國家之原產貨物：

1. 自該國完全生產之貨物。

2. 貨物之生產涉及二個或二個以上國家者，其附加價值率不低於 50% 者。

　　㈢**自由貿易協定締約國或地區貨物之原產地認定**

　　與我國簽定自由貿易協定之國家或地區，其進口貨物之原產地分別依各該協定所定原產地認定基準認定之。

第二節 進口貨物原產地作業要點

　　海關對進口貨物原產地之認定作業，有詳細的規範。

　　進口貨物本身或其包裝上有標示產地者（文字、數字或圖案），海關得根據進口報單所申報之產地加以核對，如查無去除、破壞或塗改情事且亦無其他事證足以判定係虛報產地時，即逕依其產地標示認定產地，免再繼續查證。但經法院依法裁判，或另有具體事證之密報、通報，或主管機關規定須查證產地之品目者，不在此限。進口貨物本身或其包裝上未標示產地者，海關得根據運送契約文件、貨櫃動態表、船舶航程表或其他證明產地之文件認定其產地。

　　進口貨物（全部或部分）本身或其包裝上如有與原申報不符之產地標示，或其原有產地標示雖經去除、破壞或塗改而仍可辨識者，海關得依其原有產地標示認定產地，但納稅義務人提出反證證明其原有產地標示確屬錯誤者，不在此限。如經改裝或貨物本身或其包裝上之產地標示經去除、破壞或塗改致無法辨識者，海關得通知納稅義務人對該可疑部分之貨物限期提出書面說明及提供相關證明文件，供海關認定其產地。

　　進口貨物之產地有下列各款可疑情事之一者，海關得通知納稅義務人限期提出書面說明及提供運送契約文件、貨櫃動態表、船舶航程表、買賣契約、出進口資料或其他證明產地之文件，供海關認定其產地：

1. 自特定國家口岸裝載起運。

2. 裝運貨櫃上留有特定國家海關固封封條。

3. 包裝上或貨櫃內有特定國家商檢代碼或熏蒸證明。

4. 進口報單所申報提單號碼有自特定國家裝運之可疑編號。

5. 其他可疑情事。

　　納稅義務人以電子資料傳輸方式提供產地證明書者，海關認有必要時，得就其內

容與相關事證綜合查證後，認定其產地。進口貨物依加工或製造之附加價值率達到最終實質轉型之國家或地區申報為其原產地者，海關得通知納稅義務人限期提供直、間接進口原料或零件價格資料、加工製程及其他足供認定已達實質轉型之資料供海關審查。納稅義務人未依海關要求於期限內提出說明或提供相關文件資料者，海關得依既有事證，認定其產地。

海關對進口農漁產品之產地，依本要點有關規定認定仍有疑義時，得送請行政院農業委員會協助認定，其中香菇及大蒜應逐批查驗、逐批送行政院農業委員會鑑定。前述農漁產品之產地經送請行政院農業委員會協助認定結果仍有疑義者，海關得送請駐外單位協助文書認證或實地查訪後，逕依既有事證，認定其產地。海關對進口前述以外產品之產地，依本要點有關規定認定仍有疑義時，得送請駐外單位協查，經協查結果如仍無法認定產地者，得請求其他機關協助認定。海關對進口貨物產地認定有疑義，請求其他機關協助認定時，應敘明查證情形及產地認定疑義事項，並檢送樣品、型錄或照片及相關查證資料。

納稅義務人不服海關認定之產地提起行政救濟案件，除納稅義務人依據《關稅法》第 28 條第 1 項規定，請求貨物主管機關或專業機構協助認定者外，海關得逕依行政救濟程序辦理，免再送其他機關或專業機構協助認定。

海關送請駐外單位協助查證產地案件，應依《海關送請駐外單位協查產地執行參考事項》所定作業程序及文書格式規定辦理。

進口貨物送請駐外單位協查結果，經海關認定並未涉及虛報產地者，納稅義務人再度進口由同一國外出口商或製造商提供之相同貨物，除有其他事證足以懷疑係虛報產地或另有具體事證之密報、通報，或主管機關規定須查證產地之品目等情事外，海關得逕依其產地標示或原申報認定產地，免再繼續查證。

對一般密報或通報案件涉及產地認定者，海關得通知密報人或通報人提供虛報產地之具體事證，依法交由查緝或驗貨單位就所提供之事證綜合查證後，認定其產地。

自我評量

1.一般貨物之原產地認定為何？

2.實質轉型係指何種情形？

3.低度開發國家貨物之原產地認定為何？

4.自由貿易協定締約國或地區貨物之原產地認定為何？

▷第十七章
關稅之概念

第一節 關稅的定義

關稅 (Customs Duty) 是一種過境稅的概念，是指國家授權海關對出入關境的貨物和物品徵收的一種稅，所以當貨物通過國境即予以課徵稅金，我國為鼓勵外銷賺取外匯，因而只針對進口商品課稅，也就是我們俗稱的進口稅，出口商品免稅甚至可以申退原料進口時所繳交的關稅及貨物稅，關稅在各國屬於國家很重要指定稅率的稅種，對於對外貿易發達的國家而言，關稅往往是國家稅收乃至國家財政的主要收入，且能藉由關稅的課徵適時適當的保護國內產業。

依照徵收關稅的目的，關稅也可分為：

1. 以增加國家財政收入為主的財政關稅。
2. 為保護國內經濟行業而徵收的保護關稅，如當一國政府其國內市場受到某外國商品的傾銷時，為保護本國相關產業而臨時徵收保護關稅中的反傾銷稅。
3. 既具有增加國家收入，又以保護本國經濟為主的關稅為混合關稅。

此外，依照過境貨物的流向可以分為進口稅、出口稅、過境稅和各種形式的優惠關稅與差別關稅。

第二節 關稅的影響

關稅徵收是政府增加其財政收入方式之一，但隨著世界貿易的不斷發展，關稅占國家財政收入的比重也不斷下降。

每個國家都會對進出口的商品根據其種類和價值徵收一定的稅款，其作用在於通

過收稅抬高進口商品的價格，降低其市場競爭力，降低其在市場上對本國產品的不良影響，關稅有著保護本國產業的作用，但在經濟全球化的今天其不利的影響也在逐步顯現。

　　從靜態的觀點看，對進口商品徵收關稅等於對進口國資源進行不適當地分配進行干預，在分析的過程中，對進口商品徵收關稅，跟對出口商品徵收關稅並沒有什麼本質上的不同，當出口商品的零配件進口時被課徵關稅，等同增加了出口商品成本降低了出口報價的成功率。關稅對經濟的影響對每個國家影響程度不同，這些差異主要存在於消費總量和生產效率，根據消費總量可將國家分為大國和小國，根據一國生產效率跟全球生產效率的不同可分為低效率，等效率和高效率國家。

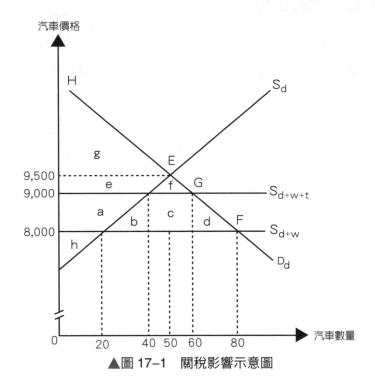

▲圖 17-1　關稅影響示意圖

　　小國低效率：對某些商品消費很少，但是生產效率很低，因此要進口。損失的消費者剩餘分為四個部分：一部分 (a) 轉化為生產者剩餘，一部分 (b) 因為該國的低效率生產而消失，一部分 (c) 轉化為國家財政收入，還有一部分 (d) 因為價格上升，消費數量減少等不利因素而消失。b + d 是此國的淨損失。

　　大國低效率：對某些商品消費很多，但是生產效率很低，因此主要是進口。跟小國低效率情形比較，消費者剩餘分為四個部分，外國生產商會貢獻一部分關稅收入

(S)，因此如果 S > b + d，那麼對此國而言，關稅好像會帶來淨利同時也提供了對此國生產者過多的保護，但過多的保護不利國內生產者成長起來，例如我國汽車產業。當 S = b + d，形成了最優關稅點，在這一關稅水平，沒有為此國生產者提供過多的保護。

小國高效率：對某些商品消費很少，但是生產效率很高，因此商品主要是出口導向，如果進口國對此類商品徵收關稅，在這種情況下，可以發現對出口商品徵收關稅對出口國有利，對出口國企業卻不利。

大國高效率：對某些商品消費很多，而且生產效率很高，因此可能是淨出口，也可能是淨進口。這一情形比較複雜。可以發現對出口商品徵收關稅對出口國有利，但對出口國企業卻不利。

第三節 我國關稅制度

一、課稅方式

我國海關將關稅課稅方式分為三種：

1. **從價課稅**：以進口貨物的價值乘以進口稅率的課稅方式。
2. **從量課稅**：以進口貨物的淨重乘以每公斤應課進口稅率的課稅方式。
3. **複合課稅**：係以上課稅方式各自計算一次，選擇應繳稅額較多的課稅方式，主動申報。

二、課稅的稅則制度

我國對進口商品課稅是採用複式稅則制度，對相同的進口貨品依不同的產製國家課以不同的稅率，非單一稅則制，課稅欄位分三欄，第一欄適用於商品產地為 WTO 會員國，第二欄適用於商品產地為與我國已簽署雙方互惠協定 FTA 之國家或地區，第三欄適用於商品產地為不適用第一欄及第二欄之國家。

三、關稅減免

為降低我國製造商的成本，增強外銷競爭力，也為了保護國內的產業，設計此制度因應，其辦法有保稅、退稅、工業局專案免稅等。

四、繳納方式

1. 現金繳納。

2. 線上扣繳。

3. 網際網路繳納。

4. 保稅制度。

五、關稅繳納期限

依《關稅法》規定，關稅應自稅款繳納證送達或傳輸該訊息之翌日起 14 日內繳納，依《關稅法》所處之罰鍰，應自處分確定，收到海關處分通知之翌日起 14 日內繳納。

六、滯納費

逾期未繳納者，關稅按應繳之稅額每日加徵 0.05% 的滯納金，貨物稅、健康福利捐及菸稅酒稅，營業稅等按應繳之稅額每 2 日加徵 1% 之滯納金，滯納金徵滿 30 日仍未繳納者，海關將其貨物變賣，5 年內納稅義務人得申請發還，超過 5 年收歸國庫。

七、關稅記帳

關稅記帳就是進口商進口某項材料、零組件之目的是為了進行加工、組裝等，完成後將再行出口，為了避免依原來程序要先徵進口關稅，等物品完成加工出口時再退稅，徒增作業困擾，所以可以申請進口時，由海關先行記載所進口之品項等資料，於出口時，再報請海關比對原先進口之資料無誤後辦理出口，也就不用先徵關稅再退稅了。

第四節 貨物稅

《貨物稅條例》規定之貨物，不論在國內產製或自國外進口，除法律另有規定外，均依本條例徵收貨物稅。其徵收之貨物稅是依其貨物種類不同，所適用之稅率或稅額也不同。

一、橡膠輪胎

凡各種輪胎均屬之。其稅率如下：

1. 大客車、大貨車使用者，從價徵收 10%。
2. 其他各種橡膠輪胎，從價徵收 15%。
3. 內胎、實心橡膠輪胎、人力與獸力車輛及農耕機用之橡膠輪胎免稅。

二、水　泥

凡水泥及代水泥均屬之。其應徵稅額如下：

1. 白水泥或有色水泥每公噸徵收新臺幣 600 元。
2. 卜特蘭一型水泥每公噸徵收新臺幣 320 元。
3. 卜特蘭高爐水泥：水泥中高爐爐渣含量所占之重量百分率在 25% 以上者，每公噸徵收新臺幣 280 元。
4. 代水泥及其他水泥每公噸徵收新臺幣 440 元。

第 4 點所稱代水泥，指以石灰或黏土或其他石、土製造具有凝固堅強之性質，可供代替水泥用途之貨品；其以飛灰或其他石、土灰等摻合水泥製成者，亦同。

行政院得視實際情況在應徵稅額 50% 以內，予以增減。

三、飲料品

凡設廠機製之清涼飲料品均屬之。其稅率如下：

1. 稀釋天然果蔬汁從價徵收 8%。
2. 其他飲料品從價徵收 15%。

上述飲料品合於國家標準之純天然果汁、果漿、濃糖果漿、濃縮果汁及純天然蔬菜汁免稅。

四、平板玻璃

凡磨光或磨砂、有色或無色、有花或有隱紋、磋邊或未磋邊、捲邊或不捲邊之各種平板玻璃及玻璃條均屬之，從價徵收 10%。但導電玻璃及供生產模具用之強化玻璃免稅。

　　《貨物稅條例》第 9 條之 1 修正，民國 106 年 11 月 22 日條文生效日起 5 年內專供太陽光電模組用之玻璃，檢具承諾不轉售或移作他用之聲明書及工業主管機關之用途證明文件者，免徵貨物稅。

五、油氣類

　　油氣類之課稅項目及應徵稅額如下：

1. 汽油：每公秉徵收新臺幣 6,830 元。
2. 柴油：每公秉徵收新臺幣 3,990 元。
3. 煤油：每公秉徵收新臺幣 4,250 元。
4. 航空燃油：每公秉徵收新臺幣 610 元。
5. 燃料油：每公秉徵收新臺幣 110 元。
6. 溶劑油：每公秉徵收新臺幣 720 元。
7. 液化石油氣：每公噸徵收新臺幣 690 元。

六、電器類

　　電器類之課稅項目及稅率如下：

1. 電冰箱：從價徵收 13%。
2. 彩色電視機：從價徵收 13%。
3. 冷暖氣機：凡用電力調節氣溫之各種冷氣機、熱氣機等均屬之，從價徵收 20%；其由主機、空調箱、送風機等組成之中央系統型冷暖氣機，從價徵收 15%。
4. 除濕機：凡用電力調節室內空氣濕度之機具均屬之，從價徵收 15%。但工廠使用之濕度調節器免稅。
5. 錄影機：凡用電力錄、放影像音響之機具，如電視磁性錄影錄音機、電視磁性影音重放機等均屬之，從價徵收 13%。
6. 電唱機：凡用電力播放唱片或錄音帶等之音響機具均屬之，從價徵收 10%。但手提 32 公分以下電唱機免稅。
7. 錄音機：凡以電力錄放音響之各型錄放音機具均屬之，從價徵收 10%。
8. 音響組合：分離式音響組件，包括唱盤、調諧器、收音擴大器、錄音座、擴大器、揚聲器等及其組合體均屬之，從價徵收 10%。

9.電烤箱：凡以電熱或微波烤炙食物之器具均屬之，從價徵收 15%。

上述各點之貨物，如有與非應稅貨物組合製成之貨物者，或其組合之貨物適用之稅率不同者，應就該貨物全部之完稅價格按最高稅率徵收。

七、車輛類

車輛類之課稅項目及稅率如下：

㈠汽　車

凡各種機動車輛、各種機動車輛之底盤及車身、牽引車及拖車均屬之。

1.小客車：凡包括駕駛人座位在內，座位在九座以下之載人汽車均屬之。

‧汽缸排氣量在 2,000 立方公分以下者，從價徵收 25%。

‧汽缸排氣量在 2,001 立方公分以上者，從價徵收 35%。但自本條文修正施行日起第 6 年之同一日起稅率降為 30%。

2.貨車、大客車及其他車輛：從價徵收 15%。

3.供研究發展用之進口車輛：附有特殊裝置專供公共安全及公共衛生目的使用之特種車輛、郵政供郵件運送之車輛、裝有農業工具之牽引車、符合政府規定規格之農地搬運車及不行駛公共道路之各種工程車免稅。

㈡機　車

凡機器腳踏車、機動腳踏兩用車及腳踏車裝有輔助原動機者均屬之，從價徵收 17%。電動車輛按第 1 項第 1 款及第 2 款稅率減半徵收。

根據《貨物稅條例》第 12 條之 5 條文修正：

1.於本條文生效日起 5 年內，報廢或出口登記滿 1 年之出廠 6 年以上小客車、小貨車、小客貨兩用車，於報廢或出口前、後 6 個月內，購買上開車輛新車且完成新領牌照登記者，該等新車應徵之貨物稅每輛定額減徵新臺幣 5 萬元。

2.於本條文生效日起 5 年內，報廢或出口登記滿 1 年之出廠 4 年以上汽缸排氣量 150 立方公分以下機車，於報廢或出口前、後 6 個月內，購買新機車且完成新領牌照登記者，該新機車應徵之貨物稅每輛定額減徵新臺幣 4,000 元。

3.配偶或同一戶籍二親等以內親屬購買上述車輛且完成新領牌照登記者，亦得適用上述二點規定。

第五節 ▶ 菸 稅

菸之課稅項目及應徵稅額如下：

1.紙菸：每千支徵收新臺幣 590 元。

2.菸絲：每公斤徵收新臺幣 590 元。

3.雪茄：每公斤徵收新臺幣 590 元。

4.其他菸品：每公斤徵收新臺幣 590 元。

菸品另徵健康福利捐，其應徵金額如下：

1.紙菸：每千支徵收新臺幣 1,000 元。

2.菸絲：每公斤徵收新臺幣 1,000 元。

3.雪茄：每公斤徵收新臺幣 1,000 元。

4.其他菸品：每公斤徵收新臺幣 1,000 元。

第六節 ▶ 酒 稅

酒稅之課徵依不同的酒及酒精濃度課徵不同稅額，項目及應徵稅額如下：

㈠釀造酒類

1.啤酒：每公升徵收新臺幣 26 元。

2.其他釀造酒：每公升按酒精成分每度徵收新臺幣 7 元。

㈡蒸餾酒類

每公升按酒精成分每度徵收新臺幣 2.5 元。

㈢再製酒類

1.酒精成分以容量計算超過 20% 者，每公升徵收新臺幣 185 元

2.酒精成分以容量計算在 20% 以下者，每公升按酒精成分每度徵收新臺幣 7 元。

㈣料理酒

每公升徵收新臺幣 9 元。

㈤其他酒類

每公升按酒精成分每度徵收新臺幣 7 元。

㈥酒　精

每公升徵收新臺幣 15 元。

第七節　營業稅

完稅價格 (CIF) 加上關稅、貨物稅或菸酒稅、菸品健康福利捐後乘以 5%。

第八節　特種貨物及勞務稅

《特種貨物及勞務稅條例》（俗稱奢侈稅），關稅完稅價格加關稅、營業稅、貨物稅之金額達到一定金額者（小汽車、遊艇、飛機、直昇機、超輕型載具超過新臺幣 300 萬元者，家具、龜殼、玳瑁、珊瑚、象牙、毛皮及其產製品超過新臺幣 50 萬元者），乘以 10%。

在中華民國境內銷售、產製及進口特種貨物或銷售特種勞務，均應依本條例規定課徵特種貨物及勞務稅。

條例規定之特種貨物，項目如下：

1. 房屋、土地：持有期間在 2 年以內之房屋及其坐落基地或依法得核發建造執照之都市土地。
2. 小客車：包括駕駛人座位在內，座位在九座以下之載人汽車且每輛銷售價格或完稅價格達新臺幣 300 萬元者。
3. 遊艇：每艘銷售價格或完稅價格達新臺幣 300 萬元者。
4. 飛機、直昇機及超輕型載具：每架銷售價格或完稅價格達新臺幣 300 萬元者。
5. 龜殼、玳瑁、珊瑚、象牙、毛皮及其產製品：每件銷售價格或完稅價格達新臺幣 50 萬元者。但非屬《野生動物保育法》規定之保育類野生動物及其產製品，不包括之。
6. 家具：每件銷售價格或完稅價格達新臺幣 50 萬元者。

本條例所稱特種勞務，指每次銷售價格達新臺幣 50 萬元之入會權利，屬可退還之保證金性質者，不包括之。特種貨物及勞務稅之稅率為 10%。但房屋、土地之特種貨物，持有期間在 1 年以內者，稅率為 15%。依規定核定補徵之稅款，應由主管稽徵機關填發繳款書通知繳納，納稅義務人應於繳款書送達之次日起 15 日內向公庫繳納之。

第九節 商港服務費

　　貨物商港服務費又分國際航線及國內航線，國際航線之貨物商港服務費，其收費項目分為散雜貨、整櫃貨、併櫃貨三項。散雜貨、整櫃貨均依附表之規定，收取其貨物商港服務費。併櫃貨貨物商港服務費，依該貨櫃內不同貨物之計費噸數量計費。(如表 17-1)

單位：新臺幣（元）

項次	貨品名稱	費率等級	散雜貨每計費噸費率	整櫃貨	
				20 呎以下	21 呎以上
1	米、麥、麥片、麵粉、麩皮、米糠、豆、豆粉、玉米、澱粉、豆餅、花生、花生餅、菜籽、棉籽、茶餅、飼料、漁粉、瓜子、胡桃、芝麻、糖、鹽、工業鹽、廢料及廢品柴薪、木片、空油桶、廢膠及其製成品、硫磺、石墨、磚、瓦、土製品、石製品、石棉及其製品、焦炭、柏油、紙漿、紙類及其製品（粗製）、化學肥料（粗製）、化工原料（粗製）	1	7	274	547
2	廢料及廢品（屬棉、麻、毛、絲、皮、人造纖維）、棉及其製品、麻及其製品、毛髮及其製品、豬鬃及其製品、草及其製品、廢金屬及廢品、鋼鐵及其製品、化學肥料（細製）、化工原料（細製）、紙類及其製品（細製）、石油及其煉製液體燃料、麥芽釀造酒類、蔬菜、鮮果	2	13	547	1,094
3	不屬第 1、2 等級貨類者，皆列為第 3 等級	3	19	684	1,368

註：礦砂、煤炭、硫酸、土、石、砂、石灰、石膏、水泥、廢紙、松類原木、造紙用木片、以廢紙原料製成紙箱用紙（包括牛皮紙、紙板、芯紙）、竹簍（菜農使用）、製造飼料原料、糖蜜等貨類，以散雜貨輪裝卸者，每計費噸新臺幣 2.8 元，每一筆報單之貨量若超過 5 萬公噸者，超過部分，每計費噸新臺幣 1.4 元；以貨櫃輪裝卸者，倘裝載於 20 呎以下整櫃者，每櫃計收新臺幣 100 元，裝載於 21 呎以上者，每櫃計收新臺幣 136 元。

▲ 表 17-1　散雜貨、整櫃貨貨物商港服務費收費等級費率表

　　計費方法補充說明如後：

1. 依《商港服務費收取保管及運用辦法》第 6 條，併櫃貨不分等級，依該貨櫃內不同貨物之計費噸數量，每噸以新臺幣 80 元計收。每一筆報單應繳金額不足新臺幣 100 元者，不予計收。

2.計費噸之取得方式，由重量噸及體積噸中取大者計收。

第十節 推廣貿易服務費

1.**徵收依據：**《貿易法》第 21 條、《貿易法施行細則》第 17 條。

2.**費率：**由海關統一按進、出口貨物價格 0.04% 收取。進口貨物以完稅價格 (CIF) 為準，出口貨物以離岸價格 (FOB) 為準。

3.**收取方式：**

  • 進口貨物：與進口關稅同時收取。

  • 出口貨物：於貨物出口後，由海關按季（即每 3 個月）累計開具出口貨物代收費用繳納證一份（並附報單清單），以郵遞方式寄達貨物輸出人在國際貿易局所登記之地址。

  • 推廣貿易服務費應自海關開立繳納證之日起，14 日內至代收銀行繳納。如遺失費用繳納證者，可向原開立繳費單之海關申請補發。

4.未依規定繳納推廣貿易服務費者，主管機關國際貿易局依《貿易法》第 30 條規定得處分暫停輸出入貨品，海關配合辦理。

自我評量

1. 何謂關稅？

2. 我國海關將關稅課稅方式分為哪三種？

3. 我國對進口商品課稅是採用什麼制度？

4. 關稅之繳納方式為何？

5. 關稅繳納期限為何？

6. 關稅逾期未繳納者，應繳滯納金之規定如何？

7. 何謂「關稅記帳」？

9. 依照徵收關稅的目的，關稅可分為哪幾種？

10. 菸之課稅項目及應徵稅額為何？

11. 酒稅之課徵依不同的酒及酒精濃度課徵不同稅額，項目及應徵稅額為何？

12. 營業稅之課徵規定為何？

13. 何謂特種貨物及勞務稅（俗稱奢侈稅）？

14. 何謂貨物商港服務費？

15. 推廣貿易服務費之費率收取方式為何？

▷ 第十八章
特別關稅

特別關稅與一般貨物進口時所課徵關稅之目的不同，一般關稅之課徵主要目的是國家財政的收入，而特別關稅之課徵兼負著抵擋外國商品或國家不公平的競爭行為，特別關稅課徵之徵收係依據《關稅法》第四章特別關稅之法令辦理，其種類及定義，說明如下：

第一節 特別關稅的種類

一、平衡稅

平衡稅 (Countervailing Duty) 係指一國對自他國進口的產品，因該產品於產地或輸出國在製造、生產或輸出過程中直接或間接的接受補貼，造成外國產品在本國市場銷售的優勢，除課徵一般進口關稅外，復課以相當補貼淨額的特別關稅，謂之平衡稅。

二、反傾銷稅

一國的產品如以低於正常價格輸往他國進行商業銷售，謂之「傾銷」。傾銷的進口貨物，如造成進口國相關產業因此遭受實質損害 (Material Injury) 或有實質損害之虞 (Threat of Material Injury)，抑或實質阻礙該國相關產業的建立，該進口國除依規定徵收關稅外，另對該項進口貨物所徵收的特別關稅，謂之「反傾銷稅」(Anti-Dumping Duty)。

三、報復關稅

報復關稅 (Revenge Duty) 是一國為報復他國對本國商品，船舶、企業、投資或知

識產權的不公正待遇而對從該國進口的商品所課徵的進口附加稅。通常這些不公平待遇包括：

1. 對本國商品徵收歧視性差別關稅或採取貿易保護措施。
2. 給予第三國比給本國更優惠的待遇。
3. 在與本國的貿易中，「自由貿易」方面做得不夠。
4. 對本國產品的知識產權沒有提供足夠的保護。
5. 在與本國的原貿易協定期滿時，對新協定提出不合理要求。

第二節 機動稅率

依據《關稅法》第 71 條規定，為應付國內或國際經濟之特殊情況，並調節物資供應及產業合理經營，對進口貨物應徵之關稅或適用之關稅配額，得在《海關進口稅則》規定之稅率或數量 50% 以內予以增減，是為機動稅率 (Flexibility Duty)。但大宗物資價格大幅波動時，得在 100% 以內予以增減。前項增減稅率之期間，以 1 年為限。

第三節 關稅配額

關稅配額 (Tariff Quotas) 是一種進口國限制進口貨物數量的措施。進口國對進口貨物數量制訂一數量限制，對於凡在某一限額內進口的貨物可以適用較低的稅率，對於超過限額後所進口的貨物則適用較高或一般的稅率，配額證如圖 18-1，關稅配額證如圖 18-2。

第四節 特別防衛措施

一、農產品課徵額外關稅修正規定

財政部為執行特別防衛措施徵收額外關稅，特訂定下列規定：

1. 額外關稅課徵之範圍，包括花生、東方梨、糖、大蒜、檳榔、雞肉（含雞腿、雞翅及其他雞肉塊）、液態乳（含鮮乳及其他液態乳）、動物雜碎（含家禽雜碎及家畜雜

臺灣銀行　ECA經濟合作協定輸入關稅配額證明書

BANK OF TAIWAN

第二聯：配額持有人聯

(1)配額批次： 085	(2)配額數量： 62.7125　　　公斤

(3)生產國別：　☑ 紐西蘭　　□ 其他：

(4)貨品名稱／代碼(限勾選一項)：

☑ E 鹿茸　　　　　　　　□ 其他：

貨品適用之稅則號別以總統令公布內容為準。

(5)配額持有人： 　　　有限公司　統一編號： 　　　CO., LTD. 　電話：(04)　　傳真：(04)	(6)配額持有人印章：

(以上請配額持有人套打及加蓋印章，以下請勿填寫)

證明書號碼　NZE 085 TRQ	核定展延到期日(由核發機構填列)
生效日　108年01月01日	核發機構核章
到期日　108年09月01日	

核發證明機構簽章 臺灣銀行 資金部 配額核准章 107. 12. 27 Department of Pracious Metals BANK OF TAIWAN	備註： 1.進口日期以裝載貨物之運輸工具進口日/保稅倉庫申請出倉進口日為準。 2.本輸入關稅配額證明書之效期自生效日起至到期日止，效期屆滿本證明書即失效，未進口者必須自當年8月1日起至8月25日向核發單位申請展延至當年12月31日，取得展期證明書後再憑以進口。重分配配額不辦理展延。 3.本關稅配額證明書配額持有人不得塗改，否則失效。配額貨品應符合相關檢疫/檢驗及進口規定方准進口。

核發機構加註有關規定	註銷原發配額證明書

▲圖 18-1　臺紐配額證

臺灣銀行 BANK OF TAIWAN　WTO輸入關稅配額證明書

第二聯：配額持有人聯

(1)配額批次： 075		(2)配額數量：	
生產國別：WTO會員 (中國大陸生產之貨物是否准予開放進口，以經濟部公告之輸入規定為準。)		(鹿茸數量：　　　　　　　　　　　　　)	公噸 公斤

| (3)貨品名稱／代碼 (限勾選一項) | ☑E 鹿茸
 ☐F 東方梨
 ☐G 香蕉 | ☐H 紅豆
 ☐I 液態乳
 ☐J 花生類
　☐J1 帶殼花生
　☐J2 去殼花生
　☐J3 花生粉
　☐J4 花生油
　☐J5 混合花生 | ☐K 大蒜
 ☐L 乾香菇
 ☐M 乾金針
 ☐N 椰子
　☐N1 帶殼椰子
　☐N2 剝殼椰子
　☐N3 其他椰子
 ☐O 檳榔　☐R 柚子
 ☐P 鳳梨　☐T 桂圓肉
 ☐Q 芒果 | ☐Y 食米
 ☐Y1 稻穀
 ☐Y2 白米、米食製品(A)
 ☐Y3 糙米、米食製品(B) |

貨品適用之稅則號別以財政部關務署公告者為準。

(4)配額持有人：	(5)配額持有人印章：

(以上請配額持有人繕打及加蓋印章，以下請勿填寫)

證明書號碼 CTE 075 TRQ	核定展延到期日 (由核發機構填列)
生效日　107年01月01日	核發機構核章
到期日　107年09月01日	
核發證明機構簽章	備註： 1.進口日期以裝載貨物之運輸工具進口日/保稅倉庫申請出倉進口日為準。 2.配額種類第E-J及Y項之輸入配額證明書之效期自生效日起至到期日止，效期屆滿本證明書即失效，未進口者必須自當年8月1日起至8月25日止向核發單位申請展延到期日期。重分配配額不辦理展延。 3.配額種類第K-T項之輸入配額證明書之效期自生效日起至到期日止，效期屆滿本證明書即失效，不得展延。 4.本關稅配額證明書配持有人不得塗改，否則失效。配額貨品應符合相關檢疫/檢驗及進口規定方准進口。
核發機構加註有關規定	註銷原發配額證明書

▲圖 18-2　WTO 關稅配額證

碎)、紅豆、乾香菇、柚子、柿子、乾金針、豬腹脇肉及食米（含稻穀、糙米、白米及米食製品）等十五種貨品。（貨品之稅則號別如表 18–1、表 18–2）

3. 額外關稅應於第 1 點所列進口貨物之累積進口量超過所定基準數量，或進口價格低於所定基準價格時課徵，並以該二基準所計算稅額較高者為之。但動物雜碎以其累積進口量超過基準數量時課徵額外關稅。

4. 進口貨物適用之基準數量依世界貿易組織《農業協定》第 5 條第 4 項規定訂定，其額外關稅之課徵方法、課徵額度及課徵期間訂定如本節之額外關稅之課徵方法 A 所示。

5. 進口貨物適用之基準價格依世界貿易組織《農業協定》第 5 條第 1 項規定採用 1990 至 1992 年平均之每公斤起岸價格，部分無進口實績之貨物，得參考我鄰近國家之起岸價格及我計算關稅等值時所用之國外價格估算，其額外關稅之課徵方法及課徵額度規定如本節之額外關稅之課徵方法 B 所示。

二、額外關稅之課徵方法 A

㈠課徵方法

累積進口量包含持關稅配額證明書及未持關稅配額證明書之進口數量，並依運輸工具進口日所屬年度按報關時間先後累計，累積進口量達基準數量時，即為課徵額外關稅之起徵點，但檢附關稅配額證明書者不予加徵額外關稅。

由旅客攜帶以及郵包寄遞進口，經繕具進口報單者，應計入累積進口量，並依規定課徵額外關稅。未繕具進口報單者，雖不計入累積進口量，但於起徵點之後進口者，應依規定課徵額外關稅。

「G1（外貨進口）報單」及「D2（保稅貨物出保稅倉進口）報單」，應列入進口數量之累計，但該等報單中之三角貿易貨物、扣押貨物、放棄貨物、退運貨物及國貨待復運出口（海關納稅辦法代碼分別為 90、91、92、94、71）除外。

同一時間報關總量跨越起徵點數量時，按個別報單進口數量比例計算免收額外關稅之數量；同一批貨物數量跨越起徵點數量者，按報單申報項次先後計算免收額外關稅之數量，超過數量部分應予課徵。

累積進口量應由海關隨時於網站上揭示，累積進口量達基準數量之 90% 時，進口貨物應俟海關完成相關報單查核、確認報關時間先後順序及核定應否課徵額外關稅後，

再據以徵稅放行；納稅義務人如有先行提貨之必要者，得加計額外關稅計算應納關稅之數額繳納保證金，申請驗放。

　　進口人申報之稅則錯誤，惟經海關核定之稅則號別屬課徵額外關稅之貨品項目，應依海關核定之時間為準計入累積進口量，如已達基準數量時，應加徵額外關稅。

　　㈡**其他規定**

1. 課徵額度應加徵原應課徵關稅稅額 33.3%。
2. 課徵期間為進口數量達起徵點之日起至該年度 12 月 31 日止。

三、額外關稅之課徵方法 B

　　㈠**課徵方法**

　　依《關稅法》核定進口貨物之完稅價格，與基準價格之差額超過基準價格 10% 以上時，應依世界貿易組織《農業協定》第 5 條第 5 項規定加徵額外關稅，但檢附關稅配額證明書者除外。

　　由旅客攜帶以及郵包寄遞進口，經繕具進口報單者，應依規定課徵額外關稅。但未繕具進口報單者除外。

　　㈡**課徵額度**

1. 以國內幣值計算之進口價格和本項定義之基準價格之間的差額小於或等於基準價格之 10% 者，不得課徵額外關稅。
2. 進口價格和基準價格之間的差額（以下即稱為差額）大於基準價格之 10%，但小於或等於基準價格之 40% 者，應就該差額超過基準價格 10% 的部分課徵 30% 之額外關稅。
3. 差額超過 40%，但小於或等於基準價格之 60% 者，應就該差額超過基準價格 40% 之部分課徵 50% 之額外關稅，再加上第 2 目之額外關稅。
4. 差額超過 60%，但小於或等於基準價格之 75% 者，應就該差額超過基準價格 60% 之部分課徵 70% 的額外關稅，再加上第 2 目與第 3 目之額外關稅。
5. 差額超過基準價格之 75%，應就該差額超過 75% 之部分課徵 90% 之額外關稅，再加上第 2 目、第 3 目與第 4 目之額外關稅。

▼ 表 18-1　民國 108 年度農產品實施特別防衛措施種類基準數量　　　　　　　　　　單位：公噸

項目		稅則號別	平均消費量〈104–106 年〉	平均進口量〈104–106 年〉	市場占有率 (%)	基準率 (%)	消費變動量〈105–106 年〉	基準數量
花生	帶殼花生	12023010、12024100、20081111、20081191	70,072.5	8,285.7	11.82	110	4,177.6	10,357.1
	去殼花生、花生粉及細粒	12023020、12024200、12089011、12089021、20081112、20081192						
	花生油	15081000、15089000						
	混合花生	20081942						
東方梨		08083090	128,511.6	9,840.0	7.66	125	6,217.1	12,300.0
大蒜	使用蒜球	07032010	4,478.6	0.0	0	125	−578.5	0.0
	生鮮冷藏大蒜	07032090	24,360.8	16,349.0	67.11	105	10,318.4	20,436.3
	乾蒜球	07129040	28,414.9	672.6	2.37	125	652.6	840.8
檳榔		08028000	105,195.4	241.2	0.23	125	2,996.2	301.5
雞肉	雞腿與雞翅	02071311、02071411、02109912、16023210	310,923.2	163,957.7	52.73	105	−4,776.0	172,155.6
	其他雞肉塊	02071100、02071200、02071319、02071419、02109919、16023220	221,354.9	2,024.0	0.91	125	−3,833.5	2,125.2
液態乳	鮮乳	04011010、04012010、04014010、04015010、04029910	329,851.3	26,328.4	7.98	125	12,702.8	32,910.5
	其他液態乳	04011020、04012020、04014020、04015020、04029920、04029992、04039029、04039040、04039059、04039090、18069053、18069055、19019025、19019027	129,887.0	10,851.8	8.35	125	8,304.5	13,564.8
雜碎	家禽雜碎	02071399、02071429、02072690、02072729、02074490、02074590、02075490、02075590、02076030、02076090、02109929、05040022、16023120、16023290、16023920、16029040	40,934.3	327.2	0.8	125	733.9	409.0
	家畜雜碎	02063020、02064930、05040021、16024930	115,240.8	20,062.3	17.41	110	1,322.5	23,391.0

紅豆	07102910、07133200、11061010、20049010、20055110、20055910、20060011、20060025	14,715.1	3,952.6	26.86	110	1,734.3	4,940.8
乾香菇	07123920	5,603.7	221.7	3.96	125	−429.3	232.8
柚子	08054020	76,624.2	0.3	0.00	125	17,155.1	0.4
柿子	08107000	61,436.9	34.4	0.06	125	2,871.3	43.0
乾金針	07129050	382.0	3.4	0.89	125	24.7	4.3
豬腹脇肉	02031911、02031991、02032911、02032991	72,876.6	15,252.2	20.93	110	3,984.7	19,065.3
食米	10061000、10062000、10063000、10064000、11029011、11029019、11031930、11032010、11041910、11042920、11081910、18069061、18069071、18069092、19019091、19021110、19021910、19022010、19023020、19041020、19042011、19042021、19049010、21069098	1,207,438.8	146,564.1	12.14	110	27,452.7	183,205.1

註：

1. 基準數量＝前 3 年平均進口量＊基準率＋最近年度之消費變動量。

2. 依《農業協定》第 5 條規定，如不考慮國內消費量，基準數量為前 3 年平均進口量之 1.25 倍，且無論是否考慮國內消費量，基準數量不應小於前 3 年平均進口量之 1.05 倍。種用蒜球、雞腿與雞翅、其他雞肉塊、乾香菇係按基準數量不應小於前 3 年平均進口量之 1.05 倍之原則調整計算。另食米、花生、東方梨、生鮮冷藏大蒜、乾蒜球、檳榔、鮮乳、其他液態乳、家禽雜碎、紅豆、柚子、柿子、乾金針及豬腹脅肉，以不考慮國內消費量因素計算而得。

3. 花生基準數量係以帶殼花生計算，進口去殼花生、花生粉及細粒及花生油應換算為帶殼花生以累計進口數量，有關上開貨品換算帶殼花生之比例，依《海關進口稅則》第 98 章增註 3 所訂換算比例辦理。

▼ 表 18–2　民國 108 年度農產品實施特別防衛措施種類基準價格　　　　單位：新臺幣元／公斤

項目		稅則號別	基準價格
花生	帶殼花生	12023010、12024100、20081111、20081191	11.8
	去殼花生、花生粉及細粒暨混合花生	12023020、12024200、12089011、12089021、20081112、20081192、20081942	18.1
	花生油	15081000、15089000	25.9
東方梨		08083090	54.0
大蒜		07032010、07032090、07129040	9.7
檳榔		08028000	50.0

雞肉	雞腿與雞翅	02071311、02071411、02109912、16023210	30.0
	其他雞肉塊	02071100、02071200、02071319、02071419、02109919、16023220	42.0
液態乳（元／公升）		04011010、04012010、04014010、04015010、04029910、04011020、04012020、04014020、04015020、04029920、04029992、04039029、04039040、04039059、04039090、18069053、18069055、19019025、19019027	17.0
紅豆		07102910、07133200、11061010、20049010、20055110、20055910、20060011、20060025	14.4
乾香菇		07123920	302.15
柚子		08054020	10.4
柿子		08107000	23.4
乾金針		07129050	13.7
豬腹脇肉		02031911、02031991、02032911、02032991	30.0
食米	稻穀	10061000	6.0
	糙米	10062000	7.0
	白米	10063000、10064000	8.0
	米食製品	11029011、11029019、11031930、11032010、11041910、11042920、11081910	9.0

註：
基準價格為 1990 至 1992 年平均之每公斤 CIF 價格，部分無進口實績之貨物，係參考我鄰近國家之 CIF 價格等資料計算而得。

自我評量

1. 何謂平衡稅 (Countervailing Duty)？

2. 何謂反傾銷稅 (Anti-Dumping Duty)？

3. 何謂報復關稅 (Revenge Duty)？

4. 報復關稅是一國為報復他國對本國商品，船舶、企業、投資或知識產權的不公正待遇而對從該國進口的商品所課徵的進口附加稅。通常這些不公平待遇包括哪些項目？

5. 何謂機動稅率 (Flexibility Duty)？

6. 何謂關稅配額 (Tariff Quotas)？

7. 進口貨物適用之基準數量，依世界貿易組織《農業協定》第 5 條第 4 項規定訂定，其額外關稅之課徵方法、課徵額度及課徵期間為何？

▷ 第十九章
傾銷認定與反傾銷應對

第一節 ▶ 基本介紹

《關稅暨貿易總協定》(General Agreement on Tariffs and Trade, GATT)，第 6 條《反傾銷協定》第 2.1 條的規定，若 A 國商品以低於正常價格銷售至 B 國市場，此為因，B 國此商品之業者因而遭受實質傷害，此為果，設若 A 國之低價銷售行為與 B 國產業遭受實質傷害，經調查倆者間存在因果關係，也就是說 B 國產業遭受實質傷害，乃起因於 A 國之低價銷售行為，則該產品之低價銷售行為被視為傾銷。反之 B 國產業遭受實質傷害，另有原因，與 A 國之低價銷售行為關聯性低，則 A 國將不會被認定為傾銷。

我國對傾銷調查與裁定機關有二個，財政部負責調查出口國之低價銷售行為，經濟部負責調查我國產業是否遭受實質傷害，若調查結果二者存在因果關係，確定傾銷行為之事實，則由財政部負責對出口國之相同商品，於進口時除了原應徵收之關稅以外，再加課以反傾銷稅。

反傾銷 (Anti-Dumping) 雖然是事後處罰出口國的抵制措施，也是為保護國內相同產業的補救措施，然而卻常被拿來做為貿易戰的手段之一，當出口國之業者被加課以反傾銷稅後，幾乎等同被判定退出進口國之市場。

進口國對出口國所課徵之反傾銷稅，不能高於出口國之傾銷幅度，且出口國之業者亦能以出具「價格具結」（如圖 19-1）的方式，要求進口國停止調查。反傾銷稅之課徵以 5 年為期，時間到期再進行落日調查，若出口國傾銷情形或進口國遭受實質傷害情形並未消除，則反傾銷稅之課徵將繼續課徵 5 年，可持續多個 5 年。

若出口產品遭受調查的出口商於進口國展開調查行動時，出口國可以將問題提交

世界貿易組織解決爭端，出口商則可以透過政府採取以下的行動。

第二節 實際案例

有關對自中國大陸產製進口毛巾產品課徵反傾銷稅第二次落日調查案，自民國106年12月20日公告之翌日起，依核定稅率繼續課徵反傾銷稅，為期5年。

依據：《平衡稅及反傾銷稅課徵實施辦法》第24條、第44條暨民國106年9月20日、12月4日本部關稅稅率審議小組第二次及第三次會議決議。

公告事項：

旨案由雲林縣毛巾產業科技發展協會提出申請，並經本部及經濟部分別完成傾銷及產業損害調查，認定如停止對自中國大陸產製進口毛巾產品課徵反傾銷稅，傾銷及產業損害將繼續或再發生，且經濟部綜合分析評估，無充分證據顯示繼續採行反傾銷措施對國家整體經濟利益有明顯之負面效果。

一、反傾銷稅執行

繼續課徵反傾銷稅之範圍、對象、稅率及期間如下：

㈠課徵範圍

1. 貨品名稱及範圍：方巾、浴巾、枕巾、毛巾、毛巾被、餐巾、茶巾、床巾、腳踏布、桌巾等棉質毛巾織物及類似毛圈織物製品，與未漂染、未印花、未繡花等毛巾疋布、成品、半成品（總稱毛巾產品）。

2. 材質：棉質或類似毛圈織物。

3. 規格：所有尺寸及以紗支數 50 s 以下所有品級棉紗所織造之毛巾產品。

4. 用途：所有用途，主要用於清潔、盥洗及廚房使用。

5. 參考貨品稅則號別：6302.60.00 及 6302.91.00。

㈡課徵對象

1. 輸出國或產製國：中國大陸。

2. 已知之製造商及出口商：昆山森鳴紡織有限公司、浙江雙燈家紡有限公司、上海卡璐達家居紡織製品有限公司、南京佳友紡織品有限公司、上海千賀國際貿易有限公司、UCHINO INTERNATIONAL PTE LTD.、南通元福紡織有限公司、中紡河南棉

花進出口公司、保定新高新進出口有限公司、武漢金林紡織貿易有限公司、曲阜騰龍棉紡織品有限公司、廣西梧州光華毛巾有限公司、岳陽市華美巾被織造有限公司、上海新昌出口有限公司、武漢謙誠貿易有限公司、廣西柳州騰龍毛巾製衣有限公司、蘇州銘德紡織有限公司、北京京冠毛巾有限責任公司、蘭溪市浩進紡織服飾有限公司。

3. 已知之進口商：東行實業有限公司、森鳴實業有限公司、勝佳國際貿易有限公司、葦慶興業有限公司、友升企業股份有限公司、勁威國際股份有限公司、啟上貿易有限公司、得興貿易有限公司、中大棉織廠股份有限公司。

4. 其他未列名之涉案貨物製造商、出口商、進口商及代理商。

㈢課徵稅率

1. 昆山森鳴紡織有限公司：0%。

2. 浙江雙燈家紡有限公司：29.72%。

3. 中國大陸其他製造商或出口商：29.72%。

㈣課徵期間

自民國 106 年 12 月 21 日至 111 年 12 月 20 日止，為期 5 年。

二、相關文件

根據經濟部民國 100 年 12 月 19 日臺財關字第 10005922250 號公告核定昆山森鳴紡織有限公司、浙江雙燈家紡有限公司、南京佳友紡織品有限公司、上海千賀國際貿易有限公司、 上海卡璐達家居紡織製品有限公司及 UCHINO INTERNATIONAL PTE LTD. 六家具結廠商，自民國 106 年 12 月 21 日起停止適用價格具結措施，並依本次公告核定稅率課徵反傾銷稅。

其他相關文件可參考經濟部民國 100 年 12 月 19 日臺財關字第 10005922250 號公告、民國 105 年 5 月 9 日臺財關字第 1051009620 號公告、民國 105 年 11 月 30 日臺財關字第 1051025495 號公告、民國 106 年 5 月 25 日臺財關字第 1061011133 號公告及民國 106 年 9 月 28 日臺財關字第 1061020896 號函。

▼圖 19–1　出口商價格具結案例

財政部　函

機關地址：10341臺北市大同區塔城街13號
電話：(02)25505500

受文者：
發文日期：中華民國102年4月17日
發文字號：台財關字第1021008370號
速別：速件
密等及解密條件或保密期限：密（本件至106年12月31日解密）
附件：如文

主旨：關於我國對自中國大陸產製進口鞋靴繼續課徵反傾銷稅
　　　案，貴公司所提價格具結申請，業經本部接受並公告在
　　　案，請　查照。

說明：

　　一、本部102年4月17日台財關字第1021008347號公告副本諒
　　　　達。

　　二、貴公司所提且經本部接受之各款涉案鞋品具結價格表如附
　　　　件，其餘應注意事項如次：

　　　　(一)當匯率或相關產銷成本費用有相當程度變動時，本部得
　　　　　　要求　貴公司調整所提之具結價格。

　　　　(二)貴公司應依平衡稅及反傾銷稅課徵實施辦法第23條第2
　　　　　　項規定，於每季結束後一個月內提供上一季涉案貨物輸
　　　　　　往我國之逐筆交易對象、價格及數量等資料及其電子檔
　　　　　　（請傳送至本部關務署電子郵件信箱
　　　　　　antidumping@webmail.customs.gov.tw），並檢附出口
　　　　　　報單、訂單、裝箱單、發票等相關證明文件。本部如需
　　　　　　進行實地查證時，並請配合辦理。

　　　　(三)貴公司如拒絕或無正當理由而遲延提供前項資料，或有
　　　　　　其他違反具結內容之情事，本部將停止　貴公司價格具
　　　　　　結之適用，並課徵稅率43.46%之反傾銷稅。

　　三、為避免影響通關速度，貴公司出口涉案貨物至我國時，請

第1頁 共3頁

正本

與非涉案貨物分開裝運，俾利以不同報單申報進口，另申
報進口時宜請進口人請配合辦理下列事項：

(一)進口報單出口商欄位應正確填報　貴公司英文名稱，該
名稱應與附件價格具結表所列者相同。

(二)詳實申報涉案貨物之貨品分類號列、數量及價格，並以
FOB美元／雙計價。

(三)生產國別請申報為「CN」。

正本：GUANGZHOU JIATAI SHOE FACTORY、STELLA INTERNATIONAL LTD、SUZHOU
PEDIPED FOOTWEAR CO., LTD、PEDIPED INFANT FOOTWEAR LLC、SUNRISE
FASHION SHOES CO., LTD、Dr.Martens Airwair Hong Kong Ltd.、RYOHIN
KEIKAKU Co. Ltd.、HONG KONG DESCENTE TRADING LTD.、DESCENTE LTD.、
DAPHNE Investment (Group) Co., Ltd.、COACH SERVICES, INC.、COACH
MANUFACTURING LIMITED、Ever Best Trading Limited、ZhongShan SanXiang
Dechun Shoes Inc.、PUTIAN BEYOND TRADING CO. LTD.、GUANGZHOU JO WALK
TRADING CO., LTD.、PERFECT INSIGHT HOLDING LTD.、Idea (MACAO
COMMERCIAL OFFSHORE) Limited、THE LOOK(MACAO COMMERCIAL OFFSHORE)
Company Limited、POU YUEN TRADING INC.、PONIC and COMPANY HOLDING
LIMITED、KONG TAI SUNDRY GOODS CO., LTD.、HONG KONG REGAL SHOES CO.
LTD.、Da Sheng (BVI) International Holding Ltd.、DIAMOND GROUP INT'L
LTD.、East Rock Limited、EAST CITY TRADING LIMITED、Puma Asia Pacific
Ltd.、PUMA SE、A.S.O INTERNATIONAL HOLDINGS CO., LIMITED、SUNLIGHT
LIMITED MACAO COMMERCIAL OFFSHORE、VF Hong Kong Limited、SINO STATE
DEVELOPMENT LIMITED、FLORSHEIM ASIA PACIFIC LIMITED、GEOX ASIA
PACIFIC LIMITED、GEOX S.p.A.、QUANZHOU RUIXIN SPORTS GOODS CO.,
LTD.、Stride Rite International Corp.、PIGEON CORPORATION、Bluebell
Hong Kong Ltd.、Marubeni Footwear Resources Ltd.、Timberland
Switzerland GmbH、ECCO SKO A/S、DONGGUAN MANY IMP. &EXP.CO., LTD.、
PACIFIC RAYS、SHOEZTEK GLOBAL CO., LTD.、MoonStar Company、HI-TEC
SPORTS INTERNATIONAL HOLDINGS B. V.、WUJANG CHENGFEI SHOES CO.,
LTD.、Usasia International Corporation、Deckers Asia Pacific
Limited、IMAGINEX MANAGEMENT COMPANY LIMITED、BROSMANN HOLDING
LIMITED、Billion State International Trading Limited、Champion Ship
Footwear Manufacturing Co., Ltd.、adidas International Trading BV、
QUANZHOU DAOQI SHOES CO., LTD.、LIPPO (QINGYUAN) INDUSTRY CO., LTD.、
Deckers Outdoor Corporation、Skechers Sarl、FED INTERNATIONAL CORP.、
Trendz 360 Pte Ltd Taiwan Branch、STAR EAST GROUP LTD.、HO HSING
INTERNATIONAL CO., LTD.、BRIGHT JADE (SHANGHAI) SHOES CO., LTD.、
BONSHOE INTERNATIONAL CO., LTD.、BONSHOE INTERNATIONAL CO., LTD.、
ROYAL ELASTICS INTERNATIONAL LIMITED、MARC FISHER LLC.、FORME LTD.、
E.S.ORIGINALS INC、MASAI DISTRIBUTION PTE LTD、KEEN INC.、DANSKO
LLC.、Yue Yuen Marketing Company Limited、Primer International、
Management Ltd.、FitFlop Limited、GRI Accessories (HK) Ltd.、ODBO

(FAR EAST) LTD.、Rossimoda S.p.A.、H.H.BROWN SHOE CO., INC.、ACL FOOTWEAR CO., LTD.、GUANGZHOU JIATAI SHOE FACTORY、STELLA INTERNATIONAL LTD、SUZHOU PEDIPED FOOTWEAR CO., LTD、PEDIPED INFANT FOOTWEAR LLC、SUNRISE FASHION SHOES CO., LTD、Dr.Martens Airwair Hong Kong Ltd.、RYOHIN KEIKAKU Co. Ltd.、HONG KONG DESCENTE TRADING LTD.、DESCENTE LTD.、DAPHNE Investment (Group) Co., Ltd.、COACH SERVICES, INC.、COACH MANUFACTURING LIMITED、Ever Best Trading Limited、ZhongShan SanXiang Dechun Shoes Inc.、PUTIAN BEYOND TRADING CO. LTD.、GUANGZHOU JO WALK TRADING CO., LTD.、PERFECT INSIGHT HOLDING LTD.、idea (MACAO COMMERCIAL OFFSHORE) Limited、THE LOOK(MACAO COMMERCIAL OFFSHORE) Company Limited、POU YUEN TRADING INC.、KONG TAI SUNDRY GOODS CO., LTD.、HONG KONG REGAL SHOES CO. LTD.、Da Sheng (BVI) International Holding Ltd.、DIAMOND GROUP INT'L LTD.、East Rock Limited、EAST CITY TRADING LIMITED、Puma Asia Pacific Ltd.、PUMA SE、A.S.O INTERNATIONAL HOLDINGS CO., LIMITED、VF Hong Kong Limited、SINO STATE DEVELOPMENT LIMITED、FLORSHEIM ASIA PACIFIC LIMITED、GEOX ASIA PACIFIC LIMITED、GEOX S.p.A.、Stride Rite International Corp.、PIGEON CORPORATION、Bluebell Hong Kong Ltd.、Marubeni Footwear Resources Ltd.、Timberland Switzerland GmbH、ECCO SKO A/S、DONGGUAN MANY IMP. &EXP.CO., LTD.、PACIFIC RAYS、SHOEZTEK GLOBAL CO., LTD.、MoonStar Company、HI-TEC SPORTS INTERNATIONAL HOLDINGS B. V.、WUJIANG CHENGFEI SHOES CO., LTD.、Usasia International Corporation、Deckers Asia Pacific Limited、IMAGINEX MANAGEMENT COMPANY LIMITED、BROSMANN HOLDING LIMITED、Billion State International Trading Limited、Champion Ship Footwear Manufacturing Co., Ltd.、adidas International Trading BV、QUANZHOU DAOQI SHOES CO., LTD.、LIPPO (QINGYUAN) INDUSTRY CO., LTD.、Deckers Outdoor Corporation、Skechers Sarl、FED INTERNATIONAL CORP.、Trendz 360 Pte Ltd Taiwan Branch、STAR EAST GROUP LTD.、HO HSING INTERNATIONAL CO., LTD.、BRIGHT JADE (SHANGHAI) SHOES CO., LTD.、BONSHOE INTERNATIONAL CO., LTD.、BONSHOE INTERNATIONAL CO., LTD.、ROYAL ELASTICS INTERNATIONAL LIMITED、MARC FISHER LLC.、FORME LTD.、E.S.ORIGINALS INC、MASAI DISTRIBUTION PTE LTD、KEEN INC.、DANSKO LLC.、Yue Yuen Marketing Company Limited、Primer International Management Ltd.、FitFlop Limited、GRI Accessories (HK) Ltd.、ODBO (FAR EAST) LTD.、Rossimoda S.p.A.、H.H.BROWN SHOE CO., INC.、ACL FOOTWEAR CO., LTD.

副本：各關

部長 張盛和

第 3 頁 共 3 頁

自我評量

1. 何謂反傾銷 (Anti-Dumping)？

2. 依據世貿組織的《反傾銷協定》規定，一成員要實施反傾銷措施，必須遵守哪三個條件？

3. 國外反傾銷調查機構提出的調查問卷 (可分機密捲和非機密捲)，分為哪四個部分？

4. 根據 WTO《反傾銷協定》規定，對傾銷產品徵收反傾銷稅必須符合哪三個基本條件？

▷ 第二十章
通關許可證

政府為了對進出口商品進行一定程度之管理與規範，責令各業務主管機關就其業務性質對進出口商品制訂法律規定，如國貿局主管貨物是否准予進出口，海關主管關稅之徵收、私運之查緝、衛福部主管醫療器材等，每個主管機關皆訂定業務相關之法律規定與罰則，其中，通關許可證即為對特定商品之進出口，訂定須事先申請准許輸入或輸出之文件。

以下以各通關許可證發放單位分別說明不同之許可證類型。

第一節 ▷ 國際貿易局

國際貿易局（以下簡稱國貿局），是我國規定貨物是否能進出口之主管機關，其資訊揭露於中華民國海關進口稅則暨輸出入貨品分類表合訂本，若稅則碼之輸入欄出現 111 即代表此貨品不准輸入，121 代表此貨品輸入前須向國貿局申請輸入許可證，MW0 代表此貨品中國大陸產製品不准輸入，S01 及 S03 代表此貨品須向國貿局申請戰略性高科技貨品輸出許可證。以下舉例屬國貿局核發之許可證：

1. 輸入許可證。（如圖 20-1）
2. 華盛頓公約 (CITES)。（如圖 20-2）
3. 戰略性高科技貨品。（如圖 20-3）

自美國遭受到 911 恐怖攻擊後，全球恐怖攻擊危機意識提高，為研擬防範措施，遂有戰略性高科技貨品之規定，我國管理機關為國際貿易局，出口之商品若是屬戰略性高科技貨品清單內之貨品，出口前須向國際貿易局申請戰略性高科技貨品輸出許可證。戰略性高科技貨品輸出管制種類有以下幾種：

1. 軍商二用貨品及技術出口管制清單。

2. 一般軍用貨品清單。

3. 輸往北韓及伊朗之敏感貨品清單。

若輸出貨品非屬上述清單內項目，惟其最終用途或最終使用者有可能用於生產、發展核子、生化、飛彈等軍事武器用途，亦屬管制項目。

上述有可能用於生產、發展核子、生化、飛彈等軍事武器用途，係指交易有下列情形之一者：

1. 國外交易對象為國際出口管制實體名單之對象或主管機關告知之特定對象。

2. 國外交易對象或採購代理商不願說明產品最終用途或最終使用人，或交易對象幾乎沒有經商背景。

3. 產品功能與國外交易對象業務需求不符或產品規格與進口國的技術水準不符。

4. 產品出售之價格、貿易條件或付款方式，不符合一般國際貿易方式。

5. 國外交易對象不熟悉產品功能特性，但仍堅持購買該產品或國外交易對象拒絕例行性安裝、訓練或後續維修服務。

6. 無特別理由，國外交易對象對運送日期不確定、運送地點是目的地以外的地方、貨物的最終收貨人為貨運承攬業者或臨時變更收貨人或地點。

7. 無特別理由，貨物之包裝方式、運送路線或標記異常。

8. 交易情形有其他異常情況者。

另外，依出口國政府規定須取得我國核發國際進口證明書或其他相關保證文件之輸入貨品，亦包含在管制清單內。

特定戰略性高科技貨品種類係指戰略性高科技貨品輸出管制清單內之貨品及輸出貨品非屬前述清單內項目，惟其最終用途或最終使用者有可能用於生產、發展核子、生化、飛彈等軍事武器用途。凡經由我國通商口岸過境、轉口或進儲保稅倉庫、物流中心及自由貿易港區輸往管制地區者，應依《戰略性高科技貨品輸出入管理辦法》第20條規定，事先申請許可，始得辦理。

輸出管制地區為伊朗、伊拉克、北韓、中國大陸、古巴、蘇丹、敘利亞。

中國大陸地區之輸出管制，限化學機械研磨機、光阻剝除機、光阻顯影機、快速高溫熱處理機、沉積設備、洗淨設備、乾燥機、電子顯微鏡、蝕刻機、離子植入機、光阻塗布機、微影設備等十二類半導體晶圓製造設備；其他戰略性高科技貨品輸往中國大陸地區適用非管制地區之規定。

輸 入 許 可 證
IMPORT PERMIT

國際貿易局網站印製參考用聯 　　　　　　　　　　　　　　　　　　　　　　　共1頁第1頁

1 申請人Applicant　　　統一編號：	2 賣方名址seller	CN
電話：		

3 起運口岸 Shipping Port	CNSHA	輸入許可證號碼 Import Permit No. 許可證簽證日期 Issue Date 許可證有效日期 Expiration Date
4 檢附文件字號 Required Document Ref. No.		簽證機構簽章 Approving Agency Signature 　　　　參考用聯無簽證機構簽章

簽證機構加註有關規定 Special Conditions

5 項目 Item	6 貨品名稱、規格、廠牌或廠名等 Description of Commodities Spec. and Brand or Maker, etc.	7 貨品分類號列 及檢查號碼 C.C.C. Code	8 數量及單位 Q'ty & Unit	9 單價 Unit Price	10 金額及條件 Value & Terms	11 生產國別 Country of Origin

▲圖 20-1　國貿局輸入許可證

CONVENTION ON
INTERNATIONAL TRADE IN
ENDANGERED SPECIES OF
WILD FAUNA AND FLORA
(Total 1 Pages(s), 1 of 1)

PERMIT/CERTIFICATE No. FTS503W0066155

☐ EXPORT
☐ RE-EXPORT
☐ IMPORT
☐ OTHER

Original

2. Valid until

3. Importer(name, address and country)	4. Exporter(name, address and country)

5. Special conditions	6. Name, address, national seal/stamp and country of Management Authority
If For live animals, this permit or certificate is valid only if the transport conditions comply with the IATA Live Animals Regulations; if for live plants, with the IATA Perishable Cargo Regulations.	國際貿易局 BUREAU OF FOREIGN TRADE Bureau of Foreign Trade Ministry of Economic Affairs No. 1 Hukou St. Taipei, Taiwan Republic of China

5a. Purpose of the transaction T

Item	7/8. Scientific name (genus and species) and common name of animal or plant	9. Description of specimens, including identifying marks or numbers (age/sex if live)	10. Appendix no. and source	11. Quantity (including unit)	11a. Total exported /Quota
			12. Country of origin*, date and permit no.	12a. Country of last re-export, date and certificate no.	12b. No. of operation** or date of acquisition***

* Country in which the specimens were taken from the wild, bred in captivity or artificially propagated(only in case of re-export)
** Only for specimens of Appendix-I species' bred in captivity or artificially propagated for commercial purposes
*** For pre-Convention specimens

13. This permit/certificate is issued by:

_____   _____   _____
      Place   Date   Signature and official seal

14. Export endorsement:		15. Bill of Lading/Air waybill number:
Block	Quantity	

Port of export   Date   Signature   official stamp and title

▲圖 20-2　華盛頓公約 (CITES)

WA131015144021013

戰略性高科技貨品輸出許可證
EXPORT PERMIT OF STRATEGIC HI-TECH COMMODITIES

國際貿易局網站印製參考用聯   共1頁第1頁

1 分批或不分批	2 出口或再出口	3 有效期限 Expiration Date
1.分 批 Partial shipment 2.不分批 Impartible shipment	1.出 口 Export 2.再出口 Re-export	

4 申請人 Applicant　　統一編號：

5 買主 Buyer		6 目的地國別 Country of Destination	

7 收貨人 Consignee		8 轉口港 Transit Port	

9 最終使用者及地址 End User and Address	業務聯絡人及電話 電話：

10 應檢附文件Documents Required

1.產品說明書
2.交易文件
3.外國進口人出具之最終用途保證書
4.進口國核發之國際進口證明書(號碼：   )
5.進口時我國核發之國際進口證明書或保證文件(號碼：   )
6.原出口政府同意再出口文件(號碼：   )
7.其他依規定應檢附文件(號碼：   )

原高科技輸出許可證號：

申請人切結 申辦內容已據實填報，並願遵守貿易法第十三條及戰略性高科技貨品輸出入管理辦法之規定，如有不實或違反情事，願依貿易法第二十七條、第二十七條之一或第二十七條之二之規定，受刑事處罰及(或)行政處分。	11 輸出許可證號碼Export Permit No. 許可證簽證日期Issue Date
簽證機構加註意見欄：	簽證機構簽章 Approving Agency Signature 　　　參考用聯無簽證機構簽章

12項次 Item	13貨品分類號列及 檢查號碼 C.C.C.CODE	14出口管制貨品號碼 Export Control Commodity NO.	15貨品名稱、規格等 Description of Commodities, etc.	16數量及單位 Q'y & Unit	17金額及條件 Value &Terms

▲圖 20-3　戰略性高科技貨品輸出許可證

第二節 衛福部

衛生福利部是醫療及食品相關產品之主管機關，若稅則碼之輸入欄出現 504 即代表此貨品須事先於進口前，向衛生福利部申請取得醫療器材輸入許可證（如圖 20-4），商品方能順利通關進口。

進口食品及相關產品於通關時，向食藥署派駐各港埠之單位，提出報驗申請，並經審查合格之商品，食藥署即核發食品及相關產品輸入許可通知，並傳送訊息給海關，此批進口食品即能通關進口。（如圖 20-5、圖 20-6）

第三節 經濟部標準檢驗局

進口之商品，若稅則碼之輸入欄出現 C01 及 C02（部分商品）即代表此貨品須事先於進口前，向經濟部標準檢驗局申請型式認可或驗證登錄，可大量縮短通關檢驗時程。（如圖 20-7、圖 20-8）

第四節 動植物防疫檢疫局

動植物商品，於進出口前皆須向檢疫機關申請檢疫證，方能順利進出口。（如圖 20-9 至 20-13）

第五節 經濟部能源局

進口之商品，若稅則碼之輸入欄出現 255 即代表此貨品須事先於進口前，向經濟部能源局申請貨品進口同意書，例內燃噴射汽油、汽油、煤油、柴油，含生質柴油等商品。（如圖 20-14）

衛生福利部醫療器材許可證

衛部醫器製字第　　　號

中文名稱：

英文名稱：

類　　別：第　類　　　　　藥商名稱：　　生醫股份有限公司

規　　格：詳如中文仿單核定本　製造廠名稱：　　生醫股份有限公司

製造廠地址：南部科　工業園區

　　　　　　　區路　路　號　樓

效　　能：詳如中文仿單核定本

處　　方：空白

前項醫療器材經本部審核與藥事法之規定核　　應核　合許可證人員證明

衛生福利部部長

陳時中

核　准　展　延　至

核 准 展 延 至	年　月　日	年　月　日	年　月　日	年　月　日
文號				

MF 009342

▲圖 20-4　醫療器材輸入許可證

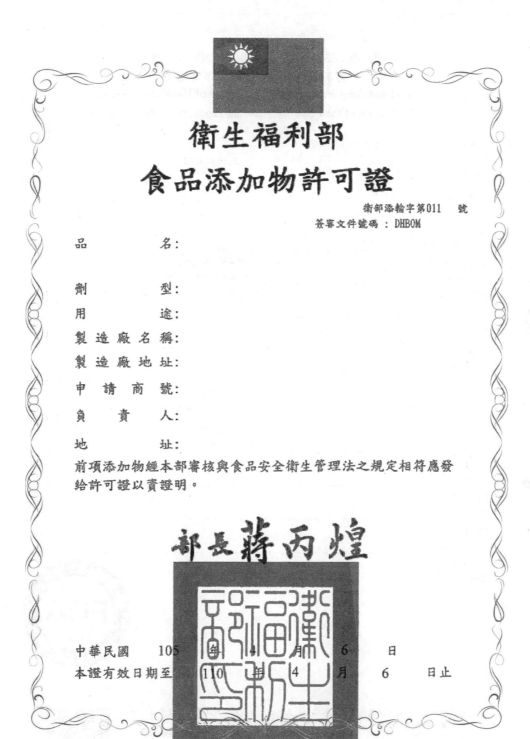

▲圖 20-5　食品添加物輸入許可

衛 生 福 利 部 食 品 藥 物 管 理 署
食品及相關產品輸入許可通知
Food and Drug Administration, Ministry of Health and Welfare
Notification of the Food and Relevant Products Import Admitted

中華民國　年　月　日 FDA南字第　　　　　號

1. 申請書號碼
Application No.

2. 進口日期
Import Date

3. 報驗義務人
Applicant

4. 貨物名稱(品名)
Description of goods

5. 貨品分類號列
C.C.C.Code

6. 報單號碼及項次
Goods Declaration No.& Item

7. 製造日期
Manufactured date

8. 有效日期
Expiration date

9. 商標(牌名)
Trademark(brand) of goods

10. 製造廠名稱
Manufacturing plant's name

11. 製造廠代號
Manufacturing plant's, coded

12. 製造廠州別代碼
Manufacturing plant's state, coded

13. 規格
Specifications

14. 製造批號
Manufactured lot number

15. 生產國別
Country of origin

16. 數量
Quantity

17. 淨重
Net Weight

18. 備註
Remarks

本證書以電子文件行之，所載內容若有不符合之處，以衛生福利部食品藥物管理署資料紀錄為主，查詢報驗資料網址：http://ifi.fda.gov.tw/。
This certificate is issued in electronically. Should the content listed above be different from the recorded in the TFDA's database, the TFDA's database will prevail. For on-line inquiry about the progress of applications, please visit TFDA's website at http://ifi.fda.gov.tw/.

▲圖 20-6　食品及相關產品輸入許可通知

財團法人台灣玩具暨兒童用品研發中心
TAIWAN CHILDREN'S COMMODITIES R & D CENTER
10F., No.61, Dongxing Rd., Xinyi District,Taipei City 110, Taiwan (R.O.C.)
110台北市信義區東興路61號10樓 TEL:(02)8768-2901 FAX:(02)8768-2909
www.ttrd.org.tw　　　E-mail:service@ttrd.org.tw

型 式 試 驗 報 告　申請書號碼：

日期： 年 月 日　　　　　　　　　　　　　完成日期： 年 月 日

廠　　商		產品規格或型號	
地　　址			
電　　話		傳　　真	
品　　名		適合年齡	
執行試驗實驗室	玩具及兒童用品測試實驗室(SL3J9O0001)	認證編號	

| 檢 驗 標 準 | CNS 4797 玩具安全（一般要求）修訂公布日期 104 年 01 月 13 日
CNS 4797-1 玩具安全（耐燃性）修訂公布日期 103 年 10 月 09 日
CNS 4797-2 玩具安全(特定元素之遷移) 修訂公布日期 93 年 07 月 06 日
CNS 4797-3 玩具安全(物理性) 修訂公布日期 93 年 07 月 06 日
CNS 14276 電驅動玩具之安全要求 公布日期 87 年 11 月 25 日
CNS 15138 塑膠製品中鄰苯二甲酸酯類 塑化劑試驗法－氣相層析法 修正公布日期 101 年 12 月 04 日
CNS15493 拼接塑膠地墊之安全要求 Sec 5.4 甲醯胺含量 公布日期 104 年 04 月 17 日
ISO 22717 Cosmetics- Microbiology － Detection of pseudomonas aeruginosa
食品微生物之檢驗方法－生菌數之檢驗
食品微生物之檢驗方法－金黃色葡萄球菌之檢驗
食品微生物之檢驗方法－大腸桿菌之檢驗
食品微生物之檢驗方法－沙門氏桿菌之檢驗 | 溫/
濕度 | 23°C / 59% |

	部　　分	項　　　　目	試 驗 結 果
	第（一）部分	品質要求	
		耐燃性安全要求	
		玩具安全重金屬含量 (特定元素之遷移)	
綜合檢驗結果		物理性安全要求	
		電驅動性之安全要求	
		塑化劑含量	
	第（二）部分	材料	
	第（三）部分	包裝	
	第（四）部分	標示	
	第（五）部分	甲醯胺之安全要求	
	第（六）部分	生物性之安全要求	
	第（七）部分	甲醛之安全要求	
	評　　定	合　　格	

財團法人台灣玩具暨兒童用品研發中心　　　　　報告簽署人：

備註

C.C.C. CODE

▲圖 20-7　型式認可

經 濟 部 標 準 檢 驗 局
BUREAU OF STANDARDS,METROLOGY AND INSPECTION, MINISTRY OF ECONOMIC AFFAIRS

商 品 驗 證 登 錄 證 書
CERTIFICATE OF THE REGISTRATION OF PRODUCT CERTIFICATION

證書號碼： CI544060 　　 號 99
Certificate No.

茲據 　　　　　　　　 有限公司 　　 申請驗證登錄，經審查結果符合規
定，准予登錄並使用商品安全標章　 及識別號碼： 　 R54094 　 。其登錄事項如下：
The application made by 　　　　　　　　　　　　　　　　　　 for Registration of Product
Certification has been reviewed and found to be in compliance with related regulations. Therefore, registration is granted with the
Product Safety Mark ◯ and the Identification No. 　 R54094 　　 Details of the registration are follows :

申請人： 　　　　　 有限公司	統一編號：
Applicant	Uniform No.
地　　址：	
Address	
生產廠場： 　　 有限公司	
Factory	
廠　　址：	
Factory Address	

商品種類名稱：
Type/name of product

　 商品分類號列： 9405.40.90.00.6-D
　 C.C.C Code
　 中文名稱： 　　　　　　 水族燈系列
　 Chinese name
　 英文名稱：
　 English name
　 型　　式： MR-4-32
　 Type
　 系列型式： MR-4-18, MR-4-25(以下空白)
　 Series of the type
　 依據標準： CNS14335 (88年版)、CNS14115 (93年版)、IEC60598-2-11 (2005-05)、符合
　 Standards 　　 CNS 15663第5節「含有標示」規定 (102年版)

標準檢驗局新竹分局發證（發證地址：300新竹市東區民族路109巷14號）
This certificate is issued by the BSMI. (Hsinchu branch: No.14, Ln. 109, Minzu Rd., East Dist., Hsinchu City 300, Taiwan)

登錄日期：中華民國	104	年	01	月	30	日	
Registration Date	2015	(year)	01	(month)	30	(day)	
本證書有效期限至	110	年	01	月	29	日	
Expiration Date	2021	(year)	01	(month)	29	(day)	
發證日期：中華民國	107	年	02	月	02	日	
Date of issue	2018	(year)	02	(month)	02	(day)	

　 註1：持本證書進口驗證登錄商品時，進口人須與本證書名義人相同。

　 註2：次年度商品驗證登錄年費繳納期限為當年11月30日，逾期未繳納者，經限期繳納屆期
　　　　未繳納，即依商品檢驗法第42條第7款規定廢止驗證登錄，並自次年度1月1日起生效。

▲圖 20-8 　 驗證登錄

行政院農業委員會動植物防疫檢疫局
Bureau of Animal and Plant Health Inspection and Quarantine
Council of Agriculture, Executive Yuan
TAIWAN, REPUBLIC OF CHINA
輸出動物產品檢疫證明書
VETERINARY CERTIFICATE
for EXPORT of ANIMAL PRODUCTS

證書號碼 Certificate No.
_____

1. 申請人 Applicant	2. 收貨(件)人 Consignee
3. 輸出國 Exporting Country	4. 目的地國家 Country of Delivery Destination
5. 檢疫日期 Date of Inspection	6. 輸出人 Exporter

7. 貨物來源 Origin of the Products

8. 貨物資訊 Description of Consignment

項次　　貨物名稱 Item No. Description of Goods		數量 Quantity	淨重(KGM) Net Weight

總申報數量 Total Quantity

動物防疫檢疫說明 Sanitary information

It is certified that there has been no outbreak of Rinderpest and Anthrax in Taiwan since 1951 and 1999 respectively. In addition, African Horse Sickness, African Swine Fever, Blackleg, Contagious Bovine Pleuropneumonia, Glanders and Lumpy Skin Disease have not been known to occur in Taiwan, Republic of China.

9. 附註 Additional Declaration

中華民國動植物防疫檢疫局及其官員或代表不承擔簽發本證書的任何財經責任。

No financial liability with respect to this certificate shall attach to Bureau of Animal and Plant Health Inspection and Quarantine or to any of its officers or representatives.

10. 發證日期 Date Issued	12. 印戳 Seal
11. 簽署官員 Name of Veterinary Officer 　　簽名 Signature	

▲圖 20-9　輸出動物產品檢疫證明書

ŚWIADECTWO ZDROWIA
HEALTH CERTIFICATE

Dla gotowej karmy dla zwierząt domowych zawierającej materiały paszowe pochodzenia zwierzęcego przeznaczonej do wysyłki do Tajwanu.
For processed pet food containing feeding materials of animal origin destined for dispatch to Taiwan.

Niniejsze świadectwo przeznaczone jest tylko dla celów weterynaryjnych i musi towarzyszyć przesyłce towaru do czasu odprawy w punkcie kontroli granicznej.
This certificate is for veterinary purposes only and must accompany the shipment of goods until it reaches the border inspection post.

Kraj przeznaczenia :
Country of destination :

Numer referencyjny certyfikatu zdrowia
Reference number of the health certificate :

Kraj eksportujący :
Exporting country :

Odpowiedzialne ministerstwo :
Responsible ministry :

Urząd wydający świadectwo :

I.
Charakterystyka produktu :
Identification of the product :

Suchy pokarm dla zwierząt ozdobnych, w tym ryb ozdobnych i małych ssaków

Suchy pokarm dla zwierząt ozdobnych, w tym ryb ozdobnych i małych ssaków został wyprodukowany z:
Dried food for ornamental animals, including ornamental fish and small mammals, was produced from:

Rodzaj opakowania :
Nature of packaging

Liczba opakowań :
Number of packages (1)

Waga netto :
Net weight :

Data produkcji :
Production date :

Pochodzenie suchej karmy
Origin of the dried pet food:

Adres oraz weterynaryjny numer rejestracyjny zatwierdzonego zakładu :
Address and veterinary registration number of the approved or registered establishment :

II.
Przeznaczenie suchej karmy:
Destination of dried pet food :

Produkt będzie wysłany/Product will be sent :
z/From

do/to:

państwo i miejsce przeznaczenia/
country and place of destination
następującymi środkami transportu/
by following means of transport :
Nazwa i adres nadawcy/:
Name and address of consignor :

▲圖 20-10 波蘭出口檢疫證

PHYTOSANITARY CERTIFICATE

PLANT PROTECTION SERVICE
MINISTRY OF AGRICULTURE, FORESTRY AND FISHERIES
JAPANESE GOVERNMENT

TO: PLANT PROTECTION ORGANIZATION (S) OF _____ No. _____

I. DESCRIPTION OF CONSIGNMENT

1.Name and address of exproter	2.Declared name and address of consignee	
3.Number and description of packages	4.Distinguishing marks	
5.Place of origin	6.Declared means of conveyance	7.Declared point of entry
8.Name of produce and quantity declared	9.Botanical name of plants	

This is to certify that the plants, plant products or other regulated articles described herein have been inspected and/or tested according to appropriate official procedures and are considered to be free from the quarantine pests specified by the importing contracting party and to conform with the current phytosanitary requirements of the importing contracting party including those for regulated non-quarantine pests.

II. ADDITIONAL DECLARATION

xxxxxxxxxxxxxxxxxxxxxxxxxxxxxxxxxxxxxxxxxxxxxxxxxxxxxxxxxxxxxxxxxxxxxxxxxxxxxxxxxxxxxxxxxxxxxxxxxxxxxxxxxxxxxxx

III. DISINFESTATION AND/OR DISINFECTION TREATMENT

10.Date	11.Treatment	12.Chemical(active ingredient)
13.Duration of temperature	14.Concentration	15.Additional information

16.Place of issue Plant Protection Station ( ), Japan	18.Name of authorized offeicer
17.Date	
(Stamp of Organization)	(Signature)

No financial liability with respect to this certificate shall attach to the Ministry of Agriculture, Forestry and Fisheries, Japan or to any of its officers or representatives.

▲圖 20-11 日本出口植物檢疫證

1. Nazwa / Imię i nazwisko oraz adres eksportera Name and address of exporter	2. ŚWIADECTWO FITOSANITARNE Phytosanitary Certificate Nr EC/PL/ No. Original
3. Nazwa / Imię i nazwisko oraz adres odbiorcy Declared name and address of consignee	4. Organizacja Ochrony Roślin Rzeczypospolitej Polskiej Plant Protection Organization of Poland do Organizacji Ochrony Roślin to Plant Protection Organization(s) of 5. Miejsce pochodzenia / Place of origin
6. Deklarowany środek transportu / Declared means of conveyance container 7. Deklarowane miejsce wwozu / Declared point of entry	RZECZPOSPOLITA POLSKA PANSTWOWA INSPEKCJA OCHRONY ROŚLIN I NASIENNICTWA STATE PLANT HEALTH AND SEED INSPECTION SERVICE POLAND, POLOGNE, POLEN, ПОЛЬША PIORIN

8. Cechy towaru: liczba i rodzaj opakowań, nazwa produktu roślinnego lub przedmiotu, botaniczna nazwa rośliny Distinguishing marks: number and description of packages; name of produce; botanical name of plants	9. Deklarowana ilość Quantity declared

10. Zaświadcza się, że wyżej wymienione rośliny, produkty roślinne lub przedmioty: - zostały poddane kontroli lub badaniom laboratoryjnym zgodnie z odpowiednimi procedurami oraz - są uważane za wolne od organizmów kwarantannowych określonych przez państwo, do którego są wyprowadzane, oraz - odpowiadają obowiązującym przepisom fitosanitarnym tego państwa, w tym wymaganiom dotyczącym organizmów niekwarantannowych, oraz - są praktycznie wolne od innych organizmów niekwarantannowych.	This is to certify that the plants, plant products or other regulated articles described above: - have been inspected and/or tested according to appropriate official procedures, and - are considered to be free from quarantine pests specified by the importing contracting party, and - to conform with the current phytosanitary regulations of the importing contracting party, including those for regulated non-quarantine pests, and - are deemed to be practically free from other pests.

11. Deklaracja dodatkowa / Additional declaration

ZABIEG OCZYSZCZANIA LUB ODKAŻANIA Disinfestation and/or disinfection treatment	Miejsce wystawienia / Place of issue
12. Metoda / Treatment	Data / Date
13. Środek chemiczny (substancja aktywna) Chemical (active ingredient)	14. Czas trwania i temperatura Duration and temperature	Nazwisko i podpis osoby upoważnionej Name and signature of authorized officer
15. Dawka / Concetration	16. Data / Date	
17. Dodatkowe Informacje / Additional information		Pieczęć urzędowa Stamp of Organization Jadwiga Nawrot

Please turn

▲圖 20–12　波蘭出口動物產品檢疫證

中华人民共和国出入境检验检疫
**ENTRY-EXIT INSPECTION AND QUARANTINE
OF THE PEOPLE'S REPUBLIC OF CHINA**

副 本
COPY

共 页, 第 页

植 物 检 疫 证 书
PHYTOSANITARY CERTIFICATE

编号 No.:

发货人名称及地址
Name and Address of Consignor _____

收货人名称及地址
Name and Address of Consignee _____

| 品名
Name of Produce _____ | 植物学名
Botanical Name of Plants _____ |

报检数量
Quantity Declared _____

包装种类及数量
Number and Type of Packages _____

产地
Place of Origin _____

到达口岸
Port of Destination _____

标记及号码
Mark & No

运输工具
Means of Conveyance _____ 检验日期
Date of Inspection _____

　　兹证明上述植物、植物产品或其他检疫物已经按照规定程序进行检查和/或检验，被认为不带有输入国或地区规定的检疫性有害生物，并且基本不带有其他的有害生物，因而符合输入国或地区现行的植物检疫要求。

　　This is to certify that the plants, plant products or other regulated articles described above have been inspected and/or tested according to appropriate procedures and are considered to be free from quarantine pests specified by the importing country/ region, and practically free from other injurious pests; and that they are considered to conform with the current phytosanitary requirements of the importing country/region.

杀虫和/或灭菌处理 DISINFESTATION AND/OR DISINFECTION TREATMENT

日期
Date _____

处理方法
Treatment _____

药剂及浓度
Chemical and Concentration _____

持续时间及温度
Duration and Temperature _____

备注 REMARK:　　　　　　　附加声明 ADDITIONAL DECLARATION

印章
Official Stamp

签证地点 Place of Issue _____ 签证日期 Date of Issue _____

授权签字人 Authorized Officer _____ 签 名 Signature _____

AA3926081

▲圖 20-13　中國大陸出口植物檢疫證書

核准機關：
適用貨品：

貨品進口同意書
IMPORT CERTIFICATE

申請人報關用聯

共　　頁	第　　頁

申請人 Applicant	生產國別 Country of origin
統一編號 Unified code	起運口岸 Shipping port
地址及電話 Address and Tel, No.	賣方國家 Country of seller

項次 Item	貨名、規格、廠牌或廠名等 Description of Commodities Spec. and Brand or Maker, etc.	商品分類號列 及檢查號碼 C. C. C. Code	數量 Q' ty	單位 Unit

備註Remarks 石油基金繳納金額 元　整 石油基金繳納證號	同意書號碼 Certificate No.
	核准日期 Issue Date
	有效日期 Expiration Date
輸入許可執照字號：	核准機關簽章 Approving Agency Signature
審核意見：	
本同意書限一次使用。	收件號碼： 收件日期：

本案實到貨物之商品分類號列(CCC Code)，由海關依權責認定。

▲圖 20-14　經濟部能源局貨品進口同意書

第六節　警察局

　　進口之商品，若稅則碼之輸出欄出現 552 即代表此貨品須事先於進口前，向縣市局申請貨品出口同意書，例十字弓、手銬、警棍等。（如圖 20–15）

第七節　菸酒進口許可證

　　進口之商品，若稅則碼之輸入欄出現 463 即代表此貨品須事先於進口前，向財政部取得核發之菸酒進口業許可執照影本或財政部同意文件，例如雪茄菸、伏特加酒等。（如圖 20–16）

第八節　指定電池汞、鎘含量確認文件

　　進口之商品，若稅則碼之輸入欄出現 554 即代表此貨品須事先於進口前，向直轄市、縣（市）主管機關取得核發之指定電池汞、鎘含量確認文件。（如圖 20–17）

核准機關：內政部警政署		貨品出口同意書			
適用貨品：		EXPORT CERTIFICATE			

第二聯：申請人報關用聯

	共	頁	第	頁

①申請人 Applicant	④目的地國 Country of destination	
②統一編號 Unified code	⑤轉口口岸 Transshipment port	
③地址及電話 Address and Tel. No.	⑥買方國家 Country of buyer	

⑦項次 Item	⑧貨名、規格、廠牌或廠名等 Description of Commodities Spec. and Brand or Maker, etc.	⑨商品分類號列及檢查號碼 C.C.C. Code	⑩數量 Q'ty	⑪單位 Unit

⑫備註 Remarks	同意書號碼 Certificate No.
1.請確實依具結保證，絕不超量製造，亦不流入國內市場。	核准日期 Issue Date
2.請於通關出口後向出口地海關申請出口副報單（出口證明聯）。	有效日期 Expiration Date
Ⓐ檢附產品說明書。☑有；□無（請打 v）	核准機關簽章 Approving Agency Signature
Ⓑ訂單.合約書.TT 匯款單	
Ⓒ測試報告	
Ⓓ內政部核准書函	
Ⓔ公司執照.營利事業登記證.工廠登記證	
Ⓕ本同意書限一次使用。	收件號碼 收件日期

本案實到貨物之商品分類號列（CCC Code），由海關依權責認定。

▲圖 20-15　警政署貨品出口同意書

台財庫菸酒進字
第　　　號

菸酒進口業許可執照

　　　有限公司　　　　　　　　　申請核發

菸酒進口許可執照，茲核定事項如下：

一、業者名稱：　　有限公司

二、菸酒營業項目：進口酒類

三、總機構所在地：

四、負責人姓名：

　　　　　上給　　　有限公司　　　收執

　　財政部部長

　　國庫署署長

　　中　華　民　國

▲圖 20-16　菸酒進口業許可執照

臺中市政府環境保護局
指定電池汞、鎘含量確認文件

依據公告「限制乾電池製造、輸入及販賣」確認下列記載事項：

製 造 業：
輸 入 業：冠麟國際開發有限公司
地　　　址：臺中市烏日區九德里中華路294巷12弄12號8樓之2
負 責 人：林俊麟

指定電池資料

項　　目	核 准 內 容
確 認 字 號	30706-LR4
貨品輸入簽審文件編號	EPH1830706LR48
品 牌 名 稱	SUNCOM
製 造 國	中國大陸(CHINA)
型 式	(鈕扣型)鹼錳電池
規 格	鈕扣型(圓形)　　直徑 11.6mm；高度 5.4mm
汞 含 量	N.D. (< 0.004 ppm)
鎘 含 量	N.D. (< 0.72 ppm)
有 效 期 限	自中華民國107年12月17日

局長 白智榮

中華民國　107年12月17日

▲圖 20-17　指定電池汞、鎘含量確認文件

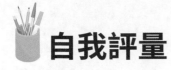
自我評量

1. 規定我國貨物是否能進出口之主管機關為何？

2. 稅則碼之輸入欄出現 111，121，MW0，S01 及 S03，分別代表什麼？

3. 戰略性高科技貨品輸出管制清單為何？

4. 我國醫療及食品相關產品之主管機關為何？

5. 若稅則碼之輸入欄出現 504 即代表此貨品須事先於進口前取得哪個機關許可證？

6. 進口之商品，若稅則碼之輸入欄出現 C01 及 C02（部分商品），即代表此貨品須事先於進口前取得哪個機關申請型式認可或驗證登錄？

7. 進口之商品，若稅則碼之輸入欄出現 255 即代表此貨品須事先於進口前，向哪個政府機關申請貨品進口同意書？

8. 進口之商品，若稅則碼之輸出欄出現 552 即代表此貨品須事先於進口前，向哪個政府機關申請貨品出口同意書？

9. 進口之商品，若稅則碼之輸入欄出現 463 即代表此貨品須事先於進口前，需取得哪個機關核發之何種同意文件？

10. 進口之商品，若稅則碼之輸入欄出現 554 即代表此貨品須事先於進口前，向哪個政府機關取得核發之何種確認文件？

▷第二十一章
關稅配額

《關稅法》第 5 條規定，海關進口稅則得針對特定進口貨物，就不同數量及時間分別訂定其應適用之關稅稅率，實施關稅配額，所謂「配額」，即是對某些特定商品限定進口數量，所謂「關稅配額」即是對有配額限制之商品課以不同的稅率，以不同的稅率來達到限定進口數量之目的。

進口之商品稅則碼的稽徵特別規定欄出現「G」的代碼，即是屬關稅配額規定之貨品，如鹿茸。進口前已取得鹿茸配額者，配額數量內之貨物稅則號別，規入 9805.00.00.00–9，進口關稅課以 22.5%；進口前未取得鹿茸配額者，貨物稅則號別，規入 0507.90.20.00–5，進口關稅課以 500%。

前項關稅配額之分配方式、參與分配資格、應收取之權利金、保證金、費用及其處理方式之實施辦法，由財政部會同有關機關擬訂，報請行政院核定之。

列舉如下：

品名	配額稅則碼	非配額稅則碼	稽徵特別規定
鹿茸	9805.00.00.00–9	0507.90.20.00–5	G
蒜種	9809.10.00.00–3	0703.20.10.00–4	G
梨子	9818.00.00.00–4	0808.30.90.00–9	G
香菇	9810.00.00.00–2	0712.30.20.00–0	G

1. 未濃縮且未加糖及未含其他甜味料之鮮乳（生乳及羊乳除外），含脂重量不超過 1% 者。

2. 凝固乳，不論是否加糖或含有其他甜味料或香料，或添加水果、堅果或可可者。

3. 調製奶水，加糖或含其他甜料者。

4. 帶殼花生。

5. 去殼花生，不論是否破碎。

6.乾紅豆（包括海紅豆、赤小豆、紅竹豆）。

7.乾金針菜。

8.芭蕉。

9.其他加工米。

10.其他米粉條。

列舉巴拿馬共和國關稅配額之規定。（如表 21-1、表 21-2）

產品名稱	配額數量（公噸）	分配(進口)期間	分配次數	每次分配數量（公噸）	申請期間（投標起訖日期）	開標日期	最高／最低投標數量（公噸）
調製雞肉	v3	107.01.01～107.12.31	1-4	1,200	107.03.15～107.03.22	107.03.23	240/25
				前期未分配餘量	107.04.27～107.05.08	107.05.09	（視餘量而定）/25
				前期未分配餘量	107.07.06～107.07.17	107.07.18	（視餘量而定）/25
				前期未分配餘量	107.09.03～107.09.12	107.09.13	（視餘量而定）/25
豬腹脇肉	1,550	107.01.01～107.12.31	4	387	107.03.15～107.03.22	107.03.23	77/25
				388	107.04.27～107.05.08	107.05.09	77/25
				387	107.07.06～107.07.17	107.07.18	77/25
				388	107.09.03～107.09.12	107.09.13	77/25
鳳梨	2,000	107.01.01～107.03.31 107.08.01～107.12.31	2	600	107.03.15～107.03.22	107.03.23	120/20
				1,440	107.07.06～107.07.17	107.07.18	280/20
鯖魚	377	107.01.01～107.12.31	4	94	107.03.15～107.03.22	107.03.23	25/8
				94	107.04.27～107.05.08	107.05.09	25/8
				94	107.07.06～107.07.17	107.07.18	25/8
				95	107.09.03～107.09.12	107.09.13	25/8
鰺魚	164	107.01.01～107.12.31	4	41	107.03.15～107.03.22	107.03.23	25/8
				41	107.04.27～107.05.08	107.05.09	25/8
				41	107.07.06～107.07.17	107.07.18	25/8
				41	107.09.03～107.09.12	107.09.13	25/8
鰮魚	191	107.01.01～107.12.31	4	48	107.03.15～107.03.22	107.03.23	25/8
				48	107.04.27～107.05.08	107.05.09	25/8
				48	107.07.06～107.07.17	107.07.18	25/8
				47	107.09.03～107.09.12	107.09.13	25/8

註：配額未完全分配者，併入同一年度之下期核配。

▲ 表 21-1 民國 107 年巴拿馬共和國關稅配額明細表

產品名稱	配額數量（公噸）	分配（進口）時間
液態乳	3,000	107.01.01～107.12.31
香蕉	1,500	107.01.01～107.12.31
粗製糖	39,000	107.01.01～107.12.31
精製糖	21,000	107.01.01～107.12.31

▲ 表 21–2　民國 107 年巴拿馬共和國關稅配額時間表

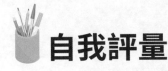 自我評量

1.何謂「關稅配額」？

2.進口之商品稅則碼的稽徵特別規定欄出現何種代碼，即是屬關稅配額規定之貨品？

3.根據表 21–1，民國 107 年巴拿馬共和國關稅配額明細表，請列出調製雞肉、豬腹脇肉、鳳梨、鯖魚、鰺魚、鰮魚之配額數量（公噸）、分配（進口）期間及分配次數為何？

4.根據表 21–2，民國 107 年巴拿馬共和國關稅配額時間表，請列出液態乳、香蕉、粗製糖、精製糖之配額數量（公噸）及分配（進口）時間為何？

▷ 第二十二章
進口中國大陸物品相關規定

　　為因應我國與中國大陸地區之貿易量持續攀升，違反法律進口規定暴險程度亦跟著升高，作者特以此章節內容提示讓進口商明白以避險，下文所稱自國外輸入中國大陸產製物品，意指此進口商品規定的是生產國家非賣方國家，例如日本賣給我國之商品若產地是中國大陸，且此商品之規定代碼為 MW0，此商品依國貿局之規定屬不准進口，應予退運或沒入，我國進口商若有實際進口之需求，可詳閱本章節依法向國貿局提出專案進口之申請。

　　依據《臺灣地區與大陸地區人民關係條例》、《臺灣地區與大陸地區貿易許可辦法》規定，自國外輸入中國大陸產製物品，須符合以下規定。

一、申請輸入中國大陸物品規定

　　應依「中華民國輸出入貨品分類表」、「限制輸入貨品、海關協助查核輸入貨品彙總表」及「大陸物品有條件准許輸入項目、輸入管理法規彙總表」及《臺灣地區與大陸地區貿易許可辦法》等相關規定辦理。

二、大陸物品准許與不准許進口之區分

　　「中華民國輸出入貨品分類表」內「輸入規定」欄列有「MW0」代號者為「中國大陸物品不准輸入項目」，列有「MP1」代號者，屬於「中國大陸物品有條件准許輸入項目」，未列有「MW0」或「MP1」代號者，為「中國大陸物品准許輸入項目」。

　　因列有「MP1」代號之項目，由於其詳細品目無法於「中華民國輸出入貨品分類表」內一一列出，應另參據「大陸物品有條件准許輸入項目、輸入管理法規彙總表」規定辦理，表內之貨品，包括有二大項：

1. CCC 號列後加註「EX」字樣之項目：表示該號列項下僅開放進口符合該中英文貨

　名之中國大陸物品。

2.列有中國大陸物品輸入特別規定「M××」及「N××」代號之項目。

三、輸入中國大陸物品應否驗憑經濟部國際貿易局簽證之輸入許可證規定說明

　　「中華民國輸出入貨品分類表」內「輸入規定」欄列有「121」代號者，應憑 I/P 辦理報關進口。「中華民國輸出入貨品分類表」內「輸入規定」欄列有「MP1」代號者，且於「大陸物品有條件准許輸入項目、輸入管理法規彙總表」內「特別規定」欄列有「M××」代號者（如「M63」、「M80」等），應憑 I/P 報關進口。

　　進口准許輸入之中國大陸物品，除上述項目須辦理輸入許可證外，其餘適用免除輸入許可證措施，可逕向海關申請報關進口。適用免除輸入許可證措施之進口人，包括：

1.經貿易局登記為出進口廠商者。

2.政府機關及公營事業。

3.已立案私立小學以上學校。

4.入境旅客及船舶、航空器服務人員攜帶行李物品，量值在海關規定範圍以內者。

5.各國駐華使領館、各國際組織及駐華外交機構持憑外交部簽發之在華外交等機構與人員免稅申請書辦理免稅公、自用物品進口者。

6.其他進口人以海運、空運或郵包寄遞進口限制輸入貨品表外之貨品，其離岸價格 (FOB) 為 2 萬美金以下或等值者。但其屬「海關協助查核輸入貨品表」內之貨品者，報關時仍應依表列輸入規定辦理。

四、輸入少量中國大陸物品准許免辦輸入許可證之規定

　　輸入下列「限制輸入貨品表」外之中國大陸工業產品（CCC 第 25 章至第 97 章），其起岸價格 (CIF) 在新臺幣 32,000 元以內，且單項產品在 24 件以內者（即 24 PIECES/UNITS，不能以件數論計者，在 40 公斤以內），准許免證並免依「M××」規定進口：

1.非屬經濟部公告准許輸入中國大陸物品項目。

2.經濟部公告准許輸入之中國大陸物品項目，列有特別規定「M××」代號者。

「起岸價格」係指全份進口報單所申報前述中國大陸物品之 CIF 總價。「單項產品」之項別係以型號認定，無型號者，則授權海關以報單之單一項次分別計算，不論有無型號，均不得以尺寸規格及顏色分項計算；惟 CCC 第 68 章及 69 章貨品，其有貨品專屬號列之相同貨品者，應以專屬號列做為計算「單項產品」之基礎，如專屬號列係以尺寸區分應合併計算（例如 CCC 第 6,907 節下之瓷磚合併為一項次計算），若無專屬號列者，則以「貨品名稱」為計算基礎。

輸入前述准許免證並免依「M××」規定之中國大陸物品，仍應依「中華民國輸出入貨品分類表」、「限制輸入貨品、海關協助查核輸入貨品彙總表」及《臺灣地區與大陸地區貿易許可辦法》等相關規定辦理。

適用前述准許免證之規定，係以同時具備起岸價格與單項產品數量二者均屬少量為其要件，故廠商報運進口前述 1. 及 2. 之中國大陸物品，如超過公告之限額或限量，即不得適用免證輸入之規定，海關亦不得在限額及限量內部分放行。

五、准許輸入之中國大陸物品，其貨品號列貨名如為「××之零附件（配件、組件、元件）」之規定

進口人申請簽證或報運進口時，應據實列明該等零附件、配件、組件、元件之細目名稱，實際到貨與申報貨品名稱及其細目名稱相符者，即准進口，可由海關逕予放行。（即申請簽證或報運進口時，除依公告貨名載明「××貨品之零附件（配件、組件、元件）」外，其所列之細目名稱經審核確屬該公告之貨品之零附件、配件、組件或元件者，則不論該等細目貨名歸屬 CCC 何號列，皆准予簽證或報運進口）；其稅則號列有疑義者，則以海關認定為準。

自我評量

1. 申請輸入中國大陸物品規定為何？

2. 中國大陸物品准許與不准許進口之區分規定為何？

3. 輸入中國大陸物品應否驗憑經濟部國際貿易局簽證之輸入許可證規定說明為何？

4. 輸入少量中國大陸物品准許免辦輸入許可證之規定為何？

5. 准許輸入之中國大陸物品，其貨品號列貨名如為「××之零附件（配件、組件、元件）」之規定為何？

▷ 第二十三章 通關新措施

隨著科技進步和政府之改革需求，關務署近年來推行諸多新措施，以下列出數點重要改革供讀者參考。

第一節 ▶ 關港貿單一窗口

關港貿單一窗口 XML，為我國應國際經貿活動與通關作業資訊化，與國際能進行資訊接軌，共享資源，而進行的資訊改革，未來 XML 對於世界的改變，將遠勝於 HTML，XML 是 SGML 的簡化版本，具有與 SGML 同樣的目的，但遠比 SGML 易於使用，以下介紹我國關港貿單一窗口 XML 之建制。

一、緣　起

因應國際經貿活動與通關作業資訊化、整合化之發展趨勢，促進我國貿易與經濟發展，加速貿易之進行，降低業者營運成本，以提升產業競爭力，行政院經濟建設委員會研議規劃推動優質經貿網絡計畫，在便捷化、安全化、智慧化及國際化的架構下，建構我國優質之經貿環境。

「關港貿單一窗口」計畫（以下簡稱本計畫）係「優質經貿網絡計畫」項下「智慧環境」之子計畫，由財政部主辦推動，其執行計畫書於民國 98 年奉行政院核定。本計畫期在現有通關自動化良好基礎下，結合通關、簽審及港務等機關與民間相關業者之專業經驗與力量，共同推動建構符合國際經貿環境便捷與貨物供應鏈安全架構之優質進出口作業環境，以精進進出口便捷服務效能，提升國家整體經貿競爭力。

二、計畫目標

為強化我國貿易的國際連結,加速貨物通關,並加強貿易安全,本計畫整合政府進出口管理相關機關業務需求與資訊系統,並運用民間資源,推動關港貿單一窗口資訊與業務再造工程。計畫目標:

1.建置優質單一窗口。
2.整合三大資訊系統。
3.調和經貿資料訊息。
4.提供便捷整合服務。
5.建立商品資料倉儲。
6.推動國際接軌計畫。

三、關港貿單一窗口服務定位

關港貿單一窗口,整體服務定位如下:

1.國家級資訊交換基礎建設及架構,為我國各機關與他國公共部門間進行貿易電子資料交換具有公信力/公權力的窗口,以實現無接縫電子貿易服務。
2.整合目前我國各種貿易簽審、報關及港務申請之服務窗口,讓企業、民眾及各種加值服務業者,利用多元管道,透過關港貿單一窗口即可完成各項申辦服務並取得各種作業及統計資料之查詢訊息。
3.整合關、港、貿各權責機關間相關電子化作業之資訊傳遞,有效促進機關間的相互連結,提供通關業者「一次輸入,全程服務」的單一介面。
4.整合機關資訊,建立共用資料庫,以達資訊共享。

四、關港貿單一窗口整體服務架構

關港貿單一窗口,初期所提供之服務內容區隔為「入口網服務」、「單一簽入管理服務」、「訊息交換服務」、「網際網路申辦服務」、「網際網路資訊查詢服務」、「稅規費繳納服務」、「商品資料倉儲服務」及「其他加值服務」等。整體服務架構如圖 23-1。

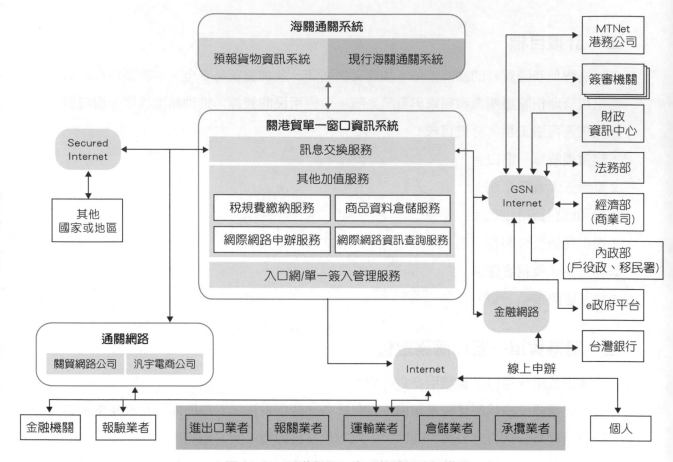

▲圖 23-1　關港貿單一窗口整體服務架構圖

五、預報貨物資訊系統使用 XML 之優點

XML 有以下多項優點：

1. 原 EDI 通關訊息已行之多年，其發展與維護過程並未採用聯合國電子化標準資訊建模方法論 (UN/CEFACT Modeling Methodology, UMM) 做為軟體開發程序，且原便捷貿 e 網即使用 XML 訊息，為考量單一窗口使用訊息一致化、標準化及國際化，遂採 XML 為制訂訊息之標準。

2. 單一窗口 XML 訊息採用 WCO Data Model 3.0 國際規範，符合世界潮流，可增進 G2B 及 G2G 之資料交換效率，並利於推動跨國資料交換。

3. XML 可採用網際網路 (Internet) 傳輸。

4. 基於整體通關系統化及一致性考量，整併原海、空運報關及簽審報驗作業共計 87 項訊息，並重新制訂 59 項關港貿 XML 訊息建置指引，以簡化通關程序，讓業者使用

更便捷。

5. 支援運輸業、承攬業協同運作架構：分艙單申報、多國集併貨櫃（物）作業 (MCC)。

6. 運輸業免申報：普通卸貨准單申請書（簡 5157）、T1 及 T2 轉運申請書。

7. 為使業者報關時對相同資料項目更明瞭，調和原通關及簽審資料之資料項目，由 2,490 項精簡為 479 項，簡併幅度高達 80%。

8. 使用憑證傳送 XML 訊息，以確保資料之完整性、一致性及不可否認性，避免身分被冒用及資料被竄改等問題，業者傳送資料更具保障。

9. XML 為全球通用的 W3C 標準，且為開放軟體，不受特定軟體版權限制，無需要購買專用軟體，於編輯器、中介軟體及應用工具，擁有更多的選擇，導入歷程較簡單，利於自行設計軟體，開放程度較高，修改維護容易，且較具彈性，為目前應用於電子商務分散式訊息之傳輸標準。

10. XML 文件簡單易讀是良好的資料交換格式，並可含括各資料型態（物件、文章、圖形及資料夾檔），如現行檢附文件訊息 (NX5901) 即採用此特性制訂。另可自行訂定較具意義的標籤名稱 (Tag)，其格式具結構性、擴充性及閱讀性，並且容易理解學習及快速準確的搜尋，只要輸入 Tag，較易取得所需要的資料內容。

六、關港貿單一窗口提供 XML 業者服務及功能

有以下二種功能。

1. 免費提供具基本功能之公版 Turnkey 系統供業界使用，可節省業者購買軟體成本。

2. XML 業者 Turnkey 系統可隨時透過自動下載更新功能，由單一窗口網站下載稅則稅率檔、每旬匯率表及關港貿作業代碼表等，免除人工作業困擾。

第二節 ▶ 優質企業 AEO 認證制度

《優質企業認證及管理辦法》（以下簡稱本辦法），為因應美國遭受九一一攻擊，而積極著手推動優質企業 AEO 之認證制度，我國於《關稅法》第 19 條企業認證條文中做出規範。

一、優質企業認證及管理辦法之用詞定義

1.優質企業

指經海關認證合格之供應鏈業者；分為一般優質企業及安全認證優質企業。

2.供應鏈業者

指與國際貿易貨物流通有關之納稅義務人、貨物輸出人、製造業、報關業、承攬業、船務代理業、倉儲業、公路運輸業、海運運輸業、空運運輸業等業者。

3.重大違章紀錄

指本辦法所定期間內有私運紀錄；或因其他違章情事，致所漏稅額（關稅及海關代徵稅款）、溢沖退稅額或定額罰鍰單計或合計逾新臺幣 50 萬元，或沒入貨物價值單計或合計逾新臺幣 100 萬元，經海關核發處分書者。但違章情事經證明係因其他供應鏈業者作業疏失所致者，免予採計。

二、優質企業稅費擔保自行具結

優質企業符合下列條件者，得申請以自行具結方式替代稅費擔保辦理通關：

1.經依《工廠管理輔導法》等有關規定許可設立。
2.成立 5 年以上，最近 3 年每年營業額在新臺幣 5 億元以上；或最近 3 年每年營業額在新臺幣 3 億元以上，並經海關評定為優級之保稅工廠或經核准自行點驗之科學工業園區事業、加工出口區區內事業或農業科技園區事業。
3.最近 3 年每年進出口實績總額均在 5,000 萬美金以上，且各該年度均無虧損。
4.最近 3 年無重大違章紀錄。

優質企業兼有保稅廠及非保稅廠，且各廠之統一編號相同，具備上述之 1、2 前段、3 及 4 條件者，亦得申請以自行具結方式替代稅費擔保辦理通關。

三、優質企業稅費擔保自行具結應備文件

申請以自行具結方式替代稅費擔保者，應檢附與工廠登記有關之證明文件一份及最近 3 年各年度營業額資料，向海關提出。

依本辦法規定提供之稅費擔保，以下列方式為之：

1.現金。

2.政府發行之公債。

3.銀行定期存單。

4.信用合作社定期存單。

5.信託投資公司 1 年以上普通信託憑證。

6.授信機構之保證。

7.其他經財政部核准,易於變價及保管,且無產權糾紛之財產。

上述 2～5 以及 7 之擔保,應依法設定抵押權或質權於海關。

適用本辦法之進、出口報單類別由財政部關務署公告並刊登《行政院公報》。優質企業辦理貨物進出口通關時,應以電子方式傳輸前項報單。但因通關系統無法正常運作時,得以紙本代替。

四、納稅義務人或貨物輸出人申請為一般優質企業之具備條件

符合下列條件之納稅義務人或貨物輸出人,得申請為一般優質企業:

1.成立 3 年以上,最近 3 年平均每年進、出口實績總額達 100 萬美金以上;或符合第 24 條規定。

2.無積欠已確定之稅費及罰鍰;經處分未確定之稅費或罰鍰已提供相當擔保。但處分機關不接受擔保者,不在此限。

3.進、出口作業流程及財務資料均建置於資訊系統,並留存可供事後查證之稽核紀錄。

4.已辦理與海關連線申報;或其委託之報關業者已與海關連線申報。

五、申請為一般優質企業應檢具之文件

申請為一般優質企業,應檢具下列文件向海關提出:

1.申請書,應載明申請人之名稱、統一編號、地址、資本額及聯絡人資料。

2.經濟部國際貿易局或其委任、委託之機關、民間團體出具之申請人最近 3 年各該年進、出口實績證明或經濟部國際貿易局核發之出進口績優廠商證明標章。

前項文件,除特殊情況經海關核准者外,應依規定以電子方式向海關傳輸。

海關應自受理申請之次日起 1 個月內完成資格認證;必要時,得予延長,並通知申請人。延長以一次為限,最長不得逾 1 個月。

一般優質企業資格之效期為 3 年,於期間屆滿 1 個月前,得檢具前條所定之文件,

向原核准之海關重新申請資格認證。一般優質企業之公司或商業名稱變更時，應於辦妥變更登記之翌日起 15 日內檢附有關證件影本向海關報備。

六、海關對於一般優質企業之進、出口貨物之優惠措施

1. 較低之抽驗比率；進口貨物抽中查驗者，得適用《進出口貨物查驗準則》簡易查驗之規定；出口貨物抽中查驗者，得改為免驗。但最近 3 年有重大違章紀錄者，不適用之。

2. 進口貨物經提供稅費擔保後先予放行者，得按月彙總繳納稅費。但依《關稅法》第 18 條規定繳納保證金先行驗放案件，不適用之。

3. 符合本辦法所定條件者，得申請核准以自行具結替代稅費擔保。

4. 國貨復運進口報單通關時，得書面申請具結先予放行，事後核銷原出口報單。

七、申請為安全認證優質企業額外之條件要求

申請為安全認證優質企業，除須符合供應鏈個別業者之條件外，應具備之基本條件如下：

1. 證明具債務償付能力或最近 3 年無債信不良紀錄。但符合第 24 條規定且設立未滿 3 年者，其無債信不良紀錄以實際經營期間認定之。

2. 最近 3 年無重大違章紀錄。但符合第 24 條規定且設立未滿 3 年者，以實際經營期間認定之。

3. 無積欠已確定之稅費及罰鍰；經處分未確定之稅費或罰鍰已提供相當擔保。但處分機關不接受擔保者，不在此限。

4. 符合優質企業安全審查項目及驗證基準。

5. 作業流程及財務資料均建置於資訊系統，並留存可供事後查證之稽核紀錄。

申請人具有二種以上業別者，應就所有業別同時提出申請。

八、申請為安全認證優質企業應檢具文件

申請為安全認證優質企業，應檢具本辦法第 14 條、第 17 條至第 23 條所定供應鏈個別業者之文件，及下列基本文件向海關提出：

1. 申請書，應載明申請人之名稱、統一編號、地址、電話號碼及聯絡人資料。

2. 申請認證之自我評估表。

3. 檢附足資證明債務償付能力之最近 3 年財務報表或最近 3 年無債信不良紀錄等相關證明文件。

　　前項文件除特殊情況經海關核准者外，應依規定以電子方式向海關傳輸。

　　海關應自受理申請之次日起 3 個月內完成資格認證；必要時，得予延長，並通知申請人。延長以一次為限，最長不得逾 3 個月。

　　經認證所具業別皆合格之安全認證優質企業，由認證之海關報請財政部關務署發給安全認證優質企業證書。證書效期為 3 年，於期間屆滿 3 個月前，得檢具前條所定之文件，向海關重新申請資格認證。

　　符合第 29 條自我檢查及依第 30 條第 1 項、第 2 項於海關所定期限內完成改善之安全認證優質企業，依前項重新申請資格認證者，海關於辦理驗證時，得以抽核方式為之。

九、安全認證優質企業變更登記規定

　　安全認證優質企業有下列情形之一者，應於辦妥變更登記之翌日起 15 日內檢附有關證件影本，向海關辦理換證：

1. 公司或商業名稱變更。

2. 營業項目變更致未經營原認證之部分業別。

　　安全認證優質企業於證書有效期限內新增本辦法所定之營業項目業別，應於向各該業別主管機關完成變更登記之翌日起 15 日內向海關報備。但新增營業項目欲申請安全認證優質企業認證業別者，應依本辦法第 10 條及第 11 條規定向海關重新申請資格認證。

　　安全認證優質企業變更或增減原認證地點，應於辦妥公司、商業或工廠變更登記之翌日起 15 日內向海關報備，海關得派員實地審查是否符合本辦法第 10 條第 1 項第 4 款規定；如不符合者，依第 31 條規定辦理。

十、納稅義務人或貨物輸出人 AEO 認證制度

㈠安全認證貨物輸出人優惠措施

　　納稅義務人或貨物輸出人符合本辦法第 6 條第 4 款及第 10 條第 1 項所定條件，得

檢具第 11 條第 1 項規定之文件，向海關申請為安全認證優質企業。

　　海關對於安全認證優質企業貨物輸出人之出口貨物，得採取下列優惠措施：

1. 最低之文件審查及貨物查驗比率。

2. 抽中查驗者，海關得改為免驗，未改為免驗者，得優先查驗。

3. 設立貨物未放行案件處理單一窗口，提供廠商查詢並協助解決通關流程問題。

4. 得申請使用非侵入方式查驗貨物。

5. 報單離岸價格為新臺幣 1 億元以上者，得以免審免驗通關。

㈡安全認證納稅義務人優惠措施

　　海關對於安全認證優質企業納稅義務人之進口貨物，得採取下列優惠措施：

1. 最低之文件審查及貨物抽驗比率。

2. 抽中查驗者，得適用《進出口貨物查驗準則》簡易查驗之規定，並得優先查驗。

3. 經提供稅費擔保後先予放行者，得按月彙總繳納稅費。但依《關稅法》第 18 條規定繳納保證金先行驗放案件，不適用按月彙總繳納稅費方式辦理。

4. 符合本辦法第 3 條所定條件者，得申請核准以自行具結替代稅費擔保。

5. 設立貨物未放行案件處理單一窗口，提供廠商查詢並協助解決通關流程問題。

6. 國貨復運進口報單通關時，得書面申請具結先予放行，事後核銷原出口報單。

7. 得申請使用非侵入方式查驗貨物。

8. 報單完稅價格為新臺幣 1 億元以上者，得以免審免驗通關。

十一、製造業 AEO 認證制度

㈠製造業安全認證優質企業申請

　　製造業符合下列條件者，得檢具本辦法第 11 條第 1 項規定之文件及與工廠登記有關之證明文件，向海關申請為安全認證優質企業：

1. 符合本辦法第 10 條第 1 項所定條件。

2. 經依《工廠管理輔導法》等有關規定許可設立。

㈡安全認證保稅區、自貿區之製造業優惠措施

　　海關對於安全認證優質企業之製造業屬科學工業園區事業、加工出口區區內事業、農業科技園區事業及自由貿易港區區內事業，得採取下列優惠措施：

1. 有下列情形之一，業者得免繳保證金：

- ‧保稅貨品運往區外委託代為修理、檢驗或組裝測試，價值未逾新臺幣 1,000 萬元者。
- ‧保稅貨品運往課稅區展示，價值未逾新臺幣 1,000 萬元者。

2. 減少赴廠查核帳冊、報表之次數。

3. 「產品單位用料清表」得採書面核備，必要時再赴廠審核。

十二、報關業 AEO 認證制度

(一)報關業申請安全認證

報關業符合下列條件者，得檢具本辦法第 11 條第 1 項規定之文件，向海關申請為安全認證優質企業：

1. 符合本辦法第 10 條第 1 項所定條件。

2. 依《報關業設置管理辦法》規定設立。

3. 前 1 年年錯單率（錯單份數占申報報單總數之百分比）未超過 0.3%。但設置未滿 1 年者，以實際經營期間認定之。

4. 最近 3 年無因違反《報關業設置管理辦法》第 25 條第 3 款規定經海關核發處分書者。但設置未滿 3 年者，以實際經營期間認定之。

(二)安全認證報關業優惠措施

海關對於安全認證優質企業之報關業，受委任辦理報關之貨物，得降低抽驗比率，其比率依《報關業設置管理辦法》第 33 條規定辦理。

十三、承攬業或船務代理業 AEO 認證制度

承攬業或船務代理業符合下列條件者，得檢具本辦法第 11 條第 1 項規定之文件，向海關申請為安全認證優質企業：

1. 符合本辦法第 10 條第 1 項所定條件。

2. 依《海運承攬運送業管理規則》、《船務代理業管理規則》設立，或依《航空貨運承攬業管理規則》設立並依《民用航空法》向航空警察局申請為保安控管人。

3. 最近 3 年無違反《航業法》或《民用航空法》經依相關罰則處分。但設置未滿 3 年者，以實際經營期間認定之。

十四、倉儲業 AEO 認證制度

㈠倉儲業申請安全認證

倉儲業符合下列條件者,得檢具本辦法第 11 條第 1 項規定之文件,向海關申請為安全認證優質企業:

1. 符合本辦法第 10 條第 1 項所定條件。

2. 依《海關管理進出口貨棧辦法》、《海關管理貨櫃集散站辦法》、《保稅倉庫設立及管理辦法》、《物流中心貨物通關辦法》申請登記,並經海關核准實施自主管理;依《加工出口區保稅業務管理辦法》、《科學工業園區保稅業務管理辦法》、《農業科技園區保稅業務管理辦法》或《自由貿易港區事業營運管理辦法》申請登記或監管。

3. 最近 3 年未因貨物失竊經海關補稅合計新臺幣 50 萬元以上。但設置未滿 3 年者,以實際經營期間認定之。

㈡安全認證倉儲業優惠措施

海關對於安全認證優質企業之倉儲業,得採取下列優惠措施:

1. 倉儲業者及運輸業者均屬安全認證優質企業,且事先以書面方式聯名向海關報備者,得逕行於倉儲業者之轉口倉庫辦理海運轉口實貨櫃之加裝、分裝或改裝,或其裝載貨物之重整。

2. 倉儲業者屬科學工業園區事業、加工出口區區內事業、農業科技園區事業及自由貿易港區區內事業者:

   - 其保稅貨品運往區外委託代為修理、檢驗或組裝測試,價值未逾新臺幣 1,000 萬元者,得免繳保證金。
   - 其保稅貨品運往課稅區展示,價值未逾新臺幣 1,000 萬元者,得免繳保證金。
   - 海關得減少赴廠查核帳冊、報表之次數。

十五、公路運輸業 AEO 認證制度

公路運輸業符合下列條件者,得檢具本辦法第 11 條第 1 項規定之文件及下列第 2 點之證明文件,向海關申請為安全認證優質企業:

1. 符合本辦法第 10 條第 1 項所定條件。

2. 依《公路法》第 34 條第 7 款至第 9 款規定,且經公路主管機關核准發給汽車運輸業

營業執照之運輸業。

3.具有完整貨物移動電子監控及管理機制。

十六、海運運輸業 AEO 認證制度

㈠海運運輸業申請安全認證

海運運輸業符合下列條件者，得檢具本辦法第 11 條第 1 項規定之文件及下列第 2 點之證明文件，向海關申請為安全認證優質企業：

1.符合本辦法第 10 條第 1 項所定條件。

2.依《船舶運送業管理規則》設立。

㈡安全認證海運運輸業優惠措施

海關對於安全認證優質企業之海運運輸業，得採取下列優惠措施：

1.出口貨物退關轉船及進口貨物卸貨准單更正作業，准由業者以電傳方式辦理。

2.運輸業者及倉儲業者均屬安全認證優質企業，且事先以書面方式聯名向海關報備者，得逕行於倉儲業者之轉口倉庫辦理海運轉口實貨櫃之加裝、分裝或改裝，或其裝載貨物之重整。

十七、空運運輸業 AEO 認證制度

㈠空運運輸業申請安全認證

空運運輸業符合下列條件者，得檢具本辦法第 11 條第 1 項規定之文件及下列第 2 點之證明文件，向海關申請為安全認證優質企業：

1.符合本辦法第 10 條第 1 項所定條件。

2.依《民用航空運輸業管理規則》設立。

十八、AEO 認證制度特殊規定

㈠申請優質企業特殊規定

業者成立後無償信不良紀錄、無重大違章紀錄，且符合下列任一條件，經提出足資證明文件者，申請優質企業得免受成立滿 3 年限制：

1.《國營事業管理法》第 3 條第 1 項規定之國營事業。

2.公司實收資本額達新臺幣 3 億元以上之股份有限公司。

3. 近 3 年度內獲經濟部國際貿易局授予出進口績優廠商證明標章，且該證明標章使用權未受廢止處分。

4. 具優質企業資格之公司分割後而不符合優質企業資格，該受讓營業之新設或既存公司申請業別與被分割公司取得優質企業資格業別相同。

十九、AEO 認證制度附帶規定

優質企業經核准以自行具結替代稅費擔保者，應每年申請核定額度一次；其申請應於 1 年實施期限屆滿前 1 個月，檢具本辦法第 3 條第 3 項所定文件，向原核准之海關提出，如經具結與前已驗證之正本文件相符，海關得免予查核。前述自行具結之額度，以申請日前 1 年度 1 月至 12 月每月平均進口稅費總金額之 2 倍為限。

優質企業以按月彙總繳納稅費方式進口之貨物，海關於次月 5 日前核發稅費繳納證及進口報單資料清表，廠商應於法定期限內繳納。優質企業得於每月月底前，就當月單批進口貨物，先行繳納稅費。且優質企業依第 3 條規定申請以自行具結方式替代稅費擔保者，其經海關核准之額度，限用於依本辦法規定之按月彙總繳納稅費案件。

優質企業依第 4 條規定提供稅費擔保者，其所提供擔保之額度，適用於依本辦法規定之按月彙總繳納稅費案件及依《進口貨物先放後稅實施辦法》辦理之先放後稅進口案件。優質企業有逾期未繳清進口稅費或發生其他經海關核發處分書之違章案件者，海關視情節輕重，得停止其享有 1 年以下之一部或全部之優惠措施或優質企業資格。

安全認證優質企業應依本辦法第 10 條第 1 項第 4 款所定安全審查項目及驗證基準，每年至少執行自我檢查一次，並將檢查結果送海關備查；海關得不定期抽查。若海關發現安全認證優質企業有不符安全驗證基準情事時，應通知該企業於 30 日內完成改善，無法在所定期限內完成改善時，得向海關申請延長改善期間一次，期間以 30 日為限。未能依所定期限完成改善者，海關視情節輕重，得停止其享有一部或全部之優惠措施並限期完成改善。

二十、廢止安全認證優質企業資格之規定

安全認證優質企業有下列情形之一者，認證海關應報財政部關務署廢止其資格，並限期收回證書，未能於期限內收回者，得逕行公告註銷：

1. 低度風險業者成立未滿 3 年有債信不良或重大違章紀錄。

2. 最近 3 年有重大違章紀錄。

3. 未能依海關所定期限完成改善。

4. 營運及財務發生嚴重惡化。

5. 逾期未繳清進口稅費，經停止其 1 年以下之一部或全部之優惠措施或優質企業資格
   後，海關要求限期繳納仍未繳清。

6. 發生不符本辦法第 17 條第 1 項第 2 款、第 18 條第 1 項第 2 款至第 4 款、第 19 條第
   2 款、第 3 款、第 20 條第 1 項第 2 款、第 3 款、第 21 條第 2 款、第 3 款、第 22 條
   第 1 項第 2 款或第 23 條第 2 款規定之條件。

　　安全認證優質企業資格經廢止者，自廢止之日起 3 年內不得再申請認證。而經海
關認證合格之優質企業及核定之自行具結額度，各海關一體適用。

第三節 C2 報單無紙化作業

　　法律依據：《關稅法》第 10 條第 3 項、《貨物通關自動化實施辦法》第 14 條第 2
項但書規定辦理，目的在於貿易與通關資訊化，以網路替代馬路，降低人為疏失，提
高通關效率，關務署表示，自民國 105 年 12 月 26 日起依《貨物通關自動化實施辦法》
規定，為簡化程序並加速貨物通關，海關已完成「C2 報單無紙化作業」建置，連線傳
輸之報單經核列文件審核 (C2) 通關者，報關人應於接獲核定通知後，於翌日辦公時間
終了前補送書面報單及其他相關文件以辦理通關，進口報單經海關專家系統核列為
「C2 無紙化報單」者，系統將發送 N5107 通知補單訊息，報關業者得以連線申報方
式取代書面補件，將通關須檢附文件之電子檔案（裝箱單、發票、型錄、商標及其他
證明文件），透過 NX5901 訊息或關港貿單一窗口網站傳送至海關。

　　關務署進一步表示，通關無紙化係國際貿易趨勢，亦是提升國家競爭力之重要關
鍵，海關將持續推動並深化無紙化措施。為擴大實施效益並提升業者競爭力，對於經
海關核定無紙化通關之 C2 進出口報單，該署呼籲業者儘量以電子化方式傳輸報關文
件，如有操作問題，請洽詢各關資訊室，有關訊息傳輸相關問題，請洽「關港貿單一
窗口」服務中心，電話：0800-299-889。

　　本書於附錄四提供 C2 進口無紙化作業 Q&A 供讀者參閱。

第四節 關港貿單一窗口上傳 C2 無紙化附件操作方法

一、使用工商憑證登入準備上傳無紙化附件流程

㈠步驟 1

單一窗口入口網上傳 C2 無紙化附件作業，使用者第一次必須以工商憑證進行帳號註冊功能，使用者可透過網址 http://portal.sw.nat.gov.tw/PPL/，即可進入首頁。

單一窗口首頁選擇「自然人／工商憑證註冊／登入」，在會員登入頁面選擇憑證登入，並輸入工商憑證 PIN 碼後按登入。(如圖 23-2、圖 23-3)

▲圖 23-2　關港貿單一窗口首頁

首頁 >憑證註冊 / 登入 >憑證登入

憑證登入

| 憑證登入 |
| 帳號登入 |
| 憑證更換作業 |
| 自然人/工商憑證註冊 |
| 忘記密碼 |
| 通關憑證申請 |
| 通關憑證註冊 |
| 通關憑證查詢 |

下載WebSocket檢測方法　　下載通關專屬憑證申請手冊

Pin碼(必填)　請輸入Pin碼　　開啟偵測多台讀卡機

登入　重填

※建議使用Google Chrome瀏覽器以取得最佳效果

※若您使用IE，請調整瀏覽器相容性

工具 > IE 網際網路設定 > 安全性 > 近端內部網路 > [網站] > 請不要勾選[包含所有未列在其他區域的近端內部網際網路(Z)]

Tools > Internet Options > Security > Local Intranet > Sites > Include all local (intranet) sites not listed network

※若您使用多台讀卡機設備，請使用「開啟偵測多台讀卡機」功能，並點選「偵測讀卡機」後選擇對應之讀卡機來登入。

▲圖 23-3　關港貿單一窗口登入

㈡**步驟** 2

登入成功後，在通關服務（需憑證）選單下選擇報單附件上傳，點選報單附件上傳系統：(MI02) 報單附件上傳。（如圖 23-4）

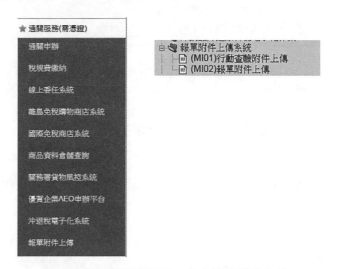

▲圖 23-4 關港貿單一窗口報單附件上傳

㈢**步驟** 3

進入 MI02 頁面後，輸入報單號碼後必須先點選報單檢核的動作，系統會檢核該報單是否為符合 C2 報單無紙化上傳附檔條件之報單，如檢查無誤後才能開始正式上傳報單電子化附件作業。（如圖 23-5、圖 23-6）

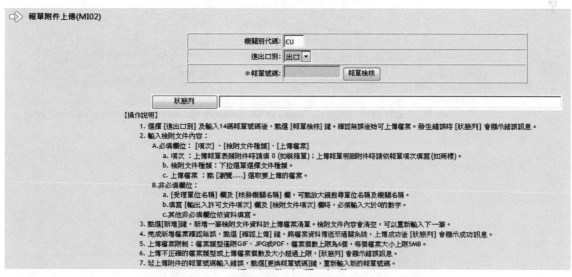

▲圖 23-5 選擇接收上傳報單電子化附件機關

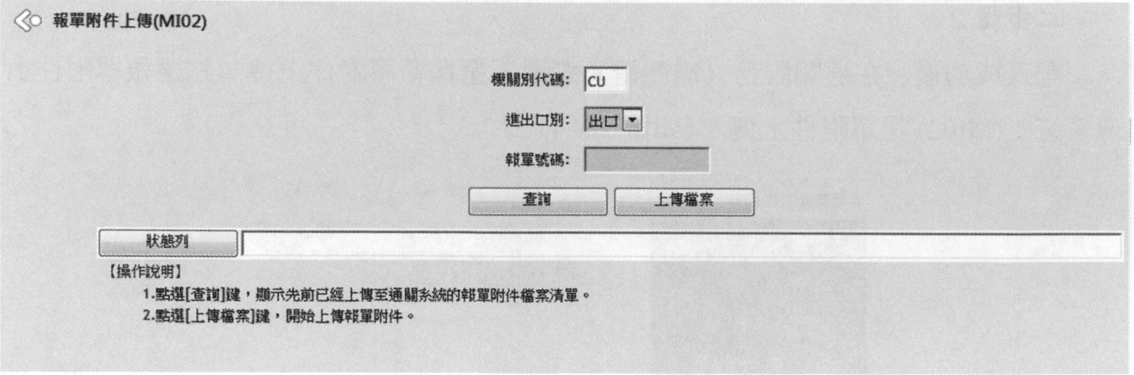

▲圖 23-6　選擇上傳電子化報單別

㈣**步驟 4**

有三個欄位為必填：項次、檢附文件種類、上傳檔案，詳細操作說明如下：(如圖 23-7)

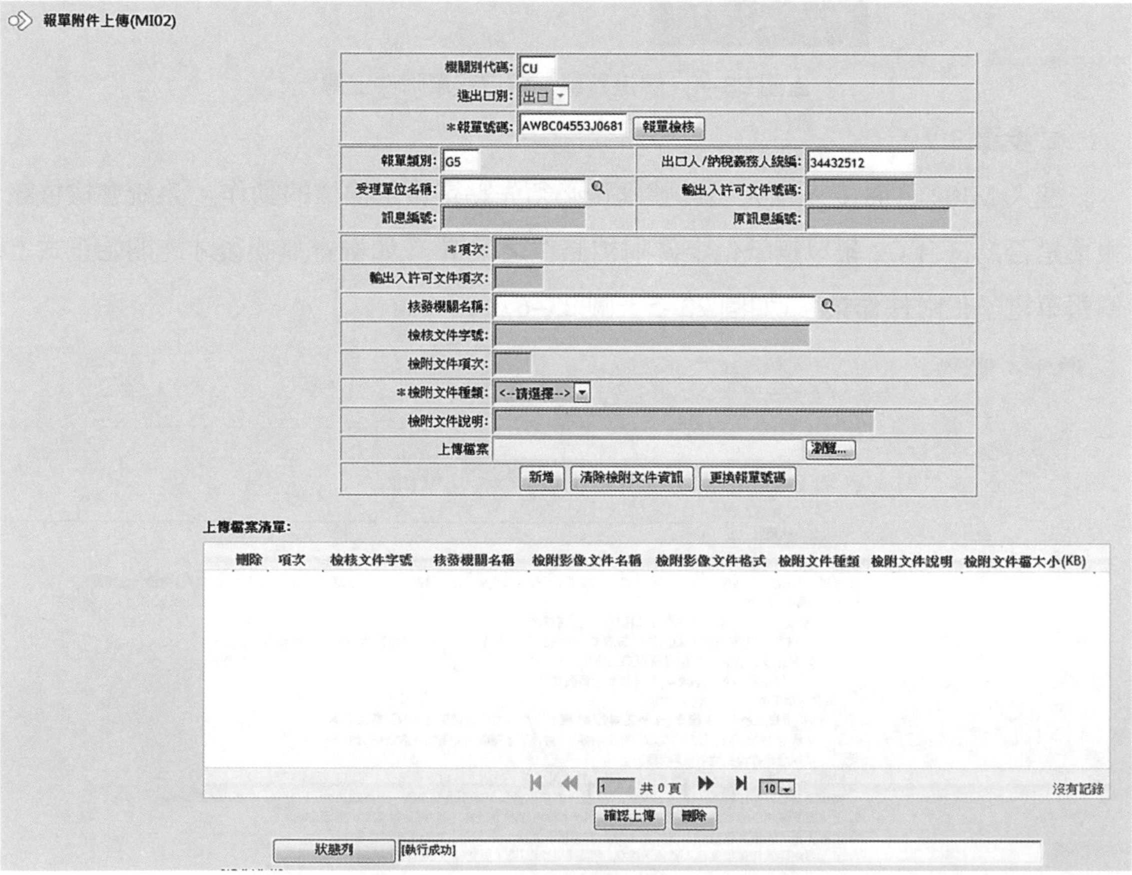

▲圖 23-7　選擇上傳電子化文件種類

【新增】

1.必填欄位：〔項次〕、〔檢附文件種類〕、〔上傳檔案〕

- 項次：上傳報單表頭附件時請填 0（如裝箱單）；上傳報單明細附件時請依報單項次填寫 (如商標)。
- 檢附文件種類：下拉選單選擇文件種類。
- 上傳檔案：點〔瀏覽……〕選取要上傳的檔案。

2.非必填欄位：

- [受理單位名稱] 欄及 [核發機關名稱] 欄，可點放大鏡搜尋單位名稱及機關名稱。
- 填寫 [輸出入許可文件項次] 欄及 [檢附文件項次] 欄時，必須輸入大於 0 的數字。
- 其他非必填欄位依資料填寫。

3.按【新增】

4.系統檢查必填欄位是否有填，確認無誤後，新增一筆資料於上傳檔案清單，並清除檢附文件所有欄位準備新增下一筆。

【清除檢附文件資訊】

按【清除檢附文件資訊】，清除檢附文件所有欄位資訊。

【更換報單號碼】

按【更換報單號碼】，系統自動導向至輸入報單號碼畫面，業者可重新輸入報單。

【確認上傳】

1.按【確認上傳】，系統會彈跳一個對話框，詢問是否要傳送資料至通關系統，若同意則系統將上傳檔案清單資料傳送至通關系統。

2.上傳成功後 [狀態列] 會顯示成功訊息。

【刪除】

1.於上傳檔案清單勾選要刪除的檔案。

2.按【刪除】，系統會彈跳一個對話框，詢問是否要刪除資料，若同意則系統將勾選的檔案資料刪除。

3.刪除成功後 [狀態列] 會顯示執行成功訊息。

自我評量

1. 何謂關港貿單一窗口？其緣起為何？

2. 關港貿單一窗口之計畫目標為何？

3. 關港貿單一窗口之整體服務定位為何？

4. 關港貿單一窗口之整體服務架構為何？

5. 關港貿單一窗口提供 XML 業者服務及功能為何？

6. 進口 C2 無紙化作業為何？

7. 如何知道報單被篩選為 C2 無紙化？又此類報單是否仍可採人工遞送？

8. 可使用哪幾種管道，上傳進口 C2 無紙化之附件（發票、裝箱單、貨品型錄、商標及其他證明文件）？

9. 採用進口 C2 無紙化通關，其檢附之裝箱單、發票、商標等電子檔文件，是否可免加蓋廠商或報關業者之大、小章？

10. 如何使用 XML 系統中之 NX5901 訊息上傳報關文件？應注意事項為何？

11. 如何使用關港貿單一窗口 WEB 系統，免費上傳報關文件？

12. 海關如何篩選進口 C2 無紙化報單？

13. 如何知道海關已收到我方傳送的電子檔報關文件？進出口 C2 無紙化之問題，如何與海關聯絡？

14. 海關派估作業為何？（自動、人工）

15. 進口 C2 無紙化通關流程為何？

16. 進出口 C2 無紙化作業與 C2 書面補單案件有何區別？

17. 電子檔報關文件已傳輸完成，如何預估海關放行時間？如海關遲未放行，應如何處理？

18. 進出口 C2 無紙化作業之效益為何？

19. 為配合進出口 C2 無紙化作業，報關即用系統是否須更新？又須增添何電腦設備？

20. 進出口 C2 無紙化作業透過「關港貿單一窗口報單附件上傳 (MI02)」檔案傳輸格式及限制為何？

21. 採 C2 無紙化通關者，如何申請報單副本？

▷ 第二十四章
行政救濟

　　納稅義務人如不服海關對其進口貨物核定之稅則號別、完稅價格或應補繳稅款或特別關稅者，向海關提起行政救濟程序之規定，流程共區分三階段：申請複查、訴願以及行政訴訟。

第一節 ▷ 申請複查

一、申請複查期限規定

　　納稅義務人如不服海關對其進口貨物核定之稅則號別、完稅價格或應補繳稅款或特別關稅者，得於收到稅款繳納證之翌日起 30 日內，依規定格式，以書面向海關申請複查，並得於繳納全部稅款或提供相當擔保後，提領貨物。

二、複查案件海關回覆期限及流程

　　海關對複查之申請，應於收到申請書之翌日起 2 個月內為複查決定，並作成決定書，通知納稅義務人；必要時，得予延長，並通知納稅義務人。延長以一次為限，最長不得逾 2 個月。複查決定書之正本，應於決定之翌日起 15 日內送達納稅義務人。

　　經納稅義務人申請複查，海關得擇期召開海關複查會審議，《複查委員會審議注意事項》如下：

1. 海關為審議依《海關緝私條例》第 47 條第 1 項（以下簡稱緝案）或《關稅法》第 45 條、第 95 條第 2 項或《稅捐稽徵法》第 35 條之 1（以下簡稱關稅案）規定申請複查之案件，特訂定本注意事項。

2. 海關複查委員會（以下簡稱複查會）委員或承辦人員，對於複查案件有《行政程序

法》第 32 條規定情形者，應自行迴避。

3. 關於複查案件之文書，受理複查機關應保存者，應由承辦人員就每一事件編為卷宗。

4. 複查案件管轄不合者，應即函移有管轄權之機關辦理，並副知複查申請人。

5. 對於複查案件之審查，依下列規定辦理：

- 對於複查案件，應先為程序審查，其無不應受理之情形者，再進而為實體上之審查。如遇法規變更，除法規另有規定外，以程序從新、實體從舊為審查之基準。

- 程序審查，發現有程式不合而其情形可補正者，應通知複查申請人於 20 日內補正。

6. 緝案由複查案件承辦人員，對合於程式之複查案件，移請原核擬處分單位擬具處理意見後；關稅案由原承辦單位擬具處理意見後，檢同卷證送由複查會全體委員或三人以上分組委員審查，委員於詳閱卷證，研析事實及應行適用之法規後，核提審查意見，供審議之準備。複查案件有調查或實地勘驗之必要時，得簽請主任委員核准後實施調查或勘驗。分別提起之數宗複查係基於同一當事人或同種類之事實上或法律上之原因者，受理複查機關得合併審議，並得合併決定。

7. 複查案件經複查會委員提出審查意見後，應由主任委員指定期日開會審議。前述審議，必要時得通知原承辦單位或其他有關機關，屆時派員到會列席陳述意見。

8. 複查會由主任委員召集會議並為主席。主任委員因故不能召集或出席時，得指定委員一人代行主席職務。委員應親自出席，不得由他人代理。

9. 複查決定應經複查會會議之決議，其決議以委員過半數之出席，出席委員過半數之同意行之，並得將不同意見載入紀錄，以備查考。出席委員之同意與不同意意見，人數相等時，取決於主席。

10. 複查會得依複查申請人之申請，准列席陳述意見，複查委員亦得就相關問題詢問複查申請人。聽取意見後，主席應請列席人員及複查申請人等退席，宣布進行審議，並作成決議。

11. 複查會會議審議複查案件，應指定人員制作審議紀錄附卷。

12. 複查案件有下列各款情形之一者，應為不受理之決定：

- 複查申請書不依規定格式而不能補正，或經通知補正逾期不補正。

- 申請複查逾法定期間，非因不可抗力所致者，或未於海關通知補送複查申請書

之期間內補送。

- 複查申請人不適格。
- 對於非行政處分或其他不屬於申請複查救濟範圍之事項申請複查。
- 複查標的已不存在、複查已無實益或行政處分已不存在。
- 對已決定或已撤回之複查案件重行申請複查。
- 其他應不受理之事由。

逾前項第 1 款及第 2 款之期間，複查申請人在決定書核發前，向受理複查海關提出補正者，得註銷該不受理之決定。

13. 複查案件之申請，以掛號郵寄方式向受理機關提出者，其受理日期以交郵當日之郵戳為準；非以掛號方式提出者，以受理機關收受複查申請書之日期為準。複查誤向非管轄機關提起者，以該機關收受複查申請書之日期為準。複查申請期間之末日為星期日、國定假日或其他休息日者，以該日之次日為期間之末日；期間之末日為星期六者，以其次星期一上午為期間末日。

14. 複查案件無本注意事項 12 條第 1 項規定之情形，經實體上審查結果，其申請複查無理由者，複查會會議應為駁回之決議。原處分所憑理由雖屬不當，但依其他理由認為正當者，應以複查申請為無理由。

15. 複查案件無本注意事項 12 條第 1 項規定之情形，經實體上審查結果，複查申請有理由者，複查會會議應以決定撤銷原行政處分之全部或一部，並得視案件之情節，逕為變更之決定。但於申請人表示不服之範圍內不得為更不利益之變更或處分。複查申請理由雖非可取，而依其他理由認為原處分顯屬違法或不當者，仍應以複查申請為有理由。

16. 複查案件，有調查、檢驗、勘驗或送請鑑定之必要時，複查會得交由原承辦單位函請有關機關、學校、團體或人員實施之，不受複查申請人主張之拘束。

17. 依職權或依申請調查證據之結果，對複查申請人不利者，非經賦予複查申請人表示意見之機會，不得採為對之不利之複查決定之基礎。就複查申請人申請調查之證據認為不必要者，應於決定理由中述明。

18. 囑託鑑定時，應載明下列事項：
- 送請鑑定事項。
- 完成期限。

- 《訴願法》第 70 條及第 71 條規定之內容。
- 鑑定所需費用及支付方式。

19. 複查申請人請求自行負擔鑑定費用交付鑑定而有下列情形之一者,得予拒絕,並於決定理由中述明:

- 請求鑑定事項非屬專門性或技術性。
- 相同事項於另案已交付鑑定,複查申請人未提出新事實或新理由。
- 原行政處分單位已交付鑑定,複查申請人未提出新事實或新理由。
- 申請鑑定事項與複查標的無關或其他類此情形。

20. 複查之決定,自接到複查申請書之翌日起 2 個月內為之;必要時得延長一次。但不得逾 2 個月,並通知複查申請人。前述 2 個月之期間,複查申請書尚待補送或補正者,自補送或補正之翌日起算;未為補送或補正者,自補送或補正期間屆滿之翌日起算。

21. 申請複查後,於複查決定書送達前,申請人得撤回之。複查申請經撤回後,不得複對同一事件申請複查。複查申請經撤回者,複查會應即終結審理程序,並通知複查申請人。

22. 原承辦單位人員或複查會承辦人員,應按決議,製作複查決定書稿,層送本機關首長判行後作成正本,於決定之翌日起 15 日內送達複查申請人。

23. 複查決定書應記載之事項如下:

- 複查申請人姓名、出生年月日、性別、身分證明文件字號、住居所或其他足資辨別之特徵;如係法人或其他設有管理人或代表人之團體,其名稱、事務所或營業所,及管理人或代表人之姓名、出生年月日、性別、身分證明文件字號、住居所。
- 有法定代理人或複查申請代理人者,其姓名、出生年月日、性別、身分證明文件字號、住居所。
- 主文、事實、理由及其法令依據。其係不受理決定者,得不記載事實。
- 決定機關及其首長。
- 發文字號及年、月、日。
- 如不服決定之救濟方法、期間及受理機關。

24. 複查文書交付郵務送達者,應使用複查文書郵務送達證書。複查文書派員或囑託該

管警察機關或其他有關機關送達者，應由執行送達人作成送達證書。複查文書之送達，應依《行政程序法》有關送達規定為之。

25. 複查會承辦人員處理複查案件，遇有適用法規疑義時，應先簽請會商究明，如發現法規或函釋事項有欠完整妥適，或原承辦單位業務上有缺失者，應即擬具意見簽報核辦。

26. 複查案件有關資料或卷宗，複查申請人或利害關係人得申請閱覽或抄寫、複印或攝影，或預納費用請求付與繕本、影本或節本。但複查決定之擬稿及準備或審議文件或其他依規定不得申請閱覽或抄寫、複印或攝影或預納費用請求付與繕本、影本或節本者，應拒絕其請求。前述之收費標準，準用《行政院及各級行政機關訴願文書使用收費標準》之規定辦理。

　　複查會委員及承辦人員對審議中之案件，有保守機密之義務。

27. 緝案訴願案件由緝案處理單位移送原核擬處分單位重新審查，關稅案訴願案件由原承辦單位重新審查，並依下列規定辦理：
   - 訴願無理由：擬具答辯書（稿）並檢送必要之關係文件函送財政部，答辯書並抄送訴願人。
   - 訴願部分有理由、部分無理由或訴願有理由：得經複查會重新決定撤銷或變更原決定，並陳報財政部。

28. 複查決定經上級機關撤銷者，原承辦單位應填具「撤銷案件研究分析表」檢討分析。對於行政法院裁判所持見解，得供處理同類案件之參考，但其確定終局判決有《行政訴訟法》第 273 條所列各款情形之一者，得依法提起再審之訴。

29. 複查申請人依本注意事項所得申請之事項，參加人及利害關係人準用之。

　　若納稅義務人不服前條複查決定者，得依法提起訴願及行政訴訟。

　　經依複查、訴願或行政訴訟確定應退還稅款者，海關應於確定之翌日起 10 日內，予以退還；並自納稅義務人繳納該項稅款之翌日起，至填發收入退還書或國庫支票之日止，按退稅額，依繳納稅款之日郵政儲金 1 年期定期儲金固定利率，按日加計利息，一併退還。

　　經依複查、訴願或行政訴訟確定應補繳稅款者，海關應於確定之翌日起 10 日內，填發補繳稅款繳納通知書，通知納稅義務人繳納，並自該項補繳稅款原應繳納期間屆滿之翌日起，至填發補繳稅款繳納通知書之日止，按補繳稅額，依原應繳納稅款之日

郵政儲金 1 年期定期儲金固定利率，按日加計利息，一併徵收。

納稅義務人不服前條複查決定者，得於接到複查決定書 30 日內依《訴願法》第 56 條第 1 項規定向財政部提起訴願。

第二節 ▶ 訴願及行政訴訟

人民對於中央或地方機關之行政處分，認為違法或不當，致損害其權利或利益者，得依訴願法提起訴願。但法律另有規定者，從其規定。各級地方自治團體或其他公法人對上級監督機關之行政處分，認為違法或不當，致損害其權利或利益者，亦同。

人民因中央或地方機關對其依法申請之案件，於法定期間內應作為而不作為，認為損害其權利或利益者，亦得提起訴願。前述期間，法令未規定者，自機關受理申請之日起為 2 個月。

《訴願法》所稱行政處分，係指中央或地方機關就公法上具體事件所為之決定或其他公權力措施而對外直接發生法律效果之單方行政行為。前述決定或措施之相對人雖非特定，而依一般性特徵可得確定其範圍者，亦為行政處分。有關公物之設定、變更、廢止或一般使用者，亦同。

一、受理訴願之管轄機關

訴願之管轄如下：

1. 不服鄉（鎮、市）公所之行政處分者，向縣（市）政府提起訴願。
2. 不服縣（市）政府所屬各級機關之行政處分者，向縣（市）政府提起訴願。
3. 不服縣（市）政府之行政處分者，向中央主管部、會、行、處、局、署提起訴願。
4. 不服直轄市政府所屬各級機關之行政處分者，向直轄市政府提起訴願。
5. 不服直轄市政府之行政處分者，向中央主管部、會、行、處、局、署提起訴願。
6. 不服中央各部、會、行、處、局、署所屬機關之行政處分者，向各部、會、行、處、局、署提起訴願。
7. 不服中央各部、會、行、處、局、署之行政處分者，向主管院提起訴願。
8. 不服中央各院之行政處分者，向原院提起訴願。

人民對於前條以外之中央或地方機關之行政處分提起訴願時，應按其管轄等級，

比照前條之規定為之。訴願管轄，法律另有規定依其業務監督定之者，從其規定。對於二以上不同隸屬或不同層級之機關共為之行政處分，應向其共同之上級機關提起訴願。

　　無隸屬關係之機關辦理受託事件所為之行政處分，視為委託機關之行政處分，其訴願之管轄，比照第 4 條之規定，向原委託機關或其直接上級機關提起訴願。隸屬關係之下級機關依法辦理上級機關委任事件所為之行政處分，為受委任機關之行政處分，其訴願之管轄，比照第 4 條之規定，向受委任機關或其直接上級機關提起訴願。

　　直轄市政府、縣（市）政府或其所屬機關及鄉（鎮、市）公所依法辦理上級政府或其所屬機關委辦事件所為之行政處分，為受委辦機關之行政處分，其訴願之管轄，比照第 4 條之規定，向受委辦機關之直接上級機關提起訴願。

　　依法受中央或地方機關委託行使公權力之團體或個人，以其團體或個人名義所為之行政處分，其訴願之管轄，向原委託機關提起訴願。原行政處分機關裁撤或改組，應以承受其業務之機關視為原行政處分機關，比照前述之規定，向承受其業務之機關或其直接上級機關提起訴願。

　　機關於管轄權有爭議或因管轄不明致不能辨明有管轄權之機關者，由其共同之直接上級機關確定之。無管轄權之機關就訴願所為決定，其上級機關應依職權或依申請撤銷之，並命移送於有管轄權之機關。原行政處分機關之認定，以實施行政處分時之名義為準。但上級機關本於法定職權所為之行政處分，交由下級機關執行者，以該上級機關為原行政處分機關。

二、提起訴願之期限

　　訴願之提起，應自行政處分達到或公告期滿之次日起 30 日內為之。利害關係人提起訴願者，前項期間自知悉時起算。但自行政處分達到或公告期滿後，已逾 3 年者，不得提起。訴願之提起，以原行政處分機關或受理訴願機關收受訴願書之日期為準。訴願人誤向原行政處分機關或受理訴願機關以外之機關提起訴願者，以該機關收受之日，視為提起訴願之日。

　　訴願人因天災或其他不應歸責於己之事由，致遲誤前條之訴願期間者，於其原因消滅後 10 日內，得以書面敘明理由向受理訴願機關申請回復原狀。但遲誤訴願期間已逾 1 年者，不得為之。申請回復原狀，應同時補行期間內應為之訴願行為。

　　訴願人不在受理訴願機關所在地住居者，計算法定期間，應扣除其在途期間。但有訴願代理人住居受理訴願機關所在地，得為期間內應為之訴願行為者，不在此限。前述《扣除在途期間辦法》，由行政院定之。期間之計算，除法律另有規定外，依《民法》之規定。

三、訴願提起人之資格

　　自然人、法人、非法人之團體或其他受行政處分之相對人及利害關係人得提起訴願。能獨立以法律行為負義務者，有訴願能力。無訴願能力人應由其法定代理人代為訴願行為。地方自治團體、法人、非法人之團體應由其代表人或管理人為訴願行為。關於訴願之法定代理，依《民法》規定。

　　二人以上得對於同一原因事實之行政處分，共同提起訴願。訴願之提起，以同一機關管轄者為限。共同提起訴願，得選定其中一人至三人為代表人。

　　選定代表人應於最初為訴願行為時，向受理訴願機關提出文書證明。共同提起訴願，未選定代表人者，受理訴願機關得限期通知其選定；逾期不選定者，得依職權指定之。代表人經選定或指定後，由其代表全體訴願人為訴願行為。但撤回訴願，非經全體訴願人書面同意，不得為之。代表人經選定或指定後，仍得更換或增減之。前項代表人之更換或增減，非以書面通知受理訴願機關，不生效力。代表人有二人以上者，均得單獨代表共同訴願人為訴願行為。代表人之代表權不因其他共同訴願人死亡、喪失行為能力或法定代理變更而消滅。

四、訴願人、參加人、訴願代理人之規定

　　與訴願人利害關係相同之人，經受理訴願機關允許，得為訴願人之利益參加訴願。受理訴願機關認有必要時，亦得通知其參加訴願。訴願決定因撤銷或變更原處分，足以影響第三人權益者，受理訴願機關應於作成訴願決定之前，通知其參加訴願程序，表示意見。申請參加訴願，應以書面向受理訴願機關為之。

　　參加訴願應以書面記載下列事項：

1.本訴願及訴願人。
2.參加人與本訴願之利害關係。
3.參加訴願之陳述。

通知參加訴願，應記載訴願意旨、通知參加之理由及不參加之法律效果，送達於參加人，並副知訴願人。受理訴願機關為前項之通知前，得通知訴願人或得參加訴願之第三人以書面陳述意見。訴願決定對於參加人亦有效力。經受理訴願機關通知其參加或允許其參加而未參加者，亦同。訴願人或參加人得委任代理人進行訴願。每一訴願人或參加人委任之訴願代理人不得超過三人。

下列之人，得為訴願代理人：

1. 律師。
2. 依法令取得與訴願事件有關之代理人資格者。
3. 具有該訴願事件之專業知識者。
4. 因業務或職務關係為訴願人之代理人者。
5. 與訴願人有親屬關係者。

前述第 3 點至第 5 點之訴願代理人，受理訴願機關認為不適當時，得禁止之，並以書面通知訴願人或參加人。訴願代理人應於最初為訴願行為時，向受理訴願機關提出委任書。訴願代理人就其受委任之事件，得為一切訴願行為。但撤回訴願，非受特別委任不得為之。訴願代理人有二人以上者，均得單獨代理訴願人。違反前述規定而為委任者，其訴願代理人仍得單獨代理。訴願代理人事實上之陳述，經到場之訴願人本人即時撤銷或更正者，不生效力。訴願代理權不因訴願人本人死亡、破產或喪失訴願能力而消滅。法定代理有變更、機關經裁撤、改組或公司、團體經解散、變更組織者，亦同。

訴願委任之解除，應由訴願人、參加人或訴願代理人以書面通知受理訴願機關。訴願委任之解除，由訴願代理人提出者，自為解除意思表示之日起 15 日內，仍應為維護訴願人或參加人權利或利益之必要行為。訴願人、參加人或訴願代理人經受理訴願機關之許可，得於當日偕同輔佐人到場。受理訴願機關認為必要時，亦得命訴願人、參加人或訴願代理人偕同輔佐人到場。前述之輔佐人，受理訴願機關認為不適當時，得廢止其許可或禁止其續為輔佐。輔佐人到場所為之陳述，訴願人、參加人或訴願代理人不即時撤銷或更正者，視為其所自為。

五、訴願文書送達之規定

送達除別有規定外，由受理訴願機關依職權為之。對於無訴願能力人為送達者，

應向其法定代理人為之；未經陳明法定代理人者，得向該無訴願能力人為送達。對於法人或非法人之團體為送達者，應向其代表人或管理人為之。法定代理人、代表人或管理人有二人以上者，送達得僅向其中一人為之。

對於在中華民國有事務所或營業所之外國法人或團體為送達者，應向其在中華民國之代表人或管理人為之。前項代表人或管理人有二人以上者，送達得僅向其中一人為之。訴願代理人除受送達之權限受有限制者外，送達應向該代理人為之。但受理訴願機關認為必要時，得送達於訴願人或參加人本人。

訴願文書之送達，應註明訴願人、參加人或其代表人、訴願代理人住、居所、事務所或營業所，交付郵政機關以訴願文書郵務送達證書發送。訴願文書不能為前項送達時，得由受理訴願機關派員或囑託原行政處分機關或該管警察機關送達，並由執行送達人作成送達證書。訴願文書之送達，除前二項規定外，準用《行政訴訟法》第 67 條至第 69 條、第 71 條至第 83 條之規定。

六、訴願文書保存、抄閱之規定

關於訴願事件之文書，受理訴願機關應保存者，應由承辦人員編為卷宗。

訴願人、參加人或訴願代理人得向受理訴願機關請求閱覽、抄錄、影印或攝影卷內文書，或預納費用請求付與繕本、影本或節本。前述之收費標準，由主管院定之。

第三人經訴願人同意或釋明有法律上之利害關係，經受理訴願機關許可者，亦得為前述之請求。下列文書，受理訴願機關應拒絕前述之請求：

1.訴願決定擬辦之文稿。
2.訴願決定之準備或審議文件。
3.為第三人正當權益有保密之必要者。
4.其他依法律或基於公益，有保密之必要者。

七、訴願審議委員會成立暨運作之規定

各機關辦理訴願事件，應設訴願審議委員會，組成人員以具有法制專長者為原則。訴願審議委員會委員，由本機關高級職員及遴聘社會公正人士、學者、專家擔任之；其中社會公正人士、學者、專家人數不得少於 50%。訴願審議委員會組織規程及審議規則，由主管院定之。

訴願決定應經訴願審議委員會會議之決議，其決議以委員過半數之出席，出席委員過半數之同意行之。訴願審議委員會審議訴願事件，應指定人員製作審議紀錄附卷。委員於審議中所持與決議不同之意見，經其請求者，應列入紀錄。訴願審議經言詞辯論者，應另行製作筆錄，編為前項紀錄之附件，並準用《民事訴訟法》第 212 條至第 219 條之規定。訴願審議委員會主任委員或委員對於訴願事件有利害關係者，應自行迴避，不得參與審議。

八、訴願人向受理訴願機關提起訴願申請要件

訴願應具訴願書，載明下列事項，由訴願人或代理人簽名或蓋章：

1. 訴願人之姓名、出生年月日、住、居所、身分證明文件字號。如係法人或其他設有管理人或代表人之團體，其名稱、事務所或營業所及管理人或代表人之姓名、出生年月日、住、居所。
2. 有訴願代理人者，其姓名、出生年月日、住、居所、身分證明文件字號。
3. 原行政處分機關。
4. 訴願請求事項。
5. 訴願之事實及理由。
6. 收受或知悉行政處分之年、月、日。
7. 受理訴願之機關。
8. 證據。其為文書者，應添具繕本或影本。
9. 年、月、日。

訴願應附原行政處分書影本。依第 2 條第 1 項規定提起訴願者，第 1 項第 3 款、第 6 款所列事項，載明應為行政處分之機關、提出申請之年、月、日，並附原申請書之影本及受理申請機關收受證明。

訴願人在第 14 條第 1 項所定期間向訴願管轄機關或原行政處分機關作不服原行政處分之表示者，視為已在法定期間內提起訴願。但應於 30 日內補送訴願書。訴願人應繕具訴願書經由原行政處分機關向訴願管轄機關提起訴願。

原行政處分機關對於前項訴願應先行重新審查原處分是否合法妥當，其認訴願為有理由者，得自行撤銷或變更原行政處分，並陳報訴願管轄機關。原行政處分機關不依訴願人之請求撤銷或變更原行政處分者，應儘速附具答辯書，並將必要之關係文件，

送於訴願管轄機關。原行政處分機關檢卷答辯時，應將前項答辯書抄送訴願人。

訴願人向受理訴願機關提起訴願者，受理訴願機關應將訴願書影本或副本送交原行政處分機關依前條第 2 項至第 4 項規定辦理。訴願提起後，於決定書送達前，訴願人得撤回之。訴願經撤回後，不得復提起同一之訴願。

訴願人誤向訴願管轄機關或原行政處分機關以外之機關作不服原行政處分之表示者，視為自始向訴願管轄機關提起訴願。前述收受之機關應於 10 日內將該事件移送於原行政處分機關，並通知訴願人。受理訴願機關認為訴願書不合法定程式，而其情形可補正者，應通知訴願人於 20 日內補正。訴願就書面審查決定之。

九、訴願人參與訴願審議委員會議之規定

受理訴願機關必要時得通知訴願人、參加人或利害關係人到達指定處所陳述意見。訴願人或參加人請求陳述意見而有正當理由者，應予到達指定處所陳述意見之機會。訴願審議委員會主任委員得指定委員聽取訴願人、參加人或利害關係人到場之陳述。

受理訴願機關應依訴願人、參加人之申請或於必要時，得依職權通知訴願人、參加人或其代表人、訴願代理人、輔佐人及原行政處分機關派員於指定期日到達指定處所言詞辯論。言詞辯論之程序如下：

1. 受理訴願機關陳述事件要旨。
2. 訴願人、參加人或訴願代理人就事件為事實上及法律上之陳述。
3. 原行政處分機關就事件為事實上及法律上之陳述。
4. 訴願或原行政處分機關對他方之陳述或答辯，為再答辯。
5. 受理訴願機關對訴願人及原行政處分機關提出詢問。

前項辯論未完備者，得再為辯論。

受理訴願機關應依職權或囑託有關機關或人員，實施調查、檢驗或勘驗，不受訴願人主張之拘束。受理訴願機關應依訴願人或參加人之申請，調查證據。但就其申請調查之證據中認為不必要者，不在此限。受理訴願機關依職權或依申請調查證據之結果，非經賦予訴願人及參加人表示意見之機會，不得採為對之不利之訴願決定之基礎。訴願人或參加人得提出證據書類或證物。但受理訴願機關限定於一定期間內提出者，應於該期間內提出。

十、委外鑑定相關規定

受理訴願機關得依職權或依訴願人、參加人之申請，囑託有關機關、學校、團體或有專門知識經驗者為鑑定。受理訴願機關認無鑑定之必要，而訴願人或參加人願自行負擔鑑定費用時，得向受理訴願機關請求准予交付鑑定。受理訴願機關非有正當理由不得拒絕。

鑑定人由受理訴願機關指定之。鑑定人有數人者，得共同陳述意見。但意見不同者，受理訴願機關應使其分別陳述意見。鑑定人應具鑑定書陳述意見。必要時，受理訴願機關得請鑑定人到達指定處所說明。鑑定所需資料在原行政處分機關或受理訴願機關者，受理訴願機關應告知鑑定人准其利用。但其利用之範圍及方法得限制之。鑑定人因行鑑定得請求受理訴願機關調查證據。

鑑定所需費用由受理訴願機關負擔，並得依鑑定人之請求預行酌給之。依第六十九條第二項規定交付鑑定所得結果，據為有利於訴願人或參加人之決定或裁判時，訴願人或參加人得於訴願或行政訴訟確定後 30 日內，請求受理訴願機關償還必要之鑑定費用。

十一、訴願案件文書或物件處理規定

受理訴願機關得依職權或依訴願人、參加人之申請，命文書或其他物件之持有人提出該物件，並得留置之。公務員或機關掌管之文書或其他物件，受理訴願機關得調取之。前述情形，除有妨害國家機密者外，不得拒絕。

受理訴願機關得依職權或依訴願人、參加人之申請，就必要之物件或處所實施勘驗。受理訴願機關依前項規定實施勘驗時，應將日、時、處所通知訴願人、參加人及有關人員到場。原行政處分機關應將據以處分之證據資料提出於受理訴願機關。對於前述之證據資料，訴願人、參加人或訴願代理人得請求閱覽、抄錄或影印之。受理訴願機關非有正當理由，不得拒絕。證據資料之閱覽、抄錄或影印，受理訴願機關應指定日、時、處所。

訴願人或參加人對受理訴願機關於訴願程序進行中所為之程序上處置不服者，應併同訴願決定提起行政訴訟。

十二、訴願案件不予受理之情形

　　訴願事件有下列各款情形之一者，應為不受理之決定：

1. 訴願書不合法定程式不能補正或經通知補正逾期不補正者。
2. 提起訴願逾法定期間或未於第 57 條但書所定期間內補送訴願書者。
3. 訴願人不符合第 18 條之規定者。
4. 訴願人無訴願能力而未由法定代理人代為訴願行為，經通知補正逾期不補正者。
5. 地方自治團體、法人、非法人之團體，未由代表人或管理人為訴願行為，經通知補正逾期不補正者。
6. 行政處分已不存在者。
7. 對已決定或已撤回之訴願事件重行提起訴願者。
8. 對於非行政處分或其他依法不屬訴願救濟範圍內之事項提起訴願者。

　　分別提起之數宗訴願係基於同一或同種類之事實上或法律上之原因者，受理訴願機關得合併審議，並得合併決定。

十三、訴願決定之處理

　　訴願無理由者，受理訴願機關應以決定駁回之。原行政處分所憑理由雖屬不當，但依其他理由認為正當者，應以訴願為無理由。訴願事件涉及地方自治團體之地方自治事務者，其受理訴願之上級機關僅就原行政處分之合法性進行審查決定。

　　提起訴願因逾法定期間而為不受理決定時，原行政處分顯屬違法或不當者，原行政處分機關或其上級機關得依職權撤銷或變更之。但有下列情形之一者，不得為之：

1. 其撤銷或變更對公益有重大危害者。
2. 行政處分受益人之信賴利益顯然較行政處分撤銷或變更所欲維護之公益更值得保護者。

　　行政處分受益人有下列情形之一者，其信賴不值得保護：

1. 以詐欺、脅迫或賄賂方法，使原行政處分機關作成行政處分者。
2. 對重要事項提供不正確資料或為不完全陳述，致使原行政處分機關依該資料或陳述而作成行政處分者。
3. 明知原行政處分違法或因重大過失而不知者。

行政處分之受益人值得保護之信賴利益，因原行政處分機關或其上級機關依第一項規定撤銷或變更原行政處分而受有損失者，應予補償。但其補償額度不得超過受益人因該處分存續可得之利益。

訴願有理由者，受理訴願機關應以決定撤銷原行政處分之全部或一部，並得視事件之情節，逕為變更之決定或發回原行政處分機關另為處分。但於訴願人表示不服之範圍內，不得為更不利益之變更或處分。前述訴願決定撤銷原行政處分，發回原行政處分機關另為處分時，應指定相當期間命其為之。

對於依第 2 條第 1 項提起之訴願，受理訴願機關認為有理由者，應指定相當期間，命應作為之機關速為一定之處分。受理訴願機關未為前項決定前，應作為之機關已為行政處分者，受理訴願機關應認訴願為無理由，以決定駁回之。受理訴願機關發現原行政處分雖屬違法或不當，但其撤銷或變更於公益有重大損害，經斟酌訴願人所受損害、賠償程度、防止方法及其他一切情事，認原行政處分之撤銷或變更顯與公益相違背時，得駁回其訴願。前述情形，應於決定主文中載明原行政處分違法或不當。受理訴願機關為前述決定時，得斟酌訴願人因違法或不當處分所受損害，於決定理由中載明由原行政處分機關與訴願人進行協議。前述協議，與《國家賠償法》之協議有同一效力。

訴願之決定，自收受訴願書之次日起，應於 3 個月內為之；必要時，得予延長，並通知訴願人及參加人。延長以一次為限，最長不得逾 2 個月。前述期間，於依第 57 條但書規定補送訴願書者，自補送之次日起算，未為補送者，自補送期間屆滿之次日起算；其依第 62 條規定通知補正者，自補正之次日起算；未為補正者，自補正期間屆滿之次日起算。

訴願之決定以他法律關係是否成立為準據，而該法律關係在訴訟或行政救濟程序進行中者，於該法律關係確定前，受理訴願機關得停止訴願程序之進行，並即通知訴願人及參加人。受理訴願機關依前項規定停止訴願程序之進行者，前條所定訴願決定期間，自該法律關係確定之日起，重行起算。

訴願人死亡者，由其繼承人或其他依法得繼受原行政處分所涉權利或利益之人，承受其訴願。法人因合併而消滅者，由因合併而另立或合併後存續之法人，承受其訴願。依前述規定承受訴願者，應於事實發生之日起 30 日內，向受理訴願機關檢送因死亡繼受權利或合併事實之證明文件。受讓原行政處分所涉權利或利益之人，得檢具受

讓證明文件，向受理訴願機關申請許其承受訴願。

訴願決定書，應載明下列事項：

1. 訴願人姓名、出生年月日、住、居所、身分證明文件字號。如係法人或其他設有管理人或代表人之團體，其名稱、事務所或營業所，管理人或代表人之姓名、出生年月日、住、居所、身分證明文件字號。

2. 有法定代理人或訴願代理人者，其姓名、出生年月日、住、居所、身分證明文件字號。

3. 主文、事實及理由。其係不受理決定者，得不記載事實。

4. 決定機關及其首長。

5. 年、月、日。

訴願決定書之正本，應於決定後 15 日內送達訴願人、參加人及原行政處分機關。訴願決定書應附記，如不服決定，得於決定書送達之次日起 2 個月內向行政法院提起行政訴訟。

對於得提起行政訴訟之訴願決定，因訴願決定機關附記錯誤，向非管轄機關提起行政訴訟，該機關應於 10 日內將行政訴訟書狀連同有關資料移送管轄行政法院，並即通知原提起行政訴訟之人。有前述規定之情形，行政訴訟書狀提出於非管轄機關者，視為自始向有管轄權之行政法院提起行政訴訟。

訴願決定機關附記提起行政訴訟期間錯誤時，應由訴願決定機關以通知更正之，並自更正通知送達之日起，計算法定期間。訴願決定機關未依第 90 條規定為附記，或附記錯誤而未依前項規定通知更正，致原提起行政訴訟之人遲誤行政訴訟期間者，如自訴願決定書送達之日起 1 年內提起行政訴訟，視為於法定期間內提起。

原行政處分之執行，除法律另有規定外，不因提起訴願而停止。原行政處分之合法性顯有疑義者，或原行政處分之執行將發生難以回復之損害，且有急迫情事，並非為維護重大公共利益所必要者，受理訴願機關或原行政處分機關得依職權或依申請，就原行政處分之全部或一部，停止執行。前述情形，行政法院亦得依聲請，停止執行。

停止執行之原因消滅，或有其他情事變更之情形，受理訴願機關或原行政處分機關得依職權或依申請撤銷停止執行。前述情形，原裁定停止執行之行政法院亦得依聲請，撤銷停止執行之裁定。

訴願之決定確定後，就其事件，有拘束各關係機關之效力；就其依第 10 條提起訴

願之事件，對於受委託行使公權力之團體或個人，亦有拘束力。原行政處分經撤銷後，原行政處分機關須重為處分者，應依訴願決定意旨為之，並將處理情形以書面告知受理訴願機關。

十四、訴願聲請再審之要件

於有下列各款情形之一者，訴願人、參加人或其他利害關係人得對於確定訴願決定，向原訴願決定機關申請再審，聲請再審，應於 30 日內提起。但訴願人、參加人或其他利害關係人已依行政訴訟主張其事由或知其事由而不為主張者，不在此限：

1. 適用法規顯有錯誤者。
2. 決定理由與主文顯有矛盾者。
3. 決定機關之組織不合法者。
4. 依法令應迴避之委員參與決定者。
5. 參與決定之委員關於該訴願違背職務，犯刑事上之罪者。
6. 訴願之代理人，關於該訴願有刑事上應罰之行為，影響於決定者。
7. 為決定基礎之證物，係偽造或變造者。
8. 證人、鑑定人或通譯就為決定基礎之證言、鑑定為虛偽陳述者。
9. 為決定基礎之民事、刑事或行政訴訟判決或行政處分已變更者。
10. 發見未經斟酌之證物或得使用該證物者。

十五、訴願法其他規定

依規定所為之訴願、答辯及應備具之書件，應以中文書寫；其科學名詞之譯名以國立編譯館規定者為原則，並應附註外文原名。前述書件原係外文者，並應檢附原外文資料。

《訴願法》修正施行前，尚未終結之訴願事件，其以後之訴願程序，依修正之本法規定終結之。《訴願法》修正施行前，尚未終結之再訴願案件，其以後之再訴願程序，準用修正之本法有關訴願程序規定終結之。公務人員因違法或不當處分，涉有刑事或行政責任者，由最終決定之機關於決定後責由該管機關依法辦理。

自我評量

1. 納稅義務人如不服海關對其進口貨物核定之稅則號別、完稅價格或應補繳稅款或特別關稅者，向海關提起行政救濟程序之規定，流程分為哪三階段？

2. 申請複查期限規定為何？

3. 複查案件海關回覆期限及流程為何？

4. 受理訴願之管轄機關為何？

5. 提起訴願之期限規定為何？

6. 訴願提起人之資格為何？

7. 訴願人、參加人、訴願代理人之規定為何？

8. 訴願文書送達之規定為何？

9. 訴願文書保存、抄閱之規定為何？

10. 訴願審議委員會成立暨運作之規定為何？

11. 訴願人向受理訴願機關提起訴願申請要件為何？

12. 訴願人參與訴願審議委員會議之規定為何？

13. 委外鑑定相關規定為何？

14. 訴願案件文書或物件處理規定為何？

15. 訴願事件有何種情形之一者，應為不受理之決定？

16. 提起訴願因逾法定期間而為不受理決定時，原行政處分顯屬違法或不當者，原行政處分機關或其上級機關得依職權撤銷或變更之。但有何種情形者，不得為之？

17. 行政處分受益人有何種情形者，其信賴不值得保護？

18. 有何種情形者，訴願人、參加人或其他利害關係人得對於確定訴願決定，向原訴願決定機關申請再審，聲請再審，應於 30 日內提起？

19. 《訴願法》之其他規定為何？

第三篇
保稅與退稅

　　政府為保護國內產業，進而提高廠商的國際競爭力，特別設計保稅與退稅的制度，此制度是創造臺灣經濟奇蹟的重要功臣。本篇以實務案例配合操作流程及相關規定，將保稅及退稅分為三個章節，並詳加敘述說明。

　　保稅是境內關外概念之制度，進口商自國外進口商品，不論原料或成品皆須繳納關稅，進口商品於進口商納稅海關放行，方能取得進口商品，但進口人進口原料之目的各式各樣，政府為幫助外銷企業降低成本，及靈活資金運作，應用保稅制度協助企業，進口商於貨物進口時暫時不用繳稅，以關稅記帳方式替代關稅繳納的制度，促使降低進口商的資金成本壓力，亦能提高出口商對外報價的競爭力。

　　政府於 1956 年建立外銷沖退稅規定。廠商進口原料經加工後，若符合外銷品沖退稅有關法令，即准予退還其所用進口原料稅捐。亦即進口原料需加工後出口者，方可退稅；如未再加工出口，或直接售予保稅區、國內市場，則不可退稅。加工原料應課徵之稅捐若屬繳現者，外銷後准予退現，稱之為「退稅」；如屬記帳者，外銷後准予沖銷，稱之為「沖稅」。申請沖退稅捐項目包括進口關稅及貨物稅。（係指由海關代徵之貨物稅）其目的在於減輕外銷生產廠商資金負擔及降低外銷品生產成本，以增強產品在國際市場上報價之競爭能力，達到拓展工商業發展及提高國民所得水準為目標，此制度也是我國 50 年代至 80 年代經濟飛躍的最大功臣。

　　我國保稅之運作包含，科學工業園區、加工出口區、農業科技園區、物流中心、機場免稅商店、保稅工廠、保稅倉庫等單位。本書保稅以第二十五章保稅工廠與第二十六章保稅倉庫做範例，說明保稅運作方式。另以第二十七章說明退稅運作方式。

▷ 第二十五章
保稅工廠

第一節　成立保稅工廠之要素

　　一般工廠進口原料或成品皆須繳納關稅後經海關放行，方能提貨入廠，無形中墊高了生產成本，同時產生企業資金成本壓力，進而降低出口報價能力。當透過成立保稅工廠方式運用，前述缺點皆可解決，一般工廠經過向海關申請而擁有保稅工廠身分後，其原有之一般工廠身分並未消失，同時存在。故而其原料與成品因身分的不同，以一般工廠身分操作時為一般原料與成品（進口時需繳關稅）、以保稅工廠身分操作時為保稅原料與成品。（進口時不需繳關稅，關稅記帳）

第二節　保稅工廠之登記規定

　　依海關規定，一般工廠身分要再成為保稅工廠身分，其申請流程及資格需符合海關設立管理保稅工廠辦法之相關規定。

一、保稅工廠設立基本條件

　　依《公司法》組織登記設立之股份有限公司，其實收資本額在新臺幣 5,000 萬元以上，設有登記合格之工廠，並具備下列條件者，得向海關申請核准登記為保稅工廠：

1. 公司財務無累積虧損或申請時前 3 年（成立未滿 3 年者，以其存續期間為準）平均無虧損者，或雖有累積虧損，其虧損後資本淨額仍在新臺幣 5,000 萬元以上，或已按扣除累積虧損後資本淨額不足新臺幣 5,000 萬元之金額辦理增資或提供其他擔保。

2.公司之欠稅及罰鍰已繳清或已提供相當擔保。

3.廠區適於管理，設有警衛室，並派員駐守。

4.具備製造外銷成品應有之機器設備及完善之安全設施，經海關勘查符合規定。

5.分設之原料及成品倉庫，經海關勘查合格。但有不宜倉儲之笨重或具危險性之保稅物品者，應另設經海關認可之適當儲存處所。

6.廠房設施符合第 5 點所定標準。

7.具備電腦以處理有關保稅業務帳冊、報表及相關資料。

　　經依其他法律規定核准在中華民國境內設立之外國分公司，其實際匯入並經登記之營業資金在新臺幣 5,000 萬元以上，設有登記合格之工廠者，得依前項規定向海關申請核准登記為保稅工廠。

　　海關視實施貨物通關自動化管理作業需要，得依實際情形公告要求保稅工廠設置電腦及相關連線設備以電子資料傳輸方式處理有關保稅業務，其作業規定，由海關訂定之。

二、保稅工廠設施要件

　　保稅工廠之廠房設施應符合下列標準：

1.生產機器及設備已安裝完竣，能立即開工生產或已在生產中。

2.原料倉庫及成品倉庫須為堅固之建築，且具有防盜、防火、防水、通風照明及其他確保存貨安全之設施，並須與辦公室保持適當之隔離。

3.工廠範圍應與外界有適當之隔離設施。

三、保稅工廠申請資料

　　申請登記為保稅工廠者，應檢具下列文件，向工廠所在地海關辦理：

1.申請書：應載明公司名稱、統一編號、工廠登記編號、公司地址、資本額、負責人姓名、身分證統一編號、電話號碼及工廠地址。

2.特許營業證之影本一份；非特許事業者，免送特許營業證。

3.公司章程及董監事名冊一份。

4.產品清表一份。

5.工廠、倉庫、笨重原料等儲存處所及生產機器配置平面圖各一份。

6.保稅工廠印鑑登記卡。

7.產品生產程序說明書及其各步驟使用原料名稱、數量暨工廠原物料管理制度有關資料各一份。

8.最近 3 年（成立 1 年以上未滿 3 年者，以其存續期為準）經稅捐稽徵機關核定之營利事業所得稅結算申報核定通知書或經會計師簽證之營利事業所得稅結算申報書之影本一份。成立未滿一年者，應檢送經會計師簽證之財務報表一份。

9.保稅工廠之廠房使用執照、建物所有權狀及土地所有權狀之影本各一份；如係租賃者，應另檢附租賃契約影本一份及廠房所有權人承諾書，載明同意該保稅工廠經廢止其登記時，其保稅物品可無條件繼續存放在廠房倉庫至少 6 個月，以供監管海關處理保稅物品。

　　新設工廠應檢送主管機關准許設廠文件，向海關申請辦理勘查，如有先行進口自用機器、設備之需要者，得向海關申請臨時監管編號，並繳納進口稅款保證金，辦理通關手續，俟取得工廠登記編號並經監管海關審查符合者，始准予洽期接管。

　　申請廠商設有二個以上之工廠者，得分別就其中一個或二個以上之工廠申請設立保稅工廠。但各工廠間有相互提撥原料、半成品、成品之關係或產製外銷成品具有連貫性之製造程序者，不得僅就其中部分程序工廠申請登記為保稅工廠。上述申請案件，海關應於書面審查合格之翌日起 1 週內派員赴廠勘查，經勘查合格之翌日起 1 週內通知外銷工廠洽期辦理監管，發給保稅工廠登記執照。

　　保稅工廠之公司名稱、地址、負責人、營業項目、工廠地址如有變更，或實收資本額減少時，保稅工廠應於辦妥變更登記之翌日起 30 日內檢送有關證件影本，向監管海關辦理換照手續。但營業項目或廠址變更，應於變更前先報請監管海關核准。資本額增加時，應以書面向監管海關報備，得免單獨申請換照，俟其後有其他變更事項或須辦理換照時再併案辦理。

　　因公司名稱、負責人變更，而辦理變更登記之保稅工廠，應於核准換照登記之翌日起 15 日內向監管海關辦理印鑑變更登記，在未辦理變更前原印鑑仍得繼續使用。

　　經海關核准登記之保稅工廠，應於工廠門首懸掛名牌，其名稱為：「財政部關務署××關監管××公司保稅工廠」或「財政部關務署××關監管××公司××廠保稅工廠」。

　　保稅工廠得依《保稅倉庫設立及管理辦法》之規定，向海關申請於廠區內設立自

用保稅倉庫。自用保稅倉庫應與廠區其他部分隔離。經核准登記之保稅工廠，由海關發給執照，並應每 2 年檢具文件辦理校正一次。

第三節 保稅工廠之業務執行規定

一、保稅工廠保稅帳冊管理

保稅工廠應於海關接管或製造新產品之翌日起 1 個月內且產品未出口前，造具產品單位用料清表一式二份，列明產品之代號、名稱、規格、數量及所需各種原料之料號、名稱、規格或型號、應用數量（實用數量加損耗數量）或實用數量、單位等項，連同製造程序說明書送監管海關備查，必要時予以查核。未送監管海關備查，而產品已先行出口者，不予除帳。但出口者如為樣品或特殊原因已於出口前檢附相關證件，向監管海關申請報備，得於出口之翌日起 1 個月內送監管海關備查，逾期不予除帳。

保稅工廠產品核銷保稅原料，按產品單位用料清表審定之應用數量或實用數量除帳，其以應用數量除帳者，生產過程中所產生之下腳、廢料不得另為報廢除帳。海關應於收到所規定之產品單位用料清表備查後將其中一份發還保稅工廠做為核銷保稅原料之依據。

保稅工廠原送之產品單位用料清表如有變動，應於變動後另造新表，列明原向海關備查或核准文號送監管海關備查，其造送及審定期限比照前述規定辦理。保稅工廠所使用之原料，其價格、性質及功能相近而可相互替代流用者，應於產品單位用料清表列明，送監管海關備查。產品單位用料清表之適用期限，自送監管海關備查或核准之翌日起 3 年，期限屆滿前應由保稅工廠重新造送監管海關備查。產品之單位用料清表及變更產品之單位用料清表，得經監管海關核准以電子媒體儲存備查。

保稅工廠應以廠為單位，分別設立原料帳冊、成品帳冊及自用機器、設備帳冊，詳細記錄進出數量、結存數量等動態資料。如海關認為必要者，並應設立半成品及在製品之動態紀錄，以供監管海關隨時查核。

保稅原料及成品之帳冊、保稅工廠廠外加工紀錄卡及出廠放行單，以電腦處理者，應將有關資料依規定之期限輸入建檔，以備海關隨時查核，並按月印製替代原料帳冊、成品帳冊及自用機器、設備帳冊、廠外加工紀錄卡及出廠放行單使用明細之表報，次

月 20 日前印妥備查。帳冊及使用明細之表報,得經監管海關核准以電子媒體儲存備查。保稅工廠廠外加工紀錄卡及出廠放行單,以人工登帳方式處理者,使用前均應報請海關驗印。

保稅工廠進口或國內採購供加工外銷用之非保稅原料,如係可與其他保稅原料相互替代流用者,應一併登列於原料帳,納入管理範圍。

各保稅工廠間,得經轄區監管海關核准實施提撥作業,並應以廠為單位,依提撥物品性質分別設立原料、半成品、成品提撥帳冊及提撥總帳,詳細記錄提撥物品之撥出、撥入及提撥結存數量,以備海關查核,年度結算時各保稅工廠應合併辦理結算。但依第 12 條規定於原料、成品帳已增設提撥專屬欄位供登載者,得免設立原料、成品提撥帳冊。

保稅工廠之自用機器、設備,進口屆滿 5 年並逾行政院規定「固定資產耐用年數表」年限者,得由保稅工廠自行除帳,海關免列帳監管。自用機器、設備,於進口後 6 個月內無外銷實績者,監管海關應查明實情並限期改善,無正當理由逾期未改善者,海關得通知保稅工廠補繳進口稅捐後除帳。

依規定之帳冊、表報,應依照海關統一制訂格式印製使用。但保稅工廠須自行設計格式或更改海關統一格式者,均應事先報請海關核可後,方准使用。保稅工廠有關保稅之帳冊及編製之報表,應於年度盤點結案後保存 5 年;其有關之憑證,應保存 3 年。有關之憑證,保稅工廠於盤存結案後,除報經監管海關核准,以微縮影片、磁帶、磁碟片或其他電子媒體等按序攝錄,並依規定年限保存者外,原始憑證不得銷毀。監管海關依法進行查案時,如需複印憑證及有關文件,保稅工廠應負責提供所需複印之憑證及有關文件。

海關因稽核或監管需要,除得查閱保稅工廠保稅帳冊、報表外,並得派員持憑公文查閱其他帳冊、報表及其他憑證,保稅工廠不得拒絕。

保稅工廠存儲之保稅物品,應依序存放於經海關核定之倉庫或場所,並編號置卡隨時記錄保稅物品存入、領出及結存數量,以備查核。但採用電腦控管並可在線上即時查核者,得免設卡。保稅物品倉庫由廠方負責看管,於停工時加鎖,其連續停工 10 日以上者,應向海關申報,海關得派員聯鎖。

保稅工廠自倉庫提取原料、半成品時,應填具「領料單」,依照規定程序辦理,並保留其憑證,以備查核。所提領之原料、半成品退回倉庫時,亦應填具「退料單」,依

照規定程序辦理，重新入帳存入倉庫，並保留憑證，以備查核。「領料單」及「退料單」，如工廠原有其他表報足以替代或作業程序特殊者，得於申請海關核准後准予替代或免予填報。

保稅工廠產製之保稅成品，應按日填具「成品存倉單」，登帳存入成品倉庫；出倉時應填具「成品出倉單」，載明出倉原因後，出倉登帳。但工廠有其他表報足以代替者，得申報核定以其他表報代替之。

保稅工廠之保稅物品，除直接出口或售與保稅區者外，應依規定申請海關核准或向海關報備，始得出廠。物品出廠時，均應由保稅工廠依規定填具出廠放行單，由駐守警衛憑放行單放行。出廠放行單應編列序號，按序使用，並保留其存根聯，以備查核。

保稅物品進出廠（倉），應於進出廠（倉）之翌日起 2 日內登列有關帳冊。但自國外進口保稅物品，應於海關驗放之翌日起 1 週內登帳。保稅工廠因廠內倉庫不敷存儲，必須租用廠外倉庫時，應事先報請監管海關核准後，方可使用。

第四節 保稅工廠之盤點管理

一、保稅工廠保稅物料盤點規定

加工外銷工廠核准登記為保稅工廠後，應於海關指定之接管日期由海關派員會同辦理盤存（簡稱接管盤存）。其盤存之原料、在製品、半成品及成品之進口稅捐，准憑保稅品盤存統計表（簡稱盤存統計表）辦理沖退稅。

已登記接管之保稅工廠每年應辦理保稅物品盤存一次（簡稱年度盤存）。年度盤存之盤存日期距上年度盤存日期，最短不得少於 10 個月，最長不得超過 14 個月，其有特殊情形，事先報經監管海關核准者，得酌予提前或延長。但海關認有必要時，得隨時予以盤存。

盤存事後發現錯誤時，得由保稅工廠在該項保稅物品未動用前向監管海關申請複查，經海關查明屬實者准予更正。但逾盤存日之翌日起 2 週申請者，不予受理。

保稅工廠應於盤存日之翌日起 2 個月內，根據盤存清冊編製盤存統計表、自用機器、設備結算報告表、保稅原料結算報告表及其在製品、半成品及成品盤存數折合原

料分析清表、出口成品及內銷成品折合原料分析清表，送交監管海關備查，必要時予以查核。但如有特殊原因，經申請海關核准者，得延長 1 個月，並以一次為限。經監管海關核准得以電子媒體儲存備查。

保稅工廠年度盤存清冊，海關於核定後，得應稅捐稽徵機關要求，分送各該稽徵機關參考。年度盤存得依海關所定方式申請核准實施不停工盤存或假日盤存。

二、保稅工廠保稅物料盤點數量不符之處理

保稅工廠依規定辦理盤存之保稅物品，如實際盤存數量與當年度帳面結存數量不符時，按下列規定辦理：

1. 實際盤存數量少於帳面結存數量，如未逾盤差容許率者，准免補繳稅捐；逾盤差容許率者應於接獲海關核發之補稅通知之翌日起 10 日內繕具 G2 報單補繳進口稅捐。
2. 實際盤存數量多於帳面結存數量，其數量大於盤差容許率者，應敘明理由報請監管海關查明原因，倘係產品單位用料量偏高者，應修訂產品單位用料清表，供次年度結算時使用。

同一種類或可相互替代流用之原料，如部分為保稅部分為非保稅，年度結算時應一併列入盤點，並按實際使用數量沖銷保稅及非保稅原料帳。未能查明其實際使用數量者，應優先沖銷保稅原料數量。非保稅原料發生盤差者，免予補稅。保稅工廠盤差容許率，由海關分業分類公告並刊登《行政院公報》。

保稅工廠之保稅物品如有發生短少之情事，應於事實發生之翌日起 15 日內，向海關申報並補稅。

第五節 ▶ 保稅工廠之專責人員規定

保稅工廠應指定至少二名，該廠具保稅業務人員資格正職人員辦理保稅務，其任用資格除應具有國內外高中或高職以上學校畢業之學歷，並經監管海關或海關審查通過之民間機構舉辦保稅業務人員講習取得結業證書外，其中一名應為保稅業務主管級人員，並向海關報備。

第六節 保稅工廠辦理相關加工檢測維修業務之規定

保稅工廠受託辦理加工業務，應經監管海關核准及受海關監管。

保稅工廠辦理相關產品之檢驗、測試、修理、維護業務，應經監管海關核准及受海關監管；另應設置辦理檢驗、測試、修理、維護貨物之存放專區，並獨立設置維修服務帳冊，報經監管海關核准及驗印。貨物為保稅工廠自國外進口者，應於進口放行之翌日起 6 個月內復運出口，其情形特殊者，得於期限屆滿前以書面敘明理由向監管海關申請延長，延長期間以 6 個月為限；未於期限屆滿前出口者，應於期限屆滿之翌日起 10 日內繕具報單補稅。

保稅貨物有使用保稅原料維修者，應於該貨物出口（廠）前，向監管海關申報維修貨物裝卸之保稅原料、零組件對照清表備查，逾期或未送備查者不予核實除帳，其拆卸之零組件，應登列專用帳冊控管。

保稅工廠相關加工檢測維修業務稽核，監管海關得派員前往保稅工廠稽核或辦理下列事項：

1. 查核保稅工廠生產情形，原料、成品倉庫之存量，自用機器、設備管理情形，及保稅工廠之帳冊與表報。
2. 稽核保稅工廠產品單位用料清表、非保稅產品使用原料項目清表及審核盤存各項報表。
3. 會同保稅工廠盤查保稅物品。
4. 監督銷毀保稅工廠之副產品及經專案核准銷毀之次品或呆料。
5. 輔導新成立或經營管理欠佳，須加強監管之保稅工廠。
6. 稽核其他有關監督保稅工廠之業務。

第七節 廢止保稅工廠登記之規定

一、保稅工廠廢止規定

保稅工廠經廢止登記後，其保稅物品依下列規定辦理：

1. 所有保稅物品，應由海關封存或與保稅工廠聯鎖於該工廠之倉庫內，海關應不定期派員巡查，必要時得予保管。

2. 經廢止其登記之保稅工廠應向監管海關洽訂或由監管海關逕予訂定盤存日期，依照《保稅工廠管理辦法》第 20 條有關規定辦理盤存（簡稱結束盤存），如實際盤存數量與帳面結存數量不符時，依《保稅工廠管理辦法》第 21 條第 1 項規定辦理。

3. 經盤存之保稅物品，除依第 4 款規定辦理者外，監管海關應即按結存數量發單課徵各項稅捐（成品及半成品概按其所使用保稅原料之形態核課稅捐）。

4. 在海關未發單徵稅前，如因生產或外銷之需要或售與科學工業園區事業、加工出口區區內事業、農業科技園區事業及自由港區事業或其他保稅工廠者，保稅工廠得提供相當稅款金額之擔保，報經監管海關核准後提領使用保稅物品。但應於核准之翌日起 1 年內檢附出口證明文件向監管海關辦理銷案，屆期未銷案者，由海關就擔保償還應納稅捐。

　　未能依規定辦理結束盤存者，海關得逕依帳面結存數量課徵各項稅捐。保稅工廠生產非保稅產品，應經監管海關核准及受海關監管。所稱非保稅產品，指保稅工廠使用自國外進口或自保稅區輸入，並已辦理報關完稅之原料，或向課稅區採購之原料所產製之產品。

二、保稅工廠進口自用機器、設備之規定

　　保稅工廠進口原料、自用機器、設備應填具報單依照一般貨物進口規定辦理通關手續。海關於必要時，得派員在保稅工廠內辦理查驗。

　　保稅工廠自用機器、設備，進口前應檢附機器設備名稱、型號、規格、數量（單位）及其他相關文件（例如型錄、用途說明、生產機器配置平面圖、廠區安裝配置圖、生產保稅產品製造程序說明書等），經監管海關准予備查，始得適用相關免稅規定。

　　保稅工廠不得將非保稅原料及非自用機器、設備列為保稅物品報運進口。如有誤列，應於放行之翌日起 30 日內填具報單，向監管海關申請補繳進口稅捐。

　　保稅工廠進口原料、自用機器、設備因退貨、調換或其他原因復運出口者，應填具報單依照一般復運出口貨物出口之規定辦理通關手續。

第八節　國內課稅區廠商售與保稅工廠之規定

一、一般工廠售貨予保稅工廠之規定

國內廠商售與保稅工廠之加工原料、自用機器、設備，如需辦理沖退稅捐者，其通關程序如下：

1. 進廠時買賣雙方應聯名填具報單，檢附發票、裝箱單等報經監管海關核准後放行進廠登帳。監管海關應於核准之翌日起 20 日內核發視同出口報單副本，交國內廠商憑以辦理沖退稅。

2. 前款之加工原料交易，得先憑交易憑證點收進廠登帳，於次月 15 日前依前款規定按月彙報，並以該批貨物報單放行日期視同進出口日期。

未依前項規定辦理而進入保稅工廠之物品，按非保稅物品處理。

國內廠商售與保稅工廠之加工原料、自用機器、設備等貨品發生退貨情事時，應於進廠之翌日起 3 個月內由買賣雙方聯名填具退貨申請書，報經監管海關核准。原供應廠商已領有視同出口證明文件者，應予收回註銷或更正，並通知有關機關註銷或更正；其已辦理沖退稅捐者，應繳回已沖退稅捐，並通知所屬稅捐稽徵機關，始可辦理退貨。

進廠 3 個月後之退貨案件，其退貨手續按一般貨品進口通關程序辦理，並按該貨進廠形態課稅。

第九節　保稅工廠保稅貨物售與保稅區之規定

保稅工廠之保稅物品售與或輸往科學工業園區事業、加工出口區區內事業、農業科技園區事業及自由港區事業或其他保稅工廠，應於出廠時由雙方聯名填具報單檢附報關必備文件，向海關辦理通關手續。貨品發生退貨或運回時，應由雙方聯名填具報單，檢附報關必備文件，向海關辦理通關手續。

保稅工廠之保稅物品進儲物流中心、保稅倉庫或進儲之物品發生退貨時，應由雙方聯名填具報單，檢附報關必備文件，向海關辦理通關手續。保稅物品進儲物流中心

或屬自用之保稅倉庫，除退貨外，得向海關申請先憑發票、裝箱單及相關文件點驗出廠並登帳，於次月 15 日前按月彙報。

第十節　保稅工廠出口申報之規定

保稅工廠出口保稅產品應填具 B9 保稅報單，並報明向監管海關備查之保稅產品單位用料清表文號及頁次或申請出口後再造送該清表之報備文號，出口地海關認有必要時，得要求保稅工廠提供已備查之用料清表影本或向監管海關申請報備文號，未經備查者，依照一般貨物出口之規定向出口地海關辦理通關手續。

保稅產品出口時，應將出廠放行單一聯隨運輸工具附送至出口地海關，如出口貨物係分裝多車運送，或分次多批運送者，其出廠放行單上應註記所有裝運之車號及每輛車件數，或各批次之件數，以備海關稽核。

保稅工廠出口貨物由出口地海關查驗，如因包裝特殊不宜在出口地查驗者，得申請監管海關派員在廠內查驗後押運、或監視加封運送至出口地辦理通關手續。但出口地海關認為必要時，仍得複驗。

保稅工廠出口之保稅產品因故退貨復運進口者，應填具報單依照一般復運進口貨物進口之規定辦理通關手續，於進廠後存入成品倉庫並入保稅帳。

第十一節　保稅工廠售與稅捐記帳外銷加工廠之規定

保稅工廠之保稅產品或保稅原料售與稅捐記帳之外銷加工廠再加工外銷者，其通關程序如下：

1. 由買賣雙方聯名填具報單，檢附發票、裝箱單等有關文件，依規定向監管海關申報辦理稅捐記帳及放行手續，始准出廠。保稅工廠得於提供擔保後，先行出廠，在次月 15 日前檢附有關證明文件，辦理按月彙報手續。
2. 依前款規定放行之貨物，得分批出廠，但應於放行之翌日起 1 個月內出貨完畢。

外銷加工廠之稅捐記帳應依照《外銷品沖退原料稅辦法》有關規定辦理，並以經辦海關放行報單日期為視同出口及進口日期。

保稅產品售與外銷加工廠後發生退貨之處理方式，應依下列規定辦理：

1. 由買賣雙方聯名填具退貨申請書及報單，於報單上註明「×××報單退貨」字樣，並檢附裝箱單及原報單影本，於視同出口及進口放行之翌日起 1 年內向監管海關申請核辦，經核准後退貨進廠登帳，原出售工廠已領有視同出口證明者，監管海關應同時通知有關稅捐稽徵機關。

2. 監管海關完成前款手續後，應發給退稅用報單副本與原購買廠商，憑以辦理沖退稅。

第十二節　貿易商出口保稅工廠保稅貨物之規定

保稅工廠之保稅產品由其他廠商或貿易商報運出口者，應於 B9 出口報單其他申報事項上載明「本批貨物由×××保稅工廠供應，除該保稅工廠得申請除帳外，出口廠商不得申請退稅」字樣，於出口後交由保稅工廠除帳。

第十三節　保稅工廠保稅貨物內銷之規定

保稅工廠內銷之保稅產品，應由保稅工廠或由買賣雙方聯名填具報單，報經監管海關依出廠時之形態補徵進口稅捐後，始准放行出廠。

一、保稅工廠內銷之保稅產品課徵關稅規定

內銷之保稅產品，除該產品係屬使用供裝配用已逾 50% 以上之單一半成品所製成者，應依完稅價格按有關稅率核計關稅外，得由廠商向監管海關申請依下列方式之一課徵關稅：

1. 內銷保稅產品應依完稅價格減去 30% 後，就其餘額按有關稅率核計關稅。

2. 內銷保稅產品有使用國產非保稅原料經海關查明屬實者，依完稅價格先扣除該項非保稅原料部分之價值後，就其餘額按有關稅率核計關稅。

保稅工廠內銷之保稅產品，如經再加工外銷，得依《外銷品沖退原料稅辦法》等有關規定辦理退稅。但屬於取消退稅之貨品項目，仍不得退稅。保稅工廠進口之保稅原料，經監管海關核准改為內銷者，按有關稅率核計關稅。

二、保稅工廠內銷補稅規定

內銷補稅案件，得由保稅工廠或買賣雙方聯名向監管海關申請按月彙報，並依下列規定辦理：

1. 由保稅工廠提供相當金額之擔保，其金額由海關視實際需要調整之。
2. 保稅工廠應設置按月彙報內銷登記簿，於貨品出廠前，按出廠批數、逐批登記內銷日期、貨名、規格、數量及預估稅額後，於擔保額度內准予先行提貨出廠。
3. 次月 15 日前，將上月內銷貨品，彙總填具報單，依第 2 點規定辦理補稅。

未除帳之保稅工廠自用機器、設備，售與課稅區廠商，應填具報單，依實際交易價格繳納關稅。政府機關派員出國或接待來訪外賓向保稅工廠購買保稅產品贈送友邦人士者，得憑中央各院所屬一級單位證明及收據提領出廠銷案。保稅工廠應設置未逾免簽證限額保稅產品出廠登記簿，並報請監管海關驗印，逐筆登記保稅產品出廠之日期、名稱、規格、數量及繳稅金額，以備查核。

第十四節 ▶ 保稅工廠保稅之次品、下腳、廢料等之規定

保稅工廠不能外銷之保稅次品與在生產過程中所產生之保稅副產品、下腳、廢料及自用機器、設備廢品等，均應按類別、性質儲存於倉庫或經海關認可之其他場所，並應設置帳卡，隨時記錄存、出情形。但半成品形態之廢料，應分別列明使用原料情形，以備查核。

一、保稅工廠不能外銷之保稅次品、下腳、廢料等之規定

保稅工廠保稅之次品、副產品、下腳、廢料、呆料及自用機器、設備廢品，應依下列規定辦理：

1. **有利用價值部分**：依《海關進口稅則》從量或按售價核定完稅價格課徵稅捐後准予內銷；或由海關予以監毀後，依其殘餘價值向海關報關補稅，提領出廠。但下腳、廢料因數量多或體積龐大，不易於廠內銷毀報廢，且其產品單位用料清表係採應用數量申報，無須辦理除帳者，保稅工廠得事先預估 3 個月數量，向海關申請核准先行辦理報關，並繳納相當金額之保證金放行，分批提領出廠；屆期無法全部提領出

廠者，得向海關申請延長，其延長期限不得超過 1 個月，並以一次為限。

2. **無利用價值部分：** 由海關視需要派員或會同各有關主管機關監督毀棄。

經海關核准先行辦理報關之下腳、廢料，應於先行辦理報關放行後 4 個月內，檢具實際數量之交易發票，供海關核定完稅價格；其有正當理由者，應於期限屆滿前向海關申請延長，其延長期限不得逾報關放行後 1 年。

保稅工廠因故未能復運出口之呆料或未能外銷之保稅產品或次品，得於原料保稅進口或加工完成之翌日起 2 年內，依規定辦理後除帳，逾期應即依規定課徵稅捐後准予內銷。但遇有特殊情況，未及於前開期限內辦理者，得於期限屆滿前，向監管海關申請延長，其延長期限不得超過 1 年。

保稅副產品、下腳、廢料等，未在保稅產品單位用料清表用料量中另列有損耗率，或雖已列有損耗率而未經核准者，得核實沖銷保稅原料帳。

二、保稅之次品、副產品、下腳、廢料等定義規定

保稅工廠保稅之次品、副產品、下腳、廢料、呆料及自用機器、設備廢品，定義如下：

1. **次品：** 指產品存在缺陷或瑕疵，致未達客戶品質要求，但仍具備產品全部或部分功能，仍可供銷售者。
2. **副產品：** 指在生產目標產品過程中，附帶產出之其他產品。
3. **下腳：** 指產品在製造過程中，殘留之渣滓、邊料等，且為保稅工廠不能利用者。
4. **廢料：** 指生產過程中，所產生不堪使用之物品。
5. **呆料：** 指因工廠生產計畫變更、產品類型變更、國外訂單取消、數量確屬零星等原因而不予使用，或庫存期間已逾 6 個月之保稅原料。
6. **自用機器、設備廢品：** 指保稅工廠不堪使用之自用機器、設備，其技術上已不存在修復可能性，或修復所需費用在經濟利益上顯不相當者。

第十五節 ▶ 保稅工廠遭遇天災之規定

保稅工廠存倉或在製之保稅物品，遭受水災、風災、火災或其他天然災害而致損毀，經於災害事實終止之翌日起 1 週內報請海關查明屬實者，得核實除帳。

保稅工廠存倉或在製之保稅物品，遭受失竊而致短少，經向警察機關報案取得證明報請海關查明屬實者，應自失竊之翌日起 3 個月內補稅除帳，其有特殊情形，報經監管海關核准者，得申請提供保證金暫免補稅，惟最長不得超過 6 個月，期滿後如仍未找回，即將保證金抵繳稅款結案，找回部分海關應將保證金退回。

第十六節 保稅原料出廠委託加工之規定

保稅工廠進口保稅之原料或加工品，得申請監管海關核准後運出廠外加工，並以加工至半成品且該加工品以仍能辨別其所加工之原料者為限。但保稅工廠所生產之保稅產品已超過工廠產能，且其事先已具結負責以自己名義將運出廠外加工之保稅產品逕行出口或售與其他保稅工廠、科學工業園區事業、加工出口區區內事業、農業科技園區事業或自由港區事業再加工出口者，得申請監管海關專案核准其運出廠外加工至成品。

廠外加工，應由保稅工廠先填具出廠加工申請書，載明加工廠商名稱、地址、公司統一編號及工廠登記編號（其為自然人者，姓名、地址及身分證統一編號）、使用原料及加工品名稱、數量以及加工期限等，並檢附廠外加工品用料清表及合約向監管海關申請核准後，填具已經海關驗印之廠外加工紀錄卡一次辦理出廠，或在所核准之種類、數量及加工期限範圍內，逐批填具廠外加工紀錄卡，分批出廠。

保稅工廠自國外進口或自其他保稅工廠、科學工業園區事業、加工出口區區內事業、農業科技園區事業及自由港區事業購買之保稅原料，得申請監管海關核准，直接運至加工場所，進行廠外加工，其加工並以加工至半成品且須運回保稅工廠為限。

廠外加工由加工廠所添加之原料，不得申請退稅。但加工廠為保稅工廠者，得申請除帳。運出廠外加工保稅之原料或加工品，如發生損耗致與運出數量不符時，應由海關查明原因，依照相關法令規定處理。其加工過程較為複雜者，保稅工廠或加工廠商應事先提供資料，以供查核。

廠外加工之期限，以經監管海關核准廠外加工之翌日起 6 個月為限。但有特殊情形者，得於期限屆滿前，申請海關核准延長，其延長期限不得超過 3 個月，並以一次為限。不依規定期限運回工廠者，應於期限屆滿之翌日起 10 日內填具報單補稅。

保稅工廠保稅物品出廠測試、檢驗、核樣或修理，應填具申請書經監管海關核准

後提領出廠。保稅物品出廠，監管海關得視物品數量及性質核定作業期間，其需展期者，應於屆滿前，以書面說明原因，向海關申請。但出廠期間合計不得超過 6 個月。

保稅物品進出廠時，應登載於經海關驗印之保稅工廠送外測試、檢驗、核樣或修理保稅物品進出廠登記簿。未依規定期限運回工廠者，應於期限屆滿之翌日起 10 日內填具報單補稅。

保稅工廠進口或自科學工業園區事業、加工出口區區內事業、農業科技園區事業及自由港區事業或其他保稅工廠購買之保稅原料，得經監管海關核准直接運至檢驗測試廠所從事廠外檢測。

保稅工廠得申請監管海關核准事先具結負責以自己名義將運出廠外檢測之保稅產品逕行出口或售與科學工業園區事業、加工出口區區內事業、農業科技園區事業及自由港區事業或其他保稅工廠。

保稅工廠復運進口之保稅外銷品得經監管海關核准運出廠外維護、修理。未依規定辦理者，除事先經核准並以逕行復運出口者外，應於期限屆滿之翌日起 10 日內填具報單補稅。

第十七節 保稅工廠保稅產品參展之規定

保稅工廠保稅產品出廠展列，應填具展覽品進出廠申請書，並檢附有關文件（如展覽單位之邀請函等），報請監管海關核准後提領出廠。

保稅產品出廠展列時間不得超過 6 個月，其需展期者，應以書面說明原因向海關申請，但合計期間以不超過 1 年為限。展列之保稅產品應於明顯處加貼「本產品僅供陳列之用」之告示。

展列之保稅產品進、出廠時，應登載於展列保稅產品進、出廠登記簿。保稅產品出廠展列不依上述規定期限運回工廠者 ， 應於期限屆滿之翌日起 10 日內填具報單補稅。

自我評量

1. 保稅工廠設立基本條件為何？

2. 保稅工廠之廠房設施應符合哪些標準？

3. 申請登記為保稅工廠者，應檢具哪些文件，向工廠所在地海關辦理？

4. 保稅工廠保稅物料盤點規定為何？

5. 保稅工廠依前條規定辦理盤存之保稅物品，如實際盤存數量與當年度帳面結存數量不符時，應按何種規定辦理？

6. 保稅工廠之專責人員規定為何？

7. 監管海關得派員前往保稅工廠稽核或辦理哪些事項？

8. 保稅工廠經廢止登記後，其保稅物品依哪些規定辦理？

9. 國內廠商售與保稅工廠之加工原料、自用機器、設備，如需辦理沖退稅捐者，其通關程序為何？

10. 保稅工廠之保稅產品或保稅原料售與稅捐記帳之外銷加工廠再加工外銷者，其通關程序為何？

11. 內銷之保稅產品，除該產品係屬使用供裝配用已逾50%以上之單一半成品所製成者，應依完稅價格按有關稅率核計關稅外，得由廠商向監管海關申請依哪些方式之一課徵關稅？

12. 內銷補稅案件，得由保稅工廠或買賣雙方聯名向監管海關申請按月彙報，並依何種規定辦理？

13. 保稅工廠保稅之次品、副產品、下腳、廢料、呆料及自用機器、設備廢品，應依何種規定辦理？

14. 保稅工廠保稅之次品、副產品、下腳、廢料、呆料及自用機器、設備廢品，各個定義為何？

15. 保稅工廠遭遇天災之規定為何？

16. 保稅工廠保稅產品參展之規定為何？

第二十六章 保稅倉庫

一、進儲保稅倉庫貨物進行重整相關規定

保稅貨物基本概念為進口貨物尚未完稅，且尚未進入關境，並受海關監管之貨物，進儲保稅倉庫之保稅貨物得依下列規定向海關辦理重整：

1. **檢驗、測試**：存倉貨物予以檢驗、測試。
2. **整理**：存倉貨物之整修或加貼標籤。
3. **分類**：存倉貨物依其性質、形狀、大小顏色等特徵予以區分等級或類別。
4. **分割**：將存倉貨物切割。
5. **裝配**：利用人力或工具將貨物組合。
6. **重裝**：將存倉貨物之原來包裝重行改裝或另加包裝。

二、案 例

㈠案例一

法國香水原液每桶 50 公斤裝，以 D8 報單申報進儲於保稅倉庫，再依相關規定向海關申請，監視分裝於市場銷售瓶，再以 D5 報單申報轉出口或以 D2 報單向海關申報繳稅進口。

㈡案例二

汽車船一航次自歐洲原廠裝運雙 B 品牌汽車 900 輛，以 D8 報單申報進儲於保稅倉庫暫時不需繳納關稅，再依國內市場實際銷售量以 D2 報單向海關分批申報繳稅進

口,若轉運出口則以 D5 保稅倉貨物出口申報。

第二節 保稅倉庫進儲之規定

依海關規定,一般倉庫身分要再成為保稅倉庫身分,其申請流程及資格需符合海關管理保稅倉庫辦法之相關規定。保稅倉庫設立及管理規定如下:

1. 經海關核准登記供儲存保稅貨物之倉庫為保稅倉庫。
2. 申請登記為完全儲存自用進口貨物或自行向國內採購保稅貨物或供重整用貨物之保稅倉庫(簡稱自用保稅倉庫),不得儲存非自己所有之貨物。

一、保稅倉庫准許進儲之貨物

保稅倉庫得存儲下列貨物:

1. 一般貨物。
2. 供經營國際貿易之運輸工具專用之物料及客艙用品。
3. 供經營國際貿易之運輸工具專用之燃料。
4. 修造船艇或飛機用器材。
5. 礦物油。
6. 危險品。
7. 供檢驗、測試、整理、分類、分割、裝配或重裝之貨物(以下簡稱重整貨物)。
8. 修護貨櫃或貨盤用材料。
9. 展覽物品。
10. 供免稅商店或離島免稅購物商店銷售用之貨物。
11. 其他經海關核准存儲之物品。

二、保稅倉庫不得進儲之貨物

保稅倉庫不得進儲下列物品:

1. 《關稅法》第 15 條規定不得進口之物品。
2. 毒品、管制藥品。
3. 槍械、武器、彈藥及爆炸危險物。

4.舊車零組件、廢鐵、廢五金、有害事業廢棄物、醫藥報廢物及其他廢料。

5.管制輸入貨品。

6.未經檢疫合格之動、植物或其產品。

7.未取具相關主管機關同意文件之下列物品：

　　‧毒性化學物品、氯氟烴 (HCFCs) 等列管化學品。

　　‧放射性物品。

　　‧輸往管制地區之特定戰略性高科技貨品。

　　‧存儲期間可能產生公害或環境污染之貨物。

　　‧保育類野生動物或其產製品。

　　‧鑽石原石。

　　‧其他經相關主管機關公告須取具同意輸入文件之物品。

8.其他經海關公告不適宜存儲保稅倉庫之貨物。

　　保稅倉庫存儲自國內採購之貨物適用前述之規定。

第三節　保稅倉庫申請設立之規定

一、保稅倉庫申請設立資格條件

　　設立保稅倉庫，應具備下列條件：

1.實收資本額在新臺幣 2,000 萬元以上之股份有限公司。但政府機關、公營事業及經財政部專案核准者，不在此限。

2.經主管機關核定得做為倉庫使用之建築物，並視其存倉貨物之性質，具有防盜、防火、防水、通風、照明或其他確保存倉貨物安全與便利海關管理之設備及適當之工作場所。

3.倉庫出入口應設置效能正常、具備提供海關隨時調閱查核功能、24 小時錄影及存檔 30 日以上之監視系統。但設立於港口機場管制區內以儲存大宗或種類單純裸裝貨物之業者，得經海關核准免設置。

4.設置電腦及相關連線設備，以電腦連線或電子資料傳輸方式處理貨物通關、帳務處理及貨物控管等有關作業。但設於國際航空站管制區內，僅供旅客寄存行李之保稅

倉庫及專供儲存航材用品之保稅倉庫不在此限。

此外，保稅倉庫應在港區、機場、加工出口區、科學工業園區、農業科技園區、鄰近港口地區或經海關核准之區域內設立。

二、保稅倉庫申請設立應備文件

申請設立保稅倉庫，應備具下列文件向所在地海關辦理登記：

1. 申請書：應載明申請者之名稱、地址、負責人姓名、住址、身分證統一編號及電話號碼、公司統一編號、倉庫地點、建築構造及倉內布置（附圖說明）、保稅倉庫擬存儲貨物之種類。
2. 保稅倉庫建築物之使用權證件及其影本。
3. 保稅倉庫建築物之使用執照。
4. 須使用倉庫露天處所者，應另備具倉庫露天處所平面圖與其使用權證件及其影本。

海關對於保稅倉庫設立之申請，認有不合本辦法之規定者，應限期改正，未經改正前，不予核准登記。經核准登記之保稅倉庫，由海關發給執照，並每 2 年依規定辦理校正一次。

保稅倉庫之登記事項除增資外，如有變更，應於辦妥變更登記之翌日起 15 日內檢附有關證件影本，向監管海關辦理換照手續。但倉庫地點或面積變更，應於變更前先報請監管海關核准。經核准登記之保稅倉庫，其執照費及執照遺失申請補發之補照費，依《海關徵收規費規則》徵收之。

經核准設立之保稅倉庫，應向海關繳納保證金新臺幣 30 萬元。但政府機關或公營事業設立者，不在此限。保稅倉庫經核准自主管理且設立營業滿 3 年者，保證金為新臺幣 300 萬元，未滿 3 年者，保證金為新臺幣 600 萬元。但在管制區或經海關核准自主管理之貨櫃集散站內之保稅倉庫，保證金為新臺幣 30 萬元。

自用保稅倉庫存倉保稅貨物涉及之稅費，加計售與課稅區廠商按月彙報先行出倉之貨物涉及之稅費，其金額超過前項規定之保證金額度者，保稅倉庫業者應主動提供足額保證金。市區免稅商店或免稅商店設有預售中心者，其自用保稅倉庫保證金為新臺幣 2,000 萬元。

保稅倉庫符合《貨棧貨櫃集散站保稅倉庫物流中心及海關指定業者實施自主管理辦法》規定，且實收資本額在新臺幣 5,000 萬元以上者，得向海關申請核准實施自主

管理。自用保稅倉庫之設立，應具備自主管理條件始得申請核准登記。保稅倉庫專供儲存修造飛機用器材者，其申請自主管理，得不受實收資本額規定之限制。

經核准設立之保稅倉庫，非經海關許可，不得自行停業。

第四節 海關管理保稅倉庫之規定

保稅倉庫之監管海關得派遣關員定期或不定期前往保稅倉庫稽核保稅貨物。貨物進出保稅倉庫，應在海關規定之辦公時間內為之。但經海關核准實施自主管理之保稅倉庫或有特殊情形經海關核准者，不在此限。保稅倉庫應指定專人代表保稅倉庫辦理有關保稅事項，並向海關報備。

外貨進儲保稅倉庫，應由收貨人或提貨單持有人填具外貨進儲保稅倉庫申請書，由倉庫業者憑電腦放行通知或進儲准單會同監視關員核對標記及數量無訛後進倉。但專供飛機用之燃料、物料、客艙用品或修護器材，得經海關核准先行卸存保稅倉庫，於進倉之翌日起 3 日內補辦進儲手續。

儲存保稅倉庫之貨物，海關認有必要時，得查驗之。

第五節 自用保稅倉庫作業規定

自用保稅倉庫自加工出口區、科學工業園區及農業科技園區，區內保稅倉庫以外之事業、保稅工廠或物流中心購買保稅貨物，應由買賣雙方聯名填具報單，檢附報關必備文件向海關申報，憑電腦放行通知或進儲准單進儲。

自用保稅倉庫自課稅區廠商購買供重整用之貨物，應由買賣雙方聯名填具報單，檢附報關必備文件向海關申報，憑電腦放行通知或進儲准單進儲。

自用保稅倉庫自保稅工廠、科學工業園區、農業科技園區、加工出口區、物流中心、自由貿易港區、其他自用保稅倉庫及課稅區廠商購買貨物，得向海關申請按月彙報，經核准者，應先依規定提供足額保證金，並於保證金額度內憑交易憑證點收進倉登帳，於次月 15 日前彙總填具報單辦理通關手續，並以報單放行日期視為進出口日期。

由課稅區廠商售與自用保稅倉庫之保稅貨物，在未補辦通關手續前不得出倉，如

有先行出倉之必要者，應留存貨樣，以供報關時查核。

已繳稅進口之貨物或國產貨物進儲供展覽物品之保稅倉庫參展時，應檢具清單，附加標記，列明廠牌、貨名、規格數量，報經海關監視關員會同倉庫業者核對無誤後進倉。參展完畢退運出倉時，應持憑原清單報經海關監視關員會同倉庫業者核對無誤後出倉。未繳稅貨物參展完畢申請轉入同一關區之保稅倉庫儲存時，應依規定辦理轉儲手續。

保稅倉庫進儲貨物如有溢卸、短卸情事，保稅倉庫業者應於船運貨物全部卸倉之翌日起 7 日內；空運貨物應於全部卸倉之翌日起 3 日內；以貨櫃裝運之進口貨物應於拆櫃之翌日起 3 日內，填具短卸、溢卸貨物報告表一式二份，送海關查核。

保稅倉庫存儲之貨物應將標記朝外，按種類分區堆置，並於牆上標明區號，以資識別。但保稅倉庫存儲之展覽品，報經海關核准者，不在此限。經海關核可之電腦控管自動化保稅倉庫得不受前述之限制，其貨物應以每一棧板為單位分開堆置，並於貨架上標明區號以資識別。但同一棧板上不得放置不同提單之貨物。

保稅倉庫經核准辦理重整業務者，應將重整前後之貨物，以不同倉間分別存儲。但經海關核准實施自主管理之保稅倉庫，得在同一倉間分區堆置。貨物之包件過重或體積過大或有其他特殊情形者，得經海關核准，存儲保稅倉庫之露天處所，其安全與管理，仍由倉庫業者負責。露天處所須鄰接已登記之倉庫。但鄰接之土地如因政府徵收而被分割者，不在此限。

第六節 ▶ 保稅倉庫之保稅貨物出倉規定

一、保稅倉庫貨物出倉規定

儲存保稅倉庫之保稅貨物申請出倉進口者，依下列規定辦理：

1. 完稅進口貨物，應由貨物所有人或倉單持有人填具報單，檢附報關必備文件，向海關申報，倉庫業者憑電腦放行通知或出倉准單會同監視關員核對標記及數量相符後出倉。

2. 供應加工出口區區內事業、科學工業園區事業、農業科技園區事業或保稅工廠之貨物，由貨物所有人或倉單持有人檢附報關必備文件，向海關申報，倉庫業者憑電腦

放行通知或出倉准單會同監視關員核對標記及數量相符後出倉。

二、自用保稅倉庫之保稅貨物出倉規定

進儲自用保稅倉庫之保稅貨物，申請出倉時，依下列規定辦理：

1. 售與課稅區廠商之貨物出倉視同進口，應由倉庫業者填具報單，檢附報關必備文件向海關申報，並按出倉形態徵稅後，憑電腦放行通知或出倉准單辦理提貨出倉。

2. 售與加工出口區區內事業、科學工業園區事業、農業科技園區事業或保稅工廠之貨物，應由買賣雙方聯名填具報單，檢附報關必備文件向海關申報，憑電腦放行通知或出倉准單辦理提貨出倉。

3. 申請出倉出口貨物，應由倉庫業者填具報單，檢附報關必備文件向海關申報，並憑准單核對標記及數量相符後出倉，運送至出口地海關辦理通關手續；其貨物由其他廠商或貿易商報運出口者，由報運出口人另於出口報單上載明「本批貨物由○○保稅倉庫供應，除該保稅倉庫得申請除帳外，出口廠商不得申請退稅」字樣，並於出口後將出口報單副本交由倉庫業者除帳。

4. 申請出倉移至免稅商店、預售中心、提貨處或離島免稅購物商店之貨物，應繕具「移倉申請書」，檢附裝箱單，傳輸「移倉申請書」至關港貿單一窗口，經系統回應紀錄有案憑以移運，經監視關員核對無訛加封或押運。

5. 貨物以郵遞出口者，應提供足額保證金，且於貨物出倉前重整為符合郵包限制之尺寸、重量並於外箱貼妥發遞單後，將發遞單號碼填載於裝箱單及出口報單。但屬菸酒者，不得辦理郵寄。

自用保稅倉庫將保稅貨物售予保稅工廠、科學工業園區、農業科技園區、加工出口區、物流中心、自由貿易港區、其他自用保稅倉庫及課稅區廠商，得向海關申請按月彙報，經核准者，應先依規定提供足額保證金，並於保證金額度內憑交易憑證提貨出倉並登帳，於次月 15 日前彙總填具報單辦理通關手續，並以報單放行日期視為進出口日期。

三、自用保稅倉庫按月彙報之規定

自用保稅倉庫申請按月彙報者，應依下列規定辦理：

1. 設置按月彙報登記簿，於貨品出倉前按出倉批數逐批登記出倉日期、貨名、規格、

數量及預估稅額。但採用電腦控管並可在線上即時查核者，得免設登記簿。

2. 應留存貨樣，以供報關時查核。但依規定免取樣者，不在此限。

四、保稅倉庫之保稅貨物退貨之規定

進儲保稅倉庫之保稅貨物發生退貨時，依下列規定辦理：

1. 退回課稅區之貨物，應由買賣雙方聯名填具退貨申請書，報經海關核准，填具報單，向海關申報。

2. 退回加工出口區或科學工業園區、農業科技園區、保稅工廠、物流中心之貨物，應由買賣雙方聯名填具報單，向海關申報。

五、保稅貨物進出倉相關規定

外貨或國產保稅貨物進倉，保稅倉庫應簽收貨櫃（物）運送單（兼出進站放行准單）（以下簡稱運送單），並將已簽章之運送單簽收聯回傳起運地點。

保稅倉庫存儲之保稅貨物憑電腦放行通知、出倉准單或交易憑證申請出倉時，應開立運送單。保稅貨物出倉出口或運往保稅區，保稅倉庫接獲回傳之運送單簽收聯時，應辦理核銷備查。保稅倉庫未接獲回傳之運送單簽收聯時，應聯繫追蹤確認貨物運抵目的地時間，並註記於存查聯。保稅貨物進倉資料已登錄於貨櫃（物）動態資料庫或經海關派員押運者，得免依前項規定辦理。運送單及交易憑證，應保留其存查聯，以備海關查核。

保稅倉庫存儲之外貨出倉進口後，發現品質、規格與原訂合約不符，由原保稅貨物所有人或倉單持有人負責賠償或調換者，應由買賣雙方聯名填具退貨申請書，報經海關核准，其免徵關稅準用《關稅法》第 51 條規定辦理。

存儲保稅倉庫之外貨供加工出口區或科學工業園區、農業科技園區、保稅工廠，退貨再存儲者，其 2 年期限之起算日期應自該批貨物原進儲時起算。保稅倉庫存儲之貨物報關進口，除供應保稅工廠、加工出口區區內事業、科學工業園區事業或農業科技園區事業應依有關規定辦理者外，應依照一般進口貨物之完稅期限繳納稅捐，如不依限繳納，應依《關稅法》第 74 條規定辦理。

保稅倉庫存儲之外貨，申請出倉退運出口者，由貨物所有人或倉單持有人填具保稅貨物退運出口申請書，向監管海關申請核發出倉准單並向出口地海關報關，倉庫業

者憑准單會同監視關員核對標記及數量相符後，准予提貨出倉，由海關派員押運或監視加封運送至出口地海關辦理通關放行手續。

　　海關監視關員辦理事項，在自主管理之保稅倉庫，得由保稅專責人員辦理。但須押運之貨物，仍應由關員辦理。

六、保稅倉庫經營儲存運輸工具專用燃料、物料之相關規定

　　經營國際貿易之運輸工具專用燃料、物料之保稅倉庫，為供應其所屬公司之輪船或飛機行駛國際航線使用燃料、物料，由輪船公司、航空公司或其委託之運輸工具所屬業者填具報單，送由海關核發准單後，派員押運或監視加封裝上船舶或航空器。但專供飛機用之燃料、物料或修護器材，得經海關核准先行出倉裝機，於出倉之翌日起 3 日內補辦出倉手續。

　　經海關核准專供航行國際航線飛機用品之保稅倉庫，其存倉物品為應其所屬航行國際航線飛機之頻繁提用，得先行申辦退運出口手續，在未裝機退運出口前應依海關規定置於放行貨物倉間，仍受海關監管，得酌情不加聯鎖。但應憑理機關員簽證實際使用數量，按月列報海關。

　　專供航行國際航線飛機用品之保稅倉庫，其存倉之修造飛機用物料，得向海關申請核准辦理外修，並由業者填具切結書，期間以 6 個月為限。但因事實需要，期限屆滿前得向海關申請延長，展延期限不得超過 6 個月，並以一次為限。

　　供國際航線修造飛機之物料售與（含視為銷售）因維修需求之國內航空業者，該物料所屬之保稅倉庫如係經海關核准自主管理之保稅倉庫，得准按月彙報，先憑交易憑證提貨出倉並登帳，於次月 15 日前彙總填具報單辦理通關手續。

七、貨櫃修護材料出保稅倉之規定

　　由保稅倉庫提領貨櫃修護材料出倉以供修護貨櫃之用時，除應填具報單外，並應填具貨櫃修護明細表一式三份，向海關報明下列事項，經核明發給准單，於繳納稅款保證金或由授信機構擔保應繳稅款後，暫提出倉。

1. 待修貨櫃之種類、標誌、號碼及進口日期。
2. 所需修護材料名稱、數量、規格及出倉報單號碼。
3. 修理之內容、場所及預定完工日期。

4. 因修理拆下舊料之名稱、數量及處理方法。

5. 暫提出倉之修護材料於貨櫃修護完工報經海關查核無訛者，視同退運出口，退還所繳保證金或沖銷原擔保稅款額度。其修護之工作期間以 1 個月為限，如有特殊原因得申請延長 1 個月，逾期未能完工者，以保證金抵繳稅款或向授信機構追繳其進口稅捐（費）。

6. 存儲貨櫃修護材料之保稅倉庫與貨櫃修護廠設立在港區內之同一地點者，得請領一定期間使用量之修護材料於繳納保證金後暫提出倉，存入修護廠內自行保管使用，但應按日填報貨櫃修護材料使用動態明細表一式三份，列明每日耗用量及結存量等，經海關關員核對無訛予以簽證後，於原核定使用量之範圍內再辦理報關提領補充，免予另行繳納保證金。如使用之貨櫃修護材料減少，可將減少之材料詳列清單，載明材料名稱、數量，申請核退溢繳之保證金。

7. 依前項規定暫提出倉存入修護廠內自行保管使用之修護材料，其修護工作期間不受規定之限制，但必要時海關得隨時派員抽查。

8. 修理貨櫃所拆下之舊料應退運出口，其不退運出口者，應補繳進口稅捐或報請海關監視銷燬。

第七節 ▶ 保稅倉庫貨物重整之限制與規定

一、保稅倉庫儲存之保稅貨物重整之限制

保稅貨物之重整應受下列限制：

1. 不得改變原來之性質或形狀。但雖改變形狀，卻仍可辨認其原形者，不在此限。
2. 在重整過程中不發生損耗或損耗甚微。
3. 不得使用複雜大型機器設備。
4. 重整後不合格之貨物，如屬國內採購者，不得報廢除帳，應辦理退貨，如屬國外採購者，除依規定退貨掉換者外，如檢具發貨人同意就地報廢文件，准予報廢除帳。
5. 重整後之產地標示，應依其他法令有關產地之規定辦理。

二、保稅貨物申請重整之規定

　　貨物所有人或艙單持有人於保稅倉庫內重整貨物前，應向海關報明貨物之名稱、數量、進倉日期、報單號碼、重整範圍及工作人員名單，經海關發給准單後，由海關派員駐庫監視辦理重整。但經海關核准自主管理之保稅倉庫及設於加工出口區之保稅倉庫，得免派員監視。重整貨物人員進出保稅倉庫，海關認有必要時，得依《海關緝私條例》第 11 條規定辦理。

三、自用保稅倉庫辦理進出倉檢驗、測試

　　自用保稅倉庫得經監管海關核准，將保稅貨物運出保稅倉庫辦理檢驗、測試。辦理時應逐筆詳細登載貨物之名稱、單位、規格、數量及進出倉時間。必要時，海關得隨時派員查核。前述貨物應於 3 個月內運回，必要時得於期限屆滿前申請延長一次。但合計不得超過 6 個月。

四、保稅倉庫儲存國產保稅貨物之規定

　　保稅倉庫儲存加工出口區區內事業、科學工業園區事業、農業科技園區事業、保稅工廠、物流中心或其他保稅倉庫加工、製造或重整之國產保稅貨物時，應由貨物持有人或買賣雙方聯名填具報單，檢附報關必備文件向海關申報，憑電腦放行通知或進儲准單進儲。

　　保稅倉庫存儲之重整貨物，其貨物所有人或倉單持有人為重整貨物，需向國內課稅區廠商、保稅工廠、物流中心、加工出口區區內事業、科學工業園區事業或農業科技園區事業採購原材料、半成品或成品時，應由買賣雙方聯名填具報單向海關申報進倉。保稅工廠售予保稅倉庫供修護貨櫃或貨盤用材料，得依前述規定辦理。依前述規定進儲保稅倉庫之材料，因故退出保稅倉庫者，應報請海關核發准單，經驗明無訛後放行。

五、保稅貨物重整後出保稅倉庫

　　保稅貨物於重整後申請出倉，應由下列人員辦理：
　1.由貨物所有人或倉單持有人辦理。

2.國產貨物進倉與重整貨物裝配後之貨物，由重整貨物部分之貨物所有人或倉單持有人辦理。

　　保稅貨物於重整後申請出倉進口、退運出口或轉運加工出口區、科學工業園區或農業科技園區，應在報單上報明貨物重整後之名稱、規格及數量等，並應申報海關核准之重整案號及檢附核准重整之文件，以供海關審核。其有使用國產貨物者，並應報明所使用國內課稅區廠商、保稅工廠、加工出口區區內事業、科學工業園區事業或農業科技園區事業採購原材料、半成品或成品之名稱、數量、規格、製造廠商名稱及原報單號碼等退稅資料。

　　保稅貨物於重整後，申請出倉進口者，海關應按重整前（即進倉時）之貨物狀況准予銷帳。但應依重整後之貨物狀況核定其完稅價格、稅則號別及應否課徵貨物稅。保稅貨物於重整後，申請出倉退運出口者，海關應按重整前（即進倉時）之貨物狀況准予銷帳。貨物如有使用國產貨物者，應依退運出口時，貨品輸出有關規定辦理，修理貨櫃或貨盤如有使用國產貨物者亦同。保稅貨物於重整後出口或修護貨櫃、貨盤完工後，其所使用之課稅區國產貨物，除已公告取消退稅之項目外，得於出口後依《關稅法》第 63 條規定辦理沖退稅。

　　自國內提供為重整貨物所需使用之機具設備，應憑海關核發之准單，經驗明無訛後運入或運出保稅倉庫。保稅貨物於重整過程所產生之損耗，經海關核明屬實者，准予核銷。保稅貨物於重整過程中所發生之廢料，有利用價值部分，應依法徵免稅捐進口；無利用價值者，由海關監督銷毀。

　　保稅倉庫儲存之外貨於出倉出口後，海關不核發報單副本證明聯或出口證明書。

第八節 ▶ 保稅倉庫貨物存倉期限

　　保稅倉庫儲存之保稅貨物，其存倉期限以 2 年為限，不得延長。但如係供應國內重要工業之原料、民生必需之物資、國內重要工程建設之物資或其他具有特殊理由經財政部核准者，不在此限。

　　保稅貨物，如不在規定之存倉期間內申報進口或退運出口，自存倉期限屆滿之翌日起，依《關稅法》第 73 條第 1 項規定加徵滯報費，滯報費徵滿 20 日，仍不申報進口或出口者，準用同條第 2 項規定處理。保稅貨物存倉未滿 2 年，如經貨物所有人或

艙單持有人以書面聲明放棄，依《關稅法》第 96 條規定處理。

　　保稅貨物退運出口，如因故未能裝運，應由海關派員重行押運或監視加封進儲保稅倉庫，其存倉期限，應仍自最初進儲保稅倉庫之日計算之。

一、保稅倉庫之保稅貨物轉儲其他保稅倉庫或物流中心

　　保稅倉庫儲存之保稅貨物，有下列情形之一者，得轉儲其他保稅倉庫或物流中心，由原進儲人或買賣雙方聯名填具保稅貨物轉儲其他保稅倉庫或物流中心申請書向海關申請辦理：

1. 運往物流中心或轉儲國內其他通商口岸保稅倉庫者。
2. 售與自用保稅倉庫者。
3. 自用保稅倉庫出售之外貨。
4. 保稅倉庫廢止登記停止營業者。
5. 發生不可抗力之天災，如浸水、山崩、颱風致有損壞存儲之保稅貨物或可預見其發生之可能者。
6. 原進儲人自行設立保稅倉庫者。
7. 其他特殊情況者。

　　前項第 4 點至第 7 點情形，如係轉儲同一通商口岸之其他保稅倉庫者，應事先申請海關核准。保稅貨物於保稅倉庫間轉儲，其存倉期限，應自最初進儲保稅倉庫之日起算。

　　自保稅倉庫轉儲物流中心或自由貿易港區之保稅貨物再轉儲至保稅倉庫者，其存倉期限，應自最初進儲保稅倉庫之日起算。保稅貨物在存儲保稅倉庫期間，遭受損失或損壞者，準用《關稅法》第 50 條及同法施行細則第 39 條規定辦理。

第九節 ▶ 保稅倉庫帳冊管理

　　保稅貨物如須檢查公證或抽取貨樣，由貨物所有人或艙單持有人向海關請領准單，倉庫業者憑准單會同關員監視辦理。其拆動之包件，應由申請人恢復包封原狀。

　　保稅倉庫業者應依海關規定，設置存貨簿冊經海關驗印後使用，對於貨物存入、提出、自行檢查或抽取貨樣，均應分別詳實記載於該簿冊內。海關得隨時派員前往倉

庫檢查貨物及簿冊，必要時，得予盤點，倉庫業者及其僱用之倉庫管理人員應予配合。前述倉庫業者因登帳所需之進倉或出倉貨物之報單號碼、報單別、項次、貨名、數量、單位等資料，存倉或出倉申請人應據實提供。

保稅倉庫經核准辦理重整業務者，依規定設置簿冊，應按國外進口貨物、國產保稅貨物、其他非保稅貨物及重整後成品貨物，分別設置存貨帳冊。保稅倉庫儲存展覽物品依規定設置之簿冊，應詳列各項參加展覽物品之參展廠商、貨名、規格、數量等資料，並註明展示陳列位置，以備查核，但展覽期限短暫，參展貨物繁多者，得向海關申請，以核發之進口報單副本按序裝訂成冊代替。

保稅貨物進出保稅倉庫，應於進、出倉之翌日起 2 日內登列有關帳冊。保稅倉庫之帳冊、表報、進出倉單據，得經監管海關同意，以電腦處理。但應按月印製替代存貨簿冊之表報，於次月 20 日以前報請海關驗印備查。

保稅倉庫以電腦連線方式處理其帳務及貨物控管，可供海關遠端查核者，其帳冊、表報、進出倉單據得免報請海關驗印。表報及帳冊得經監管海關核准，以電子媒體儲存。保稅倉庫儲存之貨物應由倉庫業者負保管責任，如有損失，除依規定辦理者外，倉庫業者應負責賠繳應納進口稅捐（費）。

海關依據《海關緝私條例》或其他規章應處理之保稅倉庫存貨，得憑海關扣押憑單隨時將儲存於倉庫之該項貨物扣存海關倉庫，保稅倉庫業者或管理人不得拒絕。

第十節 保稅倉庫違規之處分

一、停止其 6 個月以下進儲保稅貨物

保稅倉庫業者有下列情事之一者，海關得依《關稅法》第 88 條規定，予以警告並限期改正或處新臺幣 6,000 元以上 3 萬元以下罰鍰；並得連續處罰，連續處罰三次仍未完成改正者，得停止其 6 個月以下進儲保稅貨物：
1. 違反《保稅倉庫設置管理辦法》第 4 條規定進儲物品。
2. 未依《保稅倉庫設置管理辦法》第 16 條、第 17 條規定進儲。
3. 未依《保稅倉庫設置管理辦法》第 22 條規定，將保稅貨物存放露天處所。
4. 未依《保稅倉庫設置管理辦法》第 42 條規定，將機具設備運入或運出保稅倉庫。

二、停止其 6 個月以下進儲保稅貨物或廢止其登記

　　保稅倉庫業者有下列情事之一者，海關得依《關稅法》第 88 條規定，予以警告並限期改正或處新臺幣 6,000 元以上 3 萬元以下罰鍰；並得連續處罰，連續處罰三次仍未完成改正者，得停止其 6 個月以下進儲保稅貨物或廢止其登記：

1. 違反《保稅倉庫設置管理辦法》第 5 條第 1 項第 2 款、第 3 款、第 2 項或第 3 項規定。
2. 未依《保稅倉庫設置管理辦法》第 11 條規定提供足額保證金。
3. 未依《保稅倉庫設置管理辦法》第 14 條第 2 項規定進出貨物。
4. 未依《保稅倉庫設置管理辦法》第 23 條、第 24 條、第 26 條、第 30 條、第 32 條第 1 項、第 33 條第 1 項、第 36 條規定驗憑放行通知或准單提貨出倉。

三、停止其 3 個月以下進儲保稅貨物

　　保稅倉庫業者有下列情事之一者，海關得依《關稅法》第 88 條規定，予以警告並限期改正或處新臺幣 6,000 元以上 3 萬元以下罰鍰；並得連續處罰，連續處罰三次仍未完成改正者，得停止其 3 個月以下進儲保稅貨物：

1. 未依《保稅倉庫設置管理辦法》第 9 條規定辦理。
2. 未依《保稅倉庫設置管理辦法》第 20 條規定期限申報短溢卸情事。
3. 未依《保稅倉庫設置管理辦法》第 27 條規定辦理。
4. 未依《保稅倉庫設置管理辦法》第 32 條第 2 項規定，憑理機關員簽證並按月列報。
5. 未依《保稅倉庫設置管理辦法》第 35 條規定辦理檢驗、測試。
6. 未依《保稅倉庫設置管理辦法》第 38 條規定報明及檢附重整貨物所需內容及文件。
7. 未依《保稅倉庫設置管理辦法》第 47 條規定向海關申辦保稅貨物之轉儲。
8. 未依《保稅倉庫設置管理辦法》第 51 條規定辦理帳冊管理。
9. 未依《保稅倉庫設置管理辦法》第 52 條第 1 項規定印製表報報請海關驗印備查。

四、停止其 30 日以下進儲保稅貨物

　　保稅倉庫業者有下列情事之一者，海關得依《關稅法》第 88 條規定，予以警告並限期改正或處新臺幣 6,000 元以上 3 萬元以下罰鍰；並得連續處罰，連續處罰三次仍

未完成改正者，得停止其 30 日以下進儲保稅貨物：

1. 未依《保稅倉庫設置管理辦法》第 15 條規定指定專人辦理保稅事項。
2. 未依《保稅倉庫設置管理辦法》第 19 條規定辦理。
3. 未依《保稅倉庫設置管理辦法》第 21 條規定存置貨物。
4. 未依《保稅倉庫設置管理辦法》第 50 條規定請領准單，逕行檢查公證或抽取貨樣。

　　自用保稅倉庫按月彙報案件，未依《保稅倉庫設置管理辦法》第 18 條及第 25 條規定辦理者，海關得依《關稅法》第 88 條規定，予以警告並限期改正或處新臺幣 6,000 元以上 3 萬元以下罰鍰；並得連續處罰，連續處罰三次仍未完成改正者，得停止其 3 個月以下進儲貨物或按月彙報。

　　自用保稅倉庫喪失自主管理條件者，海關得依《關稅法》第 88 條規定，廢止其登記。

第十一節　保稅倉庫其他規定

　　經核准登記之保稅倉庫，應由海關及倉庫業者共同聯鎖。但經海關核准自主管理之保稅倉庫及設立於加工出口區、科學工業園區、農業科技園區、國際機場與港口管制區內者，得免聯鎖。海關對免聯鎖之保稅倉庫於必要時得恢復聯鎖或派員駐庫監管。

　　貨物進出保稅倉庫，需由海關派員往返監視起卸貨物時，如因時間急迫，得由倉庫業者、有關輪船公司或航空公司提供交通工具；如需派員常駐監視，倉庫業者應供給該員辦公處所。前述須由海關派員監視者，倉庫業者應依《海關徵收規費規則》有關規定繳納監視費。

　　保稅倉庫儲存之貨物，如經全部完稅或移倉，海關得應保稅倉庫業者之請求，准予暫行停業，停業期間，免徵規費。保稅貨物進出保稅倉庫，其押運加封作業由海關定之。保稅倉庫依《臺灣地區與大陸地區貿易許可辦法》存儲經濟部未公告准許輸入之中國大陸地區物品之監管要點，由海關定之。

自我評量

1. 進儲保稅倉庫之保稅貨物得依何種規定向海關辦理重整？

2. 保稅倉庫進儲之規定為何？

3. 保稅倉庫可以存儲哪些貨物？

4. 保稅倉庫不得進儲哪些物品？

5. 設立保稅倉庫，應具備哪些條件？

6. 申請設立保稅倉庫，應備具哪些文件向所在地海關辦理登記？

7. 海關管理保稅倉庫之規定為何？

8. 儲存保稅倉庫之保稅貨物申請出倉進口者，依哪些規定辦理？

9. 進儲自用保稅倉庫之保稅貨物，申請出倉時，依哪些規定辦理？

10. 自用保稅倉庫申請按月彙報者，應依哪些規定辦理？

11. 進儲保稅倉庫之保稅貨物發生退貨時，依哪些規定辦理？

12. 保稅倉庫儲存之保稅貨物重整之限制為何？

13. 保稅貨物於重整後申請出倉，應由哪些人員辦理？

14. 保稅倉庫儲存之保稅貨物，有哪些情形之一者，得轉儲其他保稅倉庫或物流中心？

15. 保稅倉庫有哪些情事之一者，海關得依《關稅法》第 88 條規定，予以警告並限期改正或處新臺幣 6,000 元以上 3 萬元以下罰鍰？

▷ 第二十七章
外銷沖退稅

第一節 ▶ 概念簡介

外銷退稅制度 (Export Tax Rebate System) 是促使臺灣 40 年代至 80 年代經濟飛揚的重大功臣,政府於 1956 年建立外銷沖退稅制度。廠商進口原料經加工後,若符合外銷品沖退稅有關法令,即准予退還其所用進口原料稅捐。亦即進口原料需加工後出口者,方可退稅;如未再加工出口,或直接售予保稅區,則不可退稅。

加工原料應課徵之稅捐若屬繳現者,外銷後准予退現,稱之為「退稅」;如屬記帳者,外銷後准予沖銷,稱之為「沖稅」。申請沖退稅捐項目包括進口關稅及貨物稅。(係指由海關代徵之貨物稅) 其目的在於減輕外銷生產廠商資金負擔及降低外銷品生產成本,以增強產品在國際市場上報價之競爭能力,達到拓展工商業發展及提高國民所得水準之目標。

以民國 73 年為例,當年外銷品沖退稅金額為新臺幣 286 億元,是歷年來最高,占當年外銷品出口金額新臺幣 1.2 兆元之 2.38%。近年來,關稅稅率已大幅降低,民國 73 年平均實質關稅稅率為 7.8%,至民國 98 年已降低至 1.2%;又外銷品沖退稅金額占外銷品出口金額之比例更為大幅降低,從民國 73 年 2.38%,降至民國 98 年 0.023%。

財政部自民國 73 年起迄民國 98 年,已八次公告累計 5,721 項貨品取消退稅,因此沖退稅案件收件數,亦從民國 73 年 59 萬餘件,大幅降至民國 98 年 4.7 萬餘件。沖退稅金額從民國 73 年 286 億元,降低至民國 98 年新臺幣 15.2 億元,外銷品沖退稅制度對外銷廠商之重要性已逐漸勢微。

惟民國 97 年下半年全球爆發金融海嘯,為減輕對我國出口的衝擊,財政部自民國 98 年 3 月 30 日起採行外銷品所用之原料其可退稅額合計占成品出口離岸價格 1% 以

下之案件准予退稅，至民國 100 年 12 月止，適用上述規定申請沖退稅案件達 3.4 萬件，另為降低歐韓、美韓自由貿易協定生效後對我出口造成的影響，財政部續於民國 100 年 10 月公告 1,259 項貨品恢復沖退稅，相關申請案件之數量自然進一步擴增。據統計民國 100 年沖退稅申請案件已較民國 98 年遽增近 5 成，在政府組織精簡，海關辦理沖退稅業務人力無法相對配合擴編之情形下，財政部遂於民國 100 年 7 月邀集有關機關成立工作小組，積極推動沖退稅電子化作業，並自民國 101 年 9 月正式上線，提供便捷而優質的服務，降低廠商成本，縮短申辦沖退稅所需時間。財政部公告外銷品進口原料除附表所列 51 項貨品外，其餘貨品恢復沖退稅，並自民國 102 年 1 月 1 日生效。

一、外銷品沖退原料稅相關規定

外銷品沖退原料稅規定所稱主管機關為財政部，經辦機關為海關、稅捐稽徵機關。

外銷品沖退原料稅之申請，以貨品已外銷者為限，內銷者不得申請退稅。將貨品售予在中華民國享有外交待遇之機關、個人或有其他應予退稅之特殊情形經財政部核准者，視同外銷，其出口日期以交易憑證所載之交貨日期為準。

外銷品沖退原料稅以下列規定為限：

1. 關稅：依《關稅法》第 63 條規定申請退還或沖銷記帳者。
2. 貨物稅：依《貨物稅條例》第 4 條第 1 項第 2 款規定申請退還或沖銷記帳者。
3. 營業稅：外銷品沖退原料稅辦法依第 13 條規定申請沖銷記帳者。

由海關代徵之貨物稅應隨同關稅一併辦理沖退。海關代徵記帳之營業稅由海關依外銷品沖退原料稅辦法第 13 條規定沖銷。外銷品進口原料所得沖退之關稅及貨物稅，依其進口時適用之關稅稅率核計。但進口時適用《海關進口稅則》第三欄稅率者，應依第一欄稅率核計沖退關稅及貨物稅。

依《關稅法》第 5 條採關稅配額方式進口之原料，不論其進口時適用較低關稅稅率（配額內稅率）或一般關稅稅率（配額外稅率），其外銷品所得沖退之關稅及貨物稅，一律依較低關稅稅率（配額內稅率）核計。依《關稅法》第 72 條課徵額外關稅之進口原料加工外銷時，其所繳納之額外關稅，不予退還。但原貨復運出口，符合《關稅法》免徵關稅規定者，所繳納之額外關稅，得予退還。

外銷品沖退關稅及貨物稅，由經濟部按各種外銷品產製正常情況所需數量核定專

案或通案原料核退標準；專案原料核退標準之適用期間以不超過 3 年為限；通案原料核退標準之適用期間以不超過 5 年為限；屆期均應由廠商重新申請核定。前述原料核退標準應由外銷廠商於開始製造時造具「製成品所需用料計算表」及有關外銷文件、用量資料送請經濟部審核；經濟部應於收文之翌日起 30 日內核定並發布，或將未能核定原因通知原申請廠商。但必要時得延長之，最長不得超過 30 日。

外銷品使用原料、數量過於零星或外銷品出口在先、申請審核原料核退標準在後，致無法查核其用料數量者，得不予核定或列入原料核退標準。外銷品原料核退標準經核定後，廠商出口報單之貨物名稱、規格或其使用原料之名稱、規格或應用數量，與核定之原料核退標準不符者，應向經濟部申請重新核定其核退標準。但其實際應用數量與核定標準用量相差未逾 5%，或該項產品已訂有國家標準而未逾該國家標準所定之誤差容許率者，不在此限。

外銷品沖退關稅及貨物稅之計算，依各種外銷品產製正常情況所需數量之原料核退標準所列應用原料名稱及數量計算應沖退稅額。依前述規定計算應沖退稅額，如經財政部公告取消退稅之項目及原料可退關稅占成品出口離岸價格在財政部核定之比率或金額以下者，不予退還。

二、沖退稅之貨物價格規定

外銷成品之離岸價格低於所用原料起岸價格時，關稅及貨物稅應按離岸價格與起岸價格之比例核退。

但有下列情形之一者，依前條規定沖退：

1. 出口成品之離岸價格不低於該成品出口放行前 3 個月內所使用原料之起岸價格者。
2. 經貿易主管機關證明另有貨價收入，合計致成品之實際離岸價格高於其所使用原料之起岸價格者。
3. 因前批外銷品有瑕疵，由買賣雙方協議，以後批貨品低價折售或約定於此批外銷品離岸價格中扣除，致成品離岸價格低於原料起岸價格，經貿易主管機關專案核准者。

外銷成品係經國外加工至半成品或成品運回國內再加工出口，且運回時已依《關稅法》第 29 條至第 35 條規定核估完稅價格計徵關稅者，依前條規定沖退。外銷品業經定有原料核退標準者，廠商於貨品外銷後，得逕向經辦機關申請沖退關稅及貨物稅。

三、外銷廠商進口原料應納之營業稅自行具結記帳規定

依《營業稅法》第四章第一節規定計算稅額之外銷廠商，符合下列條件之一者，其進口原料應納之營業稅得依外銷品沖退原料稅辦法規定辦理自行具結記帳：

1. 專營應稅貨物或勞務。

2. 兼營應稅貨物或勞務及投資業務，且採用直接扣抵法計算稅額。

上述辦理記帳之原料，以外銷廠商自國外直接進口，並自行出口至國外者為限，其適用範圍不包括課稅區與保稅區間之進、出口案件。

外銷品得沖銷之營業稅，以其出口離岸價格依《營業稅法》第 10 條所定徵收率計算之金額核計。經核准記帳之進口原料營業稅，由海關按月逐依其總出口沖銷金額沖銷之。依前項沖銷後之營業稅記帳沖銷金額明細資料，應存於海關網站，供廠商查詢。外銷品進口原料營業稅記帳沖銷之作業規定，由海關定之。

四、外銷品原料之關稅及貨物稅申請辦理記帳

外銷品原料之關稅及貨物稅除依規定不得退稅者外，其符合下列情形之一者，得向經辦機關申請辦理記帳：

1. 依《關稅法》第 11 條規定提供擔保或保證金。

2. 依外銷品沖退原料稅辦法第 15 條規定，其外銷品原料稅准予自行具結。

進口原料依規定，適用《海關進口稅則》第三欄稅率者，其逾第一欄稅率部分之關稅，不得辦理記帳。廠商依規定申請辦理稅款記帳，應同時切結保證此項原料不移作內銷之用。

五、外銷廠商外銷品原料稅自行具結記帳

外銷廠商符合下列規定情形之一，且在各款同期間內平均無虧損、無欠稅及無違章情事，其過去年度如有虧損亦已彌補者，其外銷品原料稅准予自行具結記帳：

1. 過去 2 年平均外銷實績年在新臺幣 6,000 萬元以上，或沖退稅金額年在新臺幣 3,000 萬元以上。

2. 過去 3 年平均外銷實績年在新臺幣 4,000 萬元以上，或沖退稅金額年在新臺幣 2,000 萬元以上。

3. 過去 4 年平均外銷實績年在新臺幣 2,000 萬元以上，或沖退稅金額年在新臺幣 1,000 萬元以上。

　　前項過去 3 年之實績於第三年度開始後已達新臺幣 4,000 萬元，或沖退稅金額新臺幣 2,000 萬元；或過去 4 年之實績於第四年度開始後已達新臺幣 2,000 萬元，或沖退稅金額新臺幣 1,000 萬元；而其過去 2 年度或 3 年度經年終查帳平均無虧損、無欠稅及無違章情事，視為已滿 3 年或 4 年。上述所稱無欠稅及無違章情事，指各該所定期間內無積欠已確定之稅額及罰鍰，或積欠已確定之稅額及罰鍰已繳清或提供相當擔保。

　　辦理自行具結記帳廠商須逐年申請；其須繼續辦理者，得於到期日前 1 個月向原核准海關辦理下年度記帳申請。

六、停止已核准自行具結記帳之規定

　　已核准自行具結記帳廠商，經發現其有下列情況之一者，停止其自行具結記帳：

1. 積欠已確定之稅額或罰鍰未繳清或未提供相當擔保。
2. 營業狀況顯有惡化。
3. 提供偽造、變造等不實證件，取得自行具結資格。
4. 切結書。

　　辦理營業稅記帳之外銷廠商變更身分，不符合規定者，稽徵機關應即時書面通知海關停止其營業稅自行具結記帳；其未到期之營業稅，海關應即停止繼續沖銷並逕予追繳。

　　依規定停止自行具結記帳廠商，其未到期之稅款，應於海關通知送達之翌日起 14 日內提供保證金或相當擔保，其未提供者，海關應即停止繼續沖銷並逕予追繳其欠繳之稅款及滯納金；依規定停止自行具結記帳廠商，其未到期之稅款，海關應即停止繼續沖銷並逕予追繳。自行具結記帳廠商於新年度未繼續取得自行具結記帳資格，經查無上述不合規定情事者，其已記帳未到期之稅款，准其繼續沖銷。

七、外銷品沖退原料稅期限

　　外銷品應沖退之原料稅，應依下列起算日起於 1 年 6 個月內辦理沖退稅：

1. 進口之原料稅自該項原料進口放行之翌日起。
2. 國產原料之貨物稅自該項原料出廠之翌日起。

辦理營業稅記帳之外銷廠商變更身分，不符合規定者，稽徵機關應即時書面通知海關停止其營業稅自行具結記帳；其未到期之營業稅，海關應即停止繼續沖銷並逕予追繳。

廠商因具有《關稅法》第 63 條第 4 項之特殊情形，致不能於前項規定期限內申請沖退稅者，得於期限屆滿前 1 個月內向財政部申請展延，其展延，以 1 年為限。廠商發現進口原料品質不良，於《關稅法》第 51 條規定期限內退回國外廠商調換或修理後復運進口，其申請沖退稅期限，應自復運進口放行之翌日起算。

記帳之外銷品原料稅不能於前條規定期限內沖銷者，應即補繳稅款，其稅款金額之計算，應以該項原料進口當時依《關稅法》核定之完稅價格及稅率為準，並由經辦機關於記帳保證書內註明。

辦理稅款記帳之加工外銷原料，未依規定向經辦機關補繳稅款及滯納金，不得轉供內銷。已補繳關稅及貨物稅稅款及滯納金之原料，於加工外銷出口後，仍得依外銷品沖退原料稅辦法規定申請退還所繳之稅款。

八、授信機構擔保稅款記帳規定

辦理稅款記帳之外銷廠商，有下列情事之一者，依《關稅法》第 92 條規定停止其 6 個月以下之記帳：

1. 應補繳之稅款及滯納金未能依限繳清。
2. 對於主管機關、經辦機關所要求之資料未予必要之合作或拒絕提供者。
3. 違反前條第 1 項規定，擅自內銷者。
4. 非加工外銷原料矇混記帳者。

加工外銷原料之關稅及貨物稅由授信機構擔保記帳者，該項記帳稅款於期限內沖銷後，經辦機關應即通知授信機構解除保證責任。未能依限沖銷者，其所應追繳之稅款及自稅款記帳之翌日起至稅款繳清之日止，照記帳稅款按日加徵 0.05% 之滯納金，應由擔保授信機構負責清繳。但不得超過原記帳稅額 30%。

九、外銷品沖退原料稅期限規定

沖退關稅及貨物稅之申請，應於成品出口後，依《外銷品沖退原料稅辦法》第 18 條所定期限，檢附外銷品沖退稅申請書表、出口報單副本、進口報單副本之影本及有

關證件向經辦機關提出。

　　海關核發出口報單副本之日期，應自規定之沖退稅期限內予以扣除。但其可歸責於廠商之日數，不得扣除。上述海關核發出口報單副本之日數，係指自出口報單副本所載出口放行之翌日起至海關簽發出口報單副本之日止。

　　沖退稅之申請，得透過外銷品沖退原料稅電子化作業系統，以電子方式為之，其申請日期為該系統記錄之收件日。經辦機關認為依前條規定申請沖退稅之書面或電子文件有錯誤或不齊備致無法辦理，而其情形可補正者，應以書面或電子文件通知廠商限期補正。補正期限為自海關通知書面送達或電子文件經電腦紀錄發出之翌日起 30 日內，必要時得於期限屆滿前申請展延一次，其展延以 30 日為限；逾期未補正者，海關得扣除未能補正部分，逕予核退。

　　依外《銷品沖退原料稅辦法》第 23 條第 1 項規定提出之申請案件，經辦機關應於收到書面申請文件或補正文件之翌日起 50 日內核定，並以電子或書面文件通知。依《外銷品沖退原料稅辦法》第 23 條第 4 項規定提出之申請案件，經辦機關應於收到電子申請文件或補正電子資料之翌日起 20 日內核定，並以電子文件通知。電子文件通知，以海關電腦系統發出電子文件之日視為送達日。

　　合作外銷廠商申請沖退關稅及貨物稅案件，應由原供應廠商出具同意書，或於出口報單或沖退稅申請書表上蓋章證明表示同意。但以電子方式申請者，廠商應透過外銷品沖退原料稅電子化作業系統表示同意。前項申請廠商因外銷品進口原料關稅及貨物稅之納稅義務人已依《公司法》完成清算程序並辦理解散、撤銷、廢止登記或依《商業登記法》辦理歇業登記，致未能提供退稅同意文件者，應檢附前開登記資料，並具結辦理沖退稅。

十、申請沖退稅外銷品出口報關規定

　　申請沖退關稅及貨物稅案件之廠商，於辦理外銷品出口報關時，應依下列規定辦理：

1. 以電子化方式申請者，應於申報出口報單前，透過外銷品沖退原料稅電子化作業系統製作外銷品使用原料及其供應商資料清表，並經系統回應傳送成功者，始得續辦出口報關事宜。

2. 以書面方式申請者，應於申報出口報單時，檢附外銷品使用原料及其供應商資料清

表，並依照原料退稅標準，報明外銷品及加工所使用原料之名稱、品質、規格、數量或重量與各供應廠商名稱、供應數量及來源等資料。

3. 出口報單申請沖退原料稅欄應申報代碼 Y。

4. 訂有通案退稅標準之外銷品，如依照有關規定須另按專案退稅標準辦理沖退稅者，應於出口報單上詳細報明所用專案標準之核定文號及其規定之用料標準。

廠商依第 1 點製作之清表資料經海關電腦比對與出口申報資料不符且未能配合更正者，應於出口報單通關方式產生前，透過外銷品沖退原料稅電子化作業系統註銷相關清表資料後，始得改依第 2 點規定辦理。廠商未依第 4 點規定辦理者，經辦機關得按通案標準核計沖退稅額。

申請沖退關稅及貨物稅之外銷品，如品名、規格或其使用之原料名稱、規格與原料核退標準規定不符者，經辦機關應以書面通知申請人，檢具有關證件向經濟部申請證明文件，送經辦機關辦理。規格漏未依原料核退標準規定報明者，如廠商無法取得經濟部出具之證明文件，得由經辦機關按七折核退。

廠商申請外銷品沖退關稅及貨物稅案件，得就每份出口報單單獨或集合多份合併申請。但以電子方式申請者，應就每份出口報單單獨辦理。出口報單應一次全部申請沖退。但有漏未申請者，得於規定期限內申請補辦一次。外銷品原料退稅案件核定後查有溢退或短退稅者，經辦機關應向有關廠商追繳或補退，或由廠商自動補繳或申請發還。

廠商申辦外銷品原料退稅案件經核定後且經海關依《關稅法》第 13 條規定實施事後稽核補徵稅款，未違反《海關緝私條例》相關規定者，得於稅款完納之翌日起 2 個月內申請退稅。參加國外商品展覽會或博覽會之貨品，應於出口前由貿易主管機關開列詳細清冊送請經辦機關辦理退稅。但該項貨品於事後仍須運回者，應按相關規定補徵。

外銷品沖退關稅及貨物稅案件，如退稅廠商或原料退稅之進口商有應補繳之稅款、罰鍰及應收之滯納金等，應於核退稅款內扣繳。外銷品原料核退標準變更或廢止時，其新舊標準之適用以該外銷品出口日期為準。但法令另有規定者從其規定。

第二節　主管機關

電子化退稅主管機關計有經濟部工業局、關務署關務資訊組、臺北關松山分關退稅課、經濟部商業司等四個機關單位，其職掌說明如下表：

序號	內容	連絡窗口	權責單位
1	電子化原料核退標準申辦系統	申辦網址：https://csoas.moeaidb.gov.tw/csoas/ 業務諮詢窗口：(02) 2754-1255 #2629 資訊諮詢窗口：(02) 2754-1255 #3311 系統操作諮詢：(02) 2754-1255 #3316 　　　　　　　(02) 2311-8766 #3318 操作手冊：連結上開網址→點選「原料核退標準相關申請事項」→以工商憑證登入系統→於左側標題列可查詢或下載 (1)「系統操作說明文件」(2)「核退標準填寫範例」	經濟部工業局
2	外銷品電子化退稅憑證註冊及操作手冊	憑證註冊網址： http://portal.sw.nat.gov.tw/PPL/home/Certification!queryCertificate 操作手冊網址： http://taipei.customs.gov.tw/content.asp?CuItem=73995 憑證註冊：0800299889 單一窗口服務中心電話：0800-299-889	關務署關務資訊組
3	外銷品電子化退稅申請案件	核算：02-2550-5500 #2829、2831、2832 帳務：02-2550-5500 #2846、2838	臺北關松山分關退稅課
4	工商憑證申請	工商憑證網址：http://moeaca.nat.gov.tw/ 工商憑證管理中心客服電話：02-412-1166	經濟部商業司

▲ 表 27-1　外銷品電子化退稅網址及聯絡窗口

第三節　工業局退稅標準

經濟部工業局為協助財政部關務署辦理沖退外銷品原料稅之工作，特訂定外銷品沖退原料稅辦法。

申請外銷品原料核退標準之外銷廠商，得以書面或電子文件方式向工業局提出申請。申請人以電子文件提出申請，應於工業局設置之外銷品原料核退標準電子化申辦系統（以下簡稱核退標準電子化申辦系統）進行作業。申請人採電子文件申請時，該文件須經電子簽章。上述電子簽章，外銷廠商限以經濟部工商憑證管理中心簽發之工

商憑證為之；自然人限以內政部憑證管理中心簽發之自然人憑證為之。申請人非為原料進口商時，如採電子文件申請，應先於核退標準電子化申辦系統辦理進口報單使用授權。

一、申請人應檢附申請文件

1. 外銷品原料核退標準申請表 (M326)。
2. 外銷品使用原料數量計算表 (M327)。
3. 國外訂單或 L/C 影本或貿易商訂單影本。
4. 原料之進口報單影本。
5. 購料發票影本。
6. 產品製造流程說明書。
7. 外銷品成品型錄。
8. 外銷品成品照片。
9. 工廠登記證明及公司登記證明文件。
10. 其他證明文件。(申請舊專案標準或通案標準之更新者，應檢附原核定之核退標準影本)

　　食品業者除應檢附前點文件外，另應請檢附產品生產日報表及產品配方表，如產品涉及糖類者，尚須檢附行政院衛生福利部認證之食品衛生檢驗機構含糖量之化驗報告、台灣糖業公司購糖之統一發票及加工外銷用購糖證明。

二、外銷品核退標準申請文件

㈠外銷品使用原料數量計算表

1. 成品之中英文名稱、規格，應填寫國際通用者，或正式之學名，以及成品之 CCC Code 及退稅計算時有關之規格。
2. 進口原料時，應依原料進口報單規格欄位填列規格，並填列原料之 CCC Code 號列。
3. 製造過程之損耗率，應以成品原料比方式載明。

㈡產品製造流程說明書

1. 製造過程複雜者，應另附製造流程圖，說明各步驟用料及耗損。
2. 有化學反應者，應附化學變化方程式、分子式、分子量。

3.機電產品，提供設計圖或線路圖及各用料明細計算資料。

4.成品及原料之文獻資料或說明書。

　　工業局為審查之需要，得通知申請人提出外銷品成品及半成品之實體樣品；以電子文件申請者，應連同列印之外銷品原料核退標準申請表 (M326) 寄送工業局。

三、電子文件規格

　　樣品上應註明廠商及產品名稱、規格，以備查考，屬半成品之型式應以能藉以計算原料用量者為原則。以電子文件提出申請者，其檔案格式應符合下列規定：

1.文件為掃描檔時，其格式應為 tif、bmp、gif、jpg 或 png。

2.文書編輯之檔案，其格式應為 doc、ppt、xls、pdf。

3.上傳照片檔像素為 600 像素乘以 900 像素至 1050 像素乘以 1500 像素之 jpg 檔案。

　　申請人同一貨名之成品，如使用原料數量不同，應分別申請多個核退標準。工業局收受申請人以電子文件之申請後，應即通知申請人。

四、申請日期之認定

1.採書面申請者，親自至工業局交付者，以工業局收件日為準；如以掛號郵寄方式提出者，以交郵日之郵戳為準。

2.採電子化申辦，以核退標準電子化申辦系統接收申請人之申請時間為準。

　　申請文件部分或全部難以辨識、檔案資料不完整或電子檔遭受病毒感染，應通知申請人補正；申請人經通知補正，而不補件或未完全補正時，工業局得駁回申請。

　　工業局得視情況進行工廠訪視調查，確定成品與用料之製造流程及使用情形，申請人應備妥工廠報表、成品及原料進出倉帳冊、製造過程說明資料等，做為核定用料標準之依據。

五、工業局得不予核定之申請案件

1.外銷品使用原料、數量過於零星或價值低微。

2.出口在先、申請審核原料核退標準在後，致無法查核其用料數量者。

3.原料價格高於成品，或使用非正常生產情況之用料，有違經濟原則者。

4.該申請廠商無工廠登記證明文件或公司證明文件上所登記之營業項目，不包括該外

銷品之製造加工者。

5. 出口成品，名不符實或使用原料名稱、規格為出品廠商專用名稱、代號，無法查明其真實之學名或成分者。

以電子文件提出審查申請者，其補正通知及審核結果，採電子郵件寄送方式為之；申請人應確保所提供之電子信箱可正常收受電子郵件之狀態，並於申請後，適時查閱工業局之通知。申請人以書面提出申請，於申請時同意採電子郵件寄送通知者亦同。

第四節 電子化退稅流程

電子化退稅作業為海關、工業局之新措施，作者以流程明細圖做為詳解，供業者參考依據並提供機關電話，以利業者參考諮詢，參閱附錄五電子化退稅作業流程明細圖。

目前海關所訂定之申退進口關稅方法，計有人工核算退稅及電子化退稅二種作業方式，《關稅法》第 63 條規定，外銷品進口原料關稅，除經財政部公告取消退稅之項目及原料可退關稅占成品出口離岸價格在財政部核定之比率或金額以下者，不予退還外，得於成品出口後依各種外銷品產製正常情況所需數量之原料核退標準退還之，外銷品應沖退之原料進口關稅，廠商應於該項原料進口放行之翌日起 1 年 6 個月內，檢附有關出口證件申請沖退，逾期不予辦理，遇有特殊情形經財政部核准者，得展延之，其展延，以 1 年為限。

《關稅法》第 64 條規定，已繳納關稅進口之貨物，有下列各款情事之一者，退還其原繳關稅：

1. 進口 1 年內因法令規定禁止其銷售、使用，於禁止之翌日起 6 個月內原貨復運出口，或在海關監視下銷毀。

2. 於貨物提領前，因天災、事變或不可抗力之事由，而遭受損失或損壞致無價值，並經海關查明屬實。

3. 於貨物提領前，納稅義務人申請退運出口或存入保稅倉庫，經海關核准。

第五節 中古汽機車減徵退還新車貨物稅

　　為便利商民隨時查知「中古汽機車報廢或出口換購新車減徵退還新車貨物稅」申辦進度，財政部關務署表示，自民國 106 年 1 月 24 日起，於關港貿單一窗口及該署網站提供線上查詢服務，申請人只用新、舊車車牌號碼就可即時查得該退稅案件相關資訊，瞭解辦理進度。

　　財政部自民國 105 年 2 月訂定發布《中古汽機車報廢或出口換購新車減徵退還新車貨物稅辦法》以來，海關於民國 105 年受理減徵退還汽機車貨物稅逾萬件，核准退稅金額達新臺幣 10 億元，退稅申辦頗為踴躍。欲查閱申辦進度，可登入關港貿單一窗口首頁「通關簽審查詢」，選擇「其他相關查詢」項下之「(GC332) 退還新車貨物稅進度查詢」；或登入該署網站「即時查詢」專區點選「退還新車貨物稅進度查詢」，輸入新、舊車牌資料，即時取得該申請案件的「申請案件編號」、「審核狀態」、「退稅通知書製表日期」等動態資訊，掌握最新核退進度。

　　關務署進一步表示，進口商申辦退還貨物稅，原須另檢附中古汽機車報廢或出口換購新車明細表檔案光碟片，為便捷退稅作業，關港貿單一窗口已於民國 106 年 1 月 18 日起，提供前揭表單上傳服務，故可使用工商憑證或受其委任之自然人憑證，於「通關申辦」之「附件資料上傳系統」項下，選用「中古汽機車報廢或出口及換購新車明細表上傳」提供資料者，免檢附明細表檔案光碟片。

　　若有服務建議或使用意見，可洽「關港貿單一窗口」服務中心諮詢。電話：(02)25505500#2305、0800–299–899。

自我評量

1. 何謂「退稅」？何謂「沖稅」？

2. 外銷沖退稅，其目的為何？

3. 外銷品沖退原料稅以哪些規定為限？

4. 依《營業稅法》第 4 章第 1 節規定計算稅額之外銷廠商，符合哪些條件之一者，其進口原料應納之營業稅得依外銷品沖退原料稅辦法規定辦理自行具結記帳？

5. 外銷品原料之關稅及貨物稅除依規定不得退稅者外，其符合哪些情形之一者，得向經辦機關申請辦理記帳？

6. 外銷廠商符合哪些規定情形之一，且在各款同期間內平均無虧損、無欠稅及無違章情事，其過去年度如有虧損亦已彌補者，其外銷品原料稅准予自行具結記帳？

7. 已核准自行具結記帳廠商，經發現其有哪些情況之一者，停止其自行具結記帳？

8. 辦理稅款記帳之外銷廠商，有哪些情事之一者，依《關稅法》第 92 條規定停止其 6 個月以下之記帳？

9. 申請沖退關稅及貨物稅案件之廠商，於辦理外銷品出口報關時，應依哪些規定辦理？

10. 電子化退稅主管機關計有哪四個機關單位？

11. 外銷品核退標準申請文件，應符合哪些事項？

▷ 附錄一
國際貿易常用計量單位

一、執掌單位

常用計量單位相關機關單位執掌業務如下：

1. 主管機關：經濟部標準檢驗局。

2. 維護單位：財政部關務署（通關業務組、關務資訊組）。

3. 轉發布機關：財政部關務署（關港貿單一窗口）。

二、常用計量單位代碼

計量單位代碼數量繁多，本書僅以常用計量單位代碼，代碼意義及英文說明如下：

代碼	說明	代碼	說明
AML*	安瓿（注射液用之小玻璃瓶）Ampoule (Ampule, Ampul)	LBK*	（液體貨物）散裝櫃 Liquid Bulk
BAG*	袋，包 Bag	LTR	公升 Liter
BLE*	包，件 Bale	LOG*	圓木 Log
BLL	桶，一桶的份量 Barrel (US)	LTN	長噸 Ton (UK) or Long Ton
BSN*	輛，部 Basin	LOT*	一堆，一批 Lot
BSK*	籃 Basket	LUG*	簍 Lug
BLT*	帶，條 Belt	LBR	磅 Pound (0.45359237 kg)
BRD*	隻 Bird	LUM	流明 Lumen
BLA*	片 Blade	MTQ	立方公尺 Cubic Meter
BLK*	塊 Block	MTR	公尺 Meter (Metre)
BFT	木材材積單位 Board Foot	MGM	公絲 Milligram
BMF*	木材材積單位 Board Measure Foot	MLT	公撮 Milliliter
BOM*	顆 Bomb	MMT	公釐 Millimeter
BOT*	瓶 Bottle	MIU	百萬國際單位 Million International Units
BOX*	箱 Box	MLU*	百萬單位 Million Unit
BGA*	英國加侖 British Gallon	MUS*	百萬單位酵素 Million Unit StreptoKinase (MUSK)
BKT*	桶 Bucket	MOM*	珊瑚計量單位 Momme

BUL*	堆，散裝量 Bulk	MYG*	公衡 Myrlagram
BUH*	串，束 Bunch	MTK	平方公尺 Square Meter
BDL*	捆 Bundle	MBF	木材材積單位 Thousand Board Feet
Bulk*	散裝 Bulk Cargo	MHZ	百萬赫 Megahertz
CAK*	個（糕餅單位）Cake	MAL	百萬公升 Megalitre
CAN*	罐 Can	MAM	百萬公尺 Megametre
CAP*	膠囊，粒，顆（藥用）Capsule	MPA	百萬巴斯卡 Megapascal
CAR*	屠體 Carcase, Carcass	MVA	百萬伏特安培 Megavolt–ampere
CTN*	（紙）箱 Carton	MAW	百萬瓦 Megawatt
CAT*	匣 Cartridge	MIO	百萬 Million
CAS*	箱，盒 Case	NPR	雙（數量）Number of Pairs
CSC*	桶 Cask	NUT*	個、粒、顆 Nut
CSK*	（放貴重物品的）小箱，首飾盒 Casket	ONZ	英兩，盎斯 Ounce（28.349523 公克）
CMT	公分 Centimeter	PRS	雙 Pairs
CHS*	箱，匣 Chest	PAC*	包，綑，副，組 Pack
CHK*	隻 Chick	PKG*	件，包 Package
COL*	捲 Coil	PAL*	桶 Pail
CON*	筒 Cone	PRS*	雙 Pair
CTR*	貨櫃 Container	PLT*	墊板，金屬或木材之低臺 Pallet
CRT*	板條箱 Crate	PCK*	個，捲（錄音帶單位）Pancake
CMQ	立方公分 Cubic Centimeter	PNL*	板 Panel
CTM	克拉（寶石單位）Metric Carat (200 mg)	PCE	個，片，塊，段，枝 Piece
DZN	一打 Dozen	PTI	品脫 Pint
DRU*	桶 Drum	PLN*	棵 Plant
EAC*	每個 Each	PLA*	板，片 Plate
FOT	呎 Foot	POT*	瓶，壺 Pot
FTQ	立方呎 Cubic Foot	POL*	塑膠袋 Polybags
FTK	平方呎 Square Foot	PTL	液體品脫 Liquid Pint
GLI	加侖 Gallon	QTI	夸爾（液量單位）Quart (UK)
GRM	公克 Gram (Gramme)	QTR	夸特（英重量單位 12.700586kg）Quarter
GGR	大籮，十二籮 Great Gross (12 Gross)	QUI*	刀（紙張數量單位）Quire
GRO	籮，十二打 Gross	QTL	液體夸脫 Liquid Quart
GLL	液體加侖 Liquid Gallon	RAC*	架（網架、槍架、刀、帽子架等）Rack
HAN*	束，捲 Hank	REM*	令（紙張數量單位）Ream

HED*	頭 Head	REL*	捲，軸 Reel
HDS*	腸衣單位 Head Set	RIN*	環，圈 Ring
HUB*	輪軸，捲（錄音帶單位）	ROD*	支，竿，棒，桿 Rod
HST*	百套 Hundred Sets	ROL*	捲 Roll
HSH*	百張，百片 Hundred Sheets	RUN*	腸衣單位 Runner
HSK*	百支（紙菸單位）Hundred Sticks	SET*	套，組 Set
INQ	立方吋 Cubic Inch	SAC*	小袋 Sachet
INH	吋 Inch	SAK*	包，袋 Sack
IGT*	錠，條，塊 Ingot	SET	組，套 Set
INK	平方吋 Square Inch	SHE*	張，片 Sheet
JOU	焦耳 Joule	STN	短噸 Ton (US) or Short Ton (UK/US) (0.9071847 x 103 kg)
KGM	公斤 Kilogram	SKD*	墊板，件 Skid
KLT*	公秉 Kiloliter	SKN*	張 Skin
KMT	一千公尺，一公里 Kilometer	SLA*	板，片 Slab
KTN	千公噸 Kiloton	SPL*	捲，軸 Spool
KVA	千伏安 Kilovolt–Ampere	SEC	秒 Second
KIT*	套，組 Kit	TND*	乾公噸 Dry Metric Ton
KOK*	木材材積單位（100 才）Koku	TNE	公噸 Tonne (Metric Ton)
KFT*	一千呎 Thousand Foot	TAB*	錠，片 Tablet
KLF*	千呎 Thousand Linear Feet	TAL*	尾，條 Tail
KPC*	千個 Thousand Pieces	TNK*	桶 Tank
KLB*	一千磅 Thousand Pounds	TNE	噸 Tonne
KST*	千套 Thousand Sets	TRK*	捆，束（鋼條計量單位）Trunk
KSI*	千平方吋 Thousand Square Inch	UGA*	美國加侖 U.S Gallon
KSM*	千平方公尺 Thousand Square Meter	UNT*	單位，部，輛（車輛）Unit
KSK*	千支（紙菸單位）Thousand Sticks	VIA*	小玻璃瓶 Vial
KBA	千巴 Kilobar	VLT	伏特 Volt
KHZ	千赫 Kilohertz	WTT	瓦特 Watt
KJO	千焦耳 Kilojoule	WHR	瓦特小時 Watt Hour
KVT	千伏特 Kilovolt	WDC*	木箱 Wooden Case
KWT	千瓦 Kilowatt	WSD	標準 Standard
KWH	千瓦小時 Kilowatt Hour	YRD	碼 Yard
LEF	張 Leaf	YDK	平方碼 Square Yard
LNG*	錠、條、塊（指金屬而言）Lingots	ZZZ	其他 Other Measurement（註）
LNK*	節，環 Link		

註： 1.未列入表中之計量單位，填報或傳輸「ZZZ」，另於報單「其他申報事項」欄填列全名（如 ZZZ＝○○○○○○）。

2.代號上有「*」表示未編列於聯合國 UNTDED 之代碼。

附錄二
簽審機關免證專用代碼彙整表

單位名稱	專用證號代碼	適用範圍	備註
經濟部國際貿易局（參據經濟部國際貿易局 103 年 4 月 24 日貿管字第 1032850117 號公告及經濟部國際貿易局 105 年 1 月 14 日貿服字第 1057000 586 號函）	FT999999999999	憑經濟部或經濟部國際貿易局專案核准函書面通關案件（諸如：保稅工廠輸入未開放大陸物品、未壓印來源識別碼預錄式光碟或其他專案核准案件）。	出進口人需於報單填列本專用證號代碼，需檢附專案核准函辦理報關手續。
	FT999999999990	輸入少量大陸工業產品（CCC 第 25 章至第 97 章），其 CIF 價格在新臺幣 32,000 元以內，且單項產品在 24 件以內者（即 24PIECES/UNITS，不能以件數論計者，在 40 公斤以內）。	進口人需於報單填列本專用證號代碼，可免除申請輸入許可證進口少量大陸物品
	FT999999999991	輸入規定代號 MP1 （大陸物品有條件准許輸入項目）之下列案件： 1. CCC 號列後加註 EX 字樣之部分開放貨品。 2.特別規定 M79 之 B 表貨品。	進口人需於報單填列本專用證號代碼，在左列適用範圍內之大陸物品可免除申請輸入許可證進口。
	FT999999999992	一、非以輸入為常業之進口人輸入「限制輸入貨品表」外貨品之下列免證輸入案件： ㈠政府機關及公營事業（包括軍事機關）。 ㈡公私立學校。 ㈢入境旅客及船舶、航空器服務人員攜帶行李物品，量值在海關規定範圍以內者。 ㈣各國駐華使領館、各國際組織及駐華外交機構持憑外交部簽發之在華外交等機構與人員免稅申請書辦理免稅公、自用物品進口者。 ㈤輸入人道救援物資。 ㈥政府機關輸入非屬經濟部公告准許輸入大陸物品項目之防疫物資。 二、非以輸出為常業之出口人輸出「限制輸出貨品表」外貨品之下列免證輸出案件： ㈠政府機關及公營事業（包括軍事機關）。 ㈡公私立學校。 ㈢停靠中華民國港口或機場之船舶或航空器所自行使用之船用或飛航用品，未逾海關規定之品類量值者。 ㈣漁船在海外基地作業，所需自用補給品，取得漁業主管機關核准文件者。 ㈤寄送我駐外使領館或其他駐外機構之公務用品。 ㈥停靠中華民國港口或機場之船舶或航空器使用之燃料用油。 ㈦財團法人中華民國對外貿易發展協會及財團法人中華民國紡織業拓展會輸出商展用品。	出進口人需於報單填列本專用證號代碼，非以輸出入為常業之出進口人得在左列適用範圍內免除申請輸出、入許可證辦理進出口。

		㈧輸出人道救援物資。	
	FT999999999993	保稅區廠商經海關同意辦理盤差補稅、失竊成品、機器、設備及物料補稅之貨品屬需辦理簽證項目案件。	進口人需於報單填列本專用證號代碼,在左列適用範圍內免除申請輸入許可證。
	FT999999999994	符合「大陸物品有條件准許輸入項目、輸入管理法規彙總表」中「注意事項」四之進口案件。	進口人需於報單填列本專用證號代碼,在左列適用範圍內免除申請輸入許可證。
	FT999999999995	屬金門、馬祖地區准許進口大陸物品案件。	進口人需於報單填列本專用證號代碼,在左列適用範圍內免除申請輸入許可證(包括需檢附當地縣政府同意文件之大陸物品)
	FT999999999996	符合「大陸物品有條件准許輸入項目、輸入管理法規彙總表」中「注意事項」六之進口大陸製修造船艇所需器材案件。	進口人需於報單填列本專用證號代碼,需檢附經濟部工業局證明文件辦理報關手續。
	FT999999999997	輸往美國或日本之戰略性高科技貨品,具有下列情形之一,且經出口人查證國外交易對象非屬國際出口管制實體名單之對象或主管機關告知之特定對象。 一、同一出口管制貨品輸出金額離岸價格低於新臺幣三十萬元者。 二、實施內部出口管控制度並經經濟部國際貿易局認定之出口人。	出口人需於報單填列本專用證號代碼,在左列適用範圍內免除申請戰略性高科技貨品輸出許可證。
經濟部標準檢驗局(參據經濟部標準檢驗局 103 年 04 月 10 日經標五字第 10350008040 號公告及 94 年 7 月 25 日經標五字第 09450018820 號公告)	CI000000000001	各國駐華使領館或享有外交豁免權之人員,為自用而輸入國境之應施檢驗商品。	輸入應施檢驗商品之用途、金額或數量符合左列條件者,得於進口報單之「輸入許可證號碼」欄填報各該類通關代碼。
	CI000000000002	進口自用品、商業樣品、展覽品、研發測試用物品,除防爆馬達、鋼索、動力衝剪機械、吊鉤及鉤環、木材加工用圓盤鋸、研磨機及額定功率在 30 千伏安(30kVA)以上之大型電腦、玩具類商品、騎乘機車用防護頭盔、騎乘自行車、溜冰鞋、滑板或直排輪等運動用頭盔、硬式棒球用頭盔、軟式棒球或壘球用頭盔、棒球或壘球捕手用防護頭盔類商品、拋棄式及簡易型打火機商品、文具類及兒童自行車商品外,其報單單一項次之金額在美金 1,000 元以下者,數量不限之應施檢驗商品。	
	CI000000000003	符合關稅法第 52 條原貨復運出口免徵關稅之應施檢驗商品。惟進口後若變更用途須補繳關稅時,應補具檢驗放行文件,始得變更用途。	
	CI000000000004	符合稅則第 89 章增註規定「一」至「五」項,免徵關稅之應施檢驗商品。惟進口後若變更用途須補繳關稅時,應補具檢驗放行文件,始得變更用途。	輸入應施檢驗商品之用途、金額或數量符合左列條件者,得於進口報單之「輸入許可證號碼」欄填報各該類通關
	CI000000000005	輸入非銷售之玩具類商品,作為自用品、商業樣品、	

		展覽品、研發測試用物品，其報單單一項次之金額在美金 1,000 元以下，且同規格型式之數量未逾 5 件者。單價超過美金 1,000 元以上且數量為 1 件者。	代碼。
	CI000000000006	輸入非銷售之騎乘機車用防護頭盔；騎乘自行車、溜冰鞋、滑板或直排輪等運動用頭盔；硬式棒球、軟式棒球或壘球用頭盔；棒球或壘球捕手用防護頭盔類商品，作為自用品、商業樣品、展覽品、研發測試用物品，其報單單一項次之金額在美金 1,000 元以下，且同規格型式之數量未逾 4 頂者。	
	CI000000000007	輸入非銷售之拋棄式及簡易型打火機商品，作為自用品、商業樣品、展覽品、研發測試用物品，其報單單一項次之金額在美金 1,000 元以下，且同規格型式之數量未逾 20 件者。	輸入應施檢驗商品之用途、金額或數量符合左列條件者，得於進口報單之「輸入許可證號碼」欄中填報各該類通關代碼
	CI000000000008	輸入非銷售之文具類商品，作為自類通關代碼。用品、商業樣品、展覽品、研發測試用物品，其報單單一項次之金額在美金 1,000 元以下，且同規格型式之數量未逾 10 件者。	
	CI000000000009	輸入非銷售之兒童自行車商品，作為自用品、商業樣品、展覽品、研發測試用物品，其報單單一項次之金額在美金 1,000 元以下，且同規格型式之數量未逾 2 件者，或超過美金 1,000 元且數量為 1 件者。	
（參據經濟部標準檢驗局 99 年 5 月 18 日經標五字第 09950016860 號公告）	CI888888888888	公告實施符合性聲明商品，其輸出入貨品分類號列之輸入規定歸屬為 C01 或 C02 者，逕由海關予以放行。	輸入規定 C01 或 C02 中屬實施符合性聲明之商品，得於進口報單之「輸入許可證號碼」欄中填報本代碼。
（參據 94 年 7 月 25 日財政部關稅總局台總局徵字第 0941014287 號及經濟部標準檢驗局經標五字第 09450018820 號公告）	CI999999999999	公告輸入規定 C02 中屬非應施檢驗之商品，逕由海關予以放行者。	輸入規定 C02 中屬非應施檢驗之商品，得於進口報單之「輸入許可證號碼」欄中填報本代碼。
經濟部能源局（參據經濟部 96 年 2 月 9 日經授能字第 09620080760 號公告及經濟部能源局 105 年 1 月 28 日能油字第 10500517630 號函）	EC999999999999	一、業者需自行確認符合軍方用油情況才可使用專用代碼。 二、業者須於進口報單第 30 欄（輸入許可證號碼－項次）填列專用證號代碼 EC999999999999 及項次 001（固定填列）；另配合軍方使用，須於進口報單第 38 欄（納稅辦法）填列 50（稅則免稅）或 5F（軍事機關、部隊進口之軍用武器、裝備、車輛、艦艇、航空器及其附屬品，暨專供軍用之物品）。	法規依據及適用範圍：石油管理法第 56 條，軍事機關為國防需要而輸入石油、儲備安全儲油、設置自用加儲油設施及其管理事項，不適用本法規定。
經濟部加工出口區管理處（參據經濟部加工出口區管理處 97 年 1	EN999999999999	憑經濟部加工出口區管理處或分處專案核准函書面通關案件（諸如：輸入未開放大陸物品加工重整後全數外銷案件或其他專案核准案件）。	出進口人須於報單填列本專用證號代碼，須檢附專案核准函辦理報關手續。

月 10 日經加三貿字第 09701001190 號函及 105 年 1 月 26 日經加三貿字第 10500010540 號涵）	EN999999999990	輸入少量大陸工業產品（CCC 第 25 章至 97 章），其 CIF 價格在新台幣 32,000 元以內，且單項產品在 24 件以內者（即 24 PIECES/UNITS，不能以件數論計者，在 40 公斤以內。	進口人須於報單填列本專用證號代碼，可免除申請輸入許可證進口少量大陸物品
	EN999999999991	輸入規定代號 MP1（大陸物品有條件准許輸入項目）之下列案件： 一、CCC 號列後加註 EX 字樣之部分開放貨品。 二、特別規定 M79 之 B 表貨品。	進口人須於報單填列本專用證號代碼，在左列適用範圍內之大陸物品可免除申請輸入許可證進口。
	EN999999999992	一、非以輸入為常業之進口人輸入「限制輸入貨品表」外貨品之下列免證輸入案件： ㈠政府機關及公營事業（包括軍事機關）。 ㈡輸入人道救援物資。 ㈢政府機關輸入非屬經濟部公告准許輸入大陸物品項目之防疫物資。 二、非以輸出為常業之出口人輸出「限制輸出貨品表」外貨品之下列免證輸出案件： ㈠寄送我駐外使領館或其他駐外機構之公務用品。 ㈡輸出人道救援物資。 三、區內事業未辦妥公司登記或商業登記前，得憑管理處或分處投資案核准函，輸入相關自用機器、設備或原料。	一、出進口人須於報單填列本專用證號代碼，非以輸出入為常業之出進口人得在左列一、二適用範圍內免除申請輸出、入許可證辦理進出口。 二、區內事業依「加工出口區保稅業務管理辦法」第 5 條規定，輸入「限制輸入貨品表」外之保稅貨品，須於報單填列本專用證號代碼，檢附投資案核准函，得在左列三適用範圍內免除申請輸入許可證辦理進口。
	EN999999999993	區內事業經海關同意辦理盤差補稅、失竊原料、成品、機器、設備及物料補稅之貨品屬須辦理簽證項目案件。	進口人須於報單填列本專用證號代碼，在左列適用範圍內免除申請輸入許可證。
	EN999999999994	符合「大陸物品有條件准許輸入項目、輸入管理法規彙總表」中「注意事項」四之進口案件。	進口人須於報單填列本專用證號代碼，在左列適用範圍內免除申請輸入許可證。
行政院農業委員會（參據行政院農業委員會 97 年 12 月 2 日農際字第 0970061286 號函）	FDX99999999990	一、CCC Code 29 項種子輸入，進口數量在 100 公克以下者，得免附種苗業登記證影本。 二、報關時應於進口報單第 30 欄位填報本項免證專用 14 碼代號。	輸入規定代碼「402」，種苗業登記證。
	FDZ99999999990	重量在 5 公斤以下，免檢附以樣品輸出至日本者免附同意文件。	輸出規定「445」，輸日芒果木瓜荔枝貨品出口同意書。
	FDY99999999990	重量在 13 公斤以下，免檢附行政院農業委員會農糧署同意文件。	輸出規定代碼「446」，輸日鮮香蕉貨品出口同意書。

（行政院農業委員會 103 年 05 月 26 日農牧字第 1030042785 號函）	AGB99999999990	針對適用「A02」輸入規定之進口貨品，如非供飼料用途者，應於進口報單之「貨品名稱」欄位加註「非飼料用途 (NOT FEED USE)」或其他同義文字，得填註免證代碼於進口報單輸入許可證號碼欄，逕由海關予以放行。	輸入規定代碼「A02」使用。
（參據行政院農業委員會漁業署 97 年 12 月 22 日漁二字第 0971323509 號函）	FBX99999999999	辦理活鰻出口，需檢附本署簽審「出口鰻魚生產管理證明書」之活鰻。該等適用範圍內之水產品，報關行以該免證專用代碼輸入申請通關時，海關電腦系統接受該申請資料後即列入通關，由分估員憑書面同意文件放行。	輸出規定代碼「440」，出口鰻魚生產管理證明書。
（參據行政院農業委員會漁業署 97 年 12 月 22 日漁三字第 0971388591 號函）	FB399999999999	辦理我國漁船捕獲證明，作為返台免稅證明，該等適用範圍內之水產品（代號 442 者），報關行以該免證專用代碼輸入申請通關時，海關電腦系統接受該申請資料後即列入 C2 以上方式通關，由分估員憑書面同意文件放行。	輸入規定代碼「442」，我國漁船捕獲證明。
行政院農業委員會動植物防疫檢疫局（參據行政院農業委員會動植物防疫檢疫局 94 年 9 月 26 日防檢二字第 0941479145 號函）	VP999999999999	針對中華民國輸出入貨品分類表輸入規定 B01「應施檢疫動植物品目」項下無須檢疫之貨品，業者可於報關單之輸入許可證欄位登打前述免檢疫代碼，並經行政院農業委員會防疫檢疫局所屬分局審查確實為不須檢疫者，該局以 NX802 會辦訊息 A4 回覆海關「非屬應施檢疫」之檢疫結果後，海關據以通關放行。	
（參據行政院農業委員會動植物防疫檢疫局 96 年 1 月 10 日防檢一字第 0961472062 號函）	AGC99999999991 及 AGC99999999990	針對動物用藥品輸入規定「406、801、802、804、805、806、807、809、810、813、815、818、820、821、823、824、834」項下非屬動物用藥品管理且無簽審核准許可文件者，業者可於報關單之輸出入許可證欄位填寫「AGC99999999991」，並須檢附行政院農業委員會防疫檢疫局（下稱防檢局）出具之紙本不列管文件；若屬防檢局專案公函許可之動物用藥品輸出入案件，業者可於報關單之輸出入許可證欄位填寫「AGC99999999990」，並須檢附防檢局出具之紙本專案公函。	新增 804、805、809、818、820、821、823、824、834；刪除 812、814。
	進口農藥部分未實施免證專用代碼		
行政院原子能委員會（參據行政院原子能委員會 96 年 10 月 8 日會輻字第 0960027517 號公告）	AE900000000001	已用畢（已照射）之核子反應器燃料（添裝藥）進出口。	原能會配合海關通關作業，有 3 項書面專案核定專用代碼，但無免證專用代碼，此 3 項進出口同意文件沿用人工專案核准方式辦理，不納入電子化自動通關作業。通關時以上開專用代碼填入海關進出口報單，海關將其列為 C2 以上方式通關，由海關分估人員核憑書面文件核准函通關。
	AE900000000002	低放射性廢棄物進出口。	
	AE900000000003	核子反應器進出口。	

行政院環境保護署 （參據行政院環境保護署 97 年 1 月 28 日環署廢字第 097000508786 號函及 105 年 2 月 5 日環署資字第 1050011822 號書函、經濟部國際貿易局 106 年 7 月 12 日貿服字第 1067018378 號公告）	EPH90000000001	一、凡適用輸入規定「551」及輸出規定「531」之貨品而屬行政院環境保護署公告「屬產業用料需求之事業廢棄物」者，其輸入或輸出無須依「廢棄物清理法」第 38 條規定向縣（市）主管機關申請核發許可文件（貨品進口／出口同意書）。 二、輸入規定「560」項下，屬行政院環境保護署公告之「屬產業用料需求之事業廢棄物種類」者，應於進口報單填列本通關代碼，據以報關進口。 三、輸出規定「534」項下，屬行政院環境保護署公告之「屬產業用料需求之事業廢棄物種類」者，應於出口報單填列本通關代碼，據以報關出口。	一、請於進口報單或出口報單輸入／輸出許可證號碼－項次欄位填列免證通關代碼通關。 二、行政院環境保護署 107 年 3 月 31 日環署廢字第 1070024598 號公告修改「屬產業用料需求之事業廢棄物」內容。
衛生福利部 （參據經濟部國際貿易局 105 年 12 月 12 日貿服字第 1057036057 號公告）	DHM99999999506	輸入規定「506」項下，如屬專供研究或實驗用之抗生素及其衍生物，於進口報單填列本專用代碼。	
（參據衛生福利部 97 年 1 月 3 日衛署食字第 0960409726 號公告）	DHB0C000000001	輸入規定「508」項下食品，進口屬製造、加工、調配、改裝、輸入之食用香料及複方食品添加物（以食品添加物使用範圍及用量標準收載之品目為主原料，再調配食品原料或其他法定食品添加物而製成之混合調製品）。	凡以本規定進口之食品，經查明用途、數量及貨名與聲明條件不符者，將依食品安全衛生管理法相關規定論處。
（參據衛生福利部 97 年 4 月 22 日部衛署食字第 0970401357 號公告）	DHB0C000000002	輸入規定「508」聲明屬「食用天然色素」產品。	
（參據衛生福利部 103 年 9 月 26 日部授食字第 1031302513 號公告）	DHB0C000000003	輸入規定「508」項下，聲明屬「食品或食品原料」，非食品添加物產品者。	
（參據經濟部國際貿易局 103 年 6 月 26 日貿服字第 1030102076 號公告）	DH999999999508	輸入規定「508」項下，進口非供食品或食品添加物用途者，於進口報單填列本專用代碼。	
（參據衛生福利部 104 年 11 月 5 日授食字第 1041303340 號公告）	DH000000000001	各國駐華使領館或享有外交豁免權之人員，為自用而輸入者。	一、輸入依食品安全衛生管理法第 30 條第 1 項公告應申請查驗之產品，非供販賣，且其金額、數量符合條件者，得免申請輸入查驗，並於輸入時，填報下揭通關代碼於進口報單輸入許可證號碼欄中，並聲明符合食品安全衛生管
（參據衛生福利部 104 年 11 月 5 日部授食字第 1041303340 號公告）	DH000000000002	輸入食品及相關產品（不含錠狀、膠囊狀食品）供個人自用，價值在 1 千美元以下，且重量在 6 公斤以內者；錠狀、膠囊狀食品供個人自用，每種至多 12 瓶（盒、罐、包、袋），合計以不超過 36 瓶（盒、罐、包、袋，以原包裝為限）者。	
（參據衛生福利部 104 年 11 月 5 日部授食字第 1041303340 號公告）	DH000000000003	輸入食品及相關產品符合關稅法第 52 條原貨復運出口免徵關稅者，自進口後若變更用途須補繳關稅時，應補查驗放行文件，始得變更用途。	

（參據衛生福利部104年11月5日部授食字第1041303340號公告）	DH000000000005	輸入瓷製餐具或廚具供個人自用，以報單單一項次之價值在1千美元以下，且同規格數量未逾4件者，或價值超過1千美元且數量為1件者。	理法第30條第3項免申請查驗之規定。 二、以下項目不適用通關代碼： 　㈠食品添加物及香料。 　㈡牛海綿狀腦病發生國家所生產供食用牛隻之屠肉、組織、器官、衍生物或含前揭物品者。 　（詳見衛生福利部部授食字第1041303340號公告附件）。
（參據衛生福利部103年9月2日部授食字第1031302548號公告）	DH000000000004	我國籍漁船捕獲之漁獲物，經行政院農業委員會漁業署認定為國產漁貨者。	依據食品安全衛生管理法第30條第3項專案免驗。
（參據衛生福利部104年11月5日部授食字第1041303341號公告）	DHI00000000001	輸入規定511項下食品，輸入供個人自用，且每種產品至多12瓶（盒、罐、包、袋），合計以不超過36瓶（盒、罐、包、袋，以原包裝為限）者，得由海關逕予放行。	凡以本規定輸入之食品，不得供銷售用途，且經查明用途、數量及貨名與聲明條件不符者，依違反食品安全衛生管理法相關規定論處。
（參據經濟部國際貿易局105年3月22日貿服字第1057007727號公告）	DHM99999999523	輸出規定523項下，出口非屬人用藥品，於出口報單填列本專用代碼。	
（參據衛生福利部107年4月11日衛授食字第1071403013號函及經濟部國際貿易局107年3月7日貿服字第1077005953號公告）	DHM00000000504	輸入規定530項下，進口專供藥物臨床試驗計畫之試驗用檢體採集耗材套組，於進口報單填列本專用代碼。	
（參據衛生福利部96年11月9日署授藥字第0960003298號公告	CM90502INDGS06	輸入規定502項下貨品，符合「進口非乾品」之規定者。	凡以本規定進口之貨品，經查明與聲明條件不符者，依違反相關法律規定論處。
（參據衛生福利部96年11月9日署授藥字第0960003298號公告）	CM90513NBUCM09	輸入規定513項下貨品，符合「進口非中藥用」之規定者。	凡以本規定進口之貨品，經查明與聲明條件不符者，依違反相關法律規定論處。

參據來源	代碼	適用範圍	備註
（參據衛生福利部 97年 7 月 9 日衛署藥字第 0970321351 號函）	DHM99999999998	僅適用於： 一、「3926.20.00.21–6 塑膠製一次性檢驗手套」。 二、「4015.19.10.00–2 X 光操作人員用手套」。 三、「4015.19.90.10–3 橡膠乳膠製一次性檢驗手套」。 四、「9013.20.00.00–3 雷射，雷射二極體除外」。 五、「4015.90.10.00–4 X 光操作人員用外衣」。 六、「9010.50.10.00–7 X 光片處理機」。 七、「9022.30.00.00–0 X 光管」之產品，非屬醫療器材者。	凡以本規定進口之貨品，不得供做醫療目的、臨床診治之用或宣稱醫療效能，若經查明用途、貨名等與聲明不符者，由申請人自負法律責任，將依藥事法及相關規定論處。
（參據衛生福利部 96年 10 月 22 日衛署藥字第 0960303476 號公告及經濟部	DHM99999999999	輸入規定 526 項下，進口研究用、實驗用或非供人用之試劑，於進口報單填列本專用代碼，適用於： 一、「3822.00.30.00–4 供診斷或實驗用之塑膠底襯試劑」。 二、「3822.00.41.00–1 浸漬診斷用或實驗用試紙之其他紙張，切成一定尺寸」。 三、「3822.00.49.00–3 浸漬診斷用或實驗用試劑之其他紙張」。 四、「3822.00.90.90–2 其他診斷或實驗用有底襯之試劑及診斷或實驗用之配置試劑，不論是否有底襯，不包括第 3002 節或第 3006 節所列者」，僅供研究用、實驗用或非供人用之試劑。	凡以專用證號代碼進口之貨品，不得供作人類臨床診斷使用或宣稱其他醫療效能，若經查明用途、貨名等與聲明不符者，將依藥事法及相關規定論處。
（參據經濟部國際貿易局 106 年 11 月 06 日貿服字第 1067030329 號及 107 年 5 月 11 日貿服字第 1077013076 號公告）	DHM99999999990	一、輸入規定 824 或 836 項下，進口研究用、教學或檢驗用之「非感染性人類檢體」，於進口報單填列本專用代碼。 二、輸出規定 806 或 807 項下，出口研究用、教學或檢驗用之「非感染性人類檢體」，於出口報單填列本專用代碼。	
（參據經濟部國際貿易局 106 年 11 月 06 日貿服字第 1067030329 號公告）	DHK99999999999	一、輸入規定 836 項下，進口供研究用之人類細胞株（含人類幹細胞株、人類胚胎幹細胞株），於進口報單填列本專用代碼。 二、輸出規定 807 項下，出口供研究用之人類細胞株（含人類幹細胞株、非屬本國人之人類胚胎幹細胞株），於出口報單填列本專用代碼。	
科技部新竹科學工業園區管理局 （參據科學工業園區管理局 97 年 4 月 9 日圜投字第 0970009653 號函及科技部新竹科學工業園區管理局 105 年 1 月 26 日竹商字第 1050002526 號函）	HS99999999999	憑新竹科學工業園區管理局專案核准函書面通關案件（諸如：未具進口廠商資格之專案許可案件、輸入未開放大陸物品、未壓印來源識別碼預錄式光碟、或其他專案核准案件）。	出進口人須於報單填列本專用證號代碼，須檢附專案核准函辦理報關手續。
	HS99999999990	輸入少量大陸工業產品（CCC 第 25 章至 97 章），其 CIF 價格在新台幣 32,000 元以內，且單項產品在 24 件以內者（即 24PIECES/UNITS，不能以件數論計者，在 40 公斤以內）。	進口人須於報單適當欄位填列本專用證號代碼，可免除申請輸入許可證進口少量大陸物品。
	HS99999999991	輸入規定代號 MP1（大陸物品有條件准許輸入項目）之下列案件： 一、CCC 號列後加註 EX 字樣之部分開放貨品。	進口人須於報單填列本專用證號代碼，在左列適用範圍內之大陸

		二、特別規定 M79 之 B 表貨品。	物品可免除申請輸入許可證進口。
	HS999999999992	一、非以輸入為常業之進口人輸入「限制輸入貨品表」外貨品之下列免證輸入案件： ㈠政府機關及公營事業（包括軍事機關）。 ㈡輸入人道救援物資。 ㈢政府機關輸入非屬經濟部公告准許輸入大陸物品項目之防疫物資。 二、非以輸出為常業之出口人輸出「限制輸出貨品表」外貨品之下列免證輸出案件： ㈠寄送我駐外使領館或其他駐外機構之公務用品。 ㈡輸出人道救援物資。	出進口人須於報單填列本專用證號代碼，非以輸出入為常業之出進口人得在左列適用範圍內免除申請輸出、入許可證辦理進出口。
	HS999999999993	園區廠商經海關同意辦理盤差補稅、失竊成品、機器、設備及物料補稅之貨品屬須辦理簽證項目案件。	進口人須於報單填列本專用證號代碼，在左列適用範圍內免除申請輸入許可證。
	HS999999999994	符合「大陸物品有條件准許輸入項目、輸入管理法規彙總表」中「注意事項」四之進口案件。	進口人須於報單填列本專用證號代碼，在左列適用範圍內免除申請輸入許可證。
科技部中部科學工業園區管理局 （參據科技部中部科學工業園區管理局96 年 6 月 8 日中投字第 0960008983 號函及 105 年 1 月 25 日中商字第 1050002276 號函）	SP999999999999	憑中部科學工業園區管理局專案核准函書面通關案件（諸如：未具進口廠商資格之專案許可案件、輸入未開放大陸物品、未壓印來源識別碼預錄式光碟、或其他專案核准案件）。	出進口人須於報單填列本專用證號代碼，須檢附專案核准函辦理報關手續。
	SP999999999990	輸入少量大陸工業產品（CCC 第 25 章至 97 章），其 CIF 價格在新台幣 32,000 元以內，且單項產品在 24 件以內者（即 24PIECES/UNITS，不能以件數論計者，在 40 公斤以內）。	進口人須於報單適當欄位填列本專用證號代碼，可免除申請輸入許可證進口少量大陸物品。
	SP999999999991	輸入規定代號 MP1 （大陸物品有條件准許輸入項目）之下列案件： 一、CCC 號列後加註 EX 字樣之部分開放貨品。 二、特別規定 M79 之 B 表貨品。	進口人須於報單填列本專用證號代碼，在左列適用範圍內之大陸物品可免除申請輸入許可證進口。
	SP999999999992	一、非以輸入為常業之進口人輸入「限制輸入貨品表」外貨品之下列免證輸入案件： ㈠政府機關及公營事業（包括軍事機關）。 ㈡輸入人道救援物資。 ㈢政府機關輸入非屬經濟部公告准許輸入大陸物品項目之防疫物資。 二、非以輸出為常業之出口人輸出「限制輸出貨品表」外貨品之下列免證輸出案件： ㈠寄送我駐外使領館或其他駐外機構之公務用品。 ㈡輸出人道救援物資。	出進口人須於報單填列本專用證號代碼，非以輸出入為常業之出進口人得在左列適用範圍內免除申請輸出、入許可證辦理進出口。

	SP999999999993	園區廠商經海關同意辦理盤差補稅、失竊成品、機器、設備及物料補稅之貨品屬須辦理簽證項目案件。	進口人須於報單填列本專用證號代碼，在左列適用範圍內免除申請輸入許可證。
	SP999999999994	符合「大陸物品有條件准許輸入項目、輸入管理法規彙總表」中「注意事項」四之進口案件。	進口人須於報單填列本專用證號代碼，在左列適用範圍內免除申請輸入許可證。
科技部南部科學工業園區管理局（參據科技部南部科學工業園區管理局96年4月18日南商字第0960009242號函及105年1月25日南商字第1050002098號函）	NS999999999999	憑南部科學工業園區管理局專案核准函書面通關案件（諸如：未具進口廠商資格之專案許可案件、輸入未開放大陸物品、未壓印來源識別碼預錄式光碟、或其他專案核准案件）。	出進口人須於報單填列本專用證號代碼，須檢附專案核准函辦理報關手續。
	NS999999999990	輸入少量大陸工業產品（CCC第25章至97章），其CIF價格在新台幣32,000元以內，且單項產品在24件以內者（即24PIECES/UNITS，不能以件數論計者，在40公斤以內）。	進口人須於報單適當欄位填列本專用證號代碼，可免除申請輸入許可證進口少量大陸物品。
	NS999999999991	輸入規定代號MP1（大陸物品有條件准許輸入項目）之下列案件：一、CCC號列後加註EX字樣之部分開放貨品。二、特別規定M79之B表貨品。	進口人須於報單填列本專用證號代碼，在左列適用範圍內之大陸物品可免除申請輸入許可證進口。
	NS999999999992	一、非以輸入為常業之進口人輸入「限制輸入貨品表」外貨品之下列免證輸入案件：㈠政府機關及公營事業（包括軍事機關）。㈡輸入人道救援物資。㈢政府機關輸入非屬經濟部公告准許輸入大陸物品項目之防疫物資。二、非以輸出為常業之出口人輸出「限制輸出貨品表」外貨品之下列免證輸出案件：㈠寄送我駐外使領館或其他駐外機構之公務用品。㈡輸出人道救援物資。	出進口人須於報單填列本專用證號代碼，非以輸出入為常業之出進口人得在左列適用範圍內免除申請輸出、入許可證辦理進出口。
	NS999999999993	園區廠商經海關同意辦理盤差補稅、失竊成品、機器、設備及物料補稅之貨品屬須辦理簽證項目案件。	進口人須於報單填列本專用證號代碼，在左列適用範圍內免除申請輸入許可證。
	NS999999999994	符合「大陸物品有條件准許輸入項目、輸入管理法規彙總表」中「注意事項」四之進口案件。	進口人須於報單填列本專用證號代碼，在左列適用範圍內免除申請輸入許可證。
行政院農業委員會屏東農業生物技術園區籌備處（參據行政院農業委員會屏東農業生物技術園區籌備處	AP999999999999	憑屏東農業生物技術園區籌備處專案核准函書面通關案件（諸如：未具進口廠商資格之專案許可案件、輸入未開放大陸物品、未壓印來源識別碼預錄式光碟、或其案核准案件）。	出進口人需於報單填列本專用證號代碼，並檢附專案核准函辦理報關手續。
	AP999999999990	輸入規定代號MW0（大陸物品不准輸入）或MP1＋M××、MP1＋EX（大陸物品有條件准許輸入項	進口人需於報單適當欄位填列本專用證號

105 年 1 月 25 日農生園籌二字第 1054000309 號函)		目),屬輸入少量大陸工業產品(中華民國輸出入貨品分類表 CCC 第 25 章至 97 章),其 CIF 價格在新台幣 32,000 元以內,且單項產品在 24 件以內者(即 24 PIECES/UNITS,不能以件數論計者,在 40 公斤以內)。	代碼,可免除申請輸入許可證進口少量大陸物品。
	AP999999999991	輸入規定代號 MP1 (大陸物品有條件准許輸入項目)之下列案件: 一、CCC 號列後加註 EX 字樣之部分開放貨品(無特別規定)。 二、特別規定 M79 之 B 表貨品。	進口人需於報單填列本專用證號代碼,在左列適用範圍內之大陸物品可免除申請輸入許可證進口。
	AP999999999992	一、非以輸入為常業之進口人輸入「限制輸入貨品表」外貨品之下列免證輸入案件: ㈠政府機關及公營事業(包括軍事機關)。 ㈡輸入人道救援物資。 ㈢政府機關輸入非屬經濟部公告准許輸入大陸物品項目之防疫物資。 二、非以輸出為常業之出口人輸出「限制輸出貨品表」外貨品之下列免證輸出案件: ㈠政府機關及公營事業(包括軍事機關)。 ㈡寄送我駐外使領館或其他駐外機構之公務用品。 ㈢輸出人道救援物資。	出進口人需於報單填列本專用證號代碼,非以輸出入為常業之出進口人得在左列適用範圍內免除申請輸出、入許可證辦理進出口。
	AP999999999993	園區廠商經海關同意辦理盤差補稅、失竊成品、機器、設備及物料補稅之貨品,屬需辦理簽證項目之案件。	進口人需於報單填列本專用證號代碼,在左列適用範圍內免除申請輸入許可證。
國家通訊傳播委員會(參據國家通訊傳播委員會 106 年 3 月 20 日通傳資源字 10643005800 號公告、106 年 5 月 9 日通傳資源字第 10643009771 號公告、106 年 5 月 9 日通傳資源字第 10643009780 號公告)	CC000000000001	一、自行攜帶輸入供自用之無線電信終端設備 5 部以內。 二、自行攜帶輸入供自用之低功率射頻電機 5 部以內。 三、郵寄或其他非自行攜帶方式輸入供自用之無線電信終端設備 2 部以內。 四、郵寄或其他非自行攜帶輸入方式供自用之低功率射頻電機 2 部以內。	一、申請人需於報單填列本通關代碼,可免申請電信管制射頻器材進口許可證。 二、適用範圍不含衛星行動地球電臺及衛星小型地球電臺。 三、同一自然人或法人輸入同廠牌型號,1 年內以 10 部為限。
	CC999999999999	遇判別免經許可或非屬電信管制射頻器材疑義者。 一、無線射頻辨識器材之被動式電子標籤:無內建電池之電子標籤。 二、不具無線通信功能之無線充電器: ㈠無線充電器除傳輸射頻能轉換為電能之無線電波外,不具無線通信功能。 ㈡屬 Qi(WPC)、AFA-Inductive(PMA) 或 AFA-Resonant(A4WP) 標準之無線充電器,應符合 602 輸入規定。	一、免經許可或非屬電信管制射頻器材之適用器材類別項目(包含但不限於),詳國家通訊傳播委員會 106 年 5 月 9 日通傳資源字第 10643009771 號公

		三、非隨插即用之無線射頻零組件／模組： ㈠適用於自動資料處理機（電腦、筆記型電腦、平板電腦）、附無線手機之有線電話機、手機、無線電對講機、行動通信基地臺、無線區域網路基地臺 (AP)、交換器、路由器、無線電廣播或電視傳輸器具之無線射頻零組件／模組。 ㈡無線射頻零組件／模組應符合下列條件之一，始具無線射頻功能者屬非隨插即用，且不限使用之無線電頻率： 1.須經焊接至主機板。 2.須經治具寫入軟體或韌體，以插槽或電線連接主機板。 四、收信機：若有 WiFi 或藍牙等無線電發射功能器材，應符合 602 輸入規定。 五、工科醫用電機： ㈠CCC8543.70.94.00–0 之微波放大器包含測試用射頻放大器。 ㈡若有 WiFi 或藍牙等無線電發射傳輸數據功能器材，應符合 602 輸入規定。 六、船舶用航儀設備：非屬電信管制射頻器材。	告。 二、經國家通訊傳播委員會判定屬免經該會許可或非屬電信管制射頻器材者，可免除申請電信管制射頻器材進口許可證辦理進口。
財政部國庫署 （參據財政部 104 年 12 月 24 日台財庫字第 10403797700 號公告）	DN000000000001	符合進口酒類查驗管理辦法第 3 條第 1 項第 1 款規定，進口供自用之酒類且進口數量不超過 5 公升，無需向財政部申請進口酒類衛生查驗。	一、進口菸酒之用途、金額或數量符合下列條件者，得於進口時於進口報單輸入許可證號碼欄中填報下列通關代碼，免檢附菸酒進口業許可執照或無需向財政部申請進口酒類衛生查驗。 二、凡以上述公告通關代碼方式進口之商品，經查明用途、數量及貨品與聲明條件不符者，依菸酒管理法、進口酒類查驗管理辦法及相關規定論處。
	DN000000000002	符合進口酒類查驗管理辦法第 3 條第 1 項第 4 款規定，進口非供銷售之酒類，作為商業樣品、展覽品或研發測試用者，完稅價格在美金 1,000 元以下，無需向財政部申請進口酒類衛生查驗。本項所稱完稅價格在美金 1,000 元以下，係指整張進口報單中所有非供銷售之酒類，作為商業樣品、展覽品或研發測試用之酒品項次起岸價格之加總。	
	DN000000000003	依財政部 101 年 11 月 26 日台財庫字第 10103736720 號令規定，進口供自用之菸酒數量未逾下列規定者，免檢附菸酒進口業許可執照。 一、菸：捲菸 5 條（1,000 支）、雪茄 125 支、菸絲 5 磅。 二、酒：5 公升。	
	DN999999999999	經財政部核符關稅法第 49 條第 1 項第 1 款至第 3 款者，憑財政部核發之同意文件進口，免檢附菸酒進口業許可執照。	
	DN888888888888	經財政部核符關稅法第 49 條第 1 項第 1 款至第 3 款者，憑財政部核發之同意文件進口，無需向財政部申請進口酒類衛生查驗。	
	DN777777777777	進口供分裝之菸，業者於報關時應報明其用途，並檢附生產國政府或政府授權之商會所出具之原產地證明，並應於進口時於進口報單輸入許可證號碼欄中填報通關代碼，俾利海關查核。	

	DN555555555555	符合未變性酒精管理辦法第 5 條第 2 項第 1 款至第 2 款規定供製酒及製藥酒以外之工業使用未變性酒精，憑經濟部工業局核發之同意文件進口者，無需向財政部申請進口酒類衛生查驗。	
	DN000000000005	符合未變性酒精管理辦法第 5 條第 2 項第 2 款規定供製藥酒工業使用未變性酒精，憑衛生福利部核發之同意文件進口者，無需向財政部申請進口酒類衛生查驗。	
	DN444444444444	符合未變性酒精管理辦法第 5 條第 2 項第 3 款規定供醫療使用未變性酒精，憑衛生主管機關核發之開業證明文件影本進口者，無需向財政部申請進口酒類衛生查驗。	
	DN666666666666	符合未變性酒精管理辦法第 5 條第 2 項第 4 款規定供軍事使用未變性酒精，憑國防部核發之同意文件進口者，無需向財政部申請進口酒類衛生查驗。	
	DN333333333333	符合未變性酒精管理辦法第 5 條第 2 項第 5 款規定供檢驗使用未變性酒精，憑檢測產品之各主管機關核發之同意文件進口者，無需向財政部申請進口酒類衛生查驗。	
	DN222222222222	符合未變性酒精管理辦法第 5 條第 2 項第 6 款規定供實驗研究使用未變性酒精，憑教育部或中央研究院核發之同意或證明用途文件進口者，無需向財政部申請進口酒類衛生查驗。	
	DN111111111111	符合未變性酒精管理辦法第 5 條第 2 項第 7 款規定供能源使用未變性酒精，憑經濟部能源局核發之同意或證明用途文件進口者，無需向財政部申請進口酒類衛生查驗。	
	DN000000000004	未變性酒精進口業者進口符合未變性酒精管理辦法第 5 條第 4 項規定供醫療、檢驗、實驗研究使用之酒精成分達 99.5% 以上且單位包裝容量為 5 公升以下之無水酒精，報關時應填列財政部核發之營業項目載有未變性酒精之菸酒進口業許可執照號碼，及免驗通關代碼。	
勞動部（參據經濟部國際貿易局 105 年 11 月 2 日 貿 服 字 第 1057031182 號公告）	ML999999999989	輸入規定 375 項下貨品，進口非屬受指定產品，於進口報單填列本專用代碼。	

▷附錄三
出口報單申報錯誤修改規定

出口報單申報錯誤在所難免，申報錯誤欄位不同，其規定應檢附修改報單依據資料，相關規定說明如下表。

出口報單稅則號別及輸出入貨品分類號列申報錯誤，事後發現錯誤申請更正時應填具電腦更正申請書，並應依據審核更正依據表之規定檢附：一、報關時檢附之文件、二、書面報單及其他有關文件正本，向出口地海關申請更正。

項目	錯誤情形	申請事項	審核依據	說明
一、貨物輸出人名稱、地址、統一編號、負責人、加工製造廠商名稱、輸出許可證號碼、簽證日期或輸出人海關監管編號	一、筆誤： ㈠中文名稱同音異字、繕打顛倒、錯別字、漏字、添字。 ㈡英文名稱字母拼錯。 ㈢組織型態筆誤。 ㈣其他顯屬筆誤事項。 二、誤繕、漏列或其他顯然錯誤。	更正 更正或補列	一、筆誤： 輸出許可證或公司或商業登記證明文件。 二、誤繕、漏列或其他顯然錯誤： ㈠輸出許可證。 ㈡報關時檢附之報單及有關文件。 ㈢其他證明文件（如原申報廠商及申請更正廠商聯名申請書、成交文件、銀行水單、信用狀、結匯證明書、該公司最近出口相同貨物之報單副本、運輸業簽發之提貨單、經運輸業簽證之海運承攬運送業或航空貨運承攬業簽發之提貨單、保稅廠商資格證明文件、保稅或自由貿易港區管理單位查證結果等）。	
二、報單類別、報單號碼、報關日期或放行日期	誤繕、漏列或其他顯然錯誤。	更正或補列	一、實際收單、放行日期紀錄或出口艙單。 二、其他證明文件。	

三、買方名稱、地址、統一編號、買方國家、目的地或買方海關監管編號	誤繕、漏列或其他顯然錯誤。	更正或補列	一、輸出許可證。 二、報關時已檢附之報單及有關文件。 三、其他證明文件（如：成交文件、銀行水單、信用狀、結匯證明書、該公司最近出口相同貨物之報單副本、運輸業簽發之提貨單、經運輸業簽證之海運承攬運送業或航空貨運承攬業簽發之提貨單、保稅廠商資格證明文件等有關文件）。
四、離岸價格	一、報單申報與報關時檢附之輸出許可證或價格證明文件不符。	更正	一、輸出許可證或價格證明文件。
	二、兩項以上不同貨名或規格貨物之 FOB 價格未分開報明。	分項報明	二、證明文件： ㈠輸出許可證。 ㈡價格證明文件（如信用狀、銀行水單、結匯證明書、該公司最近出口相同貨物之報單副本等）。
	三、外幣折算臺幣錯誤或小數點位數錯誤。	更正	三、匯率表。
	四、其他錯誤情形。	更正	四、其他證明文件 ㈠輸出許可證。 ㈡價格證明文件（如信用狀、銀行水單、結匯證明書、該公司最近出口相同貨物之報單副本等）。
五、運費、保險費或應加減費用	誤繕、漏列或其他顯然錯誤。	更正或補列	一、輸出許可證。 二、相關收據等證明文件。
六、貨名、商標、規格或成分	一、筆誤： ㈠中文名稱同音異字、繕打顛倒、錯別字、漏字、添字。 ㈡英文名稱字母拼錯。 ㈢其他顯屬筆誤事項。	更正	一、筆誤： 輸出許可證、貨物稅照、出口資料、交易憑證，原料核退標準、商標註冊證、商標授權使用證明書或其他可資證明文件。
	二、誤繕、漏列、中英文名稱不符或其他顯然錯誤。	更正或補列	二、誤繕、漏列或其他顯然錯誤： ㈠出口時已取樣者，憑複核或化驗結果更正。 ㈡貨物出口時已查驗，如經原查驗單位確認錯誤者，准予更正。 ㈢免審免驗 (C1) 或應審免

			驗 (C2) 報單，憑報關時檢附之文件及其他交易往來文件或有關價格文件如： 1.信用狀或該公司最近出口相同貨物之報單副本。 2.國外收貨人卸貨港公證報告或海關證明文件。	
七、數量、重量或其單位	一、筆誤： (一)英文名稱字母拼錯。 (二)其他顯屬筆誤事項。	更正	一、筆誤： 輸出許可證、貨物稅照、出口資料、交易憑證，原料核退標準或其他可資證明文件。	
	二、誤繕、漏列或其他顯然錯誤。 (一)兩種以上不同貨名或規格貨物數量、重量未分開報明。 (二)誤繕或其他顯然錯誤。	分開報明 更正	二、誤繕、漏列或其他顯然錯誤： (一)出口時已取樣者，憑複核或化驗結果更正。 (二)貨物出口時經查驗，如經原查驗單位確認錯誤者，准予更正。 (三)免審免驗 (C1) 或應審免驗 (C2) 報單，憑報關時檢附之文件及其他交易往來文件或有關價格文件如： 1.信用狀或該公司最近出口相同貨物之報單副本。 2.國外收貨人卸貨港公證報告或海關證明文件。	
八、申請沖退原料稅代碼	誤申報為「N」	更正為「Y」	一、應驗 (C3) 報單出口時所報各項業經查驗且與申報相符者。 二、應審免驗 (C2) 報單出口時未經查驗，惟報關時已附有「外銷品使用原料及其供應商資料清表」，且於該表報明使用進口原料名稱、進口商名稱及公司或商業統一編號者（C1 報單外）。	
九、統計方式代碼	誤繕、漏列或其他顯然錯誤。	更正或補列	報關時檢附之文件或其他證明文件，但未依出口貨物報關驗放辦法第十四條規定辦理者不適用。	
十、稅則號別及輸出入貨品分類號列	誤繕、漏列或其他顯然錯誤。	更正或補列	一、憑報關時檢附之文件更正。 二、依書面報單及其他有關文件正本更正。 三、海關權責（分估或審核）單位核明更正。	

項目	錯誤情形	處理	證明文件	
十一、「外銷品使用原料及其供應商資料清表」內之成品名稱、原料名稱、規格、數量、重量或單位	一、筆誤： ㈠中文名稱同音異字、繕打顛倒、錯別字、漏字、添字。 ㈡英文名稱字母拼錯。 ㈢其他顯屬筆誤事項。 二、誤繕、漏列或其他顯然錯誤。	更正 更正或補列	一、筆誤： 輸出許可證、貨物稅照、進口資料、交易憑證，原料核退標準或其他可資證明文件。 二、誤繕、漏列或其他顯然錯誤： ㈠出口時已取樣者，核憑樣品更正。 ㈡出口時未取樣者，核憑「外銷品使用原料及其供應商資料清表」中所報列使用原料進口報單及出口廠商補送相關證明文件更正。 ㈢出口報單及其他報關時檢附之文件。	
十二、「外銷品使用原料及其供應商資料清表」內之原料供應商或進口商、加工製造廠商名稱或公司或商業統一編號	一、筆誤 ㈠中文名稱同音異字、繕打顛倒、錯別字、漏字、添字。 ㈡英文名稱字母拼錯。 ㈢組織型態筆誤。 ㈣其他顯屬筆誤事項。 ㈤兩欄誤植。 ㈥公司或商業統一編號筆誤。 二、誤繕、漏列或其他顯然錯誤。	更正 更正或補列	一、筆誤： ㈠輸出許可證或公司或商業登記證明文件。 ㈡輸出許可證或公司或商業登記證明文件。 ㈢輸出許可證或公司或商業登記證明文件。 ㈣輸出許可證或公司或商業登記證明文件。 ㈤公司或商業登記證明文件及統一發票。 ㈥公司或商業登記證明文件及統一發票。 二、誤繕、漏列或其他顯然錯誤： 輸出許可證或交易憑證等證明文件。	
十三、「外銷品使用原料及其供應商資料清表」內之原料核退標準文號	筆誤、誤繕、漏列或其他顯然錯誤。	更正或補列	外銷品原料核退標準。	
十四、保稅料號	誤繕、漏列或其他顯然錯誤。	更正或補列	依據稽核關員查核結果更正。	

十五、原進倉報單號碼及項次	誤繕、漏列或其他顯然錯誤。	更正或補列	一、檢附原進倉報單影本。 二、依據稽核關員查核結果更正。	保稅倉庫及物流中心貨物出倉報單，其報單填報之原進倉報單號碼及項次，係作為其除帳之依據，為維持其正確性應准予更正。
十六、其他申報事項	誤繕、漏列或其他顯然錯誤。	更正或補列	一、更正保稅倉庫業者代碼之監管編號者，檢附保稅倉庫業者證明文件。 二、其他申報事項之更正或補列，經海關認為理由正當者，得准予更正或補列。	一、保稅倉庫及物流中心貨物進出倉，應於保稅倉庫業者代碼欄填報其監管編號並作為關務行政保稅系統進出倉報單查核清表挑檔依據，為維持其正確性應准予更正。 二、其他應於本欄記載事項，如填報按月彙報月份、保稅廠之產品由其他廠商或貿易商報運出口須填報供應之保稅廠監管編號等，為維持其正確性應准予更正。

▷附錄四
海關 C2 進口無紙化作業 Q&A

Q1：進口 C2 無紙化作業為何？

答：

依規定經海關公告得傳送文件電子檔之文件，得以連線申報方式取代書面補件。亦即以關港貿單一窗口之 WEB 系統、或 XML 系統之 NX5901 訊息（檢附申辦文件訊息），將報關須檢附之裝箱單、發票、貨品型錄、商標及其他證明文件之電子檔，以電腦傳送至海關，免人工遞送書面報單及報關文件，此即為進口 C2 無紙化作業。

Q2：我如何知道報單被篩選為 C2 無紙化？又此類報單是否仍可採人工遞送？

答：

1. 海關會發送 N5107 訊息通知報關業者，訊息內容代碼為 A28。（請補送附件電子檔或報單及必備之有關文件）於關港貿單一窗口「進口報關通關流程查詢 (GB301)」查詢報單流程，顯示「得補送附件電子檔」。

2. 經篩為 C2 無紙化之報單，報關業者仍可採書面方式遞送海關。

Q3：可使用哪幾種管道，上傳進口 C2 無紙化之附件（發票、裝箱單、貨品型錄、商標及其他證明文件）？

答：

1. 關港貿單一窗口「WEB 系統」：免收傳輸費，惟須使用「工商憑證」或委由「自然人憑證」登入上傳資料，請參考 Q6。（相關「工商憑證」問題請向經濟部工商憑證管理中心詢問。）

2. 通關網路業者平臺：使用進口 XML 系統中之 NX5901 訊息傳送者。

Q4：採用進口 C2 無紙化通關，其檢附之裝箱單、發票、商標等電子檔文件，是否可免加蓋廠商或報關業者之大、小章？

答：

原則上，比照紙本作業（即文件蓋章後掃描上傳）。

Q5：如何使用 XML 系統中之 NX5901 訊息上傳報關文件？應注意事項為何？

答：

僅限定上傳下列五種文件，其餘文件（代碼）不受理：

1. 代碼意義備註

　　・裝箱單 Packing list

　　・貨品型錄 Catalog

　　・商業發票 Commercial invoice

　　・商標 Trademark

　　・其他證明文件 Others

2. 進口別代碼應鍵入「I」（非 E）；出口別代碼應鍵入「E」（非 I）；報關文件的代碼如上述 1.，即裝箱單為「1」、貨品型錄為「2」、商業發票為「3」、商標為「5」、其他證明文件為「9」。

Q6：如何使用關港貿單一窗口 WEB 系統，免費上傳報關文件？

答：

1. 工商憑證：使用者可於「關港貿單一窗口」網站，以工商憑證登入後，開啟通關服務（需憑證）項下之「報單附件上傳」專區，選擇「(MI02) 報單附件上傳」作業，輸入進出口別、報單號碼進行操作，經系統檢核無訛，即可免費完成裝箱單、發票、商標圖檔等資料上傳。注意事項：進出口別若選錯，報單檢核將不能通過。

2. 自然人憑證：另為提供多元授權管道，開放業者使用工商憑證委任專責報關人員以自然人憑證操作。委任作業請於關港貿單一窗口／通關服務（需憑證）／通關申辦／線上委任系統／公司委任個人作業／(WJC01) 維護公司委任關係作業操作。

3. 「報單附件上傳 (MI02)」相關操作手冊於關港貿單一窗口／資料下載／作業手冊／關港貿單一窗口報單附件上傳作業操作手冊 V1.1 下載。相關操作問題可聯繫單一窗口服務中心，電話：0800-299-889。

Q7：海關如何篩選進口 C2 無紙化報單？

答：

基本條件為 C2 案件、納辦：31/32/50、無代徵貨物稅或菸酒稅及特銷稅貨物、限 G1 報單類別、限於用 XML 傳輸 NX5105 訊息之報單、限有委任關係、新臺幣起岸價格未超過億元、優惠關稅註記無 PT 者，並依風險管理機制由電腦篩選。

Q8：我如何知道海關已收到我傳送的電子檔報關文件？

答：

　　傳輸成功者，於「單一窗口網站／通關簽審查詢／進出口通關流程／進口報單通關流程查詢」項下，會顯示「檢附文件訊息處理成功」字樣。傳輸失敗者，則顯示「檢附文件訊息有誤或報單已不可收附件」字樣。

Q9：海關派估作業為何？（自動、人工）

答：

　　股長每天確認分估出勤人數後，由電腦自動派估或人工介入派（改）估。

Q10：進口 C2 無紙化通關流程？

答：

1. 報關業傳輸進口報單 (NX5105) 後，經海關專家系統選案為 C2 無紙化報單，系統會發送 N5107 通知補單訊息（代碼：A28）。此時報關業者才可以線上傳輸 NX5901 或透過「關港貿單一窗口報單附件上傳 (MI02)」方式上傳附件。
2. 報單自動派估至股員，或由股長人工指派。
3. 分估關員預覽傳輸成功之電子附件。若審核結果內容與報單不符，會再次發送 N5107 通知報關業者補傳電子文件或補文件紙本。

Q11：進出口 C2 無紙化作業與 C2 書面補單案件有何區別？

答：

　　C2 無紙化報單，報關業者可利用電腦傳送報關文件之電子檔給海關，以代替書面資料；而 C2 書面案件，則須遞送書面報單及相關報關文件給海關。

Q12：電子檔報關文件已傳輸完成，我如何預估海關放行時間？如海關遲未放行，我應如何處理？

答：

1. C2 無紙化報單與 C2 書面報單作業流程相同，僅 C2 無紙化報單及其報關文件為電子檔，無需補送書面報單及其文件。
2. 報單已派估但遲未放行，請逕洽分估關員或洽各通關單位之聯絡窗口。

Q13：進出口 C2 無紙化作業之效益為何？

答：

　　業者可免除人工遞送書面報單之舟車勞頓，另可於線上以工商憑證或自然人憑證申請報單副本。

Q14：為配合進出口 C2 無紙化作業，報關即用系統是否須更新？又須增添何電腦設備？

答：

1.視各家資服業者測試結果。

2.僅須添置掃描器即可（掃描裝箱單、發票、商標及貨品型錄等文件）。

Q15：進出口 C2 無紙化作業透過「關港貿單一窗口報單附件上傳 (MI02)」檔案傳輸格式及限制為何？

答：

檔案格式及大小：

1.允許之檔案格式為 PDF、JPG 及 GIF。（Excel、Word 檔不允許）

2.限上傳六個檔案，個別檔案大小以 5MB 為上限。

Q16：採 C2 無紙化通關者，如何申請報單副本？

答：

比照 C1 方式「單一窗口網站／通關申辦專區／通關服務（憑證）／通關申辦」。

電子化退稅作業作業流程如下列圖片所示：

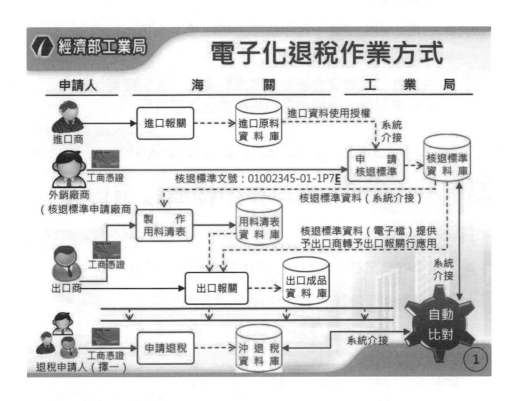

經濟部工業局

原料核退標準改版重點

- 建置網路申請平台以及電子化的作業方式。

- 建立核退標準欄位填寫標準化規則。

- 取消M328（損耗率）併入M327（應用數量），損耗率改為以<u>應用數量</u>方式表示（損耗率：9%→應用數量：1.09）。

- 一案（收文文號）可申請多張核退標準（核退標準文號）。

- 依據進口報單建立核退標準原料資料，外銷廠商如非原料進口商，須取得<u>進口報單資料使用授權</u>。

②

經濟部工業局

原料核退標準改版重點

核退標準文號

- 一案（收文文號）多標準（核退標準文號）架構。

- <u>原料應用數量計算表</u>（M327表）之唯一識別。

- <u>核退標準文號編碼</u>（14碼）方式：

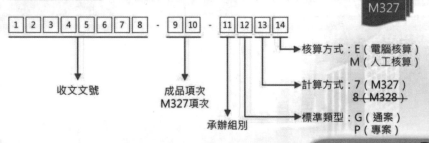

```
┌─┬─┬─┬─┬─┬─┬─┬─┐   ┌──┬──┐   ┌──┬──┬──┬──┐
│1│2│3│4│5│6│7│8│ - │9 │10│ - │11│12│13│14│
└─┴─┴─┴─┴─┴─┴─┴─┘   └──┴──┘   └──┴──┴──┴──┘
```

收文文號　　　　　成品項次　　　　核算方式：E（電腦核算）
　　　　　　　　　M327項次　　　　　　　　　M（人工核算）

　　　　　　　　　　　　　　　　　計算方式：7（M327）
　　　　　　　　　　　　　　　　　　　　　　8（M328）

　　　　　　　　承辦組別　　　　　標準類型：G（通案）
　　　　　　　　　　　　　　　　　　　　　　P（專案）

M326 → M327

③

經濟部工業局 — 原料核退標準改版重點

▼ 人工核算類型：退稅時採紙本方式申請

- 原料核退標準採紙本方式申請者。

  無工商憑證帳號、難以標準化之核退標準

- 無法明確詳列規格而有附註說明者。

  例：原料長度應介於0.5cm~0.7cm

  　　原料成分在35%以上

- 成品或原料單位使用面積單位者。

  CMK、DMK、MTK、FTK、INK、YDK、KSI、KSM

- 應用數量使用複雜的計算方式，無法以固定比值表示者。

- 多項原料採擇一申退者。

- 無法由進口報單帶入而選擇自行輸入原料資料者。

(4)

經濟部工業局 — 電子化作業平台操作說明

通 用	外 銷 廠 商
■ 系統登入驗證機制	■ 進口授權查詢作業
■ 首次登入操作說明	■ 核退標準申請作業
	■ 申請資料補正作業
原 料 進 口 商	■ 核退標準增列作業
■ 進口資料授權作業	■ 核退標準查詢作業
■ 進口授權修改作業	■ 通案資料查詢作業

(5)

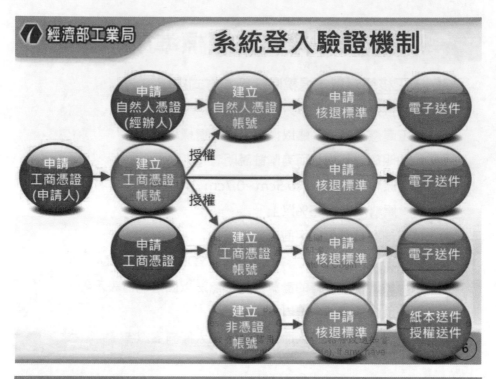

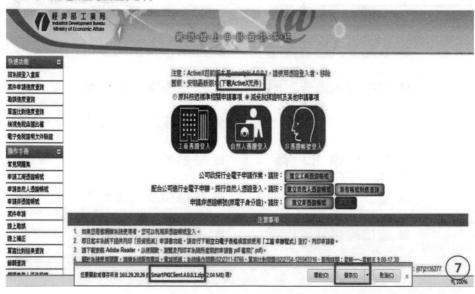

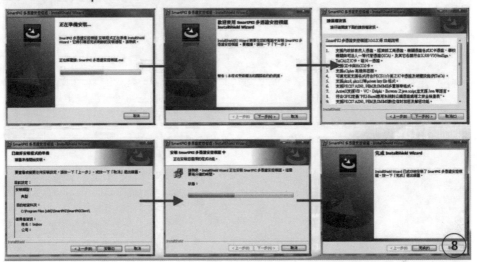

將SmartPKIClient.4.0.0.1.zip儲存後解壓縮→setup.exe

執行setup.exe開始安裝

建立工商憑證帳號

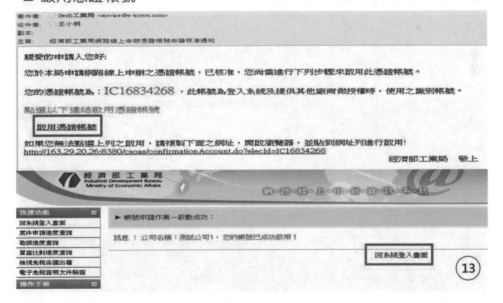

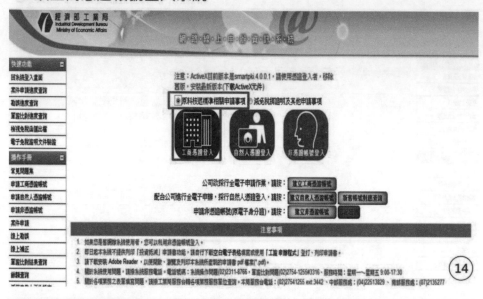

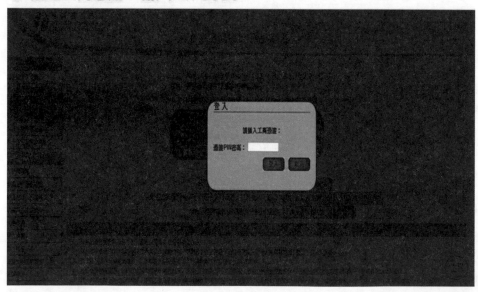

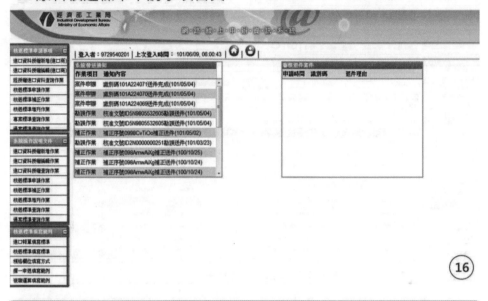

進口授權修改作業

■ 進口報單資料使用授權編輯

核退標準申請作業

■ 申請資料查詢

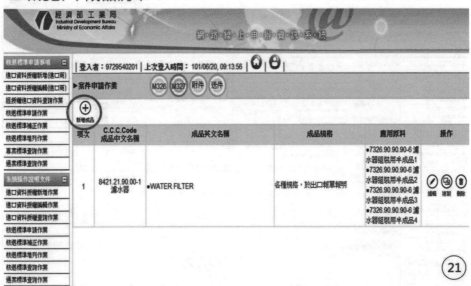

■ M327：成品明細

■ M327：原料明細

經濟部工業局　核退標準申請作業

■ 正確填寫進口報單各欄位資料

■ **不正確**的進口報單資料帶入核退標準後的結果

項次	C.C.C Code 中文名稱	應用原料		規格	數量 單位
		英文名稱			
1	7326.90.90.90-6 不銹鋼濾水器 (組裝用半成品)	STAINLESS STEEL WATER FILTER (SEMI PRODUCT FOR ASSEMBLY)	RFBN2106C602 RF W/FILTER HOUSING 6.25CM 1PC 02 (264MM)		1
			RFBN2106C603 RF W/FILTER HOUSING 6.25CM 1PC 02 (272MM)		PCE
			RFBN2106C604 RF W/FILTER HOUSING 6.25CM 1PC 02 (280MM)		

■ **正確**的進口報單資料帶入核退標準後的結果

項次	C.C.C Code 中文名稱	應用原料	規格	數量 單位
		英文名稱		
1	7326.90.90.90-6 不銹鋼濾水器 (組裝用半成品)	STAINLESS STEEL WATER FILTER (SEMI PRODUCT FOR ASSEMBLY)	RFBN2106C602 RF W/FILTER HOUSING 6.25CM 1PC 02 (264MM)	1
			RFBN2106C603 RF W/FILTER HOUSING 6.25CM 1PC 02 (272MM)	PCE
			RFBN2106C604 RF W/FILTER HOUSING 6.25CM 1PC 02 (280MM)	

(24)

經濟部工業局　核退標準申請作業

■ 擇一申退設定

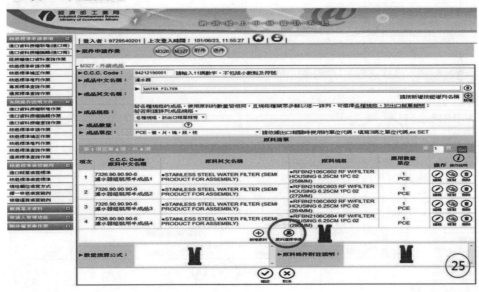

(25)

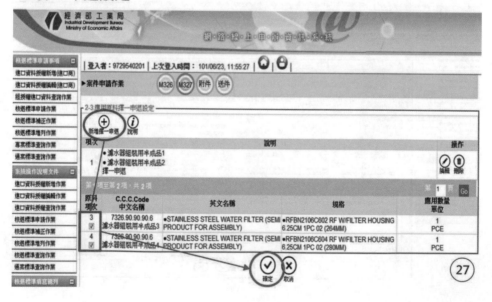

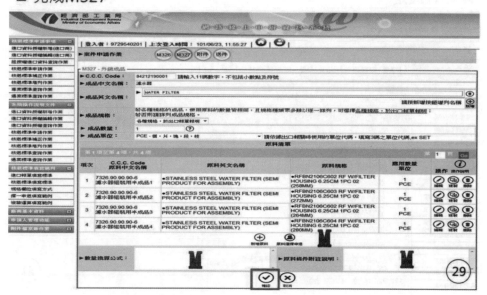

核退標準申請作業

■ 附件設定：機關驗證

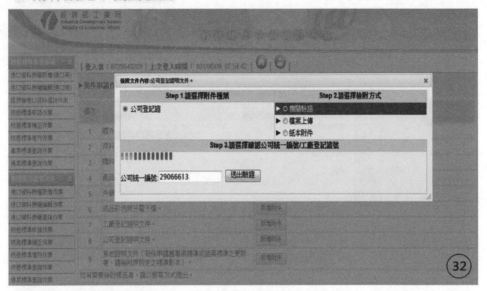

核退標準申請作業

■ 附件設定：檔案上傳

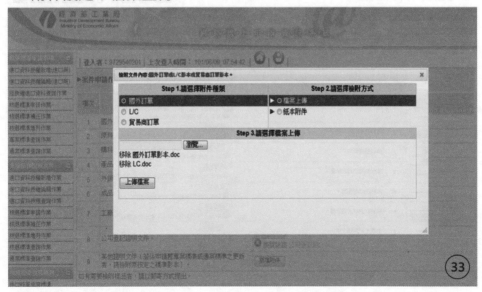

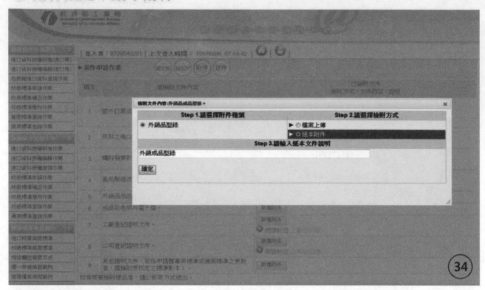

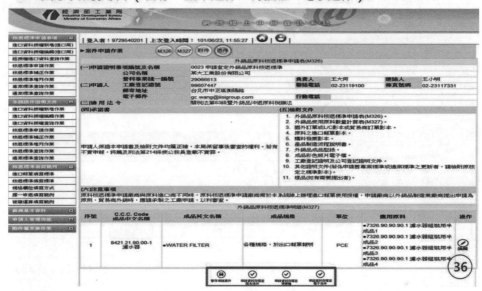

⊘ 38

核退標準申請作業

■ 核退標準申請書

⊘ 39

核退標準申請作業

經濟部工業局

■ 附件清單

101R224119

郵票

台北市中正區
某大工業股份有限公司

106-51
台北市大安區信義路三
經濟部工業局

101R224119

應檢附文件清單：
- □ 購料發票：購料發票影本
- □ 產品製造流程說明書：產品製造流程說明
- □ 外銷品型錄：外銷品型錄
- □ 成品彩色照片：成品彩色照片

@郵局 POST ZA089141

(40)

核退標準申請作業

經濟部工業局

■ 申請資料送出通知

寄件者：工業局 <service@e-toyou.com>
收件者：王貴昌
副本：
主旨：經濟部工業局網路線上申辦申請案件送出通知

您好：

網路線上申辦系統已為　貴公司送出原料核退標準申請案件資料如下：

申 請 事 項：0023 申請查定外銷品原料核退標準

申辦識別碼：101R224075

來 文 字 號：　　　字第　　　號

來 文 日 期：101 年 6 月 8 日

若您仍有書面資料待送達，則本申請事項將以書面資料送達日期為本案之收件日期，

貴公司如須查詢案件辦理狀態或修正內容（補正）可逕至本局網路線上申辦系統辦理。

https://csoas.moeaidb.gov.tw/

工業局 敬啟 (41)

經濟部工業局　　核退標準申請作業

■ 申請資料收件通知

寄件者：	工業局 <moeaidb.iaod@gmail.com>
收件者：	王貴晶
副本：	
主旨：	工業局收件訊息通知(系統通知-毋須回覆)

您好：

網路線上申辦系統已收到　貴公司原料核退標準之申請案件資料如下：

申 請 事 項：0023 外銷品原料核退標準申請事項
申辦識別碼：101R224075
來 文 字 號：　　字第　　　號
來 文 日 期：101 年 6 月 8 日

本案已掛入本局收文文號為：10100013840
貴公司如須查詢案件辦理狀態、修正內容（補正）、補送電子檔等，
可逕至工業局網路線上申辦系統辦理。https://csoas.moeaidb.gov.tw/csoas/

工業局 敬上 (42)

經濟部工業局　　核退標準申請作業

■ 申請資料經審核通過，您將收到

 ◆ 線上申請

  ✓ 核准通知（E-Mail）
  ✓ M326（紙本）
  ✓ M327（紙本）

 ◆ 紙本申請

  ✓ 核准函（紙本）
  ✓ M327（紙本）

■ 核准標準文號最末碼為「M」者請以紙本申請退稅

外銷品使用原料數量計算表（M327）

經濟部工業局　核退標準補正作業

■ E-Mail補正通知

寄件者：工業局 <moeaidb.iaod@gmail.com>
收件者：王貪昌
副本：
主旨：(測試用)工業局申請案件補正通知(系統通知-毋須回覆)

您好：

本信件僅為原物料核退稅申請案件補正通知，請逕上網補正。

毋須回信，若須與承辦人連繫，請洽工業局：02-27541255。

承辦單位：金屬機電組　重機科

補正網址：http://10.1.1.75:8380/csoas

申辦識別碼：101R224075

公文收文號：10100013840

補 正 序 號：101Bn5PLDq

公 司 名 稱：某大工業股份有限公司

待修正內容：

請檢附各項證明文件。

(44)

經濟部工業局　核退標準補正作業

■ 申請資料補正

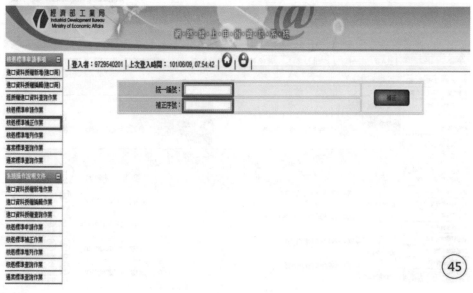

(45)

核退標準增列作業

■ 增列品名、規格

核退標準查詢作業

■ 核退標準查詢

電子化作業平台上線計畫

經濟部工業局

- 系統測試
  - ◆ 測試網址：http://163.29.20.26:8380/csoas/

- 系統上線
  - ◆ 正式網址：http://csoas.moeaidb.gov.tw/csoas/
  - ◆ 上線時程：預計101.07.01
  - ◆ 雙軌並行：電子、紙本

- 網路線上申辦平台服務專線
  - ◆ (02) 2311-8766

(48)

電子化作業平台上線計畫

經濟部工業局

- 為加速申辦效率，本局於本年7月1日起受理「外銷品原料核退標準電子化申辦作業」，在實施電子化申辦系統初期，原有紙本申請作業繼續維持。

- 在海關退稅電子化系統正式上線前，本局尚無法與海關連線匯入進口報單等資料，為配合海關運作，本局暫時核發文號末碼為M之核退標準，俾利廠商以該標準向海關辦理退稅作業。

- 未來海關退稅電子化系統正式上線後，本局將核發文號末碼為E之核退標準，屆時廠商可於海關網路平台辦理退稅。

- 藉由電子化申辦，廠商使用工商憑證，以網路申辦並傳送相關文件，省時、省力、省錢，減少交通往返，提高辦理時效，落實節能減碳政策，預期可提升廠商競爭力。

(49)

參考資料與文獻

1. 中央銀行，〈國際間為何熱衷於簽訂自由貿易協定？〉，2002 年 11 月 16 日。

2. 台灣新生報 (http://www.tssdnews.com.tw/)。

3. 全國法規資料庫：外銷品沖退原料稅規定 (http://law.moj.gov.tw/LawClass/LawAll. aspx?PCode=G0350023)。

4. 全國法規資料庫：保稅倉庫設立及管理辦法 (http://law.moj.gov.tw/LawClass/ LawAll.aspx?PCode=G0350006)。

5. 全國法規資料庫：納稅者權利保護法 (http://law.moj.gov.tw/LawClass/LawAll. aspx?PCode=G0340142)。

6. 全國法規資料庫：海關管理保稅工廠辦法 (http://law.moj.gov.tw/LawClass/LawAll. aspx?PCode=G0350005)。

7. 全國法規資料庫：貨物通關自動化實施辦法 (http://law.moj.gov.tw/LawClass/LawAll. aspx?PCode=G0350044)。

8. 全國法規資料庫：進口貨物原產地認定標準 (https://law.moj.gov.tw/LawClass/ LawAll.aspx?pcode=G0350047)。

9. 全國法規資料庫：關港貿單一窗口運作實施辦法 (http://law.moj.gov.tw/LawClass/ LawAll.aspx?PCode=G0350070)。

10. 長榮海運股份有限公司：貨櫃規格明細 (https://www.evergreen-marine.com/tw/tei1/ jsp/TEI1_Containers.jsp)。

11. 財政部主管法規查詢系統：出口報單申報錯誤修改 (http://law-out.mof.gov.tw/Law Content.aspx?id=GL000088)。

12. 財政部關務署：最新業務公告 (https://web.customs.gov.tw/News.aspx?n=3655DD2CD A2ED6C1&sms=9FA66FA17135CFC2)。

13. 財政部關務署：出口報單各欄位填報說明 (https://webfile.customs.gov.tw/001/Upload/ public/Attachment/5851535271.pdf)。

14. 財政部關務署：反傾銷及平衡稅措施近年調查案件 (https://web.customs.gov.tw/ News_Content.aspx?n=011718DE8F0C74E8&sms=687636E43303AD57&s=94A59794 F8415B52)。

15.財政部關務署基隆關 (https://keelung.customs.gov.tw/News_Content.aspx?n=58BD38 F4400A7167&sms=F6A174A7F58D9580&s=2338E63441F97FC1)。

16.財政部關務署高雄關 (https://kaohsiung.customs.gov.tw/)。

17.商港服務費查詢系統：新費率表 (https://public-cpd.mtnet.gov.tw/Public-cpd/RateData/Newtab)。

18.張錦源、康蕙芬，《國際貿易實務新論》(修訂十六版)，三民書局，2018 年。

19.萬海航運股份有限公司：貨櫃規格介紹 (https://tw.wanhai.com/views/service/containerSpec.xhtml?file_num=66740&parent_id=67014&top_file_num=64735)。

20.鉅昕鋼鐵股份有限公司 (https://www.khh73.com.tw/1-3-4.html)。

21.農委會動植物防疫檢疫局 (https://www.baphiq.gov.tw/)。

22.經濟部貿易調查委員會 ： 反傾銷稅案件 (https://www.moeaitc.gov.tw/ITC/main/case/wfrmInquireCase.aspx?kind=1&menu_id=93)。

23.檢疫戳章 (Hhttp://www.dnmlogistics.com/dnm_document/dnm_document3.pdf)。

國際金融理論與實際

康信鴻／著

介紹國際金融理論、制度與實際情形，強調理論與實際並重，文字敘述力求深入淺出、明瞭易懂，並在資料取材及舉例方面力求本土化。 全書分為十六章，循序描述國際金融的基本概念及演進，此外，每章最後均附有內容摘要及習題，以利讀者複習與自我測試。本次改版將資料大幅修訂成最新版本，並且新增英國脫歐之發展，讓讀者與時代接軌。

國際貿易原理與政策

康信鴻／著

本書特色：一、基礎理論到實務：詳盡說明基礎國貿理論，並延伸至近期國際熱門議題如中美貿易戰、TPP 改組、英國脫歐等，使讀者能夠全方位理解理論與實務。二、立足臺灣看世界：各章內容皆以臺灣為出發點，詳盡說明國際貿易議題及其對臺灣之影響，擴展讀者視野，瞭解國際情勢其實與生活息息相關。三、摘要習題加討論：各章章末皆附有摘要和習題，幫助讀者複習。內文段落亦提供案例討論，有助教師授課以及讀者延伸思考。

國貿業務丙級檢定學術科試題解析

康蕙芬／著

主要特色： 一、將學科題庫 800 題依據貿易流程的先後順序作有系統的分類整理，共十一章；每章先作重點整理、分析，再就較難理解的題目進行解析，使讀者得以融會貫通，輕鬆記憶學科題庫。二、術科依據勞動部公告之範例，共分為基礎貿易英文、貿易流程、商業信用狀分析、貿易單據製作與出口價格核算五大部分，分章節各別解說；首先提示重點與說明解題技巧，接著附上範例與解析，最後則為自我評量單元供讀者練習。

國際貿易實務新論

張錦源、康蕙芬／著

本書詳細介紹了國際貿易的實際知識與運用技術，內容囊括貨物買賣契約、運輸契約、保險契約與外匯買賣契約的簽訂，貨物的包裝、檢驗、裝卸及通關繳稅的手續，以及製作單據、文電草擬與解決糾紛的方法等。本書內容詳盡，按交易過程先後步驟詳細說明其內容，使讀者對全部交易流程有完整的概念，且題目豐富，每章章末均附有習題和實習供讀者演練。

國貿業務丙級檢定學術科教戰守策　　張　瑋／著

本書特色：一、學科 80 題皆出自政府公布之 800 題題庫，但容易產生題目太多、相似混淆等問題。本書特別在每單元增加重點提示，加強釐清觀念，幫助理解記憶。二、術科涵蓋基礎貿易英文、貿易流程、出口價格核算、商業信用狀分析及貿易單據製作五大部分，皆附有重點提示，且收錄模擬試題。三、附有五回仿真試題，供讀者模擬手感、進行計時測驗。四、最新年度試題解析：書末附有 106 及 107 年度共四回術科試題解析，使讀者掌握最新出題趨勢。